国家社科基金资助项目（项目编号：11CSH069）

社会保障研究丛书

■ 侯志阳 著

兰村福利

——资产建设与农村社区福利研究

中央编译出版社
Central Compilation & Translation Press

图书在版编目（CIP）数据

兰村福利：资产建设与农村社区福利研究／侯志阳著．—北京：中央编译出版社，2014.12
ISBN 978-7-5117-2434-2

Ⅰ.①兰… Ⅱ.①侯… Ⅲ.①农村－社会福利－研究－福建省 Ⅳ.①F323.89

中国版本图书馆 CIP 数据核字（2014）第 301830 号

兰村福利：资产建设与农村社区福利研究

出 版 人：	刘明清
出版统筹：	董　巍
责任编辑：	王　景　曲建文
责任印制：	尹　珺
出版发行：	中央编译出版社
地　　址：	北京市西城区车公庄大街乙5号鸿儒大厦B座（100044）
电　　话：	（010）52612345（总编室）　（010）52612363（编辑室） （010）52612316（发行部）　（010）52612315（网络销售） （010）52612346（馆配部）　（010）66509618（读者服务部）
传　　真：	（010）66515838
经　　销：	全国新华书店
印　　刷：	北京天正元印务有限公司
开　　本：	710毫米×1000毫米　1/16
字　　数：	351千字
印　　张：	19
版　　次：	2014年12月第1版第1次印刷
定　　价：	56.00元
网　　址：	www.cctphome.com　　邮　箱：cctp@cctphome.com
新浪微博：	@中央编译出版社　　微　信：中央编译出版社（ID:cctphome）
淘宝店辅：	中央编译出版社直销店（http://shop108367160.taobao.com）

本社常年法律顾问：北京市吴栾赵阎律师事务所律师　闫军　梁勤
凡有印装质量问题，本社负责调换。电话：010－66509618

国家社科基金资助项目（项目编号：11CSH069）
福建省高等学校杰出青年科研人才培育计划资助（项目编号：JA12020S）
福建省科技重点项目（项目编号：2014R0065）
福建省社科基金一般项目（项目编号：2014B195）
泉州市社会科学研究2010年规划课题（项目编号：2010B－ZZ02）
华侨大学哲学社会科学"百名优秀学者培育计划"资助
华侨大学高层次人才科研启动费资助（项目编号：12BS135）

内容摘要

　　积极发展农村社区福利是实现"城乡基本公共服务均等化"的重要途径。本书将社区福利组织、福利设施、福利资金等分别视为社区的组织资产、实物资产与金融资产，研究贫困农村在地方政府的帮助下充分发挥自身的优势，调动村民积极参与，进行社区三大资产建设，产生社区福利效应，促进社区最终摆脱贫困的过程。本书的研究思路得益于美国社会政策学者迈克尔·谢若登（Michael Sherraden）最早提出的资产建设社会政策理论。该理论认为，政府通过制度化的措施，帮助穷人和贫困家庭积累和储蓄金融资产，将会产生一系列的福利效应，尤其可以提高政策对象的人力资本和社会资本，使穷人或贫困家庭最终摆脱贫困。本书借鉴资产建设社会政策理论，通过闽南一个农村社区（兰村）的个案研究，发现贫困农村社区通过发掘自身的优势，盘活各种资源，进行资产建设，也会产生一系列的福利效应：即提高农村社区的人力资本和社会资本，产出各种社区公益服务，这些福利效应又积极推动社区发展，促进贫困农村社区的可持续发展。在此基础上，本书提出了农村社区福利发展的理想类型：资产型农村社区福利；提炼"福利资本"的概念，揭示福利的社会投资功能——即福利也是一种生产力。

　　本研究的主要观点是：第一，资产建设社会政策不仅适用于穷人或贫困家庭，也适用于贫困农村社区。贫困农村实行资产建设，产生资产型农村社区福利，可以促使其摆脱贫困，实现可持续发展。第二，社区资产建设中的"资产"主要指社区的组织资产、实物资产和金融资产。因这三类资产是提供社区福利的机构、场所与物质来源。第三，农村社区福利不应停留于实物、货币等形式，更重要的是村民人力资本的提高和社区社会资本的增强。第四，社区福利也是一种资本，是一种社会投资，可以促进社区经济增长与社区和谐稳定。

　　本研究的主要贡献在于提炼了农村社区福利发展的理想类型：资产型农村社区福利。它是指农村社区在政府相关部门的帮助下，通过整合社区内外的各种资源，进行有形资产的建设，在此基础上，提供解决村民的生产、生活问题，满足村民的需要和实现人的发展潜能，提高村民生活质量，使农民生活幸福的各种公益性服务（通常表现为非物质形态），具体体现为各种社区公益服务的输送、社区社会资本的增进和人力资本的提升。资产型农村社区福利的主要内容包括以下三方面：

第一，资产型农村社区福利的建设背景与福利理念。这种社区福利是在我国社会转型、国家相关政策下乡以及个案村自身村情的背景下产生的，其理念与发展型社会政策的理念具有内在的契合性：两者都将福利看作一种社会投资，认为福利可以促进经济增长与社区稳定，实现经济社会协调发展；都把人力资本的积累放于优先的位置；都重视社会资本的积累，实现社区可持续发展；都强调制定福利发展规划。

第二，资产型农村社区福利的建设主体。村民、村党员干部是资产建设和管理的主角，其中村党支部书记是资产建设的领头人，处于核心位置，广大党员干部起着重要的组织领导、贯彻执行、发动群众和沟通协调的作用；村民起着参与、支持、提供地方性知识的作用；地方政府是资产建设和管理的配角，主要起着工作指导、政策支持和资金补助的作用。

第三，资产型农村社区福利的操作要点：制定切合实际的资产建设规划，并严格执行；发掘优势，盘活资源；严格落实村民自治各项制度，依法办事；坚持走群众路线，一切从群众中来，一切到群众中去，一切为了群众的利益。

本研究的理论意义体现为：在研究视角上，拓展了社区福利研究的理论视角；在分析单位上，拓展了资产建设社会政策理论的研究领域；在理论构建方面，推进福利社会学的学科建设；在研究方法上，运用"过程——事件分析"方法，推进实践社会学的应用研究。本研究的应用价值包括：有利于探索农村社区福利建设的有益经验，可供同类型农村社区借鉴；有利于探索推进城乡基本公共服务均等化的新途径；有利于推进农村社区建设和社会主义新农村建设；有利于促进当地农村社区福利的可持续发展。

关键词：资产建设；农村社区福利；资产型农村社区福利；福利资本

序

侯志阳博士所著《兰村福利——资产建设与农村社区福利研究》即将付梓，我很高兴，谨借这篇序言以表祝贺。

发展型社会政策的理论和实践形成于20世纪90年代。这一政策的核心思想是，在社会政策的设计中加入"发展"的维度，将社会政策看作一种社会投资，而不是把社会政策单纯视为社会支出或消费。其理论立足点在于，社会政策能够提高劳动者的素质，推动经济发展，增强国家竞争力，促进国家可持续发展。因此，发展型社会政策特别注重人力资本投资和社会资本积累。与发展型社会政策理念密切相关的另一个理论就是资产建设社会政策。资产建设社会政策最主要观点可概括为：资产积累和投资而非收入和消费，是脱离贫困的关键。它是社会政策发展中的一场范式转换，也是当代社会科学领域的一个重要新理论。该理论的原创者是美国华盛顿大学的迈克尔·谢若登（Michael Sherraden）教授。1990年，他在《资产与穷人》一书中，首次提出了以资产为基础的社会政策。应该说，发展型社会政策和资产建设社会政策的理论研究与实践探索在国内外都形成了比较丰富的成果，衍生出诸多具体的政策策略。与同类成果不同的是，本书作者将学术目光聚焦于社区，结合这两个理论的思想资源和方法，以闽南兰村为个案，深入探讨贫困社区的资产建设过程及其福利效应问题。

通读全稿，可以发现，本书的选题具有重要的学术价值和明显的实践意义，研究视角新颖、论证逻辑清晰、结构严密，内容丰富、论据充分、文风朴实，是一篇值得品读的学术著作。具体讲，此书有四大明显特色。

第一，分析单位独特，对推进资产建设社会政策理论的应用有探索性的意义。以往有关资产建设理论的学术产出大都将分析单位放于穷人个人或贫困家庭，探讨穷人或贫困家庭通过资产建设策略脱贫，实现可持续发展的问题。虽然Michael Sherraden在《资产与穷人》中也提出社区资产建设思路，但并未做实证研究。本书作者运用资产建设理论，以兰村为例，研究贫困社区如何发挥自身优势，盘活资源，实行资产建设策略，提升村民的人力资本和社会资本,实现社区脱贫,拓展了资产建设理论的应用范围,具有重要的学术意义。

第二,观点新颖,为未来相关的学术研究提出了好的问题。文章通过严密的论证和扎实的论据提出"福利资本"的观点,试图揭示社会福利也是一种社会投资,是一种生产力,可以促进经济增长,实现可持续发展。虽然"福利资本"的概念、测量还值得推敲,但它为未来的研究者提供了值得继续探索的学术方向和对话主题。

第三,提炼了农村社区福利的理想类型,对丰富福利社会学的研究具有方法论意义。作者借用韦伯"理想类型"的分析方法,通过深入的实证研究,提炼"资产型农村社区福利",分析它的建设背景与福利理念、建设主体、建设方法等。这种探索发展社区福利的类型学研究,在方法论上推进了福利社会学的学科建设。

第四,研究内容对于发展农村社区公共服务,促进城乡基本公共服务均等化,提升社区治理水平有实践价值。农村社区福利是农村公共服务体系的重要组成部分,以往的研究多数从政府角度探讨如何加强农村公共服务建设,该书侧重从社区层面探讨农村如何发挥自身优势,整合力量,建设集体金融资产、组织资产和实物资产,实现公共服务的自我供给,这对其他同类型乡村探索推进城乡基本公共服务均等化、提升社区治理水平有一定的借鉴意义。

当然除了以上四点特色之处,全书还有不少亮点和引人深思之处,细心的读者是能够发现的。

自我认识作者以来,就发现他对学术研究有种冲劲、闯劲与拼劲,他热爱学术事业,将学术作为人生的一种追求,视读书、思考、调研、写作为精神享受。我欣赏他有自己的学术追求与理想,有坐冷板凳的精神,同时更欣慰于他愿意深入农村基层,善于在与农民交往的过程中发现农民的智慧。这种特质,使得他能够以学术的敏感性捕捉中国农村改革发展进程中那些值得记录的社会事实,通过学术的规范使其概念化、系统化,并上升为政策思考。我想,这应当是研究中国问题的学者所必需的学术品德。

祝愿作者在探索中国特色的福利政策道路上取得更大成绩。

谨为序。

张友琴
2014 年 10 月 1 日于厦门大学

目 录
CONTENTS

第一章　绪论 ……………………………………………………………… 1
一　研究背景、研究问题与研究目标 ………………………………… 1
二　分析框架与研究设计 ……………………………………………… 7
三　研究意义 …………………………………………………………… 28
四　本章小结 …………………………………………………………… 31

第二章　文献述评 ………………………………………………………… 33
一　资产建设社会政策文献述评 ……………………………………… 33
二　"资产为本的社区发展"（ABCD）研究述评 …………………… 48
三　社区福利研究述评 ………………………………………………… 51
四　本章小结 …………………………………………………………… 61

第三章　资产建设的背景及其社区福利理念分析 ……………………… 63
一　社会转型：现代化和市场化 ……………………………………… 63
二　政策下乡：新农村建设、农村社区建设和"美丽乡村"建设 …… 72
三　因地制宜：个案村的村情 ………………………………………… 77
四　兰村资产建设的社区福利理念分析 ……………………………… 82
五　本章小结 …………………………………………………………… 84

第四章　资产建设的过程（上）：资产建设规划及其社区福利效应 …… 87
一　福利效应的理论界定：人力资本与社会资本 …………………… 87
二　资产建设的规划及其福利效应的实证分析 ……………………… 95
三　本章小结 …………………………………………………………… 105

第五章　资产建设的过程（下）：资产建设及其社区福利效应 ………… 106
一　创建组织资产及其福利效应的实证分析 ………………………… 106
二　盘活自然资源及其福利效应的实证分析 ………………………… 120

三　建设实物资产及其福利效应的实证分析 …………………… 127
　　四　积累金融资产及其福利效应的实证分析 …………………… 138
　　五　本章小结 …………………………………………………… 145

第六章　资产的经营管理与社区福利产出 ………………………… 147
　　一　理论分析：社区服务 ………………………………………… 147
　　二　资产的经营管理及其社区福利产出的实证分析 …………… 149
　　三　社区福利评价 ……………………………………………… 173
　　四　本章小结 …………………………………………………… 178

第七章　资产型农村社区福利与社区发展 ………………………… 180
　　一　理论分析：社区发展 ………………………………………… 180
　　二　资产型农村社区福利与社区发展的实证分析 ……………… 182
　　三　本章小结 …………………………………………………… 201

第八章　结论与讨论 ………………………………………………… 203
　　一　研究发现 …………………………………………………… 203
　　二　相关讨论 …………………………………………………… 214
　　三　发展农村社区福利的社会政策建议 ………………………… 218
　　四　研究不足与展望 …………………………………………… 222

参考文献 ……………………………………………………………… 224

附　录 ………………………………………………………………… 238
　　附录1　一般访谈名单 ………………………………………… 238
　　附录2　深度访谈名单 ………………………………………… 238
　　附录3　深度访谈提纲汇总 …………………………………… 239
　　附录4　兰村社区福利调查问卷 ……………………………… 242
　　附录5　兰村村规民约和文明家庭评选方案 ………………… 245
　　附录6　兰村村歌 ……………………………………………… 251
　　附录7　兰村学校相关奖状 …………………………………… 252
　　附录8　相关会议记录 ………………………………………… 253

后　记 ………………………………………………………………… 292

第一章 绪论

进入新世纪以来,"三农"问题的有效解决与城乡一体化发展已成为中国特色社会主义建设和全面建成小康社会进程中的重要任务。中共十八大报告特别指出,"解决好农业农村农民问题是全党工作重中之重"。实践需要推动理论研究。农村研究近年来逐渐成为学术界的显学,吸引了众多学者为之倾注时间与精力。其中,农村社区福利、农村公共服务、农村公共物品的研究是一个比较热闹的学术领域,也形成了一批引人注目的成果。我们也把学术目光投向了这个充满生机与活力的学术大花园。但与众多研究不同的是,我们更加关注农村社区自身的优势与能力。即农村社区如何在地方政府的指导下,因地制宜,发挥自身优势,调动各种资源,促进村民参与,建设各样福利设施,提供各种社区服务,促进社区发展的过程。

本章是全书的开篇。在这一章里,首先,我们将指出农村社区福利研究的现实背景、理论背景和全书的主要研究问题与研究目的;其次,为了更好地求解本项目的研究问题,达到研究目标,我们构建了本书的理论分析框架、界定了核心概念、交待了研究路径、设计了相应的研究方法;最后,我们将会阐述本书研究的学术价值与政策意义。

一 研究背景、研究问题与研究目标

本节主要介绍本书研究的现实背景与理论背景,并提出研究目标和具体的研究问题。

(一)研究背景

本书的研究背景主要包括两个层面:现实背景与理论背景,下面就这两个方面的背景做一个简单介绍。

1. 研究的现实背景

本研究的现实背景是城乡基本公共服务的差距过大，农村社区公共服务的研究显得尤为重要和迫切。

进入 21 世纪以来，中共中央提出全面建成小康社会、构建社会主义和谐社会、落实科学发展观等重大战略，引领全国人民为实现社会主义现代化建设的宏伟目标而奋斗。在此过程中，解决"三农"问题始终是重头戏。新世纪以来，中央已连续 10 次发布以"三农问题"为主题的"一号文件"，可见中央对农村工作的重视。党的十八大报告还特别指出三农问题是党在社会主义现代化建设工作中的重中之重。但我们如果换个角度思考，也可发现"重视"的背后恰恰隐藏着城乡差距过大的社会事实。其中明显的表现是城乡居民享受的公共服务差距①（Lily Tsai，2007；徐光平，2011）。

一是教育方面的差距。农村地区 18－64 岁的人口没有接受过任何正规教育的比例为 8.7%——是城市的 3 倍多。政府财政每年用于农村发展的各类支出仅占总支出的 10%—15%，占 GDP 总量的 1%，城市初中生的人均教育经费是农村初中生的近 8 倍（纪江明，2011）。近年来，农村生源的学生进入重点大学的概率远低于城市：北大农村学生所占比例从三成落至一成；清华 2010 级农村生源仅占 17%（潘晓凌，2011）。

二是医疗卫生方面的差距。从总量上看，城乡差距突出表现在占总人口 60% 的农村人口仅享有 25% 的公共卫生资源；从人均水平看，2005 年，中国人均卫生总费用为 662.3 元，其中，城市为 1122.8 元，农村为 318.5 元，城市为农村的 3.53 倍（项继权，2011）。此外，农村每千人口平均拥有不到 1 张病床，而城市的平均数字约 3.5 张；城市里每 1000 人的医生数是 5.2 人，在农村只达到 2.7 人。其造成的后果差异非常明显：农村的婴儿死亡率（2001）是 33.8%，几乎是城市（13.6%）的 3 倍（世界银行编，2008）。

三是社会保障方面的差距。受城乡二元经济结构的影响，社会保障也呈现出城乡二元格局（李迎生，2001：8）。从总体数据来看，1995－2008 年，城市人均社会保障支出占人均 GDP 的比重平均为 15%，已经达到某些发达国家 20 世纪 70 年代的社会保障水平，而农村的这一比例只有 0.18%，城市人均享受的社会保障费用支出是农村的 90 倍之多（申曙光，2009）。社会保险是我国社会保障体系中的核心部分。社会保险中的养老保险、医疗保险、失业保险、

---

① Lily Tsai 在福建、河北、山西和江西等地的实证调研表明，绝大部分农村公共服务供给水平相当低下（Lily Tsai，2007；转引自郁建兴，2012）。

生育保险和工伤保险在城市已普及。但新型农村社会养老保险近年来才在农村开始试点推行；医疗保险也直到2008年才基本覆盖；而失业保险、工伤保险、生育保险制度仍限于城市居民，将农民排除在外。社会救助是我国社会保障体系的底线，专门针对贫困人群。2003年城镇居民最低生活保障人数每万人中有2247人，农村居民最低生活保障人数每万人中只有367人（纪江明，2011）。

四是基础设施方面的差距。农村的供水、供电、道路交通、信息通讯等基础设施项目较少，并且缺乏日常的维护，少量的设施还隐藏着安全隐患。从我们在农村的调研来看，许多农村地区水污染严重，村民的饮水安全无法得到保证，身体健康受到严重威胁；村路、大桥等交通设施由于未能得到应有的维护，出现一些交通事故。

城乡基本公共服务的差距是影响城乡收入分配差距的重要因素。据统计，2007年，我国城乡居民人均收入比已达到3.33∶1。如果我们把基本公共服务包括义务教育、基本医疗等因素考虑在内，城乡居民人均实际收入差距高达5—6倍（华黎，2010）。按照这个比例分析，公共服务因素在城乡收入差距中的影响比重约为30%—40%。研究显示，农村家庭主要劳动力平均受教育年限每增加1年，贫困发生风险就可以降低12.9%；家庭非农收入比重每增加1%，贫困发生率就可以降低3.2%（迟福林，2009）。

因此，加快发展农村社区公共服务，解决城乡基本公共服务差距过大的问题，是缩小城乡收入差距过大，缓解农村贫困，促进城乡统筹发展，建成全面小康社会、构建和谐社会的重要任务。我们作为社会政策学者，完全有责任用所学知识从事这一问题的学术研究，为农村社区公共服务的发展尽绵薄之力。

2. 研究的理论背景

本研究的理论背景主要是基于学术界对农村社区福利或农村社区公共服务、公共物品的研究现状。

令人欣喜的是，近年来我们国家也在尽最大努力改善农村公共服务。2003年10月，中共十六届三中全会《关于完善社会主义市场经济体制若干问题的决定》提出了加强"农村社区服务""农村社区保障""城乡自我管理、自我服务"的要求。2005年，中共十六届五中全会确定了"建设社会主义新农村"重大任务。2006年，中共十六届六中全会《关于构建和谐社会若干重大问题的决定》首次提出农村社区建设的任务，指出"完善公共财政制度，逐步实现基本公共服务均等化"；要"全面开展城市社区建设，积极推进农村社区建设，健全新型社区管理和服务体制，把社区建设成为管理有序、服务完善、文明祥和的社会生活共同体"。2007年,《国务院关于加快发展服务业的若干意见》要求,大力发展面向农村的服务业,不断繁荣农村经济,增加农民收入,提高农民生活水平,为发展现代农业,扎实推进社会主义新农村建设服务。党的十七届三中全会指出,"发展农村集体经济、增强集体组织服务功能,培育农民新型合作组织,发展各种农业社会化服务组织,鼓励龙头企业与农民建立紧密型利益联结机制,着力提高组织化程度";另外,这次会议还提出,要"坚持服务农民、依靠农民,完善农村社会管理体制机制,加强农村社区建设,保持农村社会和谐稳定"。党的十八大指出"要加大统筹城乡发展力度,增强农村发展活力,逐步缩小城乡差距,促进城乡共同繁荣";要"加快完善城乡发展一体化体制机制,着力在城乡规划、基础设施、公共服务等方面推进一体化"。

于是,农村社区公共服务和社区建设进入一个快速建设和发展时期,相关理论、战略和政策研究也随之兴起。比如,推行农村免费义务教育、建立完善新型农村合作医疗、推行新型农村养老保险等等;加大农村的公共财政支出,夯实农村基础设施建设等等。众多学者也纷纷从自身的学科视角出发,展开对农村公共服务的研究,积累了丰富的文献,为政府建言献策。纵观政界、学界的研究成果,体现为以下几个特点:

第一,以政府为主体的研究,忽视了农村社区自身在公共服务供给中的作用。农村社区公共服务从政策制定、政策执行到政策接受整个过程,涉及到各级政府官员、农村村干部、村民等行动主体。这些行动主体在整个政策链条上扮演着不同的角色,承担着不同的任务。但在有关农村社区公共服务的学术产出中,绝大多数成果只是探讨政府在农村公共服务中的职能,很少研究村干部和村民在公共服务中的作用。多数成果指出,政府要通过制度化的措施,比如,加大公共财政支出、加强行政问责,推进农村公共服务建设(徐勇,2009;陈伟东、孔娜娜,2008;项继权,2006;郭建军,2007;张勤,2006;程汉中,2005;袁方成,2006)。诚然,各级政府的财政投入、政策下乡、工作指导等对发展农村社区公共服务是相当重要的,但各级政府的一切付出最终还得依靠村干部的落实和村民的参与。比如,政府通过公共财政手段,向农村拨款建设公共服务设施,但应该优先建什么项目,以满足村民迫切所需;应该建在哪个地方,才能顾及到各自然村的利益;应该怎么建设,才能适合当地农村的风俗习惯。这些问题只有村干部和村民最清楚,因为他们掌握着大量的"地方性知识"。而解决这些问题是提高农村公共服务有效性的重要保障。但是,学术界对这些问题却鲜有研究。因此,本书将从村干部和村民的角度出发,研究他们在农村公共服务供给中的作用及其产生机制。

第二,现有研究的角度是一种"缺乏"的视角,忽视了农村社区自身拥有的资产、能力与优势。目前的研究多数从"缺乏"视角出发,即看问题只是关注不足和缺陷,把农村社区视为一个充满问题及需要的地方,强调社区居民的问题性,认为社区居民是特别需要帮助的群体,他们的需要及问题要由外来的专业人士协助帮忙解决。因此他们只注重政府和一些专业社会工作机构对农村社区输送服务,而忽略了农村社区已有的优势(林万龙,2007;何精华等,2006;赵成福,2008;李秀忠,2007)。实际上,每个农村社区都有自己的一些优势和资源,比如在自然资源方面,某些村拥有丰富的泥沙资源、土地资源;在人力资源方面,很多村的村民身上都有一技之长;在社会资源方面,很多村周围都有学校、部队、企业等组织。这些资源都可以被农村社区充分利用起来发展公共服务。事实上,历史以来我国农村就有自我提供社区公共服务、自助互助服务的传统。关键是我们在努力实现基本公共服务均等化的过程中,如何赋予传统的农村社区公共服务新内涵与新方式。本书将从优势视角出发,探讨农村社区是如何在政府部门的帮助下,发挥自己的优势,整合各种资源,提供社区公共服务的。

第三,把提供农村社区福利、公共服务、公共物品与促进农村社区经济增长结合起来研究的成果少。从笔者掌握的学术文献看,有关农村社区福利、农村社区公共服务、农村社区公共物品的研究成果,绝大多数陷入"社会福利是经济发展附属物"的思维中。有的学者提出改革开放以来,我国经济发展获得了稳定快速发展,GDP增长率已连续多年保持在8%以上,2010年已经超过日本成为世界第二大经济实体,因此,要加强公共服务的支出(邱霈恩,2010)。这种观点隐含的逻辑是只有经济发展比较好,才能加大公共服务的支出。我国农村公共服务欠的账其实主要也是受限于二元经济结构,也即农村公共服务长期被认为是经济发展的附属物。近年来,西方发展型社会政策理论流派的研究却表明,社会政策也是一种生产力,是一种社会投资,可以积极促进经济增长。换言之,公共服务作为一种社会政策,也是一种生产力,也可以推动经济增长。本书将探讨农村社区是如何通过发展社区公共服务,促进社区经济增长的。

第四,在研究内容上缺乏对农村公共服务进行动态的过程研究。从目前的学术事实看,大多数学者未将社区公共服务设施与社区福利区分开,以为有了社区服务设施,社区福利发展水平就高(徐小青、郭建军,2008;龙兴海、曾伏秋等著,2009)。因而,他们的成果没有从过程的视角对农村社区公共服务设施的建设、维护管理、服务的提供等环节加以研究。实际上,社区福利服务体系中可分为硬件(社区服务物质设施)与软件(服务项目、服务内容、服务方式等)两部分。我们在农村调研中发现,有的农村社区服务设施建设之后,没有得到良好的经营管理,并不能满足村民的真正需要;有的利用率极低,根本谈不上提高村民的福利水平。王思斌称之为"社区服务项目建设和运行中存在的目标偏离"(王思斌,2006)。因此,本书将从过程的视角,考察农村社区福利设施建设的过程、经营管理过程以及福利产出过程。

(二)研究问题与研究目标

基于上述城乡公共服务差距过大的现实情况和相关学术文献的研究缺憾,本书将研究问题聚焦于:农村社区如何充分调动社区成员的主动性,在政府相关部门或其他外来力量的协助下,发挥自身的优势,盘活各种资源,进行资产①建设,为村民提供福利,促进其实现脱贫。本书将以闽南一个小乡村(兰村②)为例,阐述个案村的村干部如何调动村民的积极性,在地方政府相关部门的帮助下,扬长避短,实施资产建设,为村民提供各种福利,从而使一个不为外人知的贫穷落后村发展成远近闻名的新农村建设示范村。具体而言,我们将关注以下4个方面的问题:

(1)农村社区资产建设的历史背景及其福利理念是什么?

(2)农村社区资产建设的过程机制,包括建设主体、建设途径、建设项目是什么?资产建设过程中产生了什么福利效应?

(3)农村社区资产的运行机制,包括资产是由谁来经营管理的,如何经营管理,如何产出社区福利的?资产主要有哪些类型,产生哪些福利项目,村民对这些福利的认知与评价如何?

(4)农村社区福利对社区发展有什么作用?

通过以上4个问题的研究,本书的研究目标是:试图构建农村社区福利的一种理想类型(资产型农村社区福利),阐述它的分析框架与实践路径,以丰富农村社区福利的学术研究,为同类型农村发展社区福利提供参考。

---

① 本书讲的资产不是会计学意义上的资产,而是社会政策意义上的有形资产,包括提供福利的硬件设施、机构、资金。因此,这里讲的"资产建设"是在"福利"框架内使用的。比如,作为组织资产的村小学、老年会、妇代会分别为村民提供了教育福利、老年福利、妇女福利;作为实物资产的村公路、大桥为村民提供了交通福利;作为金融资产的村集体资金是村民各项福利的物质来源。关于资产、资产建设的概念说明,详见本章第二节。

② 兰村是学名,类似费孝通《江村经济》中的"江村"。

二 分析框架与研究设计

本节首先根据研究问题建立分析框架,将核心概念操作化并阐述其可能存在的逻辑关系;其次,将指出本项目研究的逻辑进路与特征;最后,将交待本书所使用的研究方法,包括资料收集的方法、资料分析的技术、研究的信度与效度、以及研究伦理等。换言之,本节的目的是提出本书的研究设计方案。

(一) 理论框架

1. 资产型农村社区福利的理论框架

库恩在《科学革命的结构中》(1962)最早提出范式的概念。范式是由其特有的观察角度、基本假设、概念体系和研究方式构成的,它表示研究者看待和解释世界的基本方式。在社会学中,存在着三种不同的范式:社会事实范式、社会定义范式和社会行为范式。它们表明了社会学家看待社会现象的不同方式或不同的观察角度(袁方,1997:64)。事实上,单靠某种研究范式都只能认识社会的某一侧面。在实际的研究中,三种范式都是相互联系的。本书在分析资产型农村社区福利的产生背景、产生过程及其功能中,在宏观上既考察了资产建设的经济社会背景、相关的社会制度等外部因素,在微观上也分析了资产建设主体的行为动机、意义等内部因素,因此,本书的研究范式是一个多维的视角,它综合运用了三种社会学范式的研究手段。

社会理论是一套加以系统陈述的、以可靠的经验资料为基础并在逻辑上相互联系的命题。在社会科学研究中,范式提供视角,而理论则在于解释所看到的东西。具体而言,理论的主要功能是:指导研究的方向;描述事物的状况和性质;解释现象之间的关系;预测未来的事件或现象(袁方,1997:72)。理论框架,也称分析框架,是关于论文研究问题的理论解释模型,一般由一组假设和论文中的核心概念组成,表明研究者的思维方式。资产型农村社区福利是本书的理论框架(参见图1.1)。这个理论框架是为了解决上一节提出的研究问题,从而实现研究目标;它需要本书三至七章实证资料的论证。

这个分析框架建立了资产建设与农村社区福利的理论关系。它概略地描述了6个核心概念,即资产建设、人力资本、社会资本、社区公益服务、资产型农村社区福利和农村社区发展之间可能存在的逻辑。具体如下①：

（1）农村社区的资产建设过程可能会产生积极的福利效应，增进社区的社会资本；

（2）农村社区的资产建设过程还可能会提升社区的人力资本；

（3）农村社区资产的经营管理过程可能会产生积极的福利效应，为村民提供各种公益服务，包括老年人福利、妇女福利、教育福利、文体娱乐福利、信息服务、就业服务、技术培训服务等。

（4）农村社区资产建设和经营管理过程产生的福利（资产型农村社区福利）可能会积极促进农村社区发展。

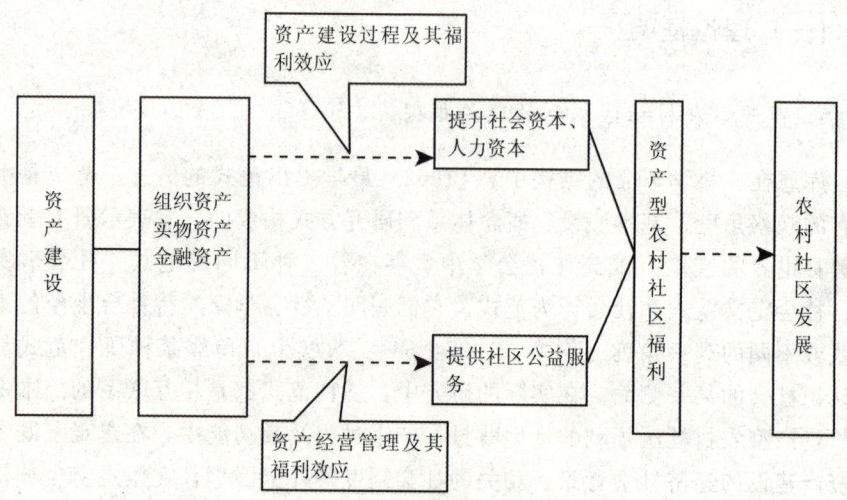

图1.1　资产型农村社区福利的理论框架

本书在研究性质上属于探索性研究和描述性研究的结合。探索性研究使用在对一个新问题的研究中，它一般可以达到3个研究目的：满足研究者深入了解某个事物的愿望；探讨对某个问题进行深入研究的可行性；发展后来研究需要使用的方法（Rubin & Babbie，1997：107；转引自彭华民，2007：45）。就目前的文献来看（详见第二章的文献述评），国内外学者对资产与福利关系的研究集中在个体与家庭层面，而社区资产的福利效应研究尚未见报道，所以本书的内容是一个较新的课题。笔者希望通过这个新课题的研究，深入了解农村

---

① 一般来说，质性研究为主的研究不需要提出研究假设，但由于研究逻辑与写作逻辑存在差异。我们虽然在研究中并没有明确的研究假设（谢若登的资产建设社会政策并不是我们的理论预设，而是本项目研究的切入点与理论参照），而是通过分析实证材料，让理论逐渐浮现出来，但为了更好地展现社区资产建设的社区福利效应，我们在写作过程中还是交待了核心概念之间的关系。

社区集体资产建设的福利效应有哪些,产生的过程是怎样的,对社区发展能起到什么作用以及发展在社区资产与福利关系研究中的多元研究方法。因此,本书是一项探索性研究。描述性研究的目的是对社会现象的状况、过程和特征进行客观、准确的描述,即描述社会现象是什么,它是如何发展的,它的特点和性质是什么(袁方,1997:128)。其主要逻辑方法为归纳法。本书正是使用归纳法将资料进行总结,描述资产型农村社区福利的特征及其产生、发展过程,因此,本书也是一项描述性研究。

2. 概念界定

(1) 资产

资产在严格意义上是一个会计学的专业术语。它是与债务(债权)相对应使用的。在会计结余单上,当所有债务与资产抵消后,剩下的便被称为净资产。经济学中的资产则是指某经济行为人或经济组织拥有或控制的、能以货币计量的经济资源(李宝元,2009:4)。迈克尔·谢若登[①]在《资产与穷人》一书中指出,《牛津英语词典》对资产的解释是"占有丰富",指某些要求的满足。它最早用于解决房地产的债务情况(迈克尔·谢若登,2005:117)。我国1998年版的《现代汉语词典》对于"资产"的解释是:财产;企业资金;资产负债表所列的一方,表示资金的运用情况。1989年版的《辞海》对"资产"的解释却是这样的:"负债"的对称,资金运用的同义词,指单位所拥有的各种财产、债权和其他将会带来经济利益的权利。

在社会政策学科中,美国社会政策专家John P. Kretzmann & John L. McKnight针对以满足需要或解决社会问题为取向的传统社区发展方法,提出以资产为基础的社区发展(Asset－Based Community Develpment,简称AB-CD模式)新策略。在Kretzmann & McKnight的定义中,"资产"是一个广义概念,包括各种有形和无形资产。主要有:(1) 个人资产,指社区居民的人力资本,如职业技术、个人才能和经验;(2) 物质资源,如社区的地理位置、绿地、能源、产业等;(3) 组织或机构资产,如医院、学校、图书馆、电视台、政府部门、第三部门等;(4) 文化资产,如历史文化遗产、民族构成、生活方式等(John P. Kretzmann and John L. McKnight,1993)。应该说这个概念对资产的界定较为全面,但是这种资产的界定过于宽泛,很难进行理论建构与经

[①] 对Michael Sherraden的翻译,国内有麦克尔·谢若登、迈克尔·谢诺登、迈克尔·谢若登等不同翻译方式。本书参照商务印书馆2005年出版Michael Sherraden《资产与穷人:一项新的美国福利政策》的译法,译为迈克尔·谢若登(参见彭华民等,2009:244)。

验研究。

华盛顿大学社会政策学者谢若登将"资产"概念引入福利政策的讨论中,在他构建的以资产为基础的福利政策理论里,资产主要指金融资产(货币储蓄和金融债券)。他认为,在社会政策领域中,资产可以是一个非常宽泛的概念,没有唯一正确的定义,适当的定义依赖于特定条件下的用法。但谢若登不赞同在政策实践中使用那些超出"有形资产"内涵的广义"资产"概念,认为广义的资产概念缺乏明确的指导性,而且从知识建构的意义上也不利于理论阐述和经验证明(迈克尔·谢若登,2005:128)。但谢若登仅探讨了个人和家庭的金融资产建设问题,未能对社区资产建设展开讨论。

蒂莫西·M. 马奥尼在分析可持续生计时指出,生计分析的主要单位是家庭及其财富或"资产"的存量。他将资产分为五个主要类别:金融财产(如现金收入、存款、退休金等)、人力资本(如技能、知识、健康状况等)、自然资源(如土地、森林、水、空气质量等)、实物资产(如房屋、社区的基础设施等)和社会联系(如亲属网络等)。他认为,不同资产之间存在有力的互补性(蒂莫西·M. 马奥尼,2005:18—25)。这种界定与 Kretzmann & McKnight 类似,资产的定义范围太宽,不利于知识建构与实证研究。

资产的占有者既可以是个体也可以是社会组织。不仅仅是个人可以占有资产,由个人组成的社会组织如社区同样也能拥有资产。与个人占有资产相似,社区所拥有的资产内容也可以十分广泛(彭晓梅,2007)。"无论是人力资本、社会资本,还是传统的物质资本或有形资本,都是重要的社区资产。"(高鉴国,2005)

可见,社会政策学科中的资产来源于会计学中的术语,但又有自己独特的定义。各位学者都是根据自己的研究需要界定资产的概念。综合以上学者的观点,结合笔者的研究目的,本书的资产主要指社区层面的有形资产①,即以村集体名义所有(不一定是法律规定的),全体村民共同使用、管理、占有的公益性资产。主要包括:组织资产、实物资产和金融资产三大类。各类别资产的

---

① 有形资产与社区公共设施区别:(1)学科视角不同:有形资产是资产建设社会政策理论中的重要术语,而公共设施主要是公共管理学科中的术语;本书的问题意识、研究方法与理论追求更多是属于福利社会学的范畴,为了更好地进行理论对话、研究论证,我们认为"有形资产"的概念更适合;(2)内涵与外延不同:资产是相对收入而言的,它是财富的积存(迈克尔·谢若登,2005:117);社区有形资产外延比社区公共设施大,如村集体的土地,我们一般不称之为社区公共设施,但它是社区有形资产的一项重要内容;(3)理念不同:有形资产建设更强调农民的主体性,而社区公共设施建设更突出政府的投入,前者更重视建设的过程,它是动态的考察,后者更重视静态的,如公共设施的数量;前者追求可持续发展,追求投资与回报。

第一章
绪 论

内容分别是：组织资产，指兰村小学①、兰村新农民素质培训学校、兰村老年会、兰村妇代会；实物资产，指兰青大桥与兰青公路；金融资产，指兰村金融储蓄。本书的"资产"定义与分类是基于以下考虑的：

第一，有形资产在社区发展的初级阶段往往处于首要的地位。有形资产是可以在一个比较短的时间内通过自觉的努力和行动实现的。因此，从社区资产的有形资产切入，是加快社区发展的有效途径。而作为本书个案村的兰村近几年来正是通过有形资产建设，才实现脱贫的。因此，本书将资产聚焦在有形资产，这也将使得理论构建与经验材料结合得更加紧密。

第二，资产建设社会政策中的"资产"并非一般意义的资产，而是在福利制度框架内所界定的资产，服从于社会保障的目标（孙炳耀，2007）。即文章的重点是要探讨资产与福利的关系，也就是说本书的资产不是广义上的资产，无所不包，它应该是能够提供社区福利、促使社区脱贫的有形资产。

第三，社区有形资产中最主要的是组织资产、实物资产以及社区的金融财产。因为这3项资产是提供社区福利最重要的机构、场所和物质来源。组织资产是团结社区居民的重要载体，而社区居民是社区有形资产建设的主体，也是社区福利的接受者。实物资产与金融财产则是产生社区福利的物质前提。

（2）社区资产建设②：农村社区③从自身的实际出发，因地制宜，通过调动内外部各种资源，进行各种有形资产的积累、经营与管理，包括盘活现存的有形资产与建设新的有形资产的活动。

---

① 学校在法律意义上属于国家的资产，但村级小学、幼儿园的建设、经营管理实践主要依靠村两委、村民，所以村民往往将村小学、幼儿园视为村集体的资产。调研中，兰村村民常讲"这些是我们村的，我们兰村小学、我们兰村幼儿园……"为了更清晰地展现兰村资产建设的过程，笔者将兰村小学、幼儿园视为村集体的资产。

② 资产的概念能被用于任何层次的经济组织，从个人到整个国家，甚至全世界。然而，谢若登的研究仅局限于个人、家庭层面；但我们认为非政府组织、社区也可以进行资产建设。对社区层面的资产建设，迈克尔·谢若登在其著作中也有提及："在群体和社区层面考虑资产积累策略，包括社区企业所有、互助住房、社区土地信托等"；"大量不同的以资产为基础政策的小型应用发生在地方社区、邻里和服务机构中"（迈克尔·谢若登，2005：257—258）。另外，他还以墨西哥南部一个贫困的农村社区为例，考察社区各种有形资产和无形资产的联系、流动、交叉和协作（迈克尔·谢若登，2005：126）。但对于农村社区资产建设的过程及其与福利之间的关系，他没有做深入研究。

③ 社区是进行一定的社会活动、具有某种互动关系和共同文化维系力的人类群体及其活动区域（郑杭生等，2003：272）。在福利社会学意义上，社区既是福利组织之一，又是社会福利制度的组成部分和福利供给的重要来源，社区居民则是社区服务的基本对象（范斌，2006：164）。基于本书研究内容的需要，农村社区主要指在农村社会中由于国家行政管理的目的，而划定的行政文化社区——行政村。

(3) 社会资本与人力资本。

①社会资本，本书指嵌入在一定社会关系和社会结构中的资源，包括内部社会资本和外部社会资本。前者体现为农村社区内部村民之间的交往、信任、互惠与规范等；后者体现为农村社区与外部社会组织的关系，如与地方政府的关系。

②人力资本，本书指凝结在村民身上的知识、技能、眼光及身体素质；可以通过教育、培训、文体服务等获得。关于社会资本、人力资本的概念我们将在第四章进行详细阐述。

(4) 社区公益服务。主要指农村社区在相关政府部门的帮助下，通过资产的经营管理，为村民提供各种低偿或无偿的服务。

(5) 资产型农村社区福利。界定这个概念之前，有必要将相关的概念进行说明。

①福利与社区福利：

学术界对"福利"的定义可以说是见仁见智。[①] 通过查阅牛津词典，我们发现"福利"（welfare）的古词是 farewell，意思接近于好运、好处、幸福、福祉和繁荣。日本社会福利学者一番濑康子认为，现代意义的"福利"综合了 well 和 fare 两词的内涵。前者译为"好"，后者译为"生活"，也即"福利"之意是好的生活、美好人生、幸福一生。国内学者刘继同认为，广义的福利泛指一切能提高人类生活质量、增加人类幸福感与满足感的社会制度、社会服务、社会环境以及经济条件、发展空间等等。可见，福利是一个非常宽泛的概念。

概括来讲，福利有多层内涵，有时表示效用，能满足人类的需要，这种界定常见于经济学中；福利有时作为一种状态，表示人们的需要得到满足，意"幸福、快乐"；福利有时作为一种制度，如社会福利；福利有时作为一种服务，如社区福利；福利有时作为修饰词，表示公益性、非营利性，如福利事业。

"福利"在本书中适用于不同但相关的含义。在"福利理念"、"福利效应"中，"福利"表示"好处"、"效用"，类似福利经济学中的福利；在"社区福

[①] 福利与社会福利的界定，学术界虽有一些探讨，但仍没有形成共识。景天魁先生曾专门撰文探讨大福利与小福利概念上的差别。他认为我国传统社会福利更多体现为"小福利"，即各级民政部门依据相关政策法规提供给特殊群体（老人、残疾人、妇女、儿童等）的货币福利与服务福利。他指出中国未来社会福利建构应走向大福利，福利对象全民化、供给主体多样化、供给方式多种化和灵活化（参见景天魁等，2009）。徐月宾认为，福利与社会福利的内涵和外延具有较大的弹性，根据不同的语境可有不同的界定。因此，他认为很难用"市场—非市场"、"赢利与非赢利"、"公与私"的简单二分法对社会福利和福利进行概念操作化（徐月宾，2012）。潘屹认为，福利是政府在个人和家庭收入、卫生健康、住房、教育、公共服务、教育培训等领域内的行为，它包括国家、非营利组织、社区、家庭或个人提供的福祉政策（潘屹，2012）。

利"中，表示多层含义，涵盖"好处"、"效用"、"幸福"、"快乐"、"公益性服务"等意思，但更多体现为一种非物质形态。① 在不同的语境下有所偏重，如社区建设的目标是增进农村社区福利，这时指"幸福"、"快乐"；而社区福利产出，则包括"公益性服务"、"幸福"之意。这种做法借鉴谢若登对"福利"的界定（参见迈克尔·谢若登，2005：219）。

②农村社区服务与农村社区福利：

A 农村社区服务：指政府引导支持、社会多元参与，以农村社区为依托，以社区组织为基本力量，以社区成员为服务对象，以满足成员生产、生活需要的各项服务，包括政府提供的基本公共服务、社区各种组织提供的服务、村民互助服务和市场服务等。包括有偿、低偿及无偿的各项服务。

B 农村社区福利[②]：广义上的农村社区福利类似农村社区公共服务，它是

---

① 以往关于社区福利的研究中，都是将福利硬件设施作为衡量社区福利的重要指标，如江立华、沈洁在设计城市社区福利评价指标中，将基础设施的权重放在第一位（江立华、沈洁，2008：284）。其实，硬件设施只是福利供给的一个必要条件，而不是充分条件。换言之，硬件设施只是获得福利的一种方式。硬件设施如果没有得到居民的有效使用，它只是个摆设，根本不能给居民带来实际的福利，有时甚至成为劳民伤财的"形象工程""政绩工程"。我们在农村调研中，发现有的村也有残疾人康复中心，而且康复器材也都比较完备，但放在一栋大楼的 4 层，而且没有电梯，残疾人要使用，面临很多不便，所以，那些器材基本处于闲置。这种状况正是吉尔伯特福利输送理论中"福利不可获得性""福利不可及性"等概念的实际体现。因此，我们认为将提供福利的硬件设施列入"有形资产"（体现为物质形态的村集体资产）中，考察它如何被经营管理，为村民提供福利（主要指服务，更多体现为非物质形态），这样更能真正研究社区福利的实际效果。这种界定是与以往社区福利研究的不同之处。它有利于人们反思福利评价指标（比如，应更注重居民对硬件设施的使用率、满意率，而不只是考察硬件设施的数量），有利于人们对传统福利硬件设施的保护、管理、使用，以真正给群众带来实实在在的"福利"；在某种程度上，也有利于减少"形象工程""政绩工程"的数量。林万龙在研究农村公共服务时也指出，目前在财政对农村公共服务的支持中，大量的资金投向了建设环节，这对于提高农村公共服务的设施水平无疑很有意义，但是，对管护的投入却非常不够，以至于农村基础设施利用率不高，农户对管护环节的供给状况很不满意（林万龙，2007）。

② 相关的概念有农村公共物品、农村公共服务。公共物（产）品的形态一般包括：公共设施，如图书馆、绿地、广场、社区服务中心等；劳务服务，如咨询诊疗、照顾、护理等；普通公共消费品，如信息资料、免费药品、救济品（金）等一次性消费品。公共物品有三种类型：（1）纯公共物品（如阳光、空气或社会福利），具有完全的可接近性和非竞争性；（2）公共池塘物品（湖泊、公园、运动场地），具有可接近性和竞争的消费性，即某个人的消费意味着其他人将减少消费或使用；（3）俱乐部/收费物品，消费有竞争性，可限制对其接近。（高鉴国，2005）因此，本书的有形资产、社区福利都属于公共物品。而农村公共服务是指"农村地区为满足农业、农村发展或农民生产、生活共同所需而提供的具有一定的非排他性和非竞争性社会服务。是不具备物质形态，而以信息、技术或劳务等服务形式表现出来的一种农村公共产品"（徐小青，2002：41、47）。可见，在外延上农村公共物品大于农村公共服务，而农村公共服务又大于狭义意义上的农村社区福利（即本书的定义）。

农村社区服务的核心部分,指在政府相关部门的指导下,以农村社区为依托,以满足村民的日常生活需要为基本内容,以提高村民生活质量为旨归的各项福利措施总和。具体包括社区提供的福利服务、社区内机构提供的福利、村民互助服务、政府委托社区具体实施的福利等。一方面,社区是各种福利项目承接的平台;另一方面,社区作为福利供给的主体。主要指低偿或无偿的服务。狭义上的农村社区福利,主要指农村社区自我提供的福利。本书的农村社区福利主要从狭义的角度界定。

综合以上相关概念的解释,本书的"资产型农村社区福利"是农村社区福利的一种理想类型,指农村社区在政府相关部门的帮助下,通过整合社区内外的各种资源,进行有形资产的建设,在此基础上,解决村民的生产、生活问题,以提高村民生活质量,使农民生活幸福的各种公益性服务(通常表现为非物质形态),包括农村社会问题的解决、村民需要的满足和实现人的发展潜能,具体体现为各种社区公益服务的输送、社区社会资本的增进、人力资本的提升。

资产型农村社区福利的主要特征:

从福利供给的主体看,农村社区是主体,但并不是说政府不再承担任何责任,相反,政府起着重要的工作指导和政策支持作用(如土地政策)。

从建设过程看,突出农民的主体性,村干部如何带动村民商量资产建设事宜,如何建设资产、经营管理资产,如何提供福利,村民的主观感受怎样。

从地域看,局限于农村社区,具体指行政村。即只有村民才能享受到的福利。

从对象看,对象不局限于传统的老、弱、病、残等民政服务对象,而是全体村民都有权利享受到相应的社区福利。

从宗旨看,提高村民生活质量。不只是为村民提供基本生活服务,还包括生产发展、人的潜能发挥等综合项目。

从发展前景看,突出可持续性、社会投资与回报,区别于一般意义的社区福利,如收入型社区福利。比如,我们在调研中,有些村也建设商品房、店面,但他们不是将这些有形资产出租赚取租金,而是一次性卖给私人,然后将钱发给村民或作为村日常开支使用,经过一段时间之后,这些钱很快被花完。这种就是典型的收入型社区福利。

(6)农村社区发展:指农村社区成员在政府的协助下,依靠自身的力量,协调社区各方面的关系,充分利用社区的资源和优势,通过互助和自治的方式,改进社区的社会、经济和文化状况的过程。

下表是对本书两个关键概念操作化的总结。

表 1.1 "资产建设"与"农村社区福利"概念操作化

概念 (一级变量)	二级变量	解释
资产建设	组织资产	村小学、村新农民培训学校 村老年会、村妇代会
	实物资产	村兰青公路、村兰青大桥
	金融资产	村集体资金
资产型农村 社区福利	社会资本	交往、参与、信任、互惠、规范与制度
	人力资本	知识、技能、眼光、观念
	社区公益服务	教育福利、培训福利、老年人福利、妇女福利、交通福利、医疗福利、安全保障、环境清洁、困难救助等

(二) 研究路径

本书围绕农村社区如何通过资产建设为村民提供福利的问题展开，研究目标在于试图构建资产型农村社区福利的理论分析模型，并为发展农村社区福利提供社会政策建议。本书的研究问题可细化为三个具体问题：(1) 资产型农村社区福利为什么能够产生？产生的背景与福利理念是什么？(2) 资产型农村社区福利是怎么样产生的？产生的过程与主要内容是什么？(3) 资产型农村社区福利有什么作用？它对农村社区发展有何功能？为了解决这三个问题，结合前文的理论框架，本书构建了研究路径图（见图 2.2）。研究路径图表明了全文的主题、各章节要探讨的内容。

全书的主题就是在分析农村社区资产建设与社区福利关系的基础上，构建资产型农村社区福利的理论分析模型，描述这种社区福利的建设背景与理念、分析其建设的过程、方法与内容、探讨其与农村社区发展的关系。

本书的研究内容共 8 章，可分为 3 个单元。第 1 单元包含第一一二章的内容，表明了文章的研究问题、理论框架与研究方案。第一章绪论，首先交待了论文研究的现实、理论背景与核心问题；其次，针对研究问题，建立了本书的理论框架（资产型农村社区福利），界定了资产、福利、社区福利、社会资本、人力资本、社区公益服务、社区发展等核心概念并阐述它们之间可能存在的关系；然后，交待了本书的研究方法，包括资料收集的方法、资料分析的方法、研究的信度与效度、研究伦理等。最后，指出本书的研究意义与可能的创新之处。第二章文献述评，对与本书研究主题相关的资产建设社会政策、资产为本的社区发展、社区福利三大领域的文献进行系统的梳理与述评，指出现有学术成果的研究贡献与不足。

第2单元是本书的实证研究部分，包括第三—七章的内容。第三章描述了资产型农村社区福利产生的背景，分析其背后的理念。文章将在宏观、中观、微观三个层面分别从现代化、市场化、城市化、全球化等社会转型元素、新农村建设、农村社区建设和"美丽乡村"建设等政策元素、个案村自身的村情等多个维度对资产建设的产生背景展开论述。在此基础上，文章还将分析个案村资产建设的福利理念。

第四—五章是在第三章的基础上，分析了个案村资产建设的过程及其产生的社区福利效应。文章将主要分析个案村制定资产建设规划、创建组织资产、建设实物资产以及积累金融资产的过程，村干部、村民、地方政府在建设过程中各自的作用是什么，他们之间是如何互动的，采取了哪些建设方法；在此基础上讨论个案村在资产建设过程中社区社会资本、人力资本发生的变化。

第六章是在第四—五章的基础上，分析个案村资产的经营管理过程及其社区福利产出。文章将分别探讨组织资产、实物资产和金融资产的经营管理策略，讨论它们各自提供的社区公益服务。比如，组织资产中的村小学是如何提供教育福利的，兰村新农民素质培训学校是如何提供免费培训服务的，村老年会是如何为老年人提供福利的，村妇代会是如何提供妇女福利的；实物资产中的兰青公路与兰青大桥是如何提供交通福利的；金融资产是如何提供医疗卫生、安全保障、环境清洁以及困难群体救助等福利的。

第七章则主要在第四—六章论述的基础上，讨论个案村资产建设过程中的社区福利（也就是本书提炼的"资产型农村社区福利"）对农村社区发展的作用。文章将从社会资本、人力资本、社区公益服务三个维度展开论述，探讨这三项社区福利对社区经济增长、社区稳定的作用。在此基础上，初步提出"福利资本"的概念。

第3单元是全文的总结部分，也就是第八章的内容。在这一章里，我们将对全文的观点进行总结并与相关的理论展开学术对话，同时提出发展农村社区福利的社会政策建议。在总结部分，主要是在第三—七章的基础上，归纳资产型农村社区福利的产生背景与理念、产生过程（即资产建设的主体、建设的方法、建设的内容）、对社区发展的功能。在学术对话部分，将主要与发展型社会政策、资产建设社会政策、以资产为本的社区发展三个理论展开讨论。在发展农村社区福利的社会政策建议中，主要针对个案村的情况，指出资产型农村社区福利发展中存在的问题及其改进途径。

本书3个单元、八章的内容紧密相连、环环相扣、层层推进，共同围绕农村社区资产建设与社区福利的关系这条主线，试图构建农村社区福利发展的理想类型：资产型农村社区福利。

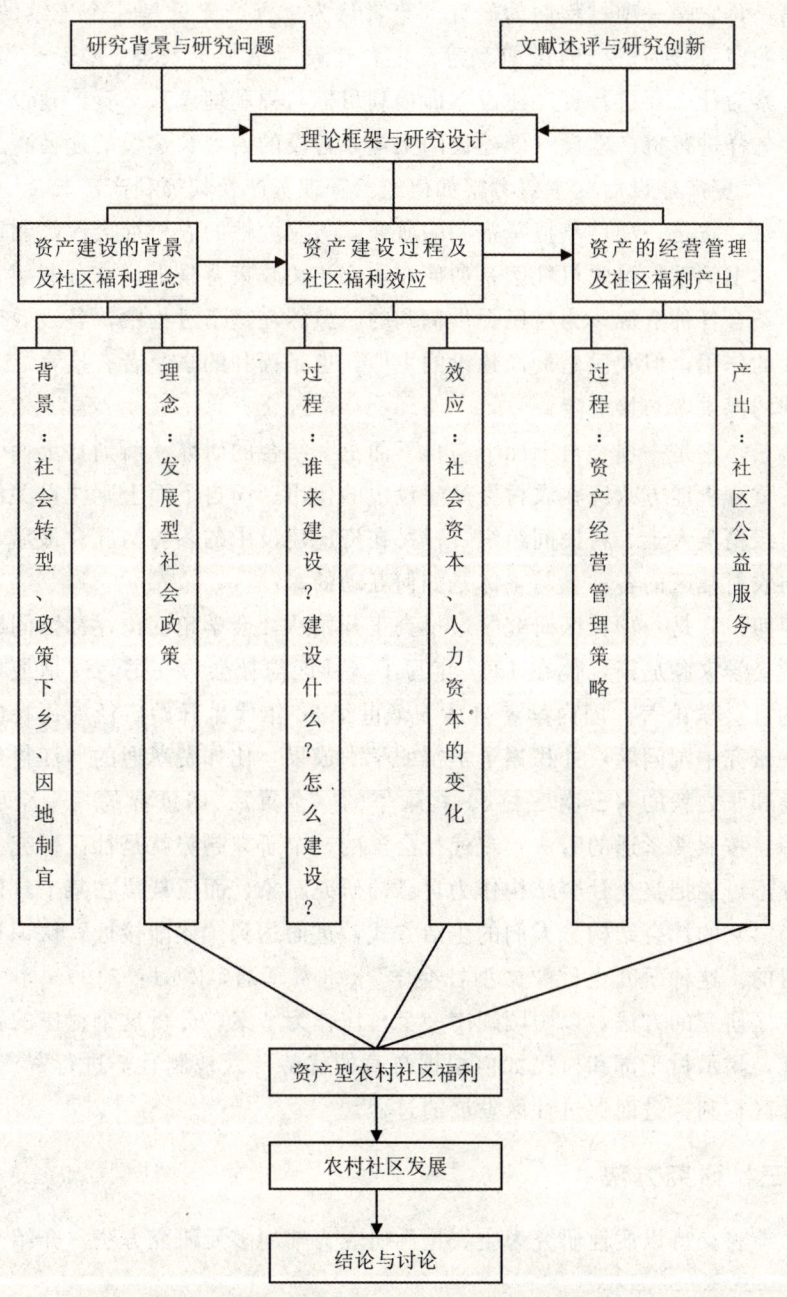

图 1.2　资产型农村社区福利研究路径

本书的研究路径有下列四个基本特征：

第一，它是一项过程性的研究。笔者认为，资产建设是一个连续的系统，按时间顺序可分为资产建设前、建设中和建设后三个子系统。"资产建设前"主要考察为什么要进行资产建设（即福利目标与福利理念）；"资产建设中"主要考察怎样进行资产建设（即建设的主体、建设的内容、建设的途径）及其福利效应；"资产建设后"主要考察如何经营管理资产及其福利产出。

第二，它是一项"草根"福利的研究。与制度性的农村社会保障制度研究不同，本书侧重探讨农村社区是如何在国家相关政策背景下，充分利用自身的优势，整合各种资源，为村民提供福利的。虽然在这个过程中，各级政府也起了很大的作用，但农民是资产建设的主体，也是福利的享受者。换言之，农民是福利的提供者与接受者。

第三，它是一项"自上而下与自下而上"结合的研究。所谓自上而下，本书将着重分析地方政府在农村资产建设中的作用；而自下而上则注重关注村干部、村级精英人士、村民间组织、村民在资产建设中的参与情况；最后，考察政府与农村社区的各种参与主体是如何互动的。

第四，它是一项社区研究。最早真正开始从社会学角度论述社区问题的是德国社会学家滕尼斯，他在1887年写了《社区与社会》一书，这是最早有关社区的社会学论著。国内学者自从上个世纪30年代也开始广泛应用社区研究的方法研究中国问题，并积累了丰富的学术成果，比如费孝通的《江村经济》、费孝通和张之毅的《云南三村》、林耀华的《金翼》、杨懋春的《一个中国村庄》等。按照费孝通的看法，现代社会学的一个研究趋势就是社区研究。社会学研究不可能把整个社会结构作为自己的研究对象，而应聚焦在某个具体的社区，考察它的社会结构、人们的生活方式，进而达到"逐渐接近"认识社会全貌的目的。这种研究也称"微型社会学"①（费孝通，2001：319）。本书正是应用社区研究的方法，以中国闽南一个村庄作为个案，分析这个村庄的社会经济状况，揭示村干部和村民如何根据自身的优势，因地制宜，进行资产建设，提供社区福利，进而促进社区发展的过程。

（三）研究方法

本节将交待以质性研究为主、量性研究为辅的多元研究方法，介绍个案村

---

① "微型社会学"的概念最早是由马林诺斯基的大弟子Firth教授在研究马来西亚一个渔村时提出的，意思是以一个人数较小的社区或一个较大的社区的一部分为研究对象，研究者亲自参与当地的社会活动，进行亲密的观察。实际上就是人类学常用的田野作业法。

的情况以及选择调查区域的理由、讨论资料收集的方法、交待资料分析的方法，分析资料的信度和效度，并阐明研究遵守的伦理原则。

1. 主辅设计的多元研究方法

多元方法（multimethod，mixed method，triangulation method），指研究者为把握复杂的社会现象而在某个研究中应用多项研究方法（技术）收集和分析资料，用不同的方法去避免同一个方法论和具体方法上的缺点。社会科学研究者希望如同导航员一样，借助不同的、多元的方法去定位一个目标的信息，以减少误差，使研究的效度和信度更加理想。Denzin 最早将多元研究方法的概念引入社会科学的研究中（Denzin，1978；转引自彭华民，2007：53）。多元研究方法有三种设计思路：一是质性研究与量性研究处于同等地位；二是主辅设计，以质性研究为主或者以量性研究为主；三是在一项研究中多层面使用质性和量性的方法（彭华民，2007：53）。

本研究在方法论上采取质的研究（qualitative research）为主，量的研究（quantitative research）为辅。"量"的研究从特定假设出发将社会现象数量化，计算出相关变量之间的关系，由此得出"科学的""客观的"研究结果；而"质"的研究强调研究者深入到社会现象之中，通过亲身体验了解研究对象的思维方式，在收集原始资料的基础之上建立"情境化的""主体间性"（intersubjective）的意义解释（陈向明，2000：1）。

从研究类型讲，本研究属于个案调查。个案调查是从研究对象中选取一个或几个个体（如个人、家庭、企业、社区等）进行深入、细致地调查。它的主要作用是详细描述某一具体对象的全貌，了解事物发展、变化的全过程。与抽样调查相比，个案调查不是客观地描述大量样本的同一特征，而是主观地洞察影响某一个案的独特因素（袁方，1997：135）。这种研究虽然不强调将研究结论推及到超越于个案之外的范围，但这种研究结论具有启发意义，事实上它往往是针对更为广泛的总体的理论假设的来源，而理论假设往往又是实证主义范式所指导的定量研究的逻辑起点（风笑天主编，2006：216）。本书主要选取福建省 NA 市 KM 镇兰田村（即"兰村"）作为个案，深入研究该村社区资产建设的背景、过程、经营管理及其社区福利的产生，提炼资产型农村社区福利的理论解释模型和实践发展路径。NA 市 KM 镇兰村位于晋江支流东溪东畔，省道 307 线穿境而过，现有土地面积 6200 多亩，其中耕地 1300 亩，散居着 8 个自然村、10 个村民小组。截至 2013 年底全村共 798 户，总人口 3392 人，其中党员 112 人。改革开放后兰村社会经济有一定程度的发展，但村集体经济薄弱，2003 年村财收入只有 2.9 万元。2004 年村集体负债 40 多万元。70% 以上的农民靠外出打工维持生计。"兰田村，烂田村。"想当年，这句流传远近的顺口溜成了兰村人心口上的一个伤痛。但自从社会企业家潘先生2004年担任村支书以来，兰村社会经济事业取得了较大的发展。2008年全村工农业总产值1.4亿，农民人均收入10350元，2006－2008年村财政收入共计2013万元；2009年，实现全村工农业总产值1.5亿元，农民人均收入11180元，村财收入380万元；2012年，兰田村工农业总产值7.63亿元，村集体收入345万元，村民人均纯收入21002元。近年兰村荣获市级以上的殊荣有："农业部农业农村信息化示范村"和"农业部农村实用人才培训基地"；"2013年全国村庄规划编制试点村庄"；福建省"先进基层党组织""第十届文明村镇""人民调解先进集体""福建省生态村""2012年泉州市美丽乡村入围村"等；兰村妇代会被评为"全国三八红旗集体"、团支部被评为"全国五四红旗团支部"。该村在较短的时间内取得较大成就的原因之一是，他们制定了《兰村经济社会发展十年规划（2004－2014）》[①]。这份规划分为三阶段：第一阶段从2004－2005年，主要完成中心村的村部办公楼、小学综合教学楼、老人活动中心和幼儿园四项工程建设；第二阶段从2006－2008年，主要任务是整理村集体滩涂的溪埔土地，砌筑1.09公里防洪堤，修建兰青公路、兰青大桥以及创建"NA市兰田新农民素质培训基地"；第三阶段从2009－2014年，主要目标是使村集体经济获得更大发展，村民生活更加富裕，到2014年争取每一个家庭都有三室一厅的住宅；有四个轮子的车子；五个工作日；六位数的存款；实现儿童免费入学，60岁以上老人每人每月发放100元的敬老费（佚名，2007）。前两阶段的任务已基本完成，当前兰村正为实现第三阶段的目标努力奋斗。

我们选择兰村作为个案的理由，是因为这个村庄有下列值得注意和研究之处：

首先，兰村近几年的发展历程很值得研究。往日的兰村被人家称为"烂田"村，村民也常被外村人笑称为"难民"。用当地村民的话讲，村里年青小伙子想找外村的媳妇都有点难；当打出租车到兰村时，很少司机知道兰村。村集体经济薄弱，村干部工资好几年都无法按时发放；村民主要以外出打工、种田谋生，村民生活水平低下。村基础设施严重落后，没有一条像样的村路，没有幼儿园；村民不团结，造成一个村有2所小学、3个老年会并存的奇怪现象。但是自2004年以来，兰村的村民在新一届村两委的带领下，充分发挥自身的优势，盘活各种资源，实施10年经济社会发展规划，先后建设新小学、幼儿园、老年会、村行政文化中心、修建村公路和大桥、壮大村集体经济，兰

[①] 关于兰村经济社会发展10年规划的具体内容及其制定过程我们在第三章将会详细介绍。

村发生了巨大变化,由一个贫困落后的小乡村变成远近闻名的明星村。兰村先后获得了国家、省、市各种奖励,并成为新农村建设示范村、国家信息化扶贫示范村、社区建设试点村。兰村发生如此变化的过程是怎样的,为什么它能够这么快地脱贫,有何经验可以借鉴,这个村的素材是否可以进行知识建构并丰富相关的学术成果?这些问题都是一个学习社会学和社会政策知识的人所必须思考的。这是一个值得我们投入时间与精力进行深入研究的村庄。

其次,从研究的可行性讲,我们也具备研究兰村的有利条件。一方面因为课题负责人与部分课题组成员都是本地人,有各种人脉关系,可以比较容易地进入调查地,获取较多有价值的资料。课题组成员中有两位在当地县政府(NA是个县级市)任职。其中一位是当地分管农业副市长的秘书,他帮忙联系了兰村的调研事宜,为我们提供了调研所需的食宿、交通方便。由于有这种关系,兰村的干部、村民也更加积极地配合我们的田野调查。他们毫无保留地将各种工作报告、村档案、统计数据等材料给我们。令我们印象最深刻的是,那14卷写得密密麻麻的会议记录,记录了兰村2004—2013年走过的每一个脚印,为我们的论文写作提供了丰富的素材。刚进入兰村调研时,我们是以"公家"的身份面对被调查对象,但随着调查时间的推进,我们与他们慢慢地成为了朋友。而这时的调研也更加地自然、方便。在兰村,课题负责人结识了一位挚友。他是兰村的副村长,也是唯一的专职村干部。调研中,他帮我们联系访谈对象、配合做好问卷的发放与回收、提供各种书面材料。可以说,没有他的帮忙,我们的田野调查就无法进行得那么顺利。另一方面,由于课题组成员多数从小就在当地农村长大,熟悉地方方言(闽南话)与乡土风情。对于从事较长时间的田野作业的研究者来说,掌握被调查地点的方言是相当重要的。这一点是我们在调研中的深刻体会。有一个课题组成员不会讲闽南话,访谈的时候,需要有人翻译,访谈过程相当艰辛。最大问题是受访者不能与访问员进行较好地互动,会漏掉很多有用的信息。所以,访谈的时候主要由会闽南话的课题组成员与受访者交流。而熟悉当地农村的风土人情也是相当重要的,它可以让我们更好地理解受访者的言辞,更好地体会到受访者的行动情境。

再次,课题负责人对兰村已经作了较长时间的跟踪,这有利于提高研究的深度。课题负责人于2005年年底就开始关注兰村,当时主要将学术目光放在新农村建设的开展情况;2007年开始关注兰村新农民培训学校的工作情况;2008年9月份开始关注兰村的农村社区建设。后来在阅读大量文献的基础上,我们于2009年初,就确定选择兰村作为学术研究的田野调查点。2010—2011年我们开始在兰村开展农民素质培训。从2009年6月—2013年8月,我们先后11次到兰村进行实地调查。这11次调研的时间分别是2009年的6月底—7

月初、9月中旬；2010年的3月中旬、8月中旬和12月初；2011年的7月底8月初；2012年的1月上旬、7月底8月初；2013年1月下旬和2月中旬。每次调查时间7天左右，回来之后我们赶紧整理资料，并准备下一阶段要调查的问题，部分材料有时通过电话访谈获得。这种跟踪调查更能深入地考察兰村的历时性变化，为论文的写作提供新的资料。

除了以上几个特殊的原因之外，选择村落研究的一个共因就是因为农村社区是社会学研究比较合适的分析单位。费孝通在《江村经济》一书中指出，"为了对人们的生活进行深入细致的研究，研究人员有必要把自己的调查限定在一个小的社会单位内进行。这是出于实际的考虑。调查者必须容易接近被调查者，以便能够亲自进行密切的观察。另一方面，被研究的社会单位也不宜太小，它应能提供人们社会生活的较完整切片。"另外，他认为，"把一个村子作为单位最为合适"（费孝通，2001：24）。

2. 资料收集方法

本部分将根据理论框架和研究路径的设计，交待研究中的抽样方法和资料收集方法。

（1）试调查。在正式确定选题之前，笔者已对个案村进行试调查。主要访谈了NA市新农办的干部、乡村干部、村民，了解个案村新农村建设的情况。实地参观了它们的基础设施建设状况和村民生活状况。查阅并收集个案村的年度工作汇报、村档案文献等文字资料。这些前期调查对选题的确定及研究设计打下了较好的基础。

（2）访谈法。因本书的研究方法是以质的研究为主、量的研究为辅，访谈法是本书最重要的调查方法，访谈法获得的资料是本书研究的主要资料。在访谈中，我们主要采用了深度访谈、小组座谈、重点访谈和电话访谈相结合的方法，采取半结构化访谈的形式，使用了提问和追问的技术来进行访谈。我们在访谈中本着开放的态度，记录访谈时的情境，倾听受访者的声音。整个调研过程中，我们对30位村民和村干部进行了成功地深度访谈，形成了10多万字的访谈资料，为论文的写作提供了丰富的素材。同时，在有关村干部的协助下，我们还召开了6次座谈会，每次座谈会的对象包括村干部、村民代表和普通村民，数量一般在10—15个。另外，我们还对NA市分管农业的市领导、NA市农村办公室的干部、KM镇干部共7人进行了重点访谈。以上三种访谈方法都属于面谈，但由于我们在整理这三种访谈法获得的资料过程中对某些问题又有了新的认识，需要再对某些相关人员进行深入了解。碰到此情形，我们更多借助电话访谈及时获得相关材料。

在访谈内容上,深度访谈和小组座谈的内容主要围绕村集体资产的建设背景、建设过程及其社区公益服务的提供情况。而重点访谈的内容则集中于政府与兰村的关系。访谈对象的选择均采用目标抽样的方法。

(3) 观察法。以参与观察为主。到个案村生活一段时间,参与村集体活动、村民日常生活。重点观察社区资产的经营管理过程,村民接受福利服务的实际情况。比如,观察兰村农民培训情况、村容整洁情况等。对所观察的实地情况进行记录、照相。此外,我们还运用时间抽样观察法和场合抽样观察法作为补充。比如,运用时间抽样观察法,观察村民晚间参加广场舞等文娱活动的情况;运用场合抽样观察法观察兰青大桥、兰青公路、标准厂房、菜市场等资产的运作实效。

(4) 文献法。贯穿于整个研究过程。在研究开始之前,课题组成员查阅了国内外目前关于农村社区福利、农村社区服务、资产建设社会政策理论、以资产为本的社区发展理论等大量文献,了解当前的研究进展,并借鉴已有的研究经验和研究成果,确定本课题的研究框架。其中美国社会政策学家 Kretzmann & McKnight 的《社区建设的内在取向:寻找和动员社区资产的一条路径》以及迈克尔·谢若登的《资产与穷人:一项新的美国福利政策》是很好的思想宝库,这些经典著作为本书提供了丰富的资产建设理论及其研究方法。

在研究中,我们还查阅收集 NA 市、当地乡镇、村的文件、工作报告、档案以及各种媒体对个案村的报道等文字资料。其中兰村的会议记录是本书写作的重要资料。而论文撰写过程中的文献查阅,也为本研究奠定了扎实的理论基础。

(5) 问卷法。问卷调查在本书主要用于了解村民对资产型农村社区福利的了解、享受与评价情况。问卷调查分为试调查和正式调查两个阶段。我们于 2011 年 8 月根据访谈法、观察法和文献法获得的文字资料设计了试调查问卷,并进行了发放、回收、统计分析与修改工作。到了 2011 年 12 月初,我们又做了问卷的正式调查工作。在正式调查阶段,我们总共发放了 300 份问卷,回收 274 份,回收率 91.33%,有效问卷 263 份,有效率达 95.99%。问卷发放采取随机抽样的方法:每个村民小组随机选取 30 个 18 周岁以上的村民作样本。

调查过程中,根据受访对象的文化知识水平,有的由受访对象当场填完后回收;有的由访问员(全部经过培训)手持问卷对村民进行结构性的调查("一问一答")后回收。下表是对实证资料收集方法的总结。

表 2.2 资产建设与农村社区福利研究变量和资料收集方法列表

概念（一级变量）	二级变量	解释	资料来源
资产建设	组织资产	村小学、村新农民培训学校 村老年会、村妇代会	访谈资料、档案、观察日记
	实物资产	村兰青公路、村兰青大桥	
	金融资产	村集体资金	
社区福利	社会资本	交往、参与、信任、互惠、制度	访谈资料、档案、观察日记、问卷
	人力资本	知识、技能、眼光、观念	
	社区福利服务	教育福利、培训福利、老年人福利、妇女福利、交通福利、医疗福利、安全保障、环境清洁、困难救助等	

3. 资料分析方法

（1）内容分析。主要用于对访谈法收集的资料①进行分析。该方法于20世纪五六十年代开始在传播学中使用。近年来被广泛使用在传播学、教育学、人类学、心理学研究领域中。Janis认为从符号学角度看，内容分析法可以分成三种：语用内容分析，即符号归类的标准是发出符号的原因及其可能产生的结果；语义内容分析，即依照符号的内涵，将其归类；符号内容分析，即以符号出现为计算次数的标准（彭华民，2007：59）。本书研究的访谈资料分析可以归入语义内容分析类别。当然，内容分析又有定性分析与定量分析之分。本研究的访谈资料分析属于定性的内容分析。

对于政府的文件、媒体的报道、村的工作总结、档案等文献资料也采取内容分析，进行归类概括。

访谈资料内容分析的步骤如下：①从华侨大学国情调查协会聘请4位NA籍的学生当研究助理，让他们帮忙将访谈录音资料转换成文字，并整理每次访谈的时间、主题、受访者的背景资料等，然后归类建档。4位研究助理均为高年级的本科生，除了熟悉当地方言和乡土人情外，还都有一定的社会调查知识和经验，都参加过国家、省挑战杯大赛并获奖。②会闽南话的课题组成员复核访谈语音转来的文字资料，以提高访谈资料的准确性和可靠性。③课题负责人多次仔细地、认真地收听访谈录音资料和阅读访谈文字资料，并对照访谈笔记，从受访者的语气、表情、话语等多角度寻找对访谈资料的深入理解。④编

---

① 在村落研究方法方面，传统村落研究中常使用"文本概括法"和"文学概括法"来处理个案调查的访谈资料（李培林，2004）。本书对访谈法获得的资料主要运用"文本概括法"进行归纳分析。

码与归类。将每份访谈资料中的内容，按照理论框架中的 2 个一级变量第一层次编码，以 6 个二级变量为第二层次编码，以变量的解释内容为第三层次编码。然后根据理论框架和研究路径的设计，将访谈资料放入相应的主题，讨论论文核心概念之间的关系是否能成立。⑤将访谈资料的分析结果与其他资料的分析结果进行对比归类。

兰村会议记录也是本书研究的重要资料。会议记录的分析过程是这样的：由于兰村负责会议记录的村干部已为我们提供了完整的会议记录手写资料和电子版资料①，我们先让研究助理将会议记录的手写资料与电子版资料校对清楚，并将有差异的地方记录下来，然后，我们再去找做会议记录的文书核对。会议记录核对清楚后，我们再多次地认真阅读、做笔记，并编码归类。编码归类的方法与访谈法相似。

本研究所用的政府文件、村工作报告、总结或档案材料、媒体报道以及相关文献也按照访谈资料的编码分类方法进行分析。

（2）"过程—事件分析"。孙立平在研究国家与农民关系的过程中认为社会学研究应告别那种静态的、表面的研究，而应从动态的、过程的角度分析社会现象，从而提出"实践社会学"的理论与方法。"过程—事件分析"是实践社会学的重要研究策略。比如，在涂尔干看来，"社会事实"是一种"集体表象"，它是客观的、外在的、静止的；而在实践社会学看来，它是动态的、生成的、过程性的。"过程—事件分析"方法就是要把握事件运作的过程，它关注事件的过程、机制、技术和逻辑，具体操作往往采取日常生活事件或深度的个案（孙立平，2002）。本书侧重对观察法、访谈法收集到的资料进行"过程—事件分析"，通过农民的日常生活事件反映资产建设与社区福利的关系。

（3）统计分析。用于问卷法收集到的数据分析。数据分析的过程如下：首先，研究助理进行问卷编码、定义变项的属性，然后录入数据；其次，我们用"非法值检验法"对录入的数据进行检验，查找录错的数据，争取资料输入的准确。最后，我们主要运用 SPSS 软件对数据进行单变量描述分析和多选变量的频数分析，阐述村民对农村社区福利的认知、参与和评价情况。

4. 研究资料的信度与效度

下面这部分将讨论本书研究的信度、效度以及研究伦理的问题。

---

① 兰村,2004—2009 年的会议记录由一位年龄较大的文书负责，没有电子文档，仅存手抄文本。到了 2009 年，村里为培养后备力量，会议记录开始由一位年轻的文书负责。按村里的要求，新文书将以前的会议记录全部录入到计算机中。由于工作量较大，难免有误，为保证资料的可靠，我们让研究助理认真作了校对。

信度（Reliability）指使用相同指标或测量工具重复测量相同事物时，得到相同结果的可能性（风笑天，2006：130）。换言之，信度是指测量结果的一致性或稳定性，即测量工具能否稳定地测量所测的事物或变量。本课题在研究中主要采取了几个措施保证本书的研究信度。一是采取多元的研究方法，收集、分析资料。比如，同一个问题的论据，有访谈资料、会议记录、问卷数据相互作参照，这样就保证了资料的可信性。二是采用相关检验法，对资料进行验证。相关检验法，又称三角检验法，即将同一结论用不同的方法、在不同的情境和时间里，对样本中不同的人进行检验，目的是通过尽可能多的渠道对目前已经建立的结论进行检验，以求获得结论的最大真实度（陈向明，2000：402）。比如，在研究中，针对某一具体问题，我们会访谈不同对象，或者在不同时间访谈同一对象，以验证受访者的说法，力求获得准确的资料。

"效度"（Validity）这一概念在社会科学研究中，通常指研究结果的有效性，即研究的结果是否反映了研究对象的真实情况。对效度进行分类的方法目前有很多种。比如，有的学者将效度分为描述型、解释型、理论型、推论型、评估型（陈向明，2000：391）；有的学者将效度分为内部效度、外部效度、结构效度、测评效度和统计结论效度等（范柏乃等，2008：26）；有的分为内容效度、外在效度、表面效度和建构效度（彭华民，2007：62）。本课题借鉴著名社会政策学者彭华民教授的三种分类方法对研究资料的效度进行说明。

内容效度指研究资料是否能准确地反映研究问题。本研究的访谈提纲、观察表格、调查问卷都是在阅读大量相关文献、对兰村的试调查基础上制定的。另外，课题组成员多次讨论论文的主题、概念的界定、资料的收集方法等等；课题开题时，多位专家也为我们提了很多有益的改进意见；试调查时兰村的干部、村民也提了不少针对性意见，他们的贡献使得我们的访谈内容、问卷题目更加扣紧论文的主题，保证了研究的内容效度。10多万字的访谈文字资料、2004—2013年完整的会议记录、各种文件、报告与总结等材料也让我们能够有充足的资料来阐述论文各变量之间的关系。

表面效度指的是测试出受试者正常水平的一种保证因素。访谈过程中，遇到受访对象表达不清晰或前后不一致的时候，访问员采取了追问、反问等办法，力求受访者能够准确、清晰地告诉访问相关的事实。问卷调查中，有的村民在自填问卷时碰到个别不太明白意思的问题，访问员也给予及时地解答。这些都力求保证研究的表面效度。

外在效度指的是研究成果在多大程度上能够被推论。作为一项个案研究，它的推论是有限度的。但正如费孝通当年应对利奇教授质疑《江村经济》时的答案一样（费孝通，2001：319），兰村固然无法代替中国所有的农村，但是确有许多中国的农村由于所处历史条件的相同,在社会结构、文化方式、经济背景上与兰村有许多相似的地方,所以兰村固然不是中国全部农村的"典型",但不失为许多中国农村所共同的"类型"或"模式"。因此,本课题的研究成果可为同类型农村发展社区福利、促进社区发展提供参考。从这个意义上讲,本研究也是有一定外在效度的。

5. 研究伦理

研究者在社会科学研究中必须注意一些与自身职业相一致的行为标准。艾尔·巴比概括了社会研究中普遍流行的伦理准则:自愿参与、对参与者无害、匿名与保密、正当性地欺骗、正确地公布研究报告、遵守职业协会规范等。这些伦理问题是他在西方国家文化背景下提出的,我们以此为参考,根据当地的文化,在资料收集、整理、分析及本书的写作中遵循了以下伦理议题:

(1) 受访者自愿参与原则。在调研中,访问员每次接触调研对象时,都先告知受访对象关于我们的研究目的、研究内容,需要他的帮助,然后在他的允许下,我们才开始做调查、访谈、录音、做笔记、拍照、填问卷等。由于我们在当地的各种关系,在兰村结识了不少朋友,所以,调研对象还比较配合。我们从来没有以政府下派的身份或让村干部强迫某位受访者一定要接受调查。有时因为受访者比较忙,不能及时接受调查,访问员就记下他的联系方式,然后约一个他比较有空的时间进行调查。这样,既保证了资料的代表性,又不会让受访者太为难。

(2) 不伤害研究参与者的原则。我们在培训访问员时,反复强调不能伤害到受访者的利益。比如,涉及到村民观念转变的问题,对于他(她)当年干扰村里的工作,而后经老年会干部多次做工作后才支持村两委的工作,我们尽量采取委婉的提问方式,旁敲侧击地了解当时的情况。总之,我们在调研中尽量将自愿参与和不伤害参与者的原则结合起来,与受访者形成"知情同意"① 的共识。

(3) 对于被调查者匿名和保密原则。这条也是保护研究对象权益的重要原则。我们在写作的时候,用大写英文字母代替受访者的名字,尽量做到不透露他们的身份;另外,我们也将严守保密原则,不向他人泄露受访者的个人资料。

---

① 知情同意:这种规范要求,基于自愿参与的原则而进入研究的对象,必须完全了解他们可能受到的危害(参见艾尔·巴比,2005:64)。

三 研究意义

本研究借鉴资产建设社会政策理论与资产为本的社区发展模式,以闽南一个小乡村(兰村)为个案,阐述兰村如何在政府相关部门的指导下,发挥优势、盘活资源,调动村民积极参与各项资产建设,产生各种社区福利效应,促进社区发展的过程。本书的研究具有重要的学术价值和较强的现实意义。

(一)理论意义

本研究的理论意义体现于:

第一,在研究视角上,拓展社区福利研究的分析视角。传统社区福利的研究多数从"缺乏"视角出发,其出发点停留在"需求—供给""问题—需要满足"等理论层面。遵循的逻辑是:在认识层面首先看到的是社区及其居民存在的问题、不足,然后找出问题与不足的原因,最后提出政策建议;在操作层面,主要通过外在的力量,帮助社区居民获得某种福利,满足其需要,是一种"输血"式福利。与传统福利研究不同,本研究从优势视角出发,借鉴"以资产为本的社区发展"理念,着眼于社区及其居民自身拥有的各种资产、资源、知识、技能、关系等优势,探讨农村社区如何盘活现有的资产或调用社区内外的各种资源建设新的资产为村民提供福利,拓展了社区福利研究的理论视角。

第二,在分析单位上,拓展资产建设社会政策理论的研究领域,推进中国社会政策的学科建设。社会政策专家必须把社会科学的分析技能应用于恰当的分析单位之上,无论这个单位的依据是社会因素还是空间要素进行划分的(安东尼·哈尔、詹姆斯·梅志里,2006:11)。自从美国学者迈克尔·谢若登提出资产建设理论以来,全球社会政策理论与实践引发了一场革命:改变传统的单纯以收入为基础的救助政策,倡导以资产为基础的福利政策。但纵观当前的学术成果与世界各地的实践,绝大多数都是探讨个体、家庭层面的资产建设理论与实践问题。本研究在系统梳理迈克尔·谢若登的资产社会政策理论与实践研究成果的基础上,深入探讨农村社区层面的资产建设及其福利效应,至少在分析单位上推进了资产建设社会政策的研究领域,丰富资产建设社会政策体系。另外,本书借鉴了谢若登的资产建设理论与 Kretzmann & McKnight 的"资产为本的社区发展"理论,建立资产建设与社区福利的理论框架,分析中国农村的资产建设及其福利效应,丰富了社会政策的研究内容,为中国社会政策的学科建设提供实证经验。

第三，在理论构建方面，推进福利社会学的学科建设。社区福利是福利社会学的重要研究内容。但从目前搜索的文献来看，研究成果还不尽如人意。一方面是研究成果的数量不多，而且主要集中于城市社区福利方面，唯一的专著是江立华、沈洁等人合著的《中国城市社区福利研究》，农村社区福利的研究还没有专著或博士论文；另一方面，研究成果的质量也不高，在理论深度、研究资料的系统性、研究方法的科学性等都有待突破。本研究拟通过构建资产建设与农村社区福利的理论框架，系统分析农村社区福利的产生、发展过程，提出"资产型农村社区福利"的理论分析模型与发展路径，丰富社区福利的研究内容。

第四，在研究方法上，运用"过程——事件分析"方法，推进实践社会学的应用研究。实践社会学，较早是清华大学社会学教授孙立平提出的，其主要观点是，社会学研究不能将社会现象视为静态的、固定的事物，而应将社会现象看作是实际运作的过程。比如，过去人们主要从静态角度关注的现象，如社会关系、社会结构等，面向实践的社会学则意味着要从实际运作过程的角度重新加以关注。实际上，这涉及对作为社会学研究对象的社会现象或社会事实的看法，或者说，涉及对社会事实性质的假设。涂尔干认为社会学是研究社会事实。但问题是，究竟什么是社会事实，社会事实的基本特征是什么？在传统上，人们往往将社会事实看作是一种固态的、静止的、结构性的东西（在涂尔干那里是一种集体表象）。面对实践形态社会现象的社会学，则将社会事实看作是动态的、流动的，而不是静态的。也就是说，社会事实的常态，是处于实践的状态中。就如同在印象派画家的眼中，空气和阳光是流动的一样（孙立平，2000；孙立平，2002）。实践社会学引起了很多学者的关注与讨论，但如果想发展为社会学的一个分支学科，它在理论构建与方法论发展方面都还有待完善。本书运用实践社会学的研究策略"过程——事件分析"，探讨农村社区资产建设的过程及其福利效应，这将有益于推进实践社会学的应用研究。

（二）实践意义

本书研究的现实意义体现在以下四个方面：

第一，有利于贫困农村探索发展社区福利、实现社区脱贫时参考。中国有60多万个行政村，每个村的资源禀赋都有一定的差异，社区福利建设不可能采取一刀切的模式。但是兰村也代表了很多行政村的共性，它的社区福利发展经验可供其他村借鉴参考。比如，如何挖掘自己的优势，如何盘活各种人力资源、社会资源、政策资源，如何与地方政府合作，如何调动村民参与社区福利建设的积极性等问题，兰村都摸索出了一套可行的办法。这些办法对相关政府部门和农村社区都有一定的参考价值。令同类村庄更值得学习之处在于如何将社区福利供给与社区经济增长、社会进步相结合，促进社区可持续发展。

第二，有利于探索推进基本公共服务均等化的新途径。党的十七大报告指出，"缩小区域发展差距，必须注重实现基本公共服务均等化"。十八大再次强调，要"加快健全基本公共服务体系"。从字面上看，"基本公共服务均等化"包含了两个关键词，即"基本公共服务"和"均等化"。前者的意思是，我们国家现在已解决老百姓的温饱问题，如今的目标是要让人们的生活过得有尊严，活得更有价值，也就是说，我们大多数人要追求的是"活得更好"的问题，而不是"能活下去"的问题。"基本公共服务"正是要解决"活得更好"的问题。即实现党的十八大报告提出的"要多谋民生之利，多解民生之忧，解决好人民最关心最直接最现实的利益问题，在学有所教、劳有所得、病有所医、老有所养、住有所居上持续取得新进展，努力让人民过上更好生活。"因此，各级政府就要加大公共财政支出、出台优惠政策等措施，提供基本公共服务。而"均等化"并非平均化，它允许不同区域、不同群体间的享受的服务存在一定差距，但不能过大。"均等化"要求将公共服务资源（资金或政策）更多投向贫穷地区、投向弱势群体。而贫困农村显然是"基本公共服务均等化"的首选对象。但问题是所有的公共服务资源投入贫困农村后，最终还得靠农村社区来落实，才能真正让农民受益。比如，钱怎么花、政策怎么利用，这些都得靠村干部、村民来参与。本书的研究，即着眼于村干部、村民如何在国家政策支持下，积极参与农村社区的资产建设、提供并享受社区福利，这将有助于探索农村社区贯彻"基本公共服务均等化"的路径。

第三，有利于推进农村社区建设与社会主义新农村建设。农村社区福利是农村社区建设的重要内容，也是社区建设的"龙头"。如何通过社区福利活动的开展，推动社区建设，促进社区发展是新农村建设中的一个重要问题。本书以兰村为个案，构建"资产型农村社区福利"的理想类型，阐释这种社区福利的产生、发展过程以及对社区发展的功能，将有助于探索推进农村社区建设与新农村建设的新途径。

第四，有利于促进当地农村社区福利的可持续发展。本书以兰村为例探索农村社区福利的发展道路，研究成果对兰村审视自身发展过程中的问题、促进自身良性发展也有一定的参考作用。

四 本章小结

本章主要交待了本项目的研究背景、研究问题、研究目标、研究方案以及研究价值。本章是全文的开山之篇，目的在于交待"为什么要开展本研究"、"要研究什么"、"怎么研究"等基本问题。

本书的研究问题是：通过对兰村的个案研究，探讨农村社区如何在政府相关部门的帮助下，因地制宜，发挥社区的优势，盘活资源，通过资产建设，产生一系列社区福利效应，提供各种社区公共服务，并促进社区发展的过程。

本书的研究目的是构建"资产型农村社区福利""的理论分析模型和实践路径，以推进农村社区福利的学术研究，为发展农村社区福利提供政策建议。

本书研究问题的提出有着特定的现实背景与理论背景。现实背景指，我国城乡基本公共服务差距过大，农村社区福利、农村社区公共服务研究显得重要而迫切。理论背景指，学术界对农村社区福利、农村社区公共服务的研究不足。这些不足体现在，现有的学术成果主要以政府为本位的研究，忽视农村社区在社区福利中的作用；以"缺乏视角"为出发点，忽视了农村社区自身的优势、资产与能力；陷入"福利是经济发展附属物"的传统思维中，忽略了福利对经济增长的作用；缺乏对农村社区福利的过程性研究。

本章建立了资产型农村社区福利的理论分析框架。该理论框架包含资产建设、农村社区福利、农村社区发展三个一级变量。资产型农村社区福利既作为资产建设的因变量，也作为农村社区发展的自变量。资产建设包含组织资产、实物资产和金融资产三个二级变量；资产型农村社区福利包含社会资本、人力资本和农村社区公益服务三个二级变量；农村社区发展包含社区经济增长、社区稳定两个二级变量。变量之间可能存在的关系：资产建设的过程会提升社区社会资本或人力资本；资产的经营管理过程会提升产生社区公益服务；资产建设和经营管理过程产生的社区福利（即资产型农村社区福利，包含社会资本、人力资本和社区公益服务）会促进社区发展。

在构建理论框架的基础上，本书提出资产型农村社区福利的研究路径。研究路径图表明了全文的主题、各章节要探讨的内容。全文的主题就是在分析农村社区资产建设与社区福利关系的基础上，构建资产型农村社区福利的理论分析模型，描述这种社区福利的建设背景与理念、分析其建设的过程、方法与内容、探讨其与农村社区发展的关系。全文共 8 章内容，分为三个单元。第 1 单

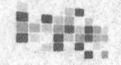

元由一——二章构成，交待研究背景、问题、意义与研究设计；第2单元由三——七章构成，展现资产型农村社区福利的建设背景与理念、建设过程与效应、以及对社区发展的作用；第3单元就是第八章，对全文进行总结、与相关理论展开学术对话并提出相应的社会政策建议。本书的研究路径有四个特征，即它是一项过程性的研究、一项"草根"福利的研究、一项"自上而下和自下而上相结合"的研究、一项社区研究。

本书在研究方法上，采取以质的研究为主、量的研究为辅。在资料收集中，主要运用访谈法、文献法和观察法，辅之以小规模的问卷调查。访谈法是本书最重要的调查方法，访谈法获得的资料是本书研究的主要资料。在访谈中，本书主要采用了深度访谈、小组座谈和重点访谈相结合的方法，采取半结构化访谈的形式，使用了提问和追问的技术来进行访谈。本书对30个村民和村干部进行了成功地深度访谈；召开了6次座谈会；重点访谈了7个政府官员。访谈对象的选择均采用目标抽样的方法。文献法贯穿于全文的写作过程。兰村的会议记录是本书写作的重要资料。观察法，以参与观察为主，重点观察社区资产的经营管理过程，村民接受福利服务的实际情况。此外，本书还根据访谈法、观察法和文献法获得的文字资料设计了调查问卷，主要用于测量村民的福利评价。本次调查发放了300份问卷，回收274份。采用随机抽样的方法选取调查对象。

本书的质性资料采用内容分析方法、"过程—事件"分析法进行分析，量性资料使用统计方法进行分析。多元资料按照本书的理论框架和研究路径进行了整合。研究资料的信度与效度分析说明本书的研究具有较好的信度和效度。

本章还交待了课题研究所遵守的研究伦理：受访者自愿参与原则；不伤害研究参与者的原则；对于被调查者匿名和保密原则。

本研究具有重要的学术价值和较强的现实意义。学术价值体现在四个方面：它拓宽了社区福利研究的理论视角；它拓展了资产建设社会政策的研究领域；它丰富了农村社区福利研究，推进福利社会学的学科建设；它推进了实践社会学的应用研究。现实意义也体现在四个方面：有利于探索农村社区建设的经验，可供同类型农村发展社区福利参考；有利于探索推进基本公共服务均等化的新途径；有利于推进农村社区建设与新农村建设；有利于个案村社区福利的可持续发展。

第二章 文献述评

本章将对与本书研究主题、研究方案密切相关的资产建设社会政策理论、资产为本的社区发展理论以及社区福利三个领域的文献进行系统的梳理与合理的评述,指出相关成果对本项目的研究启示,同时阐明本项目相对同类成果在知识增长与推进农村社区福利实践方面的进步。

一 资产建设社会政策文献述评

资产建设社会政策的最主要观点可概括为:资产积累和投资而非收入和消费,是脱离贫困的关键。它是社会政策发展中的一场范式转换,也是当代社会科学领域的一个重要新理论(杨团,2005)。该理论的原创者是美国华盛顿大学的迈克尔·谢若登(Michael Sherraden)教授。1990 年,他在《资产与穷人》一书中,首次提出了以资产为基础的社会政策。

下面我们将从理论与实践两个层面对资产建设社会政策的相关研究展开述评。

(一)资产建设社会政策理论层面的研究

资产建设社会政策理论层面的研究主要包括它的福利理念与主要内容。

1. 资产建设社会政策的福利理念

(1)从福利主体与客体关系看,它是一种以政策对象(穷人)的能力建设为本,积极、主动的福利观。在传统的以收入为基础的福利体系中,政策对象是被动的、消极的,他们靠领取政府的救济金维持较低水平的基本生活。如此的后果是,一方面,很多受助者自卑情绪较重,觉得低人一等;另一方面,他们也经常被人们视为不劳而获的"懒汉",逐渐被"污名化",遭受各种社会排斥。而在资产建设理论的框架中,受助者(穷人)的"能力建设"是很重要的原则。以资产为基础的福利理论强调通过资产建设提高人的能力,谢若登提出建立穷人的个人发展账户,这个账户能得到政府的配额补贴,他们将适时取出一定比例的金额通过购房变成物质资本;通过高等教育变成人力资本;通过小型企业的运营变成商业资本。个人发展账户能促进一个储蓄和资产体系的形成(展敏,2005)。可见,资产建设社会政策的本意是政府要通过制度化的措施,帮助穷人积累自己的资产,从而使穷人自己而不是政府或其他机构成为福利的提供者(杨团,2005)。一项精心设计的资产政策能给人们对自己生活更大的自主权和控制力,它需要更好地帮助人们克服过渡阶段和出现的新危险,在事件发生之前增强人们的能力而不是在之后以补救性的行动介入(威尔·帕克斯顿,2005:104)。谢若登提出的"个人发展账户",解决了这个问题,其中的发展不仅揭示了积累意义,还在一定程度上揭示了积累的作用,即提高个人应付各种需要的能力(孙炳耀,2007)。总之,资产政策强调受助对象的主体性、能动性与参与性,主张他们应该积极主动参与关系自身生计发展的创造,而不是被动接受某些制度安排的结果。也即,政府在进行公共干预时,应将重心从再分配领域移至生产环节,强调个体在参与经济生活中避免行动能力的萎缩而形成社会自闭症(刘佳卉,2008)。因此,通过资产建设理论中的"能力建设"后,当资产积累到一定阶段,穷人就不需要再依靠福利救助,相反,他们已可以自力更生,甚至可以帮助其他穷人。于是,他们也将逐步解除被"污名化",摆脱社会排斥,融入主流社会。正如谢若登所言:"拥有资产的人容易在社会上有好的表现,甚至被看作有美德的人;而没有资产的人不容易把事情做好"(迈克尔·谢若登,2005:16)。

另外,资产建设社会政策转移支付与传统福利的单向转移支付的区别,主要在于发生转移支付的环节不同。传统福利往往是直接针对穷人的问题与需要进行各种实物、劳务的转移支付,当需要发生时才提供援助。而资产建设社会政策则对资产进行转移支付,在需要发生之前,对未来预期的需要提前进行转移支付(孙炳耀,2007)。前者是问题出现才援助,是一种消极、被动的福利;后者是问题未出现就援助,是一种积极、主动的福利。

(2)从福利的效果看,它是一种可持续发展的福利。与收入补助社会政策不同,资产社会政策转移的是资产而不是收入;它着眼于未来、长期、可持续的消费,而不是眼前、即期、短暂的消费。根据谢若登的说法,传统社会救助的方法,是以"收入所得"为基础,通过政府、家庭和就业获得的经济来源转换为贫困家庭生活的必需品,但是这些生活必需品消费后,贫困家庭又需要新的救助,因此他们经常处于"贫困—受助—仍然贫困—又要受助"的贫困陷阱中；于是，政府的公共支出难以得到有效控制，而穷人也一直是穷人。

与传统社会救助思路不一样，资产建设理论指导下的社会政策走的是一条可持续发展的道路。资产建设社会政策的出发点是穷人也可以并且也应该拥有资产，通过积累和发展资产，最终摆脱贫困，以获得长远幸福，而这个过程有可能是跨代的。"资产建设理论下的个人发展账户，被设计出来帮助低收入人们通过购房、运营小型企业和高等教育储蓄来进行资产建设以促进他们长期发展。"（Sherraden，1988：37－43）比如，引导穷人每个月将政府的补助资金拿出一定比例存入个人账户，政府给予相应的补贴或配套，一段时间以后，穷人的个人发展账户已经积累了一定的资金。他们可以拿出一部分钱去购房、投资、给孩子读书等，以实现生计的可持续发展。这样，可以使得穷人有机会利用政府鼓励资产积累的政策，包括对首次购房者的优惠、对小额贷款者的支持、对养老金储蓄账户的税收减免等等。最终，它有可能帮助穷人摆脱时代贫困的链条，透过微小的资产积累逐渐走上循环式的资产积累的发展之路。总之，资产建设社会政策的基本目标在于，通过跨代的资产积累与发展，获得跨代的长远幸福，使得穷人彻底摆脱贫困，具有积累的长期性与影响的长久性特点（杨团，2005）。

(3) 从福利的增值功能看，它是一种社会投资。福利政策通常被看作是与资本积累长期冲突的一系列支出。西方政治经济学界的知识分子普遍认为这种冲突是不可避免的。谢若登认为，以资产为本的福利政策，将不会对抗——反而有助于——资本积累和经济增长（迈克尔·谢若登，2005：342）。他指出："不同于以收入为基础的政策，以资产为基础的政策将有助于建立金融资本，在某种程度上有助于推动美国的长期经济繁荣。"（迈克尔·谢若登，2005：280）"从本质上讲，对穷人的救助不应完全从人道主义的意义来认识，也应当作为一种对未来的投资。"（迈克尔·谢若登，2005：358）社会福利政策应促进经济增长。对债务的增长和经济的停滞，福利政策不负有全部责任，但负有部分责任。因此，应将福利政策视为宏观经济政策的一个有机部分。美国现有的福利政策过分刺激和促进消费。谢若登认为，现在是考虑改变福利政策的时候了，它不应只是刺激消费，也应刺激储蓄和投资。而资产为本的福利政策指导下的个人发展账户，如"教育、住房和自主创业等账户很明显是投资"（迈克尔·谢若登，2005：310），它更能调动穷人为经济增长做贡献。

资产持有是长期能力的一种测量。作为国家政策，资产持有是社会投资的一种形式（Midgley，1999；Midgley，2003；Sen，1999）。近年来全球社会政策变化的明显趋势是，越来越多的国家或地区将以再分配和消费取向的社会政策转变为以生产和投资取向的社会政策。理论和实证资料均显示，以资产为本的社会政策在加强人力资本投资，促进社会资本的形成，积累个人和社区的财产，消除经济参与的障碍，创造一个良好的经济社会发展氛围方面有独特功效（张秀兰，2002）。

梅志里也认为资产建设社会政策积极投资贫困户，不但可以避免他们长期依赖福利而增加公共救助的支出，还可以协助他们建构人力资本与社会资本，增强其抗贫能力，最终融入整体社会生产性经济活动中，同时兼顾了一个社会的经济成长与社会干预之间的平衡发展（Midgley，1999：3—21）。所以，应将资产建设视为一种社会投资，它不仅适用于富人，而且适用于穷人。以资产为基础的观点主张，所有人进行储蓄和投资，变得更有生产率。即以资产为基础的观点追求社会政策与经济发展的融合（迈克尔·谢若登，2005：10）。

资产社会政策的三种福利理念对本书提供了有益的研究启示，它启发我们在探讨兰村资产建设与社区福利时要注意关注，兰村的社区福利是否也提高了村民的能力？是否也能实现可持续发展？是否可以促进经济增长？但有关社区层面资产建设与福利之间关系的研究尚未见报道。

2. 资产建设社会政策的主要内容

凡是广泛地和普遍性地促进公民和家庭尤其是穷人获得不动产和金融资产以增进他们的福利的方案、规则、法规法律，都属于资产建设社会政策（迈克尔·谢若登，2005）。它的主要内容包括三个方面：什么是资产，资产有哪些类型；资产的福利效应有哪些；以资产为基础的福利模型是什么。

(1) 资产的界定与类型

在谢若登的资产建设社会政策理论中，资产主要有三层含义：

第一，资产是财富的积累和存储。这层面含义主要是将资产与收入相比而言。他认为，收入指金钱、物品和服务的流动，而资产指财富的贮存或积累。两者关系密切，类似泉流与池塘的关系。泉流是流动的，池塘是贮存的，两者哪个更重要呢？在他看来，两者是互补的关系，不是只选择哪一个的问题，而是如何实现两者的平衡（迈克尔·谢若登，2005：178）。收入和资产的区别也是明显的，收入只能维持消费，而资产改变人们的思维和互动方式，收入只能填饱人们的肚子，资产则能改变人们的头脑。收入是资源的流动，它是人们主要为短期消费而获取并使用的。资产是资源的贮存，它是人们长期内积累与持有的。资产为提高长期状况的投资提供了保障与资源（高鉴国、展敏主编，2005：2）。

第二，资产是一种社会权利。在分析资产与收入关系的基础上，谢若登指出，资产是关于财产的权利或要求。这些权利或要求由习俗、惯例和法律来执行

(C. B. MacPherson, ed., 1978; 转引自迈克尔·谢若登, 2005: 121)。他认为，资产拥有应作为一种社会权利来认识，不管穷人、富人都应该有自己的资产。

第三，指有形资产。谢若登在实际研究中只是将资产的概念限定于有形资产并且主要是金融资产（货币储蓄和金融债券），因为他认为建设金融财富资产对公共政策而言能简单而有效完成，而且其结果也易于测量（迈克尔·谢若登，2005: 128）。

但除了金融资产以外，谢若登认为资产还有其他类型。他说，从资产的概念看，可将资产分成个人的或社会的，小的或大的，或者其他类别。谢若登认为一个比较有利于研究深入的分类是将资产分为有形与无形两大类。

有形资产指的是属于合法拥有，包括物质财产和很大程度上具有与物质财产相同功能的权利。主要包括：①货币储蓄；②股票、债券和其他金融证券；③不动产，包括建筑和土地，有以租金支付和资本增值（贬值）为形式的收入；④不动产以外的其他"硬"资产，有以资本增值（贬值）形式的收入，如贵金属、珠宝、艺术品、名贵家具和所有收藏品；⑤机器、设备和其他有形产品，有以产品销售利润和资本增值（贬值）为形式的收入；⑥家庭耐用品，有以家务劳动效率提高为形式的收益；⑦自然资源，如农场、油田、矿山和森林，有以农作物或加工产品销售利润和资本增值（贬值）为形式的收入；⑧版权和专利，有以版税和其他使用费形式的收入。

无形资产比较模糊，没有法律占有权。主要有6种：①享有信贷（其他人的资本），有使用信贷（有投资性质）所得的收入。②人力资本，一般被定义为智力、教育背景、工作经验、知识、技能和健康，也可能会包括精力、眼光、期望和想像力，有以工资和通过其他工作、服务或建议的报酬形式出现的收入。③文化资本，表现为对具有文化重要性的主题和提示的认知，一般指与社会环境和正式机构打交道的能力，包括词汇、口音、衣着和外貌，有纳入具有重要价值的社团的收益。类似于人力资本，但它更加取向于形象和行为而不是能力。它是知晓和执行主流群体价值和行为的能力，被称为"形象管理"，即具有被人接纳的行为基础。获得好的工作职位不只依靠教育和能力，也需要呈现适当的形象，对不同人交谈的用词和口气能恰如其分。④非正式社会资本，表现形式为家庭、朋友、关系和联系，有时被称为"社会网络"，收益形式包括有形支持、情感支持、信息和易于得到就业、信贷、住房或其他类型的资产。⑤正式社会资本或组织资本，指使用有形资本的正式组织的结构和技术，收益形式是来自效率提高的利润。比如，组织关系或能力被描述为组织资本。⑥政治资本，表现形式为参与、权力和影响，收益形式是在州或地方政府层面有利于自己的规则和决策（迈克尔·谢若登，2005: 122—126）。

需要说明的是，各种资产的区分只是相对的，有可能存在重复交叉的情形。而且，有形资产与无形资产之间是可以互相转换的。比如，谢若登以墨西哥南部的一个小村庄为例，介绍了有形资产（物质资本）与各种无形资产（人力资本、社会资本、政治资本）之间的流动。他指出："资产是经常流动和相互协作的，资产社会福利政策的宗旨是通过有形资产建设刺激其他类型资产发展，如教育形式的人力资本……"（迈克尔·谢若登，2005：128）

国内学者在运用资产建设社会政策进行研究时，对资产概念的界定也不太一样。杨团认为，资产包括财物、各种投资、有价证券、住房等等（杨团，2005）。张时飞在应用资产的概念研究新疆呼图鹤壁农村养老保险制度时将资产定义为金融财富（张时飞，2005）。程胜利采用问卷调查的方法对山东济南享受城市低保家庭的资产进行调查，在其研究中，资产主要指的是低保家庭每月的收入和支出情况、住房状况和其他家庭资产的拥有状况（程胜利，2005：215—222）。

从以上分析可以看出，资产建设社会政策中的资产主要指有形资产，但其表现形式可以多样化，如金融财富、房屋、建筑物、土地等。

（2）个人或家庭资产的福利效应

谢若登认为，资产拥有各种重要的社会、心理和经济效应，并不仅仅是延迟消费。其可能的效应有：①促进家庭的稳定。当资产存在时，家庭不容易陷入混乱，更容易维持社会和经济均衡，直到能够重新得到充足的收入。②创造了一种未来取向。当人们得到眼前的保障时，容易展望未来。对大多数人来说，更重要的不是今天，而是更好的明天、理想和希望。而这种未来取向始于资产，管理和使用资产的想法会自动形成长远的考虑和计划。③促进人力资本和其他资产的发展。人们关心投资、管理资产、做出一些成功决策、出现某些失误、寻求信息等，在这些过程中获得大量的知识和技能。④增强专门化和专业化。有资产的人在经营管理资产过程中逐步走向专门化、专业化，从而创造更多的财富。缺乏资产的人，每日疲于奔命，不断转换工作，可能各种行业的技能都有所掌握，但没有一个是精通的，因此，他（或她）不可能致富。财富的产生需要知识和技能的专门化和专业化。⑤提供了承担风险的基础。拥有较多的资产，可以进行投资组合，这样可以有效分担风险，谋取更大的回报，比如购买不同类型的基金、股票；另外，当金融资产和其他资源提供的物质保障水平提高时，承受心理和社会风险的能力也随之提高。⑥增加个人效能，比如，拥有资产的人对生活更有选择的余地，也能生活得更好。⑦增加社会影响，个人或家庭拥有资产可以提高社会地位；可以通过资产购买关系、信息、保护网等以增强社会资本；可以提供与别人谈判交易的后盾。⑧增加政治参与。拥有资产的人具有参与政治过程的更大动机和更大的资源；随着资产的增多,个人或家庭会有更大的责任感去参加各种政治事务。⑨增进后代福利。资产提供了收入和消费所不能提供的一种代际关系(迈克尔·谢若登,2005:181-202),如大多数人资产积累的动机在于把资产传给后代。

这九大福利效应启发我们在研究中要注意分析兰村的资产建设究竟能够产生哪些福利效应以及这些福利效应是如何产生的。

(3)以资产为基础的福利模型

金融资产在实际运作中是如何产生福利功能的呢?这需要明确金融支持的来源、形式及其效应。于是,谢若登在分析非穷人与穷人现有福利模型的基础上,提出穷人的"资产福利模型"。

①非穷人的福利:收入加资产。资产来源是多元的,包括就业、家庭、政府以及现有资产;并且是畅通的;资产积累具有长远效应。在这个模型中,消费正在提高,并且资产的存在产生了一系列的福利效应。

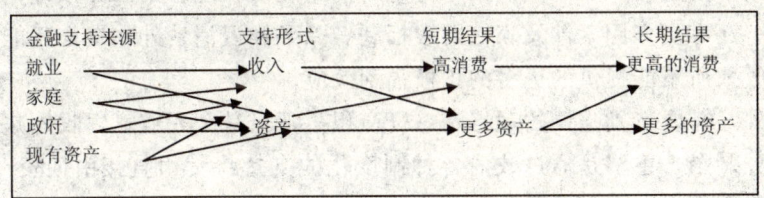

图2.1 非穷人的福利模型:收入加资产

②穷人的福利:只有收入

在这个模型中,从短期来看,低收入导致低消费水平。从长期来看,境况没有不同——低收入还是导致低消费水平。政府的转支是作为收入的来源,需要不断的转支才能保持相同的消费水平。这是一个缺乏资产积累的福利陷阱。没有资产的积累,便不能产生以资产为基础的福利效应。

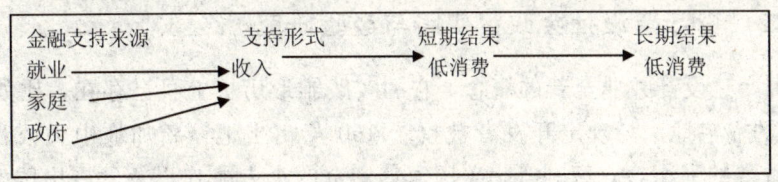

图2.2 穷人的福利模型:只有收入

③一个为穷人新设的福利模型:收入加资产。与穷人原有福利模型的唯一差别是来自政府的转支变成资产存储起来。从短期来看,这种模型也产生低消费,但已经积累了一些资产。从长期来看,它将产生更多一些资产和由于资产收入产生更高的消费水平。因此,收入加资产的福利模型要比单纯以收入为本

的福利模型更有价值(迈克尔·谢若登,2005:213—217)。

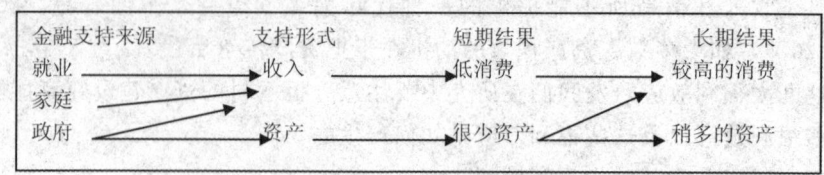

图2.3 以资产为基础的穷人福利模型:收入加资产

可见,在传统以收入为基础的福利模型中,贫穷和困难的定义是不充足的消费,解决方案是用各种方法使消费更加充足。换言之,给穷人更多收入,使他们生活得以改善,因为消费水平越高,生活就会越好,即消费就是福利。而以资产为基础的福利模型中有两个鲜明特点:第一,它将家庭财政福利视为长期的、动态的过程,而不只是某个特定时期的收入状况;第二,该理论提出除消费外,还有更多因素涉及家庭财政福利。除了推迟消费外,资产还能形成单独依靠收入所不能提供的更多的积极福利效应。

另外,需要特别强调的观点是:资产积累不只是个人或家庭收入减去消费后的一种剩余,主要是通过政府各种制度化的支持将货币直接引向资产积累;在大部分家庭中,出自普通收入的非结构储蓄与制度化的资产积累相比是不重要的。因此,Sherraden的方案是通过改变来自政府的金融支持性质,将制度化资产积累过程引入穷人的福利模型。这种变化要求为穷人建立一种资产积累结构,使政府对穷人的转支不只是收入,也包括资产,比如房屋资产、退休养老金账户等(迈克尔·谢若登,2005:218)。

"资产福利模型"也引起我们思考究竟兰村通过资产建设,发展社区福利的理论分析模型是什么?应如何提炼?

(二) 资产建设社会政策实践与经验研究

"资产建设"并非全新的概念,它的实践雏形历史上早已存在,比如1862年美国的《宅地法》规定开发者被授予160英亩土地;新加坡中央公积金制度①;香港的强积金;智利等南美国家养老金的个人账户以及发展中国家的扶

---

① 在谢若登教授看来,新加坡的中央公积金制度是全世界内容最丰富的以资产为基础的社会政策。在资产拥有权方面,新加坡可以说是世界上最平等的国家,90%以上的新加坡家庭拥有自己的房产(Sherraden, M. et al., 1999:112—113; Vasoo, S. & Lee J. 2001:276—283)。对于劳动者来说,公积金不再是一笔完全由政府控制只能用于老年生活保障的"死钱",而是一笔属于自己的资产,甚至是可以用于向住房、教育等方面投资的资本(唐钧,2005)。

第二章
文献述评

贫信贷项目等。但将这类注重资产建设的现象提炼并总结为一套理论，且从制度化的角度加以探索和研究，针对穷人的资产建设和个体发展提出新的社会政策分析思路者，是美国华盛顿大学的迈克尔·谢若登教授（杨团、孙炳耀，2005）。自他提出资产建设社会政策以后，在全球掀起了一场从理念到实践的社会政策革命。

当前世界各地资产建设的实践与经验，按政策对象可以分为穷人福利政策和儿童福利政策等；按政策功能可以分为教育资产福利政策、住房资产福利政策、养老资产福利政策和小额信贷资产福利政策等；按政策实施的范围可以分为全国性的资产福利政策和地区性的资产福利政策，例如英国的儿童信托基金、韩国的儿童发展账户都是全国范围内的资产政策，而美国各个州单独实行的资产性质的政策，中国台北家庭发展账户、香港的强制性公积金计划、新疆呼图鹤壁农村养老模式等都是局部地区性质的资产政策（杨金华，2008）。为了突显本书的理论主题，我们以受益对象的分析单位为标准将资产建设理论的应用和经验研究划分为个体层面与家庭层面。

1. 个体层面的研究

这方面的成果主要包括英国的儿童发展账户和储蓄通道、我国社会保障个人发展账户设计、我国新疆呼图鹤壁农村养老保险证抵押贷款项目、我国下岗失业人员的小额贷款、新生代农民工以及残疾人的资产账户等。

英国儿童信托基金（CTF），是 2005 年在布莱尔首相的大力支持下建立的。这项基金赋予在英国出生的新生儿一份个人存款账户，所有的新生儿童将拥有 250 英镑的首期赠款，来自最贫穷的 1/3 家庭的儿童将获得额外的 250 英镑，总计给他们 500 英镑；家庭可享有税收优惠的存款可达 1200 英镑，在儿童 18 周岁之前，不能使用该基金。通过这种资产积累，以便"使每个儿童都有机会获得一块真正的金融跳板以过上更好的生活"（H. M. Treasury，2001；Zhan M. & Sherraden, M., 2003：191－211；Chen L. C., 2003：106－117）。英国的"储蓄通道"（Saving Gateway）项目于 2002 年 8 月启动，2004 年 10 月结束。该项目主要参照了个人发展账户模式，并且主要是针对低收入的成年人。它的核心目标是增加低收入成年人的金融资产占有，鼓励持续储蓄的习惯。政府以 1：1 的比率为个人存款配款。账户运行 18 个月，对账户总的最高配款限制是 1000 英镑，每个月的可配款额限定在 25 英镑。储蓄者有使用自己基金的权利，但是没有使用配额存款的权利。资产将以现金存取的方式持有，而不是房产投资。基金到期后没有对基金使用的限制，并且当投资于其他储蓄形式时，会得到额外的奖励。正如政府指出，人们应该将其视为一条通向其他储蓄的"通道"。这是储蓄通道与个人发展账户的重要区别所在，后者规定基金的使用范围，如购房、投资小企业或教育（威尔·帕克斯顿，2005：106—108）。

此外，秘鲁和哥伦比亚实行的针对贫困女性和穷人的以资产为基础的反贫困计划；新加坡实行的针对6岁之前孩子的儿童发展账户、针对6—16岁孩子的教育储蓄账户和2008年开始的针对7—20岁学生的第二次教育账户（Vernon Loke，Michael Sherraden，2007）；美国针对刚出生婴儿和低收入家庭建立的个人储蓄账户（Terri Friedline et al.，2013：15—31；Melinda Lewis et al.，2014：15—21）；加拿大的个人发展账户和"学习储蓄"示范；澳大利亚、乌干达和其他地方的穷人配额储蓄项目等也值得关注（Gina A. N. Chowa et al.，2011：81—87）。

国外个体层面的资产建设社会政策强调的是个人的金融储蓄，并且政府有一定比例的配额资助，以让贫困者积累自己的资产。国外的做法主要是依据他们的国情，即他们的消费习惯，"用明天的钱过今天的日子""提前消费"等等，因而他们的储蓄率很低。这种鼓励储蓄的做法未必适用中国，因为我们与他们刚好相反，我们储蓄高、消费低。不过，国外的政策理念是可借鉴的，近年来国内学者也将资产建设社会政策应用到中国的社会保障改革中，比较有代表性的研究成果主要出自于唐钧、杨团、孙炳耀、张时飞等。

唐钧提出资产建设理论在城市最低生活保障制度中的应用——设立个人发展账户。他以北方的供暖费缴纳为例，假设每年的集中供暖费用需要1200元，分解到每个月，就是100元，要求低保对象每个月向这个账户至少存入30—50元，一年下来就有360元或600元，到交供暖费的时候，政府再给匹配840元（70%）或600元（50%）。存款的数额可以超过50元，但应该有个上限（譬如100元或200元）。交纳供暖费用以后剩余的资金仍然归个人所有，等存到一定的数量后，可用于子女教育、医疗、住房等（唐钧，2005）。但这种低数额的存款对改善低保对象生活质量的效果很有效，甚至会引起部分受助对象的反感。

杨团、孙炳耀从资产建设社会政策的理论视角，对中国的社会保障制度改革进行反思，分析中国社会保障体系的结构，探索新的改革思路。他们提出，应将社会保障结构分为强制性的基本保障和自愿性的个人发展账户两个层次。前者采取低门坎的做法，力争真正广覆盖；后者比较灵活，适应不同收入群体的需要，且具有资产积累和投资的功能，为广覆盖提供新的制度条件。当然，对城乡居民个人发展账户中的资产应进行综合协调，以适应人们生命周期不同时期的需要，适应不同个人在医疗、劳动能力、生命等各方面的实际风险差异

(杨团、孙炳耀，2005)。比如，年轻时（30岁左右），住房是一般人较大宗的消费，这时养老、医疗等账户的资金也可支取用于购房；而中老年（40岁以后）时，医疗一般是较大宗的消费，可将住房公积金用于医疗。总之，不能让个人需要去适应账户资金用途结构，而应当让账户资金适应人们的需要（孙炳耀，2007）。这种做法值得试点推广，因为它符合中国人的生命周期与生活需要。

张时飞运用资产建设理论分析新疆呼图鹤壁农村养老保险证抵押贷款项目的政策效应与运行机理。研究发现，项目实施以来（1998—2004年），参保农民受益面广，资金使用率高；基金保值增值效果好，且安全可靠；项目综合效应明显，政策吸引力增强。建议将资产要素引入农保，强化农民对养老金个人账户的选择权和控制权，比如，农民可以从养老金账户中取出一定比例的资金用于发展生产、子女教育、疾病治疗等若干个事关农民生存和发展的重大事项，这样有可能开拓农保工作新局面（张时飞，2005）。刘振杰认为，将"资产建设"理念引入新农保，可促使新农保从"以再分配和消费为取向"到"以生产和投资为取向"社会政策范式的转变；农民个人账户从单一的养老功能转变为具有综合功能的发展账户，不仅拓宽了新农保基金保值增值的渠道，也增进了农民个人、家庭和社区的福利，对于培养新型农民也有重要意义（刘振杰，2011）。

冯希莹在其博士论文中运用资产建设理论，从政策执行的过程视角出发，研究辽宁省抚顺市下岗失业人员小额贷款政策的福利效应及其产生原因，政策微效的表现与原因，并以资产建设理论为指导，提出完善下岗人员小额贷款的建议（冯希莹，2009）。

胡晓登以收入和资产的交互为分类标准，将城乡居民分为收入富人、资产富人；收入穷人、资产富人；收入穷人、资产穷人以及收入富人、资产穷人四类。他认为，收入穷人、资产穷人才是资产建设的首选群体，新生代农民工最符合收入穷人、资产穷人的标准。因此，他认为要通过加大农村土地流转，帮助新生代农民工将土地兑换现金，建立住房公积金，在城镇购置房产，实现市民化。（胡晓登，2012）

卞飞运用资产建设理论，分析我国残疾人社会保障面临覆盖面窄、水平低、缺乏发展性等问题，提出帮助残疾人建立个人资产账户，促进其资产积累，提升人力资本，实现从生存型救助向发展型救助的转变（卞飞，2010）。

2. 家庭层面的研究

资产建设理论家庭层面的实践经验与研究成果主要包括美国梦现工程

(Am—erican Dream Demonstration)、英国住房股权计划、新加坡公共住房制度、中国台北家庭发展账户、中国内地失地农民社会保障政策、经济适用房政策等。

在美国，1998年颁发了联邦资产独立法案，明确了资产建设社会政策的法律地位，并开展了由福特等12个基金会资助、历时4年、被称为"美国梦现"的个人发展账户示范工程。它是一项针对低收入家庭个人发展账户全国性的示范活动，主要由美国14个个人发展账户项目共同组成，实施时间从1997—2001年。主要内容包括：个人发展账户应当是可选择的、有增值的和税收优惠的账户，立在个人名下，从一出生便开始启动，限定于指定用途；其类别有教育、住房、退休金账户等；关键点是政府应当对穷人的存款给予配给金或补贴（迈克尔·谢若登，2005：220）。比如，将积累的资金用于个人发展（如上大学继续深造），则政府给予1：1的资金匹配（个人从账户中拿出1元钱政府给匹配1元钱）；如果将积累的资金用于购房，政府将给予1：7的资金匹配（个人从账户中拿出1元钱政府给匹配7元钱），等等。结果证明，以个人发展账户形式的资产拥有可能具有非常积极的经济、社会和心理效应（McBride, A.M. et al., 2003：59—73；Sherraden, M.S. et al., 2004：20—22）。展敏以"美国梦现"工程为例，运用方差分析和多元线性回归分析等定量研究方法，分析对个人发展账户不同预期（如购买住房、运营小企业等目标）的低收入家庭是如何存款和进行配给性取款的。结果表明，月储蓄目标、所受金融教育都与月均净储蓄成正相关（展敏，2005：27）。

英国的低收入家庭"住房股权计划"就是英国政府基于资产建设理论提出的一项兼顾住房保障与资产建设的社会政策。它以居住在公共住房中的低收入家庭为对象，由政府通过匹配补贴、低息贷款的方式，资助公共住房的承租人在租赁期间购买房屋股权、积累资产，逐渐由一个公共住房的租赁者转变成为住房所有者，改善他们的财富地位，从而使低收入家庭拥有自己的资产最终脱离贫困。实践形式包括资产账户模式、住房所有权分享模式、共享公共住房组织股权模式、共享社区托管基金权模式4种（廖俊平、刘妍洁，2006）。

与英国"住房股权计划"类似，新加坡于1964年实施住房所有权计划。与原有的公共组屋政策不同，住房所有权计划试图让更多的中低收入人群拥有完全产权的房屋。经过30多年的努力，95%的新加坡人拥有公共组屋的所有权。新加坡现已成为世界上住房所有权比率最高的国家（Mukul G. Asher, 1995：1—15）。贾洪波等人的研究表明，新加坡住房所有权制度具有明显的资产建设效应：它可以明显地增加居民的物质资本、人力资本和社会资本；塑造拥有房产的中产阶层，优化社会结构；促进国民财富的累积。有学者认为上世纪 60 年代新加坡实施的公共住房制度改革是成功的，它为新加坡的社会进步与经济发展做出巨大贡献（贾洪波，2012）。

中国台北市家庭发展账户。1998 年台北市政府决定采用谢若登提议的"个人发展账户"概念作为改革台北市政府社会救助制度的参考（谢宜容，2005：77）。经过一段时间的筹备与方案论证，在 2000 年 7 月 17 日，台北市政府社会局正式宣布进行三年期的"台北市家庭发展账户"实验方案。该方案总共提供 100 个配额存款账户，鼓励被台北市政府列为低收入的家庭进行定期储蓄，并由宝来集团和"白陈惜慈善基金会"提供 1∶1 的存款补贴；同时要求贫困家庭参与理财课程教育，有计划地将存款投入教育、创业及购房等指定项目，协助他们积累财产，期待他们最终得以脱离贫穷。郑丽珍运用资产建设理论，以此方案为例，分析了储蓄机制对贫困家庭储蓄行为的影响（郑丽珍，2005：77—84）。研究表明，"台北市家庭发展账户"的资产累积政策确实可以带动贫困户积极储蓄，而相关的理财教育也可有效提升贫困户的投资技能。由于该方案产生积极的福利效应和较好的社会影响，台北市政府决定在 2003 年 5 月继续借鉴资产建设理论，推出为期三年的"台北市出人头地发展账户项目"，协助列册低收入家庭的第二代年轻人积累资产，有计划地进行就学和就业两项投资，并参与相关的理财教育和公共服务（郑丽珍，2005：77—84）。

彭晓梅以厦门"金包银"政策为例，运用资产建设理论分析失地农民安置政策，研究发现资产建设的思路不仅有利于解决失地农民的社会保障，农民家庭通过资产的经营管理可以获得多种积极的福利效应，从而实现生计的可持续发展；同时，该研究也指出了这一政策对于社区资产的作用，指出"社区有形资产的建设会促进社区经济资本、社会资本、人力资本等的形成和发展"（彭晓梅，2007）。但这一研究未在社区层面进一步对社区资产建设作更详细的研究。刘佳卉运用资产建设理论，以哈尔滨市龙橡社区为例，分析了该社区居民由于住房资产匮乏而陷入生存困境的过程，并提出建立个人资产账户，解决贫困群体住房问题的建议（刘佳卉，2008）。

可见，家庭层面的资产建设社会政策与个体层面的政策理念是一样的，都是通过制度化的手段帮助贫困家庭拥有自己的资产，并能通过资产的经营管理实现最终脱贫。但是我们也可看出资产社会政策在社区层面的实践与研究还缺少相关的成果。

（三）资产建设社会政策研究简评

学者们关于资产建设社会政策的学术成果与世界各地资产建设的实践经验为本研究提供了有益的启示。

第一，资产建设社会政策的福利理念之一是促进政策受众（穷人或贫困家庭）能力的提高，包括提高他们的经济资本、人力资本、社会资本和政治资本等。于是，该政策体系非常重视受助对象的积极性、能动性与参与性，要求他们参与资产的形成和经营管理的全过程。这给本书的启发是，在研究农村社区资产建设对提升农村社区福利作用的过程中，要重视农民的主体性，在实地调研与资料分析整合中，注意村干部是如何调动村民一起参与资产建设的讨论、资产形成以及资产的运作过程。同时，注意在社区资产建设参与过程中，农民发挥了什么力量，做出了什么贡献；他们也从中得到了什么，尤其是人力资本、社会资本方面提高的情况。

第二，资产建设社会政策福利理念的另一特征是可持续发展，它强调政府通过相关的制度设置，帮助穷人积累自己的资产，如让穷人拥有自己的房子而不再租房、让穷人经营自己的小企业、让穷人的孩子接受高等教育等，使他们最终可能长期脱贫，过上幸福的生活。因此，该政策的福利效果具有长期性、稳定性与可持续性。这给本研究的启示是，在研究中要注意考察个案村社区福利的可持续性问题。

第三，资产建设社会政策将福利视为一种社会投资，一种推动经济增长的重要力量。它通过鼓励穷人储蓄，从而提高一个国家或地区的储蓄率，而较高的储蓄显然为社会扩大再生产提供了丰富的资源；另外，让穷人参与到资产建设的全过程，也能充分调动穷人为经济发展做贡献。换句话说，资产建设的理念把社会政策与经济政策有机地整合在一起。这给本研究的启迪是，农村社区资产建设是否也促进了当地经济的增长，如农民收入水平的提高。

第四，资产建设社会政策认为，穷人或贫困家庭拥有资产能够产生九种积极的福利效应。包括：促进家庭稳定、创造未来取向、刺激其他资产的发展、促使专门化和专业化、提供承担风险的基础、增强个人效能、提高社会影响、增加政治参与、增进后代福利等。那么，农村社区资产建设有哪些积极的福利效应呢？在资产形成阶段与资产的经营、管理阶段，分别能产生哪些社区福利呢？

第五，在批判分析非穷人与穷人的福利模型后，资产建设社会政策提出了专门为穷人或贫困家庭设计的"以资产为基础的福利模型"。在传统的穷人福利模型中，只有收入，没有资产，它只能让穷人获得低的消费，维持较低水平的生活状态。而在非穷人的福利模型中，既有高收入，也有丰富的资产积累，关键是政府的各项政策，又强化了他们的资产发展，结果资产不平等越发严重，贫困差距越来越大。因此，一种能推进社会公正发展的福利政策，就是既要让穷人有一定的收入支持，也要拥有自己的资产，而这种资产不是单靠穷人的收入减去消费后剩下的储蓄,关键是政府要通过制度化的措施来帮助穷人积累资产。主要的政策建议,是推行个人发展账户,包括教育、住房、自主创业、退休金等。"以资产为基础的福利模型"及其政策设计对本研究的启示是,如何发展"以资产为基础的农村社区福利模型"。

但是,资产建设社会政策的研究至少还存在以下两点明显的不足与局限,有待于进一步深入研究。

第一,缺乏社区层面的经验研究。[①] 通过以上文献回顾,可以清楚地发现当前该理论的分析单位主要局限于个体或家庭。个体或家庭可视为社会的微观层面,而社区、社会组织以及国家、世界体系等社会单位[②]则可相应视为社会的中观和宏观层面。社会单位的不同层面背后指涉的"社会事实"也是不同的,它们的研究范式、理论应用甚至研究方法都有可能存在差异。比如,经典社会学家们由于在"个人优先于社会,还是社会优先于个人"关系上的立场不同,社会学理论就存在以涂尔干为代表的社会唯名论、以韦伯为代表的社会唯实论和以齐美尔、马克思为代表的社会互动论(文军,2006:20)。同时,也存在宏观社会学(主要包括功能论和冲突论)与微观社会学(主要包括互动论和交换论)的理论纷争。所以,我们认为很有必要在社区层面展开对资产建设社会政策的经验研究,以拓展资产建设理论的应用范围。

第二,缺乏资产建设的自组织[③]研究。从文献回顾可见,当前资产建设社会政策在政策设计的论证阶段(为什么进行资产建设)、政策推行阶段(资产的形成)和政策输出阶段(资产的经营管理)等,每一环节都是在政府的组织下进行的,换言之,资产建设是一种"被组织"过程,而不是"自组织"。自组织是在自然科学中提出来的,后被广泛引入社会科学领域,主要指,事物在没有外在干预下,能够自我管理、自我创生、自我演化,自我协调,从无序走

[①] 谢若登指出,资产的概念能被用于任何层次的经济组织,从个人到整个国家,甚至全世界。然而,谢若登的研究仅局限于个人、家庭层面;实际上,他也有提过:"在群体和社区层面考虑资产积累策略,包括社区企业所有、互助住房、社区土地信托等。""大量不同的以资产为基础政策的小型应用发生在地方社区、邻里和服务机构中。"(迈克尔·谢若登,2005:257—258)但是,他并没有做深入研究。国内学者高灵芝针对山东济南边缘社区福利"内卷化"问题,提出加强社区资产建设,发展社区福利(高灵芝,2008)。但如何加强社区资产建设、如何经营管理社区资产才能更好提供社区福利、促进社区发展,她并没有进行深入、系统的研究。

[②] 社会单位指的是"人与人之间在互动的基础上自然形成的或为一定目的而建立的关系网络",不同的网络在规模上有大小的不同,在结构上有繁简的差异,在时间上有久暂的区别,于是就有了家庭、邻里、科层制、部落、国家、世界体系等种种不同的社会单位(参见胡荣,1993:2)。要声明的是,个体不属于社会单位,这边为了论述的方便,引入"社会单位"一词。

[③] 关于自组织、被组织的概念,详见吴彤,2001:8—11。

向有序的过程。事物形成自组织需要一定的外部环境、内在条件、动力机制等作支撑。而本研究的农村社区资产建设，从资产建设的讨论、资产的形成到资产的经营管理过程，都是村民在村干部的带领下，自发调动各种资源进行社区有形建设的过程，而不是政府外在组织的（当然这并不意味着政府不能起帮忙、指导作用），所以，它是一个自组织过程。从这方面深入研究，可能是推进资产建设社会政策基础理论进一步发展的另一个有效途径。

二 "资产为本的社区发展"（ABCD）研究述评

"资产为本的社区发展"是与本书研究问题息息相关的另一个理论，它最早由美国社会政策学者 John P. Kretzmann & John L. McKnight 提出。1993年，他们在出版的《社区建设的内在取向：寻找和动员社区资产的一条路径》一书中提出了资产为本的社区发展模式（Asset－Based Community Development，简称 ABCD 模式），并将此之前的社区发展模式命名为"社区需求或社区缺失"取向的社区发展模式（Needs－Based or Deficits－Based Approach）（文军、黄锐，2008）。美国社会工作专家塞勒伯将前者称为"优势视角"的社会工作模式，后者称为"缺乏视角"的社会工作模式（塞勒伯，2004：215）。下面我们将对这一理论进行简单的回顾与分析。

（一）"ABCD"的理念与特点

资产为本的社区发展模式挑战了传统的以"社区需要或社区缺失"为取向的社区发展介入模式，并提出了应以社区资产（Community Assets）或社区优势/能力（Community Strengths or Community Capacity）为介入重点，强调不要用一个"需要镜片"（Needs Lens）去看社区，而应该用一个"资产镜片"（Assets lens）或"能力镜片"（Strengths or Capacity lens）去了解社区（文军、黄锐，2008）。因此，资产为本的社区发展模式主张从传统的"需求"取向转向"能力"或"资产"取向，倡导我们重视社区的潜力或机会，而非所面临的问题。在本质上，以资产为基础的社区发展是社区居民发现、评估和调动社区内所有的本地资产，推动社区发展的过程。一个邻舍社区若只被看成是"有需要"及"有问题"的，那是一个"空虚"的社区，即它要依靠外来推行的服务，居民只能处于被动、无力、依赖外在协助及援助的位置。而当一个社区被描述是一个资源丰富的社区，那么居民所拥有的技能就有可能被用于社区的事项或解决问题，外来帮助只是辅助性的（黄洪，2005）。

"资产为本的社区发展模式"提出应以社区资产或社区优势为介入重点，其主要特点表现在三个方面：一是资产的取向，资产为本，即强调不是由社区问题或需要出发，而是由社区拥有的资产或优势出发来介入社区；二是参与取向，即强调社区居民自身参与社区发展的能力；三是关系取向，即强调居民和社团之间的接触，以及各种网络关系的建立。其中第二点尤为重要，它强调的是社区居民、小组及团体去界定社区问题及参与推动社区事务的能力。社区居民生活在社区内，只有他们最了解社区的基本情况，知晓社区的优势与强项，只有他们才是解决社区问题及发展自身社区的专家。社区内的小组及团体熟悉社区内各项活动的开展，最清楚活动展开过程中取得的一系列积极成果，以及还存在的问题，懂得如何利用社区的资产，发动社区内在力量及资源，推动社区发展（文军、黄锐，2008）。

"资产为本的社区发展模式"的三大取向为本书提供了很好的研究启示：个案村在进行资产建设、发展社区福利时，是如何发掘自己的优势？村民在资产建设中的参与情况？个案村存在哪些关系网络，比如，与政府的关系怎样？与周边学校关系怎样？

（二）社区资产的类型及其操作策略

Kretzmann & McKnight 认为，社区的资产大致有：（1）个人资产，主要指社区居民的人力资本，如职业技能、个人才能和经验；（2）物质资源，如地理位置、绿地、能源、产业等；（3）组织或机构资产，如医院、学校、图书馆、电视台、政府部门、第三部门等；（4）文化资产，如历史文化遗产、民族构成、生活方式等（John P. Kretzmann and John L. McKnight, 1993）。这个概念对资产的定义过宽，不利于开展研究和知识建构。

斯诺认为，社区资产包括本地居民的技艺、地区居民组织的权力，公营、私营、非赢利机构的资源及当地的物资和经济条件。资产建立模式的核心前提是每个人都具有能力、潜质和天赋等，关键是要挖掘并抓住这些资源，开列出社区及个人能力清单（capacity inventory）（Snow, L. K. 2001；转引自张和清、杨锡聪、古学斌等，2008）。

人们一般认为，社区内的失业及贫穷人士、被弃置的二手物品，以及长期荒废的土地及店铺等资源不会对社区发展做出贡献。但在"ABCD"看来，正是这些被弃置、淘汰而不被利用的资产是社区内重要的资产。因此，如何通过不同的策略让这些社区资产增值，个人资产、社区组织资产、社区团体及部门资产和自然资源及物质资产等这些不同层次的社区资产如何被安排、调整，才能最大限度地推动社区发展,将是我们必须考虑的重要问题。资产为本的社区发展便是重新检视、使用及发展各种社区资产,将被"弃置""淘汰"的人、物和土地等生产因素串连起来成为可以重新再用的资源,并为其提供一个另类的交易系统和生活空间(Giloth, R. P., 1998: 11-27)。可见,重视社区资产的利用不仅仅是开发新的社区资源,也是对原有社区资源的再利用(文军、黄锐,2008)。

因此,在社区发展的介入模式上,寻找问题和评估需求并不是我们的终极目的,恰恰相反,如何促进社区潜能的增长和优势的发挥才是我们追求的目标。就此而言,无论是需求取向的社区发展模式,还是资产取向的社区发展模式,其最终的目标可能是一致的,都是最终为了促进人、社区与环境的和谐发展(文军、黄锐,2008)。

当然,资产为本的社区发展模式并不是不留意问题的存在,并不是不去回应及解决社区问题,而是先要由资产及优势入手,我们会更容易发动社区资源,将过分关注问题的精力用于先去寻找社区资产,从而更有信心及能力去解决社区面对着的问题。Kretzmann & McKnight 的研究认为,所有的历史证据表明,当地社区居民致力于投资、动员其社区资源时,社区发展就会成为可能。不过,也可以在积极发展社区资产的同时为社区提供宝贵的外部援助(John L·McKnight & John P·Kretzmann, 1996;转引自文军、黄锐,2008)。

另外,强调内在取向也并不代表不需要外部力量的帮忙,不需要争取社区外的资源,而是重视这样一个思路,即先由内在社区居民的参与出发,联结内在已有的社区力量,然后,发动或争取外在的帮忙就会显得更有说服力。这样才能更有效地把社区的内在力量和外部资源结合在一起,达到更好的效果(文军、黄锐,2008)。

(三)"资产为本的社区发展"研究简评

"资产为本的社区发展"理念是值得借鉴的,对本研究启发较大,主要体现在四个层面:着眼于优势取向,启发我们思索个案村是如何发挥自身优势,进行资产建设的?着眼于内在取向,启发我们思索村民在资产建设中的参与情况如何?着眼于关系取向,启发我们思索个案村与相关组织的关系如何?着眼于能力建设取向,在发挥社区优势、动员村民参与、发展社区关系的基础上,农村社区能力建设发生了怎样的变化?

但"ABCD"对资产的定义太宽泛,不利于研究时概念的操作化。国内也很少学者应用这个理论进行实地研究。并且,它主要用于经济发展,极少用于对农村社区福利进行实证研究。再者,"ABCD"模式主要是为专业的社会工作者提供一种新的思维方式和操作策略,以更好地实现"助人自助"的社工理念。但西方意义上的专业社会工作者在国内,尤其是在农村社区中还相当缺乏。当前承担农村社区发展重任的"社会工作者"主要还是村干部。所以,与西方学者的研究不同,本项目作者是作为一名旁观者,如实地记录个案村的村干部如何运用"优势视角",充分整合村里拥有的各种资源,调动村民的积极参与,自我提供福利的。

三 社区福利研究述评

与农村社区福利相关的概念有"农村公共物品"、"农村公共产品"、"农村公共服务"、"农村公共事务"、"农村公共事业"、"农村公益事业"等。已有的学术成果集中于农村公共物品和农村公共服务的研究,而直接以"农村社区福利"为题目的研究很少。

截止 2014 年 2 月 6 日,以"社区福利"为篇名,精确搜索中国知网(CNKI),得到文献只有 80 篇(没有博士论文),而且主要是研究城市社区福利。以"农村公共产品"为篇名搜索,共 1626 篇,硕士论文 282 篇,博士论文 43 篇;以"农村公共服务"为篇名搜索,共 513 篇,硕士论文 57 篇,博士论文 11 篇;以"农村公共物品"为篇名搜索,共有 337 篇,49 篇硕士论文,5 篇博士论文。

有关社区福利的研究成果总体上以两种形式表现出来:一是"有名有实"的研究,即以社区福利作为明确的概念框架进行的研究,王思斌称之为社区福利服务),这种类型的成果较少,唯一的著作是江立华、沈洁等合写的《中国城市社区福利研究》,再有就是零星的学术论文;二是"无名有实"的研究,即虽然没有明确以"社区福利"为题,但研究的内容属于社区福利的范围,它主要体现在社区公共服务、公共物品、公共产品、公共事业、公益事业等研究中。

(一) 社区福利研究的主要议题

从目前掌握的文献资料看,关于社区福利研究成果的两种形式主要关注以下几个问题:

1. 经济社会结构转型与社区福利的产生背景

江立华、沈洁在考察城市社区福利发展时认为,应在中国社会转型大背景中进行。他们认为社会转型主要体现在:城市单位制的解体、非公有制等多种经济成分出现、人口流动的频繁、人们的福利需求日益多元化、家庭小型化和功能外化等。只有看到中国社会从传统型向现代型的转变,才能真正理解发展社区福利的必要性和紧迫性(江立华,2008:60)。

金炳彻从国外社会福利政策发展趋势看,现代社会福利政策倾向去机构化、社会融合化。随着人们更加关注福利对象的生活质量,引起了对机构福利缺乏足够人道的反思;且由于福利服务对象数量剧增、需求多样化和个性化以及政府财政承担机构福利压力的加大,社会福利的中心逐步从机构福利转身社区福利。这种福利转向已在美国、英国、韩国、日本等国家得到较好地实现,取得积极效果。(金炳彻,2013)

中国自 2000 年开始的农村税费改革,至 2006 年已彻底取消了农业税、牧业税和农业特产税,税费改革取得了显著成效。一方面,减轻了农民的负担,调动农民的生产积极性,改善了干群关系;但是基层政府也因此面临着公共财政收入紧张的压力,农村公共服务能力削弱的情况。伏玉林、符钢战以农村税费改革为背景,运用湖北与浙江农村实地调查资料,比较分析两地农村公共服务的变革差异、改革经验及存在的深层体制问题(伏玉林、符钢战,2007)。

徐小青、郭建军从社会变迁角度,考察了人民公社时期、家庭联产承包责任制后、农村税费改革后三个阶段农村公共服务供给制度的特征,分析了当前农户对农村公共卫生服务、信息服务、农村技术推广服务、社会保障等的需求意愿,并提出相应的制度安排与政策建议(徐小青、郭建军,2008)。

2. 社区福利在社会保障体系中的位置与功能

社区是当代西方新型政治的根本所在。新的社会条件使得"以社区为重点"不仅成为可能,而且变得十分必要,社区不仅意味着重新找回已经失去的地方团结形式,它还是一种促进街道、城镇和更大区域的社会和物质复苏的可行办法(丁建定,2004)。20 世纪 80 年代以后,西方国家越来越重视社区在社会保障制度改革中的作用,它们开始积极促进和发展社区福利,以平衡社会保障制度中的个人责任与国家责任,缓解"福利国家"危机。我国随着"社会福利社会化"政策的推进,也迫切需要寻找一个载体进行各种社会资源的整合,以实现社会福利社会化的预设目标。"社区"这一概念是社会福利思想的核心,随着"单位人"向"社区人"、"社会人"的转变,社区凸现为社会运行过程中基本又重要的单元。于是，政府、非政府组织、企业、市场等提供的福利资源都能以社区为平台和载体进行充分整合（江立华，2008：63）。换言之，社区可以成为社会福利社会化的平台；社区福利是各种福利资源的整合。刘继同认为，社区福利体系是观察、描述、分析社区结构与社会结构，认识、理解社会福利制度安排特征的最佳视角，是典型反映社会福利价值基础、运作模式与服务过程的层面。社区福利体系既是社会福利制度中最基础的层面，又是社会福利政策的输出终端，直接面对社区成员不断变迁的社会需要，满足他们的基本需要，改善生活状况（刘继同，2003a）。张秀兰提出应该加强社区福利供给体系建设，尤其是加强社区非营利机构建设、激发社区资源发展城市社区福利；建设服务型政府，采取政府购买社区公共服务的方法，缓解城市家庭福利需求压力，有效应对人口老龄化、单位制解体带来的影响（张秀兰等，2010）。陈建胜、毛丹认为，社区服务应该以公民权为导向，培育现代公民；通过发展社区服务，推动居民增进认同、互助互惠、加强团结、促进参与、培养公共价值和关怀、担当公民责任，在社区服务中实现公民学习和训练（陈建胜、毛丹，2013）。

3．社区福利的需求——供给问题

社区福利的需求——供给关系。江立华、沈洁等根据人的需求—供给结构体系理论分析当前中国城市社区福利的运行情况，认为社区福利供给体系无论在服务内容、服务方式、服务规模还是在服务途径上，都表现出呆板、单一、层次不高、覆盖面过窄等问题，居民福利需求－供给处于"结构紧张"的状态，应在充分了解居民需求的基础上，加大供给体系创新，达到供需平衡（江立华，2008：61）。

在公共经济学理论看来，公共产品的最优供给与公共产品的需求状况直接相关，只有达到公共产品的供求均衡，才能使消费者效用达到最大化（安东尼·B. 阿特金森等，1994；转引自林万龙，2007）。而公共产品的供求失衡，可以分为总量失衡与结构性失衡两个方面。总量失衡是指公共产品的供给难以满足消费者对它的需求，结构性失衡则是指在既定的供给水平下，由于公共产品供给方式、供给内容、供给环节等方面的原因所造成的供给与需求间的偏差。林万龙认为，农村公共服务也应包括总量失衡与结构性失衡两个方面。他着重考察了农村公共服务供求结构失衡的表现及成因。研究发现，供求内容的不匹配、供给方式的不适当、供给机制过于单一、供给中重建设轻管护和重县城轻乡村是目前农村公共服务供求失衡的主要表现；而财权过于向上集中所造成的基层财力紧张、公共服务严重依赖省级以上专项资金，是造成农村公共服务结构性失衡的重要原因（林万龙，2007）。

龙兴海、曾伏秋等从社会主义新农村建设的现实背景出发，运用公共物品的供给理论，以农村公共教育、医疗、文化服务、社会保障、交通管理服务以及社会管理服务等为例，从宏观和微观两个层面对我国农村公共服务供给问题进行了分门别类的理论解释和理论分析，试图回答农村公共服务供给亟待解决的理念问题、制度问题、机制问题等，提出了当下解决新农村建设中公共服务供给不足问题的制度选择、政府角色定位、供给模式构建、有效供给现实途径等，为新农村建设中完善公共服务、实现农村和谐发展提供制度性设想和现实路径选择（龙兴海、曾伏秋等著，2009）。陈东重点分析了影响农村公共品供给效率的供给制度因素和供给主体行为因素，内容包括农村经济环境和政策环境变化对公共品供给制度的影响、各种农村公共品供给制度的比较及其效率特征差异、公共品供给主体的行为特征和博弈行为的机理及其影响等问题，最后提出完善制度环境的各项对策，如注重宪法层次—治理层次—操作层次制度变革的互动；改进各公共品供给主体的行为；确定农村公共品的供给次序，完善农民对公共品的需求表达机制等，以提高农村公共品的供给效率（陈东，2008）。

福利多元主义与福利供给主体间关系。福利多元主义是关于福利供给主体（福利供给是指提供居家福利和社区福利的设施、团体以及个人，参见江立华，2008：75）的理论。Johnson认为社会福利供给的部门可分为4个部分：（1）国家部门提供的直接和间接福利；（2）商业部门提供的职工福利，向市场提供有营利性质的福利；（3）志愿部门如自助、互助组织、非营利机构、压力团体、社区组织等提供的福利；（4）非正规部门如亲属、朋友、邻里提供的福利（Johnson, N., 1987; Johnson, N., 1999; 转引自彭华民，2007：24）。但对这些福利供给部门之间的关系，福利多元主义没有做出令人满意的解答。就社区福利而言，欧美国家的主流观点是居民主体论，即居民通过自己的民约规章，以货币或非货币的交换形式，相互之间提供各自所需要的服务（江立华，2008：75）。董海宁通过对浙江宁波L村老年协会个案的考察，发现老年协会这种民间组织在农村社区福利供给中扮演了重要角色，它充分调动所在村拥有的各种资源，为村民谋福利，如修建公园、整治村容等。为此，他提出"内生的农村社区福利"，反思已有的福利理论，认为农村社区福利的发展不应一味依靠政府，而应根据自身实际，充分挖掘各种资源，自我提供福利（董海宁，2003）。沈洁以日本城市社区福利为例，介绍福利非营利组织（包括从事小规模经营活动的组织、行业联合会、志愿者组织以及互帮互助的居民小组）在社区福利供给中的作用。她认为，福利非营利组织是福利改革过程中出现的一种新型福利供给体系。它活跃于医疗服务以及生活服务等领域。活动形式以提供公共的，互助的福利服务为主，它在政府与市场的活动领域之外发挥着越来越重要的作用。中国应积极发展各种福利非营利组织（沈洁，2004）。靳永翥以贵州、湘西、鄂西和渝东的欠发达农村地区为例，分析了政府、市场、农户等在农村基础教育、农村合作医疗和农村基础设施等公共服务供给中扮演的角色，提出欠发达农村地区公共服务供给的创新机制（靳永翥，2009）。赵曼丽运用协同论分析农村社区公共服务供给主体间责任边界划分不清、供给行政体制和运行体制不健全等问题，提出以共生理论为指导，解决农村社区公共服务供给中宏观、微观问题，促进公共服务的有效供给（赵曼丽，2013）。

社区福利需要满足问题。需要理论是当代社会福利理论的重要组成部分（Taylor-Gooby，1980：27-28；Plant，R.，1991；转引自彭华民，2008：3）。在社会福利研究中影响较大的，有凯恩斯供求理论中的需要理论、马斯洛的需要层次理论、多依和高夫的人类需要理论、周健林和王卓祺等学者提出的华人需要观念及其先决条件。社会福利中的需要（Need）指"社会中生活的人在其生命过程中的一种缺乏状态"。人的基本需要如果不能满足，这种缺乏状态将损害人的生命意义。而需求（Want）是对于某一具体需要满足物的指向。需要是客观的、长久的、有普遍意义；而需求是主观的、短暂的、体现具体意义。马克思认为"需要是人的本质属性"（马克思，1982：514）。当一个人作为社会人存在社会之中时，他的需要存在；当他的需要不存在时，这个人在社会中也不存在了。人有"个体的社会人"与"整体的社会人"，因此，人类的需要可分为个体的需要与社会需要（彭华民，2008：3-25）。运用需要满足理论研究社区福利成果较多的是北京大学刘继同。在个体需要方面，他在分析城市社区劣势妇女需要观念与生活状况分析的基础上，提出积极促进劣势妇女就业的社区福利政策（刘继同，2003b）。在社会需要方面，他认为社会需要是社会结构变迁与社会发展过程中出现的社会性需要，是绝大多数社会成员感觉到和表达的社会性需要，并已获得社会管理者、专家和社会成员的普遍性认同。社会需要至少可分为国家、地区和地域社区三个层次。如何及时回应社区问题，有效满足社区需要，这是社区福利体系运作的基本原理与机制（刘继同，2002）。即社区福利运行的机制是满足不断变迁中的社区需要，改善社区环境，提高社区居民的生活质量，促进社区综合发展，以便通过社区发展过程实现国家发展的宏伟战略目标（刘继同，2003a）。

张立荣等通过全国6省市的问卷调查发现，不同收入水平的农民对农村公共服务的需求程度不同，农民对养老、子女教育和医疗保障服务的需求愿望较强烈；生活类公共服务需求愿望强于生产类公共服务需求；随着收入的增加，保障型公共服务需求递减，发展型公共服务需求递增（张立荣等，2011）。

社区福利输送问题。吉尔伯特（Gilbert N）等从政策实施、体系运行的角度对社会福利的输送系统进行分析，指出社会福利资源的存在并不一定导致政策对象的福利获得。他指出社会福利服务的输送体系可能存在分割性（fragmentation）、不连续性（discontinuity）、不负责任性（unaccountability）和不可获得性（inaccessibility）。分割性是指福利服务被分散于城市的不同地区。不连续性指虽然它们处于同一地区但并非靠近，交通上的不便使得需求者不易连续获得整个服务。不负责任则指福利提供者的态度和行为。不可获得性则指服务对象因为各种障碍（居住地、社会排斥等）不能进入社会服务网络，即社会福利对他来说是不可获得的（吉尔伯特、特雷尔，2003：225－227）。王思斌运用吉尔伯特社会福利输送理论（尤其是可获得性的概念）分析我国城市社区福利服务的运行现状及其效果，研究发现当前城市社区福利服务处于弱可得性状态，原因在于社区福利资源的不足、福利资源的分配不合理等，并从社区服务设施建设、服务人员队伍建设以及政府政策支持等角度提出发展城市社区福利服务的若干建议（王思斌，2009）。韦克难以成都市 25 个社区的调查为例，分析城市社区福利弱可获得性的原因在于政府福利责任履行不到位、社区社会组织不够成熟、社区自治能力不强、社区福利资源分配存在分散割立问题等，并提出政府应加大对社会保障的支持力度、整合社区各种福利资源、积极发展能有效提供社会服务的非营利组织、建立社区福利服务信息资源和服务网络（韦克难，2013）。

4. 社区福利发展的影响因素

公共财政—社区福利发展的经济因素。王小林以三个镇为例，运用公共财政理论，考察工业化、城市化进程中，农村公共服务的供给与需求矛盾，并提出应借鉴新公共服务理论，运用公共财政的手段，推进城乡公共服务一体化的建议（王小林，2008）。郭春丽认为公共财政是为了满足政府提供服务的需要而产生和发展起来的，其职能定位理应服从和服务于公共产品的提供和公共事业的发展。她分析了公共财政支持新农村建设的必要性与可行性，并提出加大公共财政支出，完善农村公共产品供给体系，推进新农村建设的政策建议（郭春丽编著，2006）。岳军、潘寄青、朱德云等在对山东省农村长期社会调查的基础上，探讨了公共财政与农村公共服务的关系，研究指出建立农村公共服务强有力的财政支持，必须以财政预算改革为突破口，将"政治程序"改革和"预算程序"改革有机结合起来，形成新的公共财政制度框架。主要改革内容要以实现财政预算决策权力的公共化和公开化，财政预算程序的自下而上，财政预算目标的横向均等化，财政预算的法制化、规范化和精细化（岳军、潘寄青、朱德云，2009）。樊继达提出完善公共财政体系，促进城乡基本公共服务均等化，应重点做好财力事权相匹配、转移支付及时、公共支出结构合理、财政层级适度等工作（樊继达，2008）。杨发祥认为，公共财政是社区福利建设的主要支柱，经济发展较好的城市，公共财政实力较强，社区福利建设得到的资金支持较多，社区福利体系较完善（杨发祥，2010）。

胡志平认为，农村公共服务均等化的影响因素不能停留于中国式财政分权逻辑的思维中，还应看到分权财政背后的政治经济因素，包括宏观层面的国家发展理念；中观层面地方政府的绩效考核体系对其提供公共服务的激励与约束程度；微观层面基层民主制度是否能从管理主义模式转变为参与式治理模式，让公众参与到公共服务的制度设计中，建构符合民众需要和偏好的公共服务体系（胡志平，2013）。

乡村治理—社区福利发展的政治因素。乡村治理主要指人们运用公共权力对乡村社会的治理过程和绩效。"乡村"主要指行政村，即乡镇之下的村委会。乡村治理可简化为"村治"（徐勇、徐增阳，2003：6）。为了解决治理的失效，西方学者提出了善治。善治（good governance）就是使公共利益最大化的社会管理过程。善治的本质特征就在于它是政府与公民对公共生活的合作管理，是政治国家与公民社会的一种新颖关系，是两者的最佳状态（俞可平，1995）。王习明运用乡村治理和善治理论，在对湖北荆门和洪湖实验村等个案考察的基础上，分析了国家（县乡政府）、集体（宗族——生产大队——村委会）和家庭（个人）在提供老人福利过程中的合作与冲突，考察老人福利与乡村治理绩效的关系。他认为，只有国家和农村进行有效合作，才能改善乡村治理，提高农村老年人福利。村庄社会结构和乡村组织状态的不同，是老人福利出现区域差异的重要原因；老人福利水平的提高与乡村治理绩效的改善呈正相关性；老年组织的发展有利于老人福利的提高和乡村治理的改善（王习明，2007）。

于水通过建立乡村治理与农村公共物品关系的理论框架，以江苏地区不同地域（苏南、苏北）为例，分析不同乡村治理模式对农村公共物品供给效率的影响，并提出在模式构建上，应该创新农村公共产品的政府投入机制与供给的长效机制；在组织创新上，应大力发展农民社会合作组织，更大程度地发挥其在农村公共产品供给中的作用。另外，他建立了基于农户意愿的公共产品和公共服务优先次序的表达与需求机制，研究了农村基础设施项目投入主体、资金构成、决策机制等差异对乡村治理模式变化的影响。并在多中心乡村治理理论基础上构建了适合经济发达地区与经济欠发达地区的苏南、苏北乡村治理模式（于水，2008）。

社会资本—社区福利发展的社会因素。社会资本是近年来中国学术界一个非常火爆的概念工具。对社会资本的界定目前也没有形成统一共识，学者们都是从自身的研究需要出发来使用这一概念（张其仔，1997；边燕杰，2000；胡荣，2008；张文宏，2004）。在《使民主运转起来》一书中，帕特南认为社会资本是指"社会组织的特征，诸如信任、规范以及网络，它们能够通过促进合作来提高社会的效率"（帕特南，2000：195）。他认为"在一个拥有大量社会资本存量的共同体中，生活是比较顺心的。公民参与的网络孕育了一般性交流的牢固准则，促进社会信任的产生。这种网络有利于协调和交流，扩大声誉，因而也有利于解决集体行动的困境"（帕特南，2000：167）。总之，帕特南认为，社会资本能够增加信任水平和提高集体行动能力，从而提高人们之间的互惠水平，加强社区团结和增强社区安全感等，提高人们的生活质量。林·里奇认为社会资本具有增加人们身体福利、物质福利、情感福利、社交福利以及发展和活动方面的福利等潜在价值，因此，无论投资于个人社会资本还是集体社会资本，都有助于提高人们的福利水平（Rich Ling et al，2004）。科尔曼论证了封闭性社会网络是创造和积累社会资本的必要条件，同时这种封闭性的社会结构也有助于提高人们的生活质量（韦璞，2007）。林南认为社会资本的情感性回报包括三个方面：身体健康、心理健康和生活满意（林南，2001）。另外，国外的相关研究也指出，在高收入国家，金钱常常被用来保证福利，如购买食物、医药和医院治疗，投资于家户保障系统；在低收入国家，很可能是通过增加食物和乡村医疗，依赖朋友和邻居来保障福利（Rose，1999）。Inglehert and Klingemann（2000）发现，包括在低收入国家，用来测量社会资本的国家水平的普遍信任与国民的幸福感高度相关。因为穷人可能拥有紧密而精细的凝结性社会资本（Bonding social capital），以至于他们可以度过困难的生活，他们所缺乏的是富人拥有的分散而广泛的桥梁性社会资本（Bridging social capital）以求更大的发展（woolcock and Narayan，2000：225-249）。

国内学者在研究社区福利时，多数运用帕特南的社会资本概念。郑传贵运用帕特南的社会资本概念提出农村社区社会资本按不同的载体可分为家庭社会资本、家族社会资本、邻里社会资本、民间组织社会资本和行政社区社会资本。他着重分析了家庭社会资本在提供社区儿童福利和老年人福利中的作用；邻里社会资本在提供村民日常生活互助中的作用；民间组织社会资本在提供农村社区公共物品中的作用等（郑传贵，2007）。

周生春、汪杰贵从乡村社会资本理论出发，以安徽省桐城市某村为案例，分析诚直为本的乡村社会信任、忠恕仁义的乡村社会规范及拓展的乡村社会网络，能够提高集体行动效率，促进农村公共服务的自主供给（周生春、汪杰贵，2012）。

行政问责—社区福利发展的行政管理因素。《2004 年世界发展报告》指出，行政问责侧重于主要的利益相关者之间的相互问责关系。它有 5 个主要特点：（1）"主体方"授权；（2）主体方提供必需的资金给"代理方"（即负责任的一方）；（3）"代理方"提供服务；（4）主体方收集分析信息；（5）主体方通过对"代理方"利益的影响来实施问责。世界银行运用三方问责制（即公共服务决策者、服务提供者和公民）的框架来评估中国农村公共服务的提供情况。他们着重分析了农村公共服务提供过程中四个利益相关者之间的相互作用与关系：中央（和省）政府、县和乡镇政府、事业单位和其他服务提供者，以及农村和农村居民；力图发现每个主要利益相关者面对的不同任务以及它们在相关服务的提供过程中可能遇到的潜在问题。研究指出，各个利益相关者间的关系由利益或激励所驱动，而利益和激励在很大程度上又由其他利益相关者来决定，同时也受体制（法律、规定、传统等）的影响。这些不同利益相关者之间的问责关系决定了服务提供系统及其运转的效果。中央政府为公共服务提供的全国性政策设定目标，并且通过直接或间接的措施来决定公共服务提供中其他关键利益相关者的职能及其彼此的关系。中央政府与地方政府有直接的问责关系，而且建立了服务提供者（尤其是事业单位）和民众在农村公共服务提供中应履行的职责的管理框架。虽然三个"地方利益相关者"都有自己不同的利益，但这些利益或激励在很大程度上要受到中央政府的政策、规定、监督和评价以及奖惩的约束（世界银行编，2008）。

5. 社区福利发展的内在逻辑与实践策略问题

赵定东从历史演变的视角剖析了中国社区福利的内在逻辑与实践问题，指出 30 多年来中国社区福利建设过程中存在社区福利观念功利化、责任主体模糊化、福利来源过度单一化、福利获得复杂化、福利服务诉求全面化、福利差距扩大化和福利矛盾尖锐化等实践问题，提出政府在社会福利中应承担基本的道义责任，反思"社会福利社会化"，注意解决社区福利发展中的商业性与公益性问题、促进社区福利发展的均等化、消除依赖性社区福利文化的再生、防止歧视性福利拉大社会距离的不良现象（赵定东、李冬梅，2012）。

（二）研究简评

以上研究成果，涉及社区福利的产生背景、功能地位、供给主体、输送过程、最终目标以及发展过程中的经济、政治、社会等影响因素，涵盖经济学、社会学、政治学、公共管理等学科。这些学术成果为本书的研究提供了有益的

启示。比如，研究中要注意农村社区福利建设的宏观社会经济背景；农村社区福利在农村社会福利体系中的作用、地位；政府与农村社区在社区福利建设中的关系等等。

但已有文献的研究局限也是明显的。

第一，绝大多数文献的研究思路可概括成"问题为本"的"缺乏视角"。他们都是从福利对象的需要或需求出发，研究如何提供福利。这就造成一种错觉，福利对象总是处于"问题""缺乏"的状态，他们是被动的接受福利，他们总是需要救助。一旦进入某社区，看到的是问题、不足与毛病。社会工作学者称之为"缺乏"的视角[①]（张和清、杨锡聪、古学斌等，2008）。而新的理论视角是从"资产建设"出发，它是一种"优势"[②]的视角。在其看来，很多原来是"问题"的人或物都可变成"资产"。如农村低保对象，他们可以被组织起来清洁农村卫生，为村民营造一个村容整洁的美好环境。一方面可以领取从事环境整洁的工资，另一方面也做出自己的贡献，实现自己的价值，而不是被动的、毫无作为的受救助者。换言之，他们也是社区重要的"资产"（人力资本）。就农村社区福利发展而言，当我们进入某个农村社区，首先看到的是这个村现有哪些资产可以盘活，为村民提供福利；或者，可以调用社区内外哪些资源进行各种能为村民提供福利的有形资产建设。可见，以资产建设为基础的"优势"视角，与以"问题—需要"为基础的"缺乏"视角截然不同。就像半杯水，前者看到的是已经有一半水，如何充分利用半杯水创造福利；而后者看到的是怎么只有这么一点水，处于一种消极悲观的、被动受助的状态。

[①] 所谓缺乏视角（lack perspective），是指看问题总是关注不足和缺陷。在这种视角指导下的农村社会工作者将更注意力放在农村人口素质低下（教育落后等）、自然资源匮乏（耕地不足等）、地理位置偏僻（交通不便等）、农业技术落后（传统耕作等）等问题上。从缺乏视角发展出来的反贫困策略就是如何帮助农村贫困人口解决他们的不足。无论是服务取向、教育取向，抑或是组织取向的农村社会工作，如果以缺乏视角介入农村社区，基本的做法都是透过外来者的直接资助，推动现代化教育、大搞基础建设、引进农业科技和推动农民组织等，帮助农村实现现代化。当持守缺乏视角看待农民的问题和需要时，当采取"输血式"的扶贫策略自上而下地帮助农民脱贫致富时，作为主体的农民被客体化了，他们的主体性、优势、能力和资产等被忽视了（参见张和清、杨锡聪、古学斌等，2008）。

[②] 社会工作的优势视角反对将服务对象问题化，认为问题的标签对服务对象"具有蚕食效应，重复的次数多了之后，就改变了案主自己对自己的看法和周围人对他们的看法。长远来看，这些变化融入了个人对他们的自我认同（越来越没有自信心）"（Saleebey，2004；转引自张和清、杨锡聪、古学斌等，2008）。因此，优势视角强调社区发展应该重视资产建立和能力建设，它强调每个人、团体、家庭和社区都有优势（财富、资源、智慧、知识等）。优势视角着眼于这个社区及村民能做什么？而不是"他们不能做什么"，致力于动员村庄及村民的力量（资源、智慧、知识、能力等）来实现他们的目标和愿望，以提高农民的生活质量（塞勒伯，2002）。

农村社区福利要实现可持续发展的目标,必须重新审视农民的问题和需要,努力挖掘社区自身的优势和资源(资产建立和能力建设)及民众的能力和智慧。社会工作者应该从社区和村民现有的资产和能力出发,而非从社区及村民缺少什么、出现了什么问题、社区的需要是什么入手(张和清、杨锡聪、古学斌等,2008)。

第二,社区福利研究呈现"重视城市、轻视农村"的现象,学术界社区福利已经变成城市社区福利的代名词。农村社区福利的理论研究与实践总结的研究文献较为缺乏,还没有成为一个独立的研究领域。而农村社区福利发展对促进新农村建设的深度发展、推进城乡一体化、实现全面建成小康社会都有十分重要的意义。实践需要推动理论研究,因此我们很有必要深入开展农村社区福利的学术研究与理论创新。

第三,大多学者未将社区服务设施与社区福利区分开,以为有了社区服务设施,社区福利发展水平就高。实际上,社区福利服务体系中可分为硬件(社区服务物质设施)与软件(服务项目、服务内容等)两部分。有的社区服务设施建设之后,不能满足居民的真正需要,利用率极低,谈不上提高居民的福利水平。王思斌称之为"社区服务项目建设和运行中存在的目标偏离"(王思斌,2006)。

第四,虽然福利多元主义理论认为社区福利的供给主体包括政府、企业、社会组织、社区、邻里等等,但对这些主体之间如何通过良性互动,达到共生、协同、善治,使得福利产出实现最大化的问题并没有给出答案。而如果没有很好地处理这些主体之间的关系,福利资源往往会出现内耗。因此,在研究过程中,我们要特别注意农村社区福利供给中,地方政府与农村社区的关系、村委会与村内各种社会组织的关系。

四 本章小结

本章梳理了资产建设社会政策、资产为本的社区发展、社区福利三个领域理论与实践方面的研究成果,并对这些文献做出恰如其分的评述,阐明前人的研究对本项目的启示,指出本项目研究的可能突破之处。本章的目的是展现本项目的学术品质在相关学术文献中的地位,也是对第一章研究设计、研究意义的补充说明。

与本书研究问题密切相关的理论主要指资产建设社会政策和资产为本的社

区发展模式。资产建设社会政策强调政府要通过制度化的措施,帮助穷人或贫困家庭积累金融资产,指导他们经营管理资产,在此过程中,资产建设与管理可能会产生诸多福利效应,比如,提高穷人的人力资本、社会资本,而这些福利效应将可能促使穷人最终脱贫。但是,资产建设社会政策的学术研究局限于个体和家庭层面,缺乏社区层面的资产建设研究。本书就是借鉴它的理念与思路,探讨贫困农村社区的资产建设及其福利效应问题。

资产为本的社区发展模式强调社区发展要先着眼于社区已有的优势、资源,而不是先看它的问题与不足。这个理论强调社区发展的四个取向:优势取向,即充分发掘社区的优势,促进社区发展;内在取向,即以社区居民为主,促进社区发展;关系取向,即善于发展各种关系网络,促进社区发展;能力取向,即通过发掘优势、内在参与、发展关系后,社区能力获得提升,从而推动社区发展。该理论为本书提供了有益的研究启示:着重阐述个案村如何与地方政府形成合作关系,发挥优势,调动村民参与资产建设,提升社区能力,促进社区发展的过程。

直接以"社区福利"为题的学术成果并不多见,相关的学术积累更多以社区"公共服务""公共产品""公共物品""公共事务""公益事业"等字眼呈现。这些成果对社区福利产生背景、功能、供给主体、输送过程、需要满足、发展的经济、政治、社会、文化因素等问题的研究做出了积极的贡献,也为项目提供了有益的研究启示,但也存在"重缺乏、轻优势""重城市、轻农村""重硬件、轻软件"的研究不足。

那么,如何合理地吸收现有成果的优点,弥补它们的研究缺憾,构建资产型农村社区福利的理论框架,达到本项目的研究目标?这些问题是第三一七章的实证研究要注意的。

第三章 资产建设的背景及其社区福利理念分析

本章是本书实证资料分析的第一部分。为了更好地考察个案村为什么要进行资产建设和为什么能够进行资产建设,其背后的福利理念究竟是什么,本章将从宏观(社会转型)、中观(政策下乡)、微观(兰村村情)三个层面对兰村资产建设的结构性因素(社会经济背景)展开分析,然后剖析其背后的福利理念。

一 社会转型:现代化和市场化

改革开放以后,中国经济发展实际并存着两个过程:一是体制转轨,即从计划经济向市场经济转变;二是发展转型,即从传统习俗经济或自然经济向现代市场经济转变,从传统城乡二元经济向现代统一市场经济转变(赵人伟,1999;转引自冯仕政,2007:32)。当前中国社会中的很多现象,都是现代化进程和市场化进程共同作用的结果(冯仕政,2007:32)。兰村的资产建设也深深地刻上现代化和市场化的烙印。

(一)现代化

现代化理论多年来一直是政治学、经济学和社会学等学科研究的热点。不同学科对现代化具有不同的解释,在政治学中,现代化更多指向民主化、法治化和科层化;在经济学中,现代化意味着工业化、城市化、专业化;在社会学中,现代化注重的是社会化和信息化(彭华民、杨心恒等,2006:351;卡洪,2008:2;陈嘉明,2006:4—5、36—40、261)。

在社会学学科视野中,现代化指的是一种特殊的社会转型过程,即社会在日益分化的基础上,进入一个能够自我维持增长和自我创新、以满足整个社会日益增长的需要的全面发展过程。而这种社会发展过程是通过现代科学技术、工业化、城市化、理性化等实现的（李路路，2003：328）。现代化是一种世界性的潮流。现代化浪潮最早发轫于欧美发达国家，而后波及发展中国家。如今，世界各国都将现代化作为本国社会发展之路。我国也正处于社会主义现代化建设进程中。毫无疑问，本书的个案村——兰村也深受现代化浪潮的影响，正处于现代化的发展变革中。

现代化的重要特征包括人的现代化、科学技术的应用、人类行为的理性化、城市化和全球化（李路路，2003：333－340）。下面我们将从现代化的重要特征阐述兰村的资产建设及其福利效应是如何深受现代化影响的。

1. "人的现代化"对兰村资产建设的影响

现代化不等于工业化，现代化主要是人的现代化。有的人认为，现代化就是工业化，是经济增长的过程。只要实现了工业化和经济增长，就实现了现代化。美国著名社会学家英格尔斯认为，现代化最主要的是人的现代化。他认为人的现代化是实现由传统社会向现代社会转变的最根本保证，是现代化社会稳定、持续和健康发展的基石。一个国家现代化历史进程的演化就是人的价值观、心理素质、行为特征的转变与培育的过程（英克尔斯、史密斯，1992）。英格尔斯在对世界上不同地区的六个国家有关人的现代性问题调查的基础上，系统阐述了人的现代性问题。他认为，人的现代性主要体现在人的主观态度和客观行为两方面。具体包含以下内容：现代人应该更具有独立性、自强性，不相信宿命论；更具有开放性，乐于接受新的社会变化和新的生活方式；更具主动性，乐于学习各种新知识；更具计划性，做事情都有规划，并且守时；更具积极性，对生活采取积极的态度，倾向解决问题而不是回避问题（李路路，2003：340）。现代化的这些特性不是凭空产生的，都是在一定的现代制度和现代组织中滋生的。换言之，人的现代性品格是在某种特定的现代制度和现代组织中获得的。比如，人在现代学校、现代企业等环境中，通过受教育，获得了现代人格。

兰村也正是为了适应现代化的要求，培育具有现代性人格的村民，提高村民的现代化素质，才想到将教育作为兰村工作的重点。

在2004年12月4日的村民代表会议上，兰村村民表达了他们对办好教育的目的和意义的认识。这是当年的会议记录节选：

强调办好教育的目的和意义。党的十六大报告明确指出"教育是发展科学技术和培养下一代人才的基础，在现代化建设中具有先导性、全局性作用，必须摆在优先发展的战略地位"。因此，我村在抓好经济建设的同时，首先考虑的是教育的问题。"经济发展靠人才,人才培养靠教育",教育是穷人改变贫困的最佳选择,是强国富民的重要保证。我们全体到会同志应当清楚地认识到:新世纪竞争态势对教育的严重挑战,认真分析我村的落后现状,而要改变落后现状必须从教育入手来培养我们的子孙后代。希望大家要增强紧迫感和使命感,树立坚定的信心,共同为办好兰村的教育事业出谋献策,相信在今后兰村的教育发展史上将留下我们光辉的一页。(选自2004年12月4日兰村村民代表大会会议记录)

村党委[①]书记潘先生在一次会议上甚至指出:"兰村必须从教育抓起,谁没有办好教育,谁就是千古罪人。他说,兰村今后的发展必须坚持三个宗旨:①重视教育,培养人才。②提高干部队伍素质。③基础设施建设。"(参见2004年7月10日上午村两委扩大会会议记录)

访谈中,兰村村长许先生也表示:

关键还是人的素质提升,要有新农民。村民如果还是抱着小农思想,鼠目村光,做事情,只看眼前,只顾自己,村里很多工作你根本没法开展……所以,我们认为培育具有现代化素质的新型农民是兰村经济社会发展中的重要任务。因此,兰村的建设规划首先就是先合并两所小学,为提高教育质量,培养人才打好基础;后来又决定成立农民素质培训基地,培训新农民,目的在于通过教育提高村民的综合素质,让他们更加现代化、城市化,同时也能够促进兰村后备力量的成长,为兰村经济社会发展提供丰富的人力资源条件。(XZJ,20090622[②]访问)

可见,正是他们着眼于现代化对人的新要求,着眼于兰村村民素质的根本改变,着眼于兰村未来的可持续发展,他们才创建幼儿园、重建兰村小学、创办兰村农民素质培训基地[③],争取让每个兰村人都有学习的机会,都能有一个美好的未来。

2. 现代科学技术的影响

现代化过程的一个重要特征是科学技术在经济社会发展中起着核心作用。人类历史上的三次科技革命就成为生产力发展的先导。18世纪60年代,以改良蒸汽机的广泛应用为标志的第一次技术革命,带来了棉纺织业、钢铁工业和交通运输部门的革命,出现了汽船和火车;19世纪70年代,以电力技术的应

---

① 兰村党支部于2007年8月升格为兰村党委。
② XZJ表示受访者姓名,20090622表示访谈时间为2009年6月22日,下同。
③ 兰村小学的重建、新农民素质培训基地的创办过程我们将在第五章进行分析。

用为标志的第二次技术革命,带来了电力工业、化学工业、汽车和飞机制造业的革命,出现了电灯、飞机、电话、电报;20世纪四五十年代,以原子能技术、电子计算机技术和遗传基因重组技术等为标志的第三次技术革命,带来了电子工业、核工业和航天工业的革命,出现了电视机、冰箱、洗衣机和电脑。在本书第六章里,我们将阐述兰村新农民培训学校与北京一家软件公司合作开发"世纪之村"软件,为村民提供信息化服务。这种信息化服务其实就是现代科学技术在经济社会发展中应用的产物。

调研中,兰村新农民培训学校的许校长谈了他对信息化的理解。他说:"信息化其实自古就有,只不过是在不同社会发展阶段里,由于科学技术发展水平不一样,生产力状况不同,信息化的手段不同而已。在农业社会,由于生产力不发达,信息传达用的是一些比较原始、效率较低的手段,比如,古代军队打仗时用烽火表示战争,用快马送信或飞鸽传书等传递信息,进行沟通;在工业社会,生产力获得了较大的发展,现代科学技术在信息传达中得到广泛的应用,产生了电报机、电话机、手机等通讯工具,这些工具大大方便了人们的信息获得;而在网络社会里,由于计算机、网络等技术的应用,信息传达通过网络即可,人们的信息获得与沟通更加方便快捷了。我们与别人合作开发的'世纪之村'软件实际上就是用电脑、网络等现代化的东西,来为村民提供一些方便罢了,这些东西在城市里已经是很普遍了,但对农民来说,它还是新鲜事物嘛!"(XYE,20090624访问)潘书记也认为:"当今社会处于信息化、现代化的时代,传统的村务管理模式已经不合时宜,急需一种凝聚力、一种平台,而现代化、信息化的手段(如网络)就是做好村务管理的很好平台。"(PCL,20090624访问)。

3. 人类行为理性化的影响

现代化的另一个重要特征就是人类行为的理性化。在韦伯看来,社会学是一门对人类行为的过程和作用作出因果解释的科学,即理解人类行为的意义和动机。他将人类行为分为目的理性行为、价值理性行为、情感性行为和传统性行为(马克斯·韦伯,2005:1、33)。他认为,人类行为很少只表现为某一种类型。人类的实际行为往往接近其中某一纯粹类型,或者是多种类型的混合。但不管怎样,人类行为的理性化必须考虑几个问题:行为的目的是什么,为什么要达到这个目的,行为的手段是什么,哪种手段的效益是最高的,行为的后果是什么。这些问题会使一切行为合理而有序,现代化的一切文明成果几乎都是理性化思维的产物。用研究者的话来讲,人类行为的理性化就是搞清楚行为的目标与手段的关系,计算哪种手段的效率最高,最有可能尽快实现目标。而

第三章
资产建设的背景及其社区福利理念分析

这一切计算都是基于科学的方法,比如,在发展农村社区福利的问题上,其工具和手段应该是发展村集体经济、建设福利设施、村民使用福利设施,而不是通过求神拜佛保平安。本书第五章讲述兰村村民为了建设村小学、老年活动中心,果断冲出封建迷信的樊篱、迁移祖坟的事例,就是村民行为理性化的体现。理性化其实反映了人们传统价值观念的转变,即人们的行为不再只在封建迷信、传统习俗的观念下进行,而是在现代化进程中寻找理性行为与传统行为的平衡点。访谈中,潘书记说:

在现代社会,农民实际上是最理性的,有用的他们才会想做,你看他们在烧香拜佛,目的是为什么呀?你可以去调查了解,有几个人真正是出于信仰,我看,多数人不是去求平安,求荣华富贵,就是求长命百岁等等。但有时这些东西又无法得到证明,所以,当我们说要迁祖坟,建设小学、幼儿园、老年会和村部时,他们还是会配合的。很简单的道理,迁墓按照农村的说法,主要是怕动了风水影响不好,但这种东西很难证明,而且当时有想好将所有的骨灰盒放入龙溪寺①存放,风水不会差到哪里啦!而我们村如果不迁那座山上的坟墓,就没有一个理想的地方建设那些项目,没有这些项目,兰村是不可能发展的,一直都会被人看不起,讲句不好听的,走出去都不敢说自己是兰村的人,通过这样的衡量后,我们还是决定迁墓!(PCL,20090621访问)

4. 城市化

城市化和现代化互相联系,好像一枚硬币的两面。一个民族现代化的过程,其本质就是它从农业社会过渡到现代社会的过程(赫茨勒,1963:49;转引自张鸿雁,2013)。但准确地说,现代化包含着比城市化更为广阔的内容,城市化只构成现代化一个方面或一个指标(张友琴、童敏,2000:368)。亨廷顿曾说,"在很大程度上,城市的发展是衡量现代化的尺度。城市成为新型经济活动、新兴阶级、新式文化和教育的场所,这一切使城市和锁在传统桎梏里的乡村有着本质区别"(亨廷顿,1989:66;转引自张鸿雁,2013)。所谓城市化的过程,是指在一个国家或社会中,城市人口增加、城市规模扩大、农村人口向城市流动以及农村中城市特质增加的过程(李路路,2003:338)。也就是说,城市化的意思是城市人口的增多或城市生活方式成为社会的主流生活方式。党的十八大报告指出:"坚持走中国特色新型工业化、信息化、城镇化、农业现代化道路,推动信息化和工业化深度融合、工业化和城镇化良性互动、城镇化和农业现代化相互协调,促进工业化、信息化、城镇化、农业现代化同

---

① 详见第五章内容。

步发展。"2012年中央经济工作会议特别强调:"城镇化是我国现代化建设的历史任务,也是扩大内需的最大潜力所在,要围绕提高城镇化质量,因势利导、趋利避害,积极引导城镇化健康发展。""新型城镇化是社会主义现代化建设的历史任务,是拉动内需推动经济发展的最大潜力。"会议指出"要将生态文明的理念融入新型城镇化的全过程,走集约、智能、绿色、低碳的城镇化道路"。① 党的十八大春风吹遍了神州大地,新型城镇化的战略部署也深深地影响着兰村的发展。2013年调研中,兰村党委书记潘先生告诉我们,十八大提出的新型城镇化坚定了他们的发展信心,指明了村庄今后的发展方向,尤其是村民生活改善方面。这首先体现在兰村资产建设规划的内容上。兰村资产建设10年规划的第三步内容是这样的:"我们的村民要能过上像城里人一样的生活,即到2014年争取每一个家庭都有三室一厅的住宅;有四个轮子的车子;五个工作日;六位数的存款;实现儿童免费入学,60岁以上老人每人每月发放100元的敬老费。"② 另外,从兰青公路的规划前景,也可看出兰村资产建设的方向是发展小城镇。访谈中,一位姓许的村干部告诉我们:"按村里的规划,我们打算将兰村建设成一个小城镇,所以目前有一个想法,只要是本村村民,全部可以申请在兰青公路两边建设住房和店面,但宽度统一要求4.5米,不同户之间间隔1米,整条兰青公路共2.5公里,你看,这条路两侧总共可以建设多少商品房和店面,到时肯定很热闹的,就像镇里的中心街道一样,而且这条路连接兰青大桥,通向镇中心,以后整片都可以盘活起来,就会很繁荣……"(PMM,20090623访问)

5. 全球化

"全球化"是社会学研究的热门话题。全球化是传统——现代化过程的继续,是近代才出现的现象。③ 关于什么是全球化,可以说是见仁见智。吉登斯认为,全球化是指这样一个事实,即我们越来越生活在"一个世界"中,因而个人、群体和国家越来越相互依赖(安东尼·吉登斯,2003:47)。杨雪冬认为从经济角度看,全球化被视为经济活动在世界范围内的相互依赖,特别是形成了世界性的市场(杨雪冬,2002:9—13)。全球化之布的最终形成就是全球

---

① 关于城镇化对国民福利的影响,可参见本课题的阶段成果:《新型城镇化背景下的国民福利研究》,《中国行政管理》2013年第6期。

② 详见第四章的内容。

③ 在全球化和现代化的关系上,学界还是有争议的。一种观点认为,19世纪和20世纪的现代化发展导致了全球化;另一种观点认为是全球化带来了现代化。而后现代主义者的观点认为,全球化是文化分裂和后工业化的结果(参见彭华民、杨心恒等,2006:354)。本书赞同第一种观点。

化的各个方面——经济、技术、政治、社会和文化——几乎同时聚集在一起，相互强化并不断扩大对他人影响的过程（罗宾·科恩、保罗·肯尼迪，2001：49）。总之，全球化是一个多维度的历史进程，它涉及到人类生活的方方面面，其本身是社会、政治、经济、文化以及技术力量共同作用的独特结果。全球化的主要特征是：经济一体化的出现、民族国家的力量相对减弱、全球文化和全球意识的传播。其实，全球化已经渗透到我们的日常生活中：我们每天上网浏览世界各地发生的新闻事件；每天使用一些跨国公司的产品；每天看到街上行走的外国人……这些都是全球化在生活中的具体体现。全世界已逐渐变成一个地球村，我们也成为地球人。兰村的村民自然也是地球村中的成员。他们的资产建设行为也深受全球化的影响。最明显的例子是，2008年全球金融危机对兰村标准厂房租赁有限公司运作的影响。① 兰村标准厂房租赁有限公司是一个农村经济合作组织，占地25亩，厂房面积共16530平方米，耗资1100万元。资金来源主要由村民入股和村集体入股。据兰村的一位干部介绍，这家公司成立的目的是为了让村民学习一些现代企业经营管理知识，培养村民发展经济的能力，从而促进村集体经济发展，提高村民收入。这家公司的规划、建设过程都还比较顺利，但在2008年碰到了百年一遇的世界金融危机，因此，标准厂房租赁公司的经营管理也陷入了困境，很难达到村里的预定目标。但是，兰村的村民没有被全球金融海啸吓倒，为了应对金融危机，他们寻找了新的经济增长点——成立兰村汽车运输公司。这家新公司成功运营，为村民增加了不少收入。关于兰村标准厂房租赁公司和汽车运输公司的情况，我们在第7章会详细阐述。

（二）市场化

社会学家面对经济学家们通常所谈到的市场时常采取批判的态度，因为经济学家对市场的兴趣仅仅在于价格的形成，而不在于作为一种制度的市场本身（理查德·斯威德伯格，2005：104）。在经济学中，从亚当·斯密到马克思的古典政治经济学对市场的界定是：市场类似于集市，它是各种利益相遇并且能达成一种共识的场所。这主要是在地理区域意义上对市场进行界定的。到了19世纪末，现代市场概念产生了，这时的市场不再只是以具体而实在的方式存在的，而变成抽象的而且作为价格制定和资源配置机制而存在。古诺提出"市场并不是一个单纯买和卖的某个场所，而是一个完整的场域，在这个场域里，人们通过各种的自由的商业贸易关系联合起来，价格能够自由而迅速地始

---

① 详见第七章的内容。

终保持在一个相同的水平上"（Cournot, 1838；转引自理查德·斯威德伯格，2005：81）。马歇尔反复提及的有关市场的定义是：只要同种产品在不同地方市场的价格趋于一致，则不同产品就成为同一市场的一部分。而新奥地利经济学派却把市场看作是一种过程的理论。米塞斯认为，"市场不是一个场所，一件物品或者是一个集合的实体，市场是一个过程，是在劳动分工的条件下，产生于不同个体间协作行为的相互影响之中"（Mises, 1949：258；转引自理查德·斯威德伯格，2005：83）。按照新奥地利经济学派的观点，市场是自发地出现的，它是"人类行动"而不是"人类设计"的结果。在社会学中，马克斯·韦伯是最早对市场感兴趣的学者之一，他曾经试图发展一门"市场社会学"的学科。他在《经济与社会》中，对市场的界定是："只要哪怕仅仅在一个方面多数的交换竞争者在竞争交换机会，就应该说是一种市场。交换竞争者在地点上云集于区域性市场、远距离流通市场（年市、博览会）、商人市场（交易所），这仅仅是市场形成的最彻底的形式。诚然，只有当市场的特殊现象即讨价还价充分发展时，才能出现这种形式。"（Weber, 1922；转引自理查德·斯威德伯格，2005：89）同时，他指出，市场可能是自由的，也可以是被管制的。

综合以上学者的看法，本课题认为，市场至少包含两层意思：一是指从事某种商品买卖的场所，这个场所可以是有形的地理区域，也可以是虚拟的电子空间；二是指一种制度，这种制度起到优化社会资源配置的作用。新中国成立后，中国人对市场的认识经历了一个波折的过程。在毛泽东时代，市场被国人赋予更多的政治含义，它等同于资本主义，不是社会主义现代化建设所追求的，因而，当时国家实行的是高度集中的计划经济体制。后来，在邓小平同志的领导下，中国人民开始走上了伟大的改革开放之路。人们逐渐达成了共识，计划与市场不是社会主义与资本主义的本质区别，社会主义可以搞市场，资本主义也可以搞计划。1992年党的十四大确立了建立社会主义市场经济体制的目标；1997年党的十五大提出要建立比较完善的市场经济体制；2002年党的十六大提出要完善市场经济体制。如今似乎没有一个中国人的生产生活可以离开市场了。兰村的资产建设与社区福利也是在市场化力量的支配下产生的。我们在上文提及的兰村标准厂房租赁有限公司和兰村汽车运输公司都是市场化的产物。

据一位负责两家公司成立事务的洪女士介绍：

当时村里办这两家企业，主要还是为了让村民在市场经济中懂得发展经济啦！你们（指我们访问员）讲的市场，用我们的话来说，就是做生意，在这个社会，要想有钱，要想过一个不用风吹日晒的生活，除了读书考大学，另一条

第三章 资产建设的背景及其社区福利理念分析

就是做生意嘛,要想专门靠打工、种田肯定没出路的!但做生意也不是那么容易的,需要懂得看市场(市场眼光),需要能够承受市场风险,因为做生意经常大起大落,这个月赚很多(钱),下个月亏损,这些都是很有可能的事情!所以,村里想让村民逐步学会一些做生意的知识,让他们富起来(生活富裕),过上好的生活,就想办公司了嘛!对了,还有一条就是,办这种厂房出租比较稳定,不可能贬值到什么程度,至少那栋楼在那边,大不了卖掉也会赚钱的,当然,我们关键还是想长期啦,稳定啦,你想,如果(厂房)出租了,每个月可以增加不少村财,村里有钱,才有可能办公益事业嘛!而入股村民也可以增加稳定收入,这样,大家多好啊!(HCZ,20100820访问)

可见,兰村创办标准厂房租赁有限公司,一方面是受到市场经济的影响;另一方面是为了增强村民的市场意识,提高村民抵抗市场风险、发展经济的能力。同时,他们也想通过标准厂房租赁有限公司的长期经营,获得可持续的、稳定的村财收入,发展公益事业。

网上农家店是兰村为适应市场化要求而为村民提供的福利。前文讲过,市场的形式既可能是有形的场所,也可能是虚拟的电子空间。网络是最主要的虚拟市场,它催生了电子商务的产生,促进了网络经济发展。但"网络经济"对大多数农民来说,还是个新词。负责兰村网上农家店管理的许先生说:

农民最主要的产品就是一些土特产,比如土鸡、土鸭、鸡蛋、鸭蛋、地瓜粉、花生、大米等,当然还有一些旧的家具、电器,但这些东西农民主要是自产自销,这样做实际是与现在的市场脱节的,很多农民的土特产根本吃不完,需要卖出去,但经常找不到合适的买主。在农村,你家里有的东西,厝边头尾(邻里)也有嘛,谁会买呢?所以,我们新农民学校当时开发的"世纪之村"软件就特意开设了网上农家店,村里的说法是,一方面帮忙村民在上面发布农产品买卖信息,另一方面,也是想让村民学习一些新知识,开拓他们的视野。在我看来,这也是促进农业市场化的一种做法吧,而且可以让村民接触一些新事物,学习一些新知识呢!据我了解,一些较年轻的村民后来就自己买电脑,拉宽带,自己在网上开店卖东西啦!(XWW,20090910访问)

关于新农民培训学校提供的网上农家店服务过程、效果可分别详见第六章、第七章的内容。

市场化力量对兰村的影响还体现在兰村村民整理草埔菜市场出租。① 草埔是兰村的一个自然村,位于省道旁边,地理位置优越,历史以来就是多个村落商品交易的场所。但由于缺乏有效的经营管理,草埔菜市场主要集中了

---

① 详见第五章积累金融资产的内容。

一些小摊小贩,摊位混乱,卫生状况恶劣,难以为村里增加经济效益。据一位村干部介绍,后来,村里为了让村集体资产有一笔稳定的资金来源,同时,也为了提高村民的市场管理能力,村里派人到一些经济较发达的乡镇学习,然后,重新整理菜市场,并设立摊位招标出租,每年赚取固定的资金,增加村财收入。

从以上的论述中,可以看出,兰村的资产建设与福利目标深受社会现代化和市场化的影响,他们的福利理念主要是为了提高村民的素质,增加村民的知识,开拓村民的视野,让村民更加现代化、城市化,更加适应市场经济的要求,简单讲,就是为了提高村民的人力资本。至于这个过程是怎样的,效果如何,我们在第4—7章将会详细阐析。

二 政策下乡:新农村建设、农村社区建设和"美丽乡村"建设

兰村的资产建设除了受现代化与市场化因素影响外,还受到新农村建设、农村社区建设和"美丽乡村"建设政策的推动。

(一)新农村建设政策的影响

2005年10月,党的十六届五中全会正式提出了建设社会主义新农村的目标,并把它作为我国现代化进程中的重大历史任务。党的十八大特别强调:"坚持把国家基础设施建设和社会事业发展重点放在农村,深入推进新农村建设和扶贫开发,全面改善农村生产生活条件。"新农村建设政策提出以来,诸多学者不约而同地将学术目光投向新农村建设的理论研究和实践调研,也积累了一大批富有研究价值的学术成果;各类媒体也纷纷将报道重点放在新农村建设的试点情况和一些典型模式上;各级相关政府部门也将新农村建设作为工作的重点,加大对农村的政策倾斜,增加公共财政支出;各企事业单位、非政府组织等社会单位也争相支持新农村建设。可以说,全国掀起了一股新农村建设的"旋风"。事实上,2005年10月以来,农村的发展变化都与新农村建设政策密切相关。作为本书研究的个案村—兰村,它的资产建设过程及其社区福利的产生都离不开新农村建设政策的影响。下面,我们将运用会议记录、访谈资

第三章
资产建设的背景及其社区福利理念分析

料说明兰村的干部、村民是如何理解新农村建设①的、并如何结合新农村建设政策搞好各项资产建设,产生社区福利的。

首先,利用新农村建设政策为自己的资产建设规划正名。兰村于2004年提出并实施经济社会发展的10年规划,也就是说,在新农村建设政策推行之前,他们就准备进行新村建设了。但当时他们对工作还是有些顾虑,怕违反国家的相关政策,得不到政府和广大村民的支持。访谈中,潘书记说:

2004,我才开始来村里工作,我们在调查全村各家各户的生产、生活基本情况,结合全村的实际,制定10年规划,但说实在的,当时这个规划主要凭的是我们的信心和胆量,能不能得到上面的支持,还不清楚。因为作为一个村,你不能单干嘛,很多事情需要政府的政策支持。比如,批地、办农民培训学校、合并小学等等,所以,有一段时间,我们还经常在讨论这个规划中的项目到底该不该做、能不能做?令我们欢喜的是,2005年中央提出新农村建设,大力支持新村建设,当时我们就想,兰村的10年规划肯定没问题啦,在新农村政策的推动下,一定会实现的!(PCL,20090626访问)

我们在一本有关村民座谈会的会议记录册上,也看到了类似这番话的内容:"二年前我们制定了《兰村经济社会发展十年规划》,是否可行,心中无底。现在,党的十六届五中全会提出了建设社会主义新农村的重要任务,所以我们村的工作现在不再是讨论要干还是不干,而是我们必须要执行。通过二年的工作实践证明,我们所走的方向是正确的。"(选自兰村2006年3月17日夜松柏岭自然村村民座谈会会议记录)

后来,在资产建设过程中,兰村也多次以新农村建设的名义,争取上级政府的拨款。②

其次,以新农村建设为契机,让广大村干部、群众在认识上达成一致,调动群众积极参与资产建设。下面这两份材料,是兰村干部对新农村建设的认

---

① 兰村对新农村内涵的理解,可概括为"五个新":一是新农民,新农民应体现有文化、有道德、懂技术、会经营、肯奉献。二是新农业,现在单靠传统意义上的农业已经很难让农民增收。因此,要通过发展特色农业稳定发展粮食生产,切实提高农业综合生产能力,加强农村基础设施建设,多渠道增加农民收入,新农业的工作日每周5天,两个休息日。三是新生产,即衣食无忧,水泥路通家家户户,房内干净明亮。整理有序,走路不湿鞋,吃水不用挑,做饭不烧柴煤,家家有小车,生病有钱医,摔倒有人扶。四是新干部,村里富不富,关键是干部,村风好不好,关键是领导。新干部,应该具备良好的道德品质,有文化素质,有带领群众共同致富的能力。具备光明正大,公道正派,吃苦耐劳的创业精神。五是新村风,新村风要求民风淳朴,诚实和善,团结互助,济贫助弱,干群一心,尊师重教,孝敬父母,拾金不昧,夜不闭户(选自2007年2月24上午全体村民会议记录)。

② 这部分内容可参见第五章关于积累金融资产的阐述。

识，他们试图将这种认识植入每个村民的心中，让广大村民参与到新农村建设中，参与到兰村的10年经济社会发展规划中来，也就是参与到本书所说的资产建设中来。

潘书记关于建设社会主义新农村的讲话……①

确立主体，共同参与。建设社会主义新农村是一个艰巨的重大历史任务，它的受益者最终是广大人民群众。既然是广大人民群众，就必须让广大人民群众参与才有意义，因为群众才是真正的英雄。具体表现在：一是农村存在的问题不是千篇一律，每个地方都有这样那样的问题存在，只有群众才知道什么问题急需解决，什么问题暂缓解决，用什么方法解决；二是只有让他们参与，才能增加透明度，接受广大人民群众的监督，减少社会矛盾；三是通过广大人民群众的参与，不但能提高广大人民群众的政治思想、科学文化知识，又能充分利用社会固有资源，降低成本；四是建设社会主义新农村涉及到广大人民群众的切身利益，通过这个载体，组织引导他们学习党的路线、方针、政策及法律法规，丰富广大人民群众的生产、生活、政治思想知识……

项目带动，凝聚人心。旧村改造、新村建设，如何开好局，起好步呢？如今一盘散沙的现状，如何凝聚人心呢？我村先选择了在兰村的中心区域筹建以学校、幼儿园、老人活动中心、村部办公楼四项工程为切入点，并先后通过对三个老人会的合并，成立了兰村老人协会；合并两所小学，从而增进了全体村民相互了解、团结友爱、凝聚合力，调动了全体村民参与建设社会主义新农村的积极性，使我村的各项工作顺利有序地开展。（选自2006年元月17日上午村民代表大会会议记录）

由此可见，兰村干部对群众参与的重视，他们甚至将群众参与、群众素质的提升作为衡量新农村建设成效的标志。

新农村建设的成效主要体现在以下几方面：

1. 能否真正把群众组织起来，即群众的参与程度，这点关系到新农村建设的成效。

2. 新农村建设必须依靠广大人民群众，要依靠广大人民群众就必须提高农民素质，体现在群众的精神面貌，也就是体现在"脸"上。

3. 新农村建设真正是盘活和整合资源（政策资源、人力资源、自然资源）提高农民素质、整洁村容村貌、提高农民收入。（选自2006年12月26日下午兰村支委会会议记录）

从以上会议记录节选可以看出，兰村经济社会发展10年规划中的具体项

---

① 详见附录8.1。

目建设是结合他们对新农村建设的理解展开的。比如，他们以"在兰村的中心区域筹建学校、幼儿园、老人活动中心、村部办公楼四项工程为切入点，并先后合并三个老人会，成立了兰村老人协会，合并两所小学，成立兰村学校，兰村这些举措的目的是为了增进全体村民相互了解、团结友爱、凝聚人心，调动全体村民参与建设社会主义新农村的积极性"。用我们的话讲，兰村实施资产建设的目标是为了促进村民的社区参与，加强村民合作与团结，增进农村社会资本。至于这个过程是怎么进行的，效果如何，我们将在第5章以小学的合并、老年会的成立为例展开详细阐述。

（二）农村社区建设的推动

"农村社区建设"这一学术话语频繁出现在中共中央文件中，只是近几年的事情。2006年党的十六届六中全会《关于构建和谐社会若干重大问题的决定》首次提出农村社区建设的任务，指出要"全面开展城市社区建设，积极推进农村社区建设，健全新型社区管理和服务体制，把社区建设成为管理有序、服务完善、文明祥和的社会生活共同体"。中共十八届三中全会通过的《中共中央关于全面深化改革若干重大问题的决定》提出："统筹城乡基础设施建设和社区建设，推进城乡基本公共服务均等化。"有关农村社区建设和社区服务的学术探讨与政策研究近年来日益增多。民政部于2007年1月至2008年7月，先后数次通过申报评审，在全国选择了304个农村社区建设实验县（市、区），印发了《全国农村社区建设实验县（市、区）工作实施方案》（民函[2007] 79号），社区建设和社区服务正式推向了农村。兰村入选当地农村社区建设的首批试点村，也积极地开展社区建设和社区服务。农村社区建设政策对兰村资产建设与社区福利产出的影响，可从下面这份材料得到印证：

充分认识开展农村社区建设的重要意义。把城乡社区建设成为管理有序、服务完善、文明祥和的社会生活共同体，是党的十六届六中全会和十七大着眼于加大城乡统筹，推动科学发展，促进社会和谐而作出的重大决策。开展社区建设工作，有利于广大农村逐步实现"民主法治、公平正义、诚信友爱、充满活力、安定有序、人与自然和谐相处"的社会主义和谐社会；有利于提高农村的物质文化生活水平，逐步构建"生产发展、生活宽裕、乡风文明、村容整洁、管理民主"的社会主义新农村；有利于进一步深化农村基层民主政治建设，完善"民主选举、民主决策、民主管理、民主监督"的村民自治机制；有利于统筹城乡协调发展，加快城乡一体化进程，推进海峡西岸经济区建设，全面建设小康社会。因此，一年以来，我村党委会坚持以党的十六大、十七大精神、邓小平理论和"三个代表"重要思想为指导，以《中华人民共和国村委会组织法》为依据,以构建社会主义和谐社会和全面建设小康社会为目标,按照海峡西岸新农村建设的要求,在上级党委、政府的直接领导下,因地制宜地开展农村社区建设,进一步完善其基层服务设施,增强了农村社区服务功能,不断地拓展了农村基层文化、教育、卫生、社会保障和社会福利事业,活跃农村经济,方便农民生活,维护社会稳定,促进农村社区各项事业的协调、健康发展。(选自中共兰村党委会 2008 年月 26 日,《深化社区建设、构建和谐社会》,KM 镇兰村社区建设情况汇报)

从这份材料可以看出,在兰村干部村民的眼里,农村社区建设是为新农村建设服务的,是为了构建和谐社会和实现全面建设小康社会的需要;农村社区建设的主要工作是完善好各项基础服务设施,发展好各项社区公益服务,从而促进社区经济增长和社会稳定。换言之,在兰村人心中,社区公益服务是能够增值的,是经济增长与社会发展的催化剂。一位老年人说:"村里对我们老年人确实是很好的,为我们建设老年活动中心,建设'三球'场所,我们当然很欢喜啦,所以,当村里需要我们老年人做什么事情,我们都会积极支持!依我看,你要想让村民参与到村的各项建设,也需要为村民提供一些好处,我们村在处理这个事情上做得比较好,比如关爱妇女、为妇女提供各种文体娱乐,而那些妇女也为村里做了很多事情,解决了很多困难,所以这种都是相通的啦!咱厝人所说的,互利互惠嘛!"(LXY,20100320 访问)关于兰村社区公益服务产出的过程与效果,我们将在第六章以老年人福利、妇女福利、医疗卫生福利、安全福利、环境清洁福利以及困难群体救助福利等为例进行讨论;而关于社区福利对社区发展的作用,我们将在第七章给予分析。

(三)"美丽乡村"建设政策的推动

近年来,生态文明建设越发引起人们的重视。党的十八大报告指出:"建设生态文明,是关系人民福祉、关乎民族未来的长远大计。面对资源约束趋紧、环境污染严重、生态系统退化的严峻形势,必须树立尊重自然、顺应自然、保护自然的生态文明理念,把生态文明建设放在突出地位,融入经济建设、政治建设、文化建设、社会建设各方面和全过程,努力建设美丽中国,实现中华民族永续发展。"于是,举国上下掀起了建设"美丽中国"的热潮。兰村所在的 QZ 市开展了一场热闹的"美丽乡村"建设活动。QZ 市出台了《建设"美丽乡村"五年行动计划(2012—2016 年)》,努力在 5 年内把广大农村建设成为"村庄秀美、环境优美、生活甜美、社会和美"的宜居、宜业、宜游"美丽乡村"。该计划规定,从 2013 年起,QZ 市财政每年筹措安排 5000 万元人民币,采用以奖代补等形式用于全市"美丽乡村"建设补助,各县(市、区）也要安排专项资金，乡镇、村也要积极筹集资金建设"美丽乡村"。QZ 市通过招投标形式选定一些乡村作为"美丽乡村"建设的试点村并给予每个试点村 30 万的资金补贴，每年还对试点村进行考评，名列前 10 名的村庄还可获得 30 万的奖金。

为了成为试点村并进入前 10 名，兰村村两委动员全体村民参与"美丽乡村"建设。首先，村两委发布了"美丽乡村"建设的全民倡议书。倡议书向村民解释了兰村"美丽乡村"建设的总体目标与内涵。在他们看来，"村庄秀美"指村庄规划建设管理到位，村民房屋建设有序、布局合理；"环境优美"指农村垃圾污水得到有效控制，无卫生死角，人畜分离，农户家庭卫生清洁，房前屋后环境干净，无乱堆乱放现象；"生活甜美"指发展现代农业，生产、生活、文化功能进一步拓展，农民增收门路增多；"社会和美"指基层组织健全，村级组织战斗力强，群众对村级班子的满意率达到 90% 以上。其次，村两委向全体村民提出了 6 条倡议。包括严格遵守村规民约、坚决拥护并执行一事一议、做好自家卫生整洁工作、家禽家畜集中圈养、保护公共绿化、房屋建设统一按村规划执行。最后，兰村实行网格化管理，使卫生清洁责任到位、突出实效。他们将村主道分为三个路段，每个路段由两名临时保洁员和 1 名村干部负责。保洁员的上班时间为上午 7：30—11：30 和下午 13：00—17：30。每人工资 1 天 100 元。

受"美丽乡村"建设政策的影响，兰村的环境整洁工作取得明显进步，村民的生态福利得到了显著提高。关于这部分内容我们将在第 6 章详细介绍。

三　因地制宜：个案村的村情

中国目前有 60 多万个行政村，每个村的经济社会发展状况、拥有的资源、存在的问题都有些差异。每个村庄的福利发展道路也都要根据自己的实际情况制定。正如兰村的潘书记所说，把其他村的发展模式搬到他们村，也不一定会合适。当时，他们也组织村干部到一些先进村、典型村参观学习，求致富之路，但看来看去，他们还是认为要从村的实际出发。"咱土话所说，一把钥匙开一把锁，不可能有万能锁匙的啦，只不过是有些经验可以相互借鉴，但绝对不能完全直接搬用。"（PCL，20090625 访问）

从这段话可以看出，兰村的发展思路是因地制宜，从实际出发。经过反复阅读相关访谈材料、会议记录后，笔者认为兰村的因地制宜思路有一个突出的特色是，他们在分析村情时，先着眼于村里的优势（即已有的资源），后分析村里存在的问题与不足。而很多长期贫困的村庄，总是只看到自身的种种问题，忽略了村庄内部已有的优势与资源。虽然，这两种思路只是出发点不同，但带来的结果却可能存在天壤之别。用资产为本的社区发展理论分析，前者是一种"优势视角"的社区发展模式；后者是一种"缺乏视角"的社区发展模式。如果人们以"优势视角"的眼光看待一个贫困社区，就会发现社区内部其实也蕴含着许多积极有利的因素。比如，村民的特长、技能，村里已有的自然资源、地理位置等等，那么，在社区发展道路上，就会认为要努力发挥自己的优势，盘活各种资源，依靠村民的力量获得发展。而如果人们以"缺乏视角"的眼光看待一个贫困社区，就会认为这个社区问题太多，基础太差、村民不团结、村民文化素质太低、没有资源等等不利因素，那么在社区发展道路上，人们就会寄希望于政府或其他外部单位的介入与帮忙。简单讲，前者着眼于社区的优势与资源，依靠社区居民自己的努力，摆脱贫困；后者着眼于社区的不足与问题，主要依靠外部力量的援助而脱贫。兰村走的发展道路就是前一种，当然兰村的发展其实也走过了一段弯路。一位姓许的老年人告诉我们：

兰村前几届的村干部没什么眼光，每次村里一些贤达向他们提议怎么发展时，他们总是摇摇头说："我们的基础太差，没什么矿产资源，各自然村又太分散，很难团结起来，村民也都安于现状，算了吧，多一事，不如少一事啊！"只要干部本着这种思想，这个村肯定没出息的，什么没资源，不团结啊，这些东西难道是天上掉下来了，事在人为，没资源，你就想我们现有究竟有什么，怎么充分利用，是不是嘛？我活这么大岁数啦，给你举一个例子，好像看一个孩子，你如果一看到他，就说这个不行，那个也不行，觉得那没得救，那么你看到这人心里便不爽，怎么有可能帮他成才呢？相反，你如果看到他这点可取，那点也可取，那么你就会乐意引导他，教他怎么提高自己，才能成才嘛！这个道理都是很简单的嘛！（XJZ，20090625访问）

据兰村文书许先生介绍，当年兰村新一届村两委上台后，着手制定资产建设规划。与以往的村两委不同，新一届两委主要从全村拥有的资源和优势出发，考虑兰村未来的发展。当年，兰村党支部书记潘先生与两委干部达成共识，即每个村干部负责在自己所联系的村民小组中挖掘资源、人才。不论资源的多少、大小、类型，只要能够用于兰村发展的都可列出；不论什么人，只要拥有一技之长或一份热心且有助于兰村发展的村民都可称为兰村的人才。按照这样的思路，兰村各组确实有不少人力资源。许先生拿出了当年整理的清单（用学术语言讲，即资产清单，asset map）。以下是部分村民能力清单节选：

第三章
资产建设的背景及其社区福利理念分析

表 3.1　兰村村民能力清单节选

组别	姓名	性别	出生年月	联系电话	职务	特长
1	许阿来	男	59.2	136*******		财务
1	黄阿玉	女	51.4	86652**		生殖保健
2	许阿文	男	76.9	138*******		加工
2	王阿珍	女	82.2	131*******		针织
3	许阿德	男	47.4	86657**	队长	驾驶
4	许阿同	男	43.3	86651**		木业
4	许阿明	男	68.2	139******		木制
5	许阿权	男	64.11	136******		建筑设计
5	许阿章	男	60.9	131******		种植
6	潘阿海	男	77.9	135******		挖机
6	潘财阿	男	80.8	137******		挖机
6	潘阿建	男	67.6	138******		建筑管理
6	林阿玲	女	83.6	139******		电脑
7	曾阿水	男	39.5	86655**		种植
8	许阿木	男	76.12	135******		驾驶
8	许得阿	男	53.2	86829**	副队长	种植
8	许国啊	男	73.3	138******		水电
9	林阿福	男	62.8	86655**		驾驶
10	许心阿	男	81.10	136*******		企业管理

从表格可以看出，兰村把各小组、各年龄段、不分男女、只要有些特长的村民全部列出来，并写清联系方式，然后充分地利用这些人的特长为村里的发展做贡献。

接着，他拿出了另一份资产清单的会议记录节选：

兰村区域现有已知公有财产确认：

1. 现有村部后的桃子园已挖平面积约 35 亩（现空地）。①
2. 兰村溪埔面积约 55 亩，现承包给他人耕种。②
3. 墩尾格山地约 100 亩，田地约 3 亩。
4. 山兜厝后果园约 40 亩，龙眼树 120 棵，现承包给他人经营。
5. 柑仔山约 30 亩，现承包给他人经营。

---

① 这块空地后来被用于建立标准厂房出租，参见第七章的内容。
② 这块地后来被整理，采沙卖后获得的资金用于修建兰青公路和兰青大桥，参见第五章的内容。

6. 锯木厂地皮约100平方米，现闲置。
7. 现有村部办公楼①500平方米，现在用。
8. 兰村小学建筑面积1600平方米，用地范围约6亩，现在用。
9. 兰兴小学建筑面积约450平方米，用地范围约750平方米，现在用。
（笔者注：兰村小学和兰兴小学后来被合并，重建兰村学校）

潘书记讲话：今后如有知道的，今天没列出的财产，请向村委会提供信息。

经表决一致同意。（选自2004年3月16日支部扩大会会议记录）

在盘点现有的资产后，兰村也分析了自身存在的问题。当时，村干部和村民总结了以下三点明显不足。第一，村两委缺乏凝聚力和战斗力。据村民介绍，当年的村两委基本叫名存实亡，主要职责只是帮忙乡镇政府通知事情而已，没做出什么对得起村民的好事。全村40多个党员，选不出一个支部书记。支部是一个涣散的组织，党员之间相互拆台，搞内部斗争，谁都不服谁。第二，村基础设施建设薄弱，村容村貌不堪入目。由于村两委没有领导力和号召力，全村的公益事业也很难顺利运转，全村的公共设施建设基本空白。整个村没有一条主干道，有的只是一些弯弯曲曲的羊肠小道。全村环境卫生脏乱差，露天厕所随处可见，苍蝇蚊子满天飞。整个村没有一所幼儿园，有钱人的小孩就到外村借读，但学费昂贵，穷人的小孩上不了幼儿园。当年的兰村还有一个与周围村落大相径庭的情景，全村有2所小学、3个老年协会。由于各自然村利益之争，互不退让，这些小学、老协会无法合并。如此局面导致小学教育质量不高且办学成本过高。而老年协会的活动也极其单一乏味且不太健康，老年协会成为部分老年人打牌赌博的载体。第三，贫困家庭比例高，村财紧张且管理混乱。据潘书记所言，兰村有将近70户的村民只能勉强维持正常的日常开支，如果一年中多开支3000元，就要负债，连孩子读书都交不起学杂费。由于村里缺乏产业支撑，全村集体经济薄弱。2004年的兰村还主要靠借债维持正常的工作运转，村干部工资无法正常支付。另外，村财管理混乱，账目不清，没有记录，村民想查账都查不到，造成村民不信任村干部，干群关系紧张。

对于存在的问题，兰村的干部和村民也剖析了个中缘由。一是未能充分利用资源，挖掘优势。他们认为，兰村人均虽有2亩多的土地，但实际人均耕地只有0.3亩左右，大部分荒芜山坡杂地未能充分利用，农民靠种田不可能致富。二是村民素质较差，缺乏团结合作意识、爱拼敢赢精神。多数村民小农意

---

① 旧村部后来被拍卖，获得的资金用于修建老年活动中心和新村部，参见第五章的内容。

第三章
资产建设的背景及其社区福利理念分析

识强烈,以务农、打工为生,仅有少数村民办小企业或做点小生意,这样的生计实在无法致富;多数村民没树立自信心,自己看不起自己,认为自己什么都不行,什么都是命运注定。由于上述诸多因素造成兰村的村民思想封闭,不能发扬闽南人那种"爱拼才会赢"的拼搏精神,致使在改革开放以来,兰村在经济社会发展方面远落后于邻村。

兰村的资产建设正是基于以上优势和问题展开的。下面是2010年8月下旬,我们到兰村做调研访谈时,与村党委书记潘先生的一段对话:

访问员:"潘书记,您能否谈谈这几年来兰村的发展思路?"

潘书记:"2004年以来,我们的发展思路实际上就是通过发挥优势,盘活资源,来解决问题。兰村的自然资源优势就是一把沙和一把土,即溪埔的沙和全村的土地资源,我们通过整理溪埔土地117亩,卖沙获利1000多万,用这些钱修兰青公路和兰青大桥;整理荒山杂地,建设小学、老年会活动中心、幼儿园和村部;整理桃子园等闲置的土地资源,建设标准厂房出租;拍卖旧村部、旧小学所得资金全用于新建小学、老年活动中心和村部;整理旧菜市场,建设新农贸市场,设摊位招标出租,赚取租金,壮大村财……另外,我们从村里物色一些人才来帮忙,比如,请一位退休的中学教师来负责新农民培训学校的管理,请一位德高望重、办事公道、在群众中有威信的老人来抓老年会工作,合并老年人会,请一些有文化、比较勤快的妇女建立妇代会;同时,每年正月,我们都召开乡贤座谈会,让广大社会有识之士为村的发展帮忙建言献策;当然,我们也充分利用了中央关于新农村建设的政策资源,争取政府的资金补助、政策优惠、工作指导啦,农村发展肯定离不开各级政府的帮助啊,我们曾经摸清村里的人或亲戚(反正能沾亲带故的都行)在各级政府任职的情况,就是想让他们帮帮兰村的发展……反正,我们这几年来就是充分利用了一切资源,包括自然资源、人才资源、政策资源等,来开展各项建设,带领群众致富。"

接着他反过来问我们的访问员:"你们来了这么多天了,也看了大量的材料了,你们觉得我们村这几年最大的变化是什么?"(PCL,20100823访问)

访问员答:"最大的变化是基础设施逐步完善了,村里逐渐富裕了!"他轻微地笑了一下,说:

看来,你们还没有看透兰村的变化,在我看来,兰村最大的变化是,村民的素质提高了,村民变得更加团结了,这是最根本的,也是我们搞各种项目建设的初衷,当时就是想通过一个个具体的项目建设,调动村民参与,凝聚人心,在这个过程中,提高村民的素质!外村的人有的说,兰村如果离开了我潘某,就不可能再发展了,我说他们的话错了,大大的错了,为什么呢?因为,兰村经过这几年来的建设，已经形成一整套的制度，它已经能够自行运作了，用政府的话讲，叫可持续发展，你看现在我们村不管碰到什么事，都有相关负责的人在那边应对，而且他们都会认真做好的，因为这几年，大家都得到了锻炼，尤其是广大村民，他们学会了很多，他们变得更加团结合作。所以，你们也不必要总结出什么特殊的地方，依我看，兰村就是把最普通的事情做好了而已。因为，群众才是最大的英雄，而我们只不过就是认准了这条，做到了这条而已，充分调动每个村民的参与罢了，我给你们举个很简单的例子，兰村当年在搞10年规划时，村民提的意见最有针对性，比一些专家还要内行，因为他们祖祖辈辈都生活在这里，村里的一草一木都逃不过他们的眼睛，所以某条水沟从哪里来，到哪里去，他们最懂，怎么改建才会满足群众的需要，他们最懂……（PCL，20100823访问）

潘先生这段话中的项目建设其实就是本书要阐述的资产建设，我们在第四—七章会对这些项目的建设过程、经营管理过程以及各自的福利效应进行详细论述。

从潘先生的话语中，我们可以看出，兰村的资产建设思路有三个特点：一是资产建设要充分发挥自身的优势，盘活一切可用资源，用他的话讲，就是自然资源、人力资源、政策资源；二是资产建设必须以村民为主体，充分调动村民积极参与，在参与过程中，提高村民的综合素质，增强村民的团结合作，实现可持续发展；三是积极争取政府的支持。

我们在文献述评部分交待过"资产为本的社区发展模式"具有三个鲜明的特色：一是以资产为本的取向，即强调不是由社区问题或需要出发，而是由社区拥有的资产或优势出发来介入社区；二是参与取向，即强调社区居民自身参与社区发展的能力；三是关系取向，即强调居民和社团之间的接触，以及各种网络关系的建立。通过以上的分析，可以看出兰村的资产建设思路其实与"资产为本的社区发展模式"的工作手法具有不谋而合之处。

四　兰村资产建设的社区福利理念分析

从以上资料的分析，可以看出在客观上兰村资产建设虽然是受到现代化和市场化的社会转型因素以及新农村建设、农村社区建设和"美丽乡村建设"政策因素的影响，但在主观上他们实施各项资产建设的福利目标是为了提高村民的素质，提升村民的人力资本；促进村民的社区参与，加强村民团结合作，增

第三章
资产建设的背景及其社区福利理念分析

进社会资本。他们认为,只要实现了这两个福利目标,兰村就能可持续发展。具体而言,兰村资产建设的福利理念具有以下特征:

第一,将福利看作是一种投资。在传统社会政策看来,福利是消极的,福利是消费的一种,是与投资相悖的,是经济发展的负担,有时甚至会阻碍经济的发展。但兰村摒弃了这种传统观念,在他们看来,福利也是一种生产力。比如,他们认为老年人、妇女享受到较好的福利后,老年人、妇女也会积极为村的经济社会发展做贡献。从这个意义讲,老年人福利和妇女福利都是可以增值的,也是一种投资。这个问题,我们在第七章还会专门论述。

第二,强调人力资本的重要性。从社会现代化和市场化对兰村的影响看,兰村为了让村民更加现代化、城市化,为了让村民适应市场经济的要求,他们把教育摆在全村经济社会发展工作中的重中之重,先后合并两所小学,成立新的兰村学校,提高教学质量,培养下一代;成立兰村新农民素质培训基地,通过对村民的轮训,试图培养有文化、懂技术、会管理的新型农民;创办企业,让村民入股,开设网上农家店、重整菜市场等,都是为了增强村民的市场意识,提高村民在市场经济中的谋生能力。因此,提升村民的人力资本是兰村资产建设福利理念的重要内容。

第三,强调民众自身的优势和参与。从兰村对新农村建设政策的理解和实践看,他们认为兰村的各项资产建设必须以村民为主体,调动群众积极参与,因为群众才是最大的英雄;同时,要善于挖掘村里已有的优势和资源,包括自然资源、人力资源、政策资源,通过发挥这些优势,盘活资源,解决社区问题,促进社区发展。

第四,强调社区与政府的合作。兰村的发展思路虽然强调村民的主体性,但他们也承认离不开政府的支持、离不开各种社会组织的支持。我们从新农村建设对兰村资产建设的影响以及潘先生的话语中,可以看出这点。比如,他们在制定经济社会发展10年规划时,还担心规划不符合国家的政策,无法顺利推进;当发现中央推行社会主义新农村建设时,赶紧将10年规划与新农村建设政策结合起来,为10年规划正名,以获得合法性。

第五,强调民众生计的可持续性,使民众能够永久性地摆脱贫困。从上文潘先生关于兰村发展思路的言谈中,我们可以看出,兰村的发展理念是可持续发展。潘先生认为,兰村的发展其实是在创造一种自我成长的机制,也就是说在发展中,村民的素质能够得到提高、能够团结合作,这样的话,不管是谁来担任村干部,兰村都能发展。用潘先生的话讲,只要村民的骨头能够自己长肉,能够自我造血,兰村的明天就一定更美好。

第六,强调福利的规划性。兰村的资产建设与社区福利发展是经过周密规划的，兰村的规划周期分三个阶段，共10年（我们在下一章将会详细地介绍这份规划的内容和制定过程）。我们在调研中，深刻地感受到他们对规划的重视。在访谈中，经常听他们说："这件事情还得从10年规划开始讲起……"而且，他们严格执行已制定的规划，谁也不能轻易地更改规划。可以说，兰村的10年规划是他们资产建设与社区福利发展的纲，它指引着兰村全体干部、村民走好每一步。没有这份规划，也就没有今天的兰村。

五　本章小结

本章是全文实证分析的第一章。本章主要运用访谈材料、会议记录和相关理论文献，分析了兰村资产建设的社会经济背景，阐释了兰村资产建设的社区福利理念。本章的目的在于解答研究问题中的第1个小问题（参见第一章一之（二）），揭示资产建设的动因机制及其福利理念。

社会学的中心任务既要分析行动又要分析结构：在结构提供的机会与约束下的选择行为（林南，2005：1）。当然，这种选择行为并非全是被动的，它也有能动性，可以改造既有的结构约束与机会。社会学家的任务正是揭示结构与行动的互动过程，经典社会学大师无不如此。但自社会学诞生以来，行动与结构、主观与客观、个体与整体等二元对立问题一直是社会学家争论不休的话题。本章的研究无意解决这种理论纷争，但也不可避免地陷入结构与行动的互动逻辑中。资产建设作为个案村村民的一种行动，它是在一定的结构（社会经济背景）下展开的。

通过本章的分析，我们可以发现兰村资产建设是在我国社会转型、国家相关政策下乡以及兰村自身村情的背景下产生的。

在宏观层面，兰村处于社会转型的大背景下，深深地受到现代化和市场化的影响。他们认为，现代化最主要是人口素质的现代化，于是他们想要合并两所小学，重建兰村学校，培养人才，想要创办新农民培训学校，提高村民素质。由于现代网络技术的应用，他们才能创办"世纪之村"信息服务平台，为村民提供信息服务。随着现代科学知识的传播和人类行为的理性化，他们毅然打破封建习俗，迁祖坟办老年活动中心和小学教学楼、宿舍。受到城市化的推动，他们以城里人的生活方式来制定10年经济社会发展的最终目标。由于处于全球化的时代，2008年全球金融危机改变了他们的经济发展规划。在市场经济环境中，市场化推动他们努力寻找积累金融资产、壮大村集体经济实力的

第三章 资产建设的背景及其社区福利理念分析

新路子。

在中观层面,兰村资产建设深受国家相关政策的影响,尤其是受到新农村建设、农村社区建设和"美丽乡村建设"政策的推动。社会主义新农村建设政策的出台,给兰村实行资产建设规划带来了信心。兰村的村干部以新农村建设为契机,使村民对新村建设的认识达成一致,调动村民积极参与资产建设;同时,兰村以新农村建设的名义,向上级政府申请政策支持和资金补助,支持他们的资产建设。从他们对新农村建设的理解,可以看出,他们进行资产建设的目的是为了团结村民、让村民参与、提高村民素质,以促进兰村经济社会各项事业的发展。随着农村社区建设与社区服务政策的实施,兰村被地方政府选为社区建设试点村,因此,兰村发展了一系列的社区公益服务。

在微观层面,兰村资产建设的背景是兰村的村情。兰村首先分析了自身拥有的资产和存在的问题,然后充分发挥自己的优势,利用一切自然资源、人力资源、社会资源和政策资源,盘活旧有的资产和建设新的资产,在资产建设过程中,提高村民的人力资本,增强社区社会资本,实现社区的可持续发展。

在这些背景下,兰村进行了资产建设,其背后的福利理念具有六个明显的特征:

首先,兰村实行各项资产建设的目的是为村民提供各种社区福利。在他们看来,福利也是投资、是可以增值的,即可以促进村集体经济增长和社区稳定。其次,把村民人力资本的积累放于优先的位置。在兰村资产建设过程中,村干部和村民首先做的事情是办好教育,他们合并两所小学,重建兰村学校的目的就是为了提高教学质量,培养人才。而创办新农民素质培训学校、培养新型农民则是教育投资的另一件重要事项。为了提高村民的市场适应能力和现代经营管理能力,兰村创办了网上农家店、重建菜市场、创建经济合作组织(标准厂房租赁公司)。兰村的这些举措,都是为了提高村民的人力资本。第三,重视群众自身特长的发挥和群众参与。兰村资产建设充分发挥了群众自身的优势,盘活各种资源,并调动群众参与,促进社区发展。第四,强调可持续发展。由于兰村群众参与了资产建设,在此过程中,他们的人力资本和社会资本都得到提升,他们的自我造血机制也逐步形成,促进了社区的可持续发展。第五,重视社会资本的积累。除了重视群众的团结合作,兰村在资产建设中还积极与各级政府搞好关系,争取地方政府的政策支持和资金补助。最后,强调制定福利发展规划。兰村制定了资产建设的10年发展规划,而且严格执行了规划。

本章的研究发现,也启发我们在下文中要注意福利的增值问题,是否可以提炼出有价值的概念工具(比如,从社会福利是一种社会投资,是否可以提炼

"福利资本"的概念);另外,如何从社会政策发展的范式理解兰村资产建设的思路也是必须思考的。

那么,本章提到的各项资产具体是如何建设的,究竟产生了哪些福利效应,资产建成之后如何经营管理,能为村民提供什么服务,这些问题我们将在下面三章分析。

第四章 资产建设的过程（上）：资产建设规划及其社区福利效应

上一章分析了兰村资产建设的背景及其社区福利理念。本章第一节先对测量"社区福利效应"的两个核心变量"人力资本"和"社会资本"的概念进行说明；第二节运用多元的资料阐释兰村资产建设规划制定的详细过程及其社区福利效应。

一　福利效应的理论界定：人力资本与社会资本

人力资本与社会资本在本书中是用来测量社区福利效应的两个核心变量。学术界关于人力资本、社会资本的概念、特征、建设途径都已积累了丰富的成果，本节将在梳理这些成果的基础上，界定本书的人力资本和社会资本概念，为下文讨论兰村资产建设过程中人力资本、社会资本变化奠定基础。

（一）人力资本

古典经济学认为生产的要素包括土地、劳动和资本。但这里的资本指的是以交换的媒介为体现形式的价值凝结物，有具体的物质形式，与今天我们所讲的人力资本截然不同。关于人力资本的概念，最早可追溯到经济学家亚当·斯密的界定。他在1776年出版的《国富论》中指出，一个国家人口中所有获得的、有用的能力都可归入人力资本中。他说："学习是一种才能，须受教育、须进学校、须做学徒，所费不少，这样费去的资本，好像已经实现并且固定在学习者的身上。这些才能，对于他个人自然是财产的一部分，对于他所属的社会，也是财产的一部分"（亚当·斯密，2009：257—258）。因此，他建议由国家"推动、鼓励，甚至强制全体国民接受最基本的教育"（Smith，1937：737）。

第一次系统阐述人力资本概念的学者是美国经济学家舒尔茨,他在1960年美国经济学会的会议上,宣读了《关于人力资本投资》一文,批评道:"由于不能明确地将人力资源视为一种资本形式,一种产品的生产手段和一种投资产品,从而助长了人们对劳动力古典概念的固守,只是将之视为几乎不需要任何知识和技能的体力劳动能力,所有的劳动者都同样地拥有这种能力"(Schultz, 1961:3)。舒尔茨认为人力资本,主要指凝集在劳动者本身的知识、技能及其所表现出来的劳动能力。在他看来,人力资本也是一种投资,能够增值,即"获得技能和知识的人力资本的发展产生经济价值,使劳动者可以成为资本家"(Schultz, 1961:3;转引自林南,2005:12)。舒氏认为,人力资本,包括知识和技能的形成,是投资的结果;掌握了知识和技能的人力资源是一切生产资源中最重要的资源(段钢,2003)。后来,舒尔茨运用人力资本理论,测算了教育投资对美国1929—1957年间经济增长的贡献,其比例高达33%(西奥多·舒尔茨,1990:55)。

另一位美国经济学家雅各布·明塞尔(Jacob Mincer),在他的博士论文《人力资本投资与个人收入分配》中,首次建立了个人收入分配与其接受培训量之间关系的经济数学模型。明塞尔的研究发现,工人收入的增长和个人收入差距缩小的根本原因是人们受教育水平的普遍提高,是人力资本投资的结果(王明杰、郑一山,2006)。

后来,经济学家贝克尔拓展了人力资本的概念,他认为,"一切维持或改善生活本身的因素都可归人力资本"(加里·贝克尔,2007:1)。人力资本与物质资本不一样,它是由于劳动者身上具备了一定的知识、技能和一些在生产和交换过程中对雇主或公司有用的优秀品质而增加的价值。两者最大的差别在于,人力资本是一种无形资产,它嵌入在劳动者身上,与劳动者不可分离;而物质资本是一种有形的、可触摸的东西,与劳动者可分离。另外,在贝克尔看来,教育和培训是人力资本最大的投资。

林南将人力资本视为:对在商品生产过程中会产生增加价值的那部分劳动者的任何投资。他认为,人力资本是一种新资本理论,是对马克思古典资本理论的重大颠覆。在林南看来,人力资本理论重新解释了资本家与劳动者之间的社会关系。他指出,在约翰逊、舒尔茨和贝克尔的人力资本理论体系中,劳动者在生产和交换过程中,自身也获得剩余价值,换言之,劳动者也可以变为资本家。这样,工人和资本家之间的阶级界限就模糊了,资本主义的生产过程实质是资本家和工人共同合作的事业。

从以上几位学者关于人力资本的论述中,可以得出几点结论:人力资本是一种区别于物质资本的新资本理论,人力资本嵌入在劳动者身上,它是一种投

第四章
资产建设的过程（上）：资产建设规划及其社区福利效应

资，可以增值，它在经济增长中起着重大的作用；人力资本主要体现为劳动者身上的知识、技能和优秀品质；人力资本形成的途径主要是教育、培训和工作经历。

受这些学者观点的启发，结合本书的研究目的，我们将本研究的人力资本定义为：凝结在村民身上的知识、技能、眼光及身体素质，主要在资产建设和管理过程中获得与增长。具体而言，我们将考察兰村村民、干部在资产建设过程中人力资本的变化情况。

一是思想观念的变化。农民通常抱有小农思想，观念比较保守，眼光局限于眼前，安于现状。本课题将关注通过资产建设策略的实施，农民的思想观念是否发生了较大的变化，比如，是否更加开放，更加有宏图大志等。

二是科学知识的变化。在闽南农村，封建迷信盛行，村民碰到生产、生活的困难时，还经常求助于他们心中的一些"神""佛"。而科学知识通常是与这些"神""佛"相对立的。本课题想考察兰村在资产建设中，村民对科学知识的态度、了解是否发生了一些变化；科学知识对他们日常生活的指导究竟起到多大的作用。

三是能力的变化。兰村原来被人称为"烂田村"，村集体经济极端薄弱，村民也很贫困。在这种条件下，他们搞资产建设，资金从何而来是我们比较关心的。本课题将重点探讨兰村村民在资产建设中，筹资能力的变化情况。另外，我们还会考察村干部在资产建设中，他们的工作能力在哪些方面得到了提高。

四是技能的变化。受以上人力资本经典大师的启发，本项目也会观察兰村村民通过兰村新农民培训学校的教育培训后，掌握了哪些新技术和新本领，而这些技术和本领又对兰村的发展起了什么作用。

（二）社会资本

自上世纪90年代以来，社会资本成为国内学术界非常流行的概念工具。我们在CNKI网上，以"社会资本"为篇名，检索1999—2013年以来的文献，发现共有3660篇学术论文。纵观这些文献，国内关于社会资本的学术成果集中于两个方面：一是对国外学者社会资本研究成果的翻译和引进，比较有代表性的著作是《社会资本与社会发展》（李惠斌、杨雪冬主编）、《社会资本：关于结构与行动的理论》（林南著、张磊译）；二是根据自己的研究需要，将国外社会资本的概念结合中国实际开展一些经验研究，比如，边燕杰、胡荣、张文宏、赵延东等。现有的研究成果加深了人们对社会资本含义、来源、类型、功能的认识，也推动了中国社会学的学科建设（比如，边燕杰提出的关系社学),但是诸学者对社会资本的定义显然还未达成共识,都是从自己的研究领域和研究对象出发,给予了不同界定。社会资本作为本书的一个重要概念,它是资产建设的福利效应,为了更好地阐述本书的主要观点,有必要将社会资本的概念做一番梳理。下面我们将在梳理国内外比较有代表性的社会资本概念的基础上,定义本书的社会资本。

国外关于社会资本的界定主要集中在三个学科领域:社会学、政治学和经济学。比较有代表性的观点如下:

在社会学中,对社会资本的研究集中于社会网络资源和功能两方面。

布迪厄是从社会网络的角度定义社会资本的。在他看来,社会资本指当一个人拥有某种持久性的关系网络时,这个由相互熟悉的人组成的关系网络就意味着他实际或潜在所拥有的资源(杨善华、谢立中,2006:171)。即社会资本是赋予关系网络中的每一个人一种集体拥有的财产。社会资本实际上是由彼此之间有"来往"的人们之间的社会义务构成的。比如,几个人经常联系、交往,慢慢地形成了一个群体网络,网络中的资源,大家都可以用,类似俱乐部、社团等自组织。另外,他认为社会资本只是经济资本的一种,因为,每种资本都可化约为经济资本。

罗纳德·伯特(Ronald Burt,1992)也是从网络的视角对社会资本进行界定的。他认为,社会资本是"朋友、同事和更普遍的联系,通过它们你得到了使用(其他形式)资本的机会"。他在社会资本理论发展中的最大贡献是提出了"结构洞"(Structure Hole)的概念。所谓结构洞就是说,在三人或三人以上的关系网络中,其中任何两人关系中断,都需要通过第三者进行联系,那么这个第三者便处于有利的位置,他起到桥梁的作用,拥有信息支配和利益控制的权利。伯特主要将"结构洞"概念应用于企业的行为中,他认为企业家要积极地联结那些中断的关系(结构洞),以获得更多的资源,促进事业成功。

林南将社会资本界定为:期望在市场中得到回报的社会关系投资。这里的市场可以是经济的、政治的、劳动的或社区的(林南,2005:18)。这个概念可以操作为行动者在行动中获取和使用的嵌入在社会网络中的资源。林南的"社会资本"概念是为了解决社会学中结构与行动二元对立的困境,所以,在他看来,社会资本具有先在性,它存在于一定的社会结构中,但行动者也有主观能动性,他通过有目的行动在一定的社会结构中可以获得社会资本(陈柳钦,2007)。

而科尔曼、帕特南、波茨和阿德勒则主要从功能的角度定义社会资本。詹姆斯·科尔曼(James Coleman)是从社会资本的功能来定义社会资本的。他认为:"社会资本是由它的功能来界定的。它不是一个单一体,而是有许多种,

第四章
资产建设的过程（上）：资产建设规划及其社区福利效应

彼此之间有两个共同之处：它们都包括社会结构的某些方面，而且有利于处于某一结构中的行动者——无论是个人还是集体行动者——的行动。和其他形式的资本一样，社会资本也是生产性的，使某些目的的实现成为可能，而在缺少它的时候，这些目的不会实现。与物质资本和人力资本一样，社会资本也不是某些活动的完全替代物，而只是与某些活动具体联系在一起。有些具体的社会资本形式在促进某些活动的同时可能无用甚至有害于其他活动。"与物质资本、人力资本不同，社会资本的主要特征是：它存在于人际关系的结构中，由结构的各个要素所组成，不依附于独立的个人；它只为结构内部的个人提供方便，不具有转让性。社会资本的主要形式包括：相互信任、信息网络、社会规范、权威关系和可提供公共物品的社会组织（Coleman，1990：2）。

在《使民主运转起来》一书中，帕特南认为社会资本是指"社会组织的特征，诸如信任、规范以及网络，它们能够通过促进合作来提高社会的效率"（罗伯特·普特南，2000：167）。他认为"在一个拥有大量社会资本存量的共同体中，生活是比较顺心的。公民参与的网络孕育了一般性交流的牢固准则，促进社会信任的产生。这种网络有利于协调和交流，扩大声誉，因而也有利于解决集体行动的困境"（罗伯特·普特南，2000：165）。他对二次世界大战后美国的研究表明，由于参加各种志愿团体和组织的人数在逐年减少，美国的社会资本呈下降趋势（Putnam，1995：65—78）。帕特南认为，社会资本能够增加信任水平和提高集体行动能力，从而提高人们之间的互惠水平，加强社区团结和增强社区安全感等，提高人们的生活质量（Putnam，1999：20）。帕特南的社会资本定义对本书的启发较大，因为本书的研究对象是一个村庄，而且我们想探讨的是这个村庄在资产建设过程中，村民之间、干群之间的交往、信任、互惠、合作、村庄制度、规范、网络的变化情况。

美国社会学学者亚历山德罗·波茨（A Leiandro Porte）从社会网络的功能意义界定社会资本。他认为："社会资本是处在网络或更广泛的社会结构中的个人动员稀有资源的能力。"（亚历山德罗·波茨，2000：32）他在对社会资本相关文献梳理的基础上指出："对现有文献的评论有可能把各种背景下的社会资本的三个基本功能区分开来：作为社会控制的来源；作为家庭支持的来源；作为通过家庭外的网络获得的收益来源。"接着，他提出了"消极的社会资本"。他说，"最近的研究至少已经指出了社会资本的四个消极后果：排斥圈外人；对团体成员要求过多；阻碍了成员的创新；限制个人自由以及用规范消除优秀的人才"（亚历山德罗·波茨，2000：129、137）。但波茨的界定实际上把社会网络简单等同于社会资本，社会网络有消极意义并不能简单推论社会资本就是消极的，有可能社会资本的其他形式，如信任、互惠水平提高了。所以,严格来讲,波茨讲的消极社会资本应该是消极社会网络。

阿德勒等(Adler, Paul & Kwon, Seok-Woo, 2002)采取了一种两分的分类方法,即将社会资本分为外部社会资本和内部社会资本。"外部社会资本",主要指某一行动者的外在社会关系,其功能在于帮助行动者获得外部资源。而"内部社会资本",形成于行动者(群体)内部的关系,其功能在于提升群体的集体行动水平(陈柳钦,2007)。这个分类方法,对本书富有启发。

在经济学中,社会资本通常被视为一种无形资产,一种区别于物质资本、人力资本、劳动和土地的生产要素。美国经济学家彼得·埃文斯,从发展经济学的角度指出,社会资本的概念拓展了传统经济学的学科视野。他认为:"帕特南提出的社会资本,包括信任、规范、网络,将基本关系具体化为有潜在价值的经济资产。"他接着指出:"日常关系只是促进健康状况的改善,却未必能促进物质福利的改善,技术必然促进人类的改善,但是如果人类不能彼此信任或共同努力,那么改善生活的物质条件就是一场艰难的战斗。当福利的可持续增长成为普通的第三世界公民的目标时,社会资本就是决定性的要素。没有社会资本,物质资本和人力资本就很容易浪费。社会资本的其他特征甚至更加吸引缺乏其他各种资本的国家的目光:即社会资本的形成并不必然需要消耗世界上稀缺的物质资源,它的存量通过使用而积累起来,并不会减少。"(彼得·埃文斯,2000:228—230)弗兰西斯·福山认为"社会中存在高度信任感,能够促进大规模企业的产生,如果大科层组织能够透过现代化信息技术,使小一点的公司慢慢转型并加入他们的网络,这时候拥有高度信任感就如虎添翼了"(福山,1998:41)。

在政治学中,研究者通常把社会资本与民主联系起来考察。英国政治学学者肯尼思·纽顿从政治学的角度探讨了民主与社会资本的关系。他根据社会资本的发展情况,提出了三种民主模式。一是初级民主。这种民主模式存在于初级的、面对面的共同体中。该共同体以内聚性的包容性的初级关系、深度信任、强有力的人格化的制裁为特征。二是次级民主。它存在于建立在代议原则基础上的政治体制中。它假设在专业化的精英和非精英之间存在高水平的信任。三是抽象民主。它建立在延伸于人格化和非人格化的信任、初级团体和次级组织、面对面的关系和较为片断化的次级关系之外的互惠主义和普遍主义的抽象观念之上。在这种模式中,抽象信任非常重要(肯尼思·纽顿,2000:409—410)。

国内学者在关于社会资本的理论构建或经验研究中对社会资本的界定大多集中于社会关系网络资源。

目前,大家一般都认为张其仔博士是国内较早对社会资本进行比较系统研

第四章
资产建设的过程（上）：资产建设规划及其社区福利效应

究的学者。他在博士论文《社会资本与经济增长》中，将社会资本界定为社会网络，运用定量研究的方法，探究了社会资本对厂商的行为、对经济增长、对劳动力的转移、对技术创新以及对制度创新等的影响（张其仔，1997：2）。张博士开拓了国内社会资本研究的先河，其学术贡献值得称道，但他的社会资本概念忽略了信任、制度、规范等要素，将社会资本简单地等同于社会网络。

边燕杰指出，"社会资本，它的存在形式是社会行动者之间的关系网络，本质是这种关系网络所蕴含的、在社会行动者之间可转移的资源。任何社会行动者都不能单方拥有这种资源，必须通过关系网络发展、积累和运用这种资源。简言之，社会资本发源于人际社会关系，这种关系是稳定的，而非即时的；是非正式的、私人领域内的关系，而不是正式的组织成员关系或公共领域内的关系；是因行为、情感的投入而变化的关系，而不是僵硬不变的合同式的关系"（边燕杰，2004）。"社会资本是行动主体与社会的联系以及通过这种联系涉取稀缺资源的能力"（边燕杰、丘海雄，2000）。可见，边燕杰的社会资本概念实质就是个人的社会网络资源，如果我们没理解错的话，他的定义与林南对社会资本的界定意思基本一致。但刘林平却不同意将社会网络等同于社会资本的观点。他认为，社会网络或社会资源是潜在的社会资本，社会资本是动用的、用来投资的社会网络，社会网络是社会资源，但是不一定就是直接的社会资本（刘林平，2006）。

国内许多学者在从事社会资本的经验研究中，也是将社会资本定义为社会网络资源（张文宏、李沛良、阮丹青，2004；罗家德、赵延东，2005；赵延东，2006；周玉，2006）。张文宏认为："只有从社会网络角度定义和探索社会资本，才有可能使社会资本成为界定明确、可以测量的实证社会学的学术概念。"（张文宏，2007）这些学者在测量个人拥有的社会资本时，主要围绕社会关系网络的数量与质量展开研究。[①]

在使用集体社会资本时，通常从信任、参与、互惠、社会规范等方面来测量。胡荣将农村社会资本操作化为村民的社区参与、互惠、信任和规范，然后通过探索性因子分析，提炼出信任因子、社会交往因子、社区安全因子、亲属联系因子、社团互助因子和社区归属感因子六种形式，并考察了这些形式是如

[①] 网络的数量，指网络规模，即个人交往的社会关系网络中的人数，网络规模越大，社会资本越强。网络质量，包括网顶、网差、网络构成。网顶，指网络中地位高、权力大、财富多的人，网顶越高，社会资本越强；网差，指网络成员职业地位的差异，网差越大，社会资本越高。网络构成指网络中成员的阶层分布，比如与领导阶层、经理阶层、知识阶层的关系比较密切，社会资本就越强（参见边燕杰，2004）。这是边燕杰对社会资本概念操作化的创造。国内其他学者后来在使用时基本是在这一操作方式上进行修改的。

何影响村民在村级选举中的行为。研究表明,在社会资本的各因素中,只有社团因子和社区认同因子对村民的政治参与起着积极作用,而社会信任因子对村民的政治参与并无显著影响(胡荣,2006)。

关于如何培育社会资本的问题,学者较少探讨。徐延辉从树立良好道德品行的角度,在个体、企业组织和政府三个层面分析了如何培育以信任为核心的社会资本(徐延辉,2009)。但她只是停留在理论层面的思考,尚未能对其产生过程作实证的分析。

从以上国内外学者对社会资本的定义中,可以看出社会资本的研究吸引了社会学、政治学和经济学诸多学者的参与,它是一个跨学科的概念工具;在分析单位方面,社会资本可以是个体的、社区或组织的;在表现形式上,学者们更多将社会资本聚焦于社会关系网络、信任、互惠、规范、交往等;在类型上,社会资本可以是内部的或外部的;而在功能上,社会资本有积极和消极之分。已有关于社会资本的概念研究,为本书提供了非常有益的学术启发,尤其是帕特南关于社会资本的界定。但前人的成果也存在一个比较大的缺憾,即对社会资本的产生过程,缺乏深入的实证研究。我们将在下文中通过兰村资产建设过程的展示,考察农村社区社会资本的生产过程。

综合以上学者的观点,结合本书的研究目的,本书的社会资本指"农村社区社会资本",它包括两方面内容:一是指农村社区内部社会资本,即在资产建设过程中,干群之间或村民之间经过长期的交往,形成的信任、互惠、合作、规范以及制度;二是指农村社区外部社会资本,即农村社区在资产建设过程中,与社区外的各种社会组织形成的关系网络。与上述学者的观点不同,本书更强调社会资本的生产过程,即资产建设。

在内部社会资本方面,我们将主要探讨以下几方面内容。

一是交往。在帕特南所讲的社会资本中,社会成员之间相互关联的网络是一个重要方面的内容,其他许多研究也谈到这一点(Putnam, 1993; Portes, 1998; Woolcock, 1998)。根据本书的研究目的,我们将主要考察兰村在资产建设过程中,村民之间的沟通交往、干群之间的沟通交往相对以前发生了哪些变化。

二是参与。帕特南在很大程度上把社区居民对社区公务事务的参与作为社会资本看待。为什么意大利北部的民主运行得比较好?他认为,关键是当地存在着很多民间组织,如合唱团、体育俱乐部、邻里互助组织等。以这些组织为平台,当地居民积极参与了种种集体活动,他们的关系也更加密切了,就更容易进行共同利益的合作。受帕氏的启发,我们在本研究中,将关注资产建设过程中,村民对村集体事务参与的变化情况以及村民集体归属感的变化。

第四章
资产建设的过程（上）：资产建设规划及其社区福利效应

三是信任。帕特南把信任作为社会资本的一项重要内容。在他看来，社会资本中的信任和参与、互惠等是紧密相关的。根据帕特南的观点，社会信任能够从两个相互联系的方面产生：互惠规范和公民参与网络（Putnam, Robert D., 1993: 204；转引自胡荣, 2006）。公众参与网络促进了交往，促进了有关个人品行的信息的流通。他写道："信任与合作，依赖于人们对潜在伙伴的以往行为和当前利益的真实了解，而不确定性则强化了集体行动的困境。因此，假设其他条件相同，参与者之间的交往（直接的或间接的）越多，他们之间的互信就越大，合作也就更容易。"（胡荣、李静雅, 2006）本研究将主要考察兰村资产建设过程中，村民对村干部信任状况的变化。

四是互惠。帕特南把互惠分为均衡的互惠和普遍的互惠，前者指人们同时交换价值相等的东西，后者则指在特定时间的无报酬和不均衡的交换，现在己予人，将来人予己（胡荣, 2006）。本书将"互惠"聚焦于干群之间的互惠行为上，考察他们在资产建设中的互相帮助情况。

五是规范与制度。根据社会学中的社会控制理论，社会规范是一种软控制（非正式控制），它通常表现为伦理道德、风俗习惯。规范通常是不成文的规定，但它以一种无形的压力让社会成员遵从。科尔曼（Coleman, 1988）和帕特南（Putnam, 1993）都认为，在社会资本丰富的社区，犯罪和越轨行为少，不需要太多的警力维持治安（胡荣, 2006）。制度是一种硬控制（正式控制），更多体现为政策法规，它通常以强制的手段要求社会成员必须遵守；如果有人违反了制度，通常会受到较严厉的制裁。我们在研究中，将重点考察兰村村民在资产建设中，由于受到乡村规范的影响，他们采取的合作行为情况；关注兰村资产建设中有关的制度变化情况。

在外部社会资本方面，我们将重点考察兰村与各级政府的关系以及通过这种关系获得资源的能力。

二 资产建设的规划及其福利效应的实证分析

从本节开始，笔者将运用实证调查获得的多元资料，分析兰村资产建设的过程及其福利效应。这一节将重点阐述兰村资产建设规划的制定过程及其福利效应。

笔者在第一章已阐述过兰村的基本情况。兰村在2004年以前集体经济薄弱，村干部工资无法按时发放，绝大多数村民以务农、外出打工为主，农户家庭经济贫困;村民各管自家事,不关心、不过问村集体的公共事务;全村基础设施严重落后,没有一个像样的村办公室,没有一条像样的村主干道,没有幼儿园;村民四分五裂,以宗族利益为主,造成一个行政村拥有3个老年会、2所小学的奇怪现象。

2004年,农民企业家潘先生受当地镇党委推荐,担任兰村的党支部书记。常言道,"新官上任三把火"。这位新上任的潘书记,"烧的第一把火"便是为兰村的发展提出一个10年规划。兰村的资产建设正是自此拉开了序幕。也正是在这场轰轰烈烈的资产建设运动中,兰村村民开始走向团结、合作、奋进;也正是经过一个个资产建设项目的实施,兰村村民的思想观念得到了转变,村民素质得到了提升。

兰村通过实施统一的资产建设规划,使得村民心往一处想、劲往一处使;它把全体村民团结起来,为打造一个新兰村的共同目标而努力奋斗。

兰村资产建设规划的口号是"三步拼出新兰村"。2004年初,该村两委根据其经济现状、自然资源及地理位置的区域优势,构筑了《兰村经济社会发展十年规划》并把《十年规划》细分成三个发展阶段:(1)2004—2005年为第一阶段,主要完成兰村文化活动中心四项工程。即:村部办公大楼、老人活动中心、兰村小学综合教学楼、兰村幼儿园。(2)2006—2008年为第二阶段,一是完成一纵二横的交通网络(见图4.1,一纵:从307省道公路至兰村溪埔架设兰青大桥连接南洪公路;二横:①从兰青大桥修建一条上接福铁、赤岭、红园的江滨大道,为东溪岸内的土地整理创办江滨农业综合开发区奠定基础;②从陈田自然村修建一条经中心村至福玲中学的环村大道,以充分利用两侧的山坡杂地作为今后经济发展项目的建设用地);二是创办"NA市兰村新农民素质培训学校",着力培养"有文化、懂技术、会经营"的新型农民;三是成立"NA市兰村厂房租赁有限公司",发动全体村民把闲散的资金投资入股,逐步规划荒芜杂地建设标准厂房出租,增加农民收入,不断发展壮大集体经济;四是做好各自然村的"旧村改造、新村建设"规划,进行村容村貌整治。

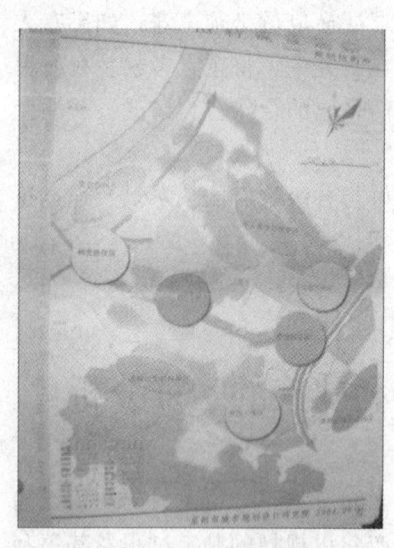

图4.1 兰村资产建设规划图

(3)2009—2014年为兰村经济社会各项事业全面发展的第三阶段,即到2014年,争取每一个家庭都有三室一厅的住宅;有四个轮子的车子;五个工作日;

第四章 资产建设的过程（上）：资产建设规划及其社区福利效应

六位数的存款；实现儿童免费入学，60岁以上老人每人每月发放100元的养老金。（选自 NA 市 KM 镇兰村改革开放 30 年成就简介）

（一）资产建设规划的过程

兰村资产建设 10 年规划是一个"自下而上"与"自上而下"相结合的过程，主要包括 4 个环节，即村带头人提出；党员干部讨论、修改、完善；征求村民意见；上报地方政府部门。

第一，村党支部书记最早提出。据村民介绍，潘先生自被镇党委任命为兰村党支部书记后，就开始走家串户，与多数村民座谈，了解村里的各种情况以及村民对兰村发展的需求与愿望。经过入户调查后，潘先生提出了兰村经济社会发展 10 年规划的初步设想。我们针对规划设想提出的过程对他进行了深度访谈。访谈中，办了多年企业的潘书记说：

> 经营一个村庄，就像经营一个企业，必须有统一的规划，统一的目标，才能把大家团结在一起，共同奋斗前进；思路决定出路，村庄建设也必须有一个清晰、创新的思路。但是刚开始村民都不太理解，以为我是在吹牛，在欺骗他们；让我印象很深的是，当时我到一些村民家了解情况，有些人态度并不好，连让我坐一会儿都没有（即站着说话），更别说请我喝杯茶……我当时就想，我一定要提出一份好的规划，好好发展兰村，让村民过上好的生活，那时他们也不会这样对待村干部了，我能够经营好企业，也一定可以发展好一个村子的嘛！（PCL，20090625 访问）

后来，事实证明，正是潘先生最早提出兰村经济社会发展 10 年规划的初步想法，才让兰村村民找到了发展的方向。

第二，村党员干部多次开会讨论。潘先生提出兰村 10 年发展规划的设想后，就多次召集部分党员干部讨论修改、完善规划事宜。从该村的会议记录上看，关于发展规划的会议共有 5 次。

表 4.1 兰村 10 年发展规划会议汇总

会议时间	会议名称	会议主题	参会人数
2004 年 2 月 1 日下午	教育座谈会	兰村教育发展规划通报会	41
2004 年 2 月 6 日下午	两委会	近期工作反馈与新村建设规划讨论	11
2004 年 2 月 8 日下午	两委会	兰村未来 10 年发展规划表决	11
2004 年 2 月 10 日上午	两委扩大会	兰村未来 10 年发展规划报告	121
2004 年 2 月 13 日下午	两委会	兰村未来 10 年发展规划分工	11

资料来源：根据兰村会议记录整理

以下是当年兰村村两委制定规划时，与会人员发表意见的会议记录节选：

许副书记发言：对我村新村建设方案表示赞成，跟党委的部署一致，该方案将会树立兰村以及KM镇在南大门的良好形象。

计生管理员许先生发言：主要是考虑资金问题，提出要先在桃子园建新村，然后用这笔资金来开发其他项目。

许副村长发言：根据镇农村工作会议精神，对我村的新村建设、修建兰兴大道，群众反映非常积极。

村委潘阿约发言：要开发首先是资金问题，要先处理桃子园，筹备资金办法本人意见是把这片土地出租，将来村委会也有长期收入。

村委洪秀聪发言：招商引资开发桃子园与潘阿约的看法基本一致，最后强调团结的重要性。

文书许老河发言：关于修建307线草埔地段至树兜的兰兴大道需要科学论证，因为这个问题牵涉到草埔的耕地，还有草埔、松柏岑、山兜的排水，草埔群众反映，如这条路从这里通过，今后没地耕作。另一方面，桃子园的开发用出租的租金来开发资金不足，根本没办法用这笔钱来开发，可规划生活区用地出售给本村村民，对于修建兰兴大道还要做大量的思想工作，如果能按新村规划实现，将会改变兰村、KM的形象。

……经研究决定在2月10日上午9点召开传达镇农村工作会议精神，探索兰村未来的新村建设规划。

本次会议对象：党员、村民小组长及队委、村民代表、老年协会、中心户长。

以上两个会议由各责任人负责通知。（选自兰村2004年2月6日下午两委会会议记录）

可见，潘书记虽然最早提出兰村10年发展规划的设想，但规划的编写、制定、修改、定稿等工作并不是他一个人做的，也不是他一个人说了算的。这份规划也凝聚着兰村诸多党员干部的智慧与心血。

第三，征求村民的意见。课题组成员从实地调研中得知，资产建设规划经过村两委、村民代表、党员讨论通过后，还得征求每家每户的意见。一位姓许的退休老师说："不只是党员对村规划起作用，应该说是全体村民共同参与。我们专门制作了村规划征求意见表格（类似问卷调查），由各村民小组组长，将问卷带入村民家中，挨家挨户让他们填。同意的就打'√'，不同意的就打'×'，并讲清理由或其他补充意见。这个规划的初稿我们是找泉州城市规划院设计的……"（XYE，20090910访问）

兰村两委干部分别负责自己包片小组的调查，由村民代表协助。每个家庭

第四章
资产建设的过程（上）：资产建设规划及其社区福利效应

都要去征求意见，绝对不能有遗漏，每少签一户扣村干部工资20元。整个征求意见工作持续了半年时间。下表是当年规划征求意见的回收情况。从表决情况可发现，大多数村民的意见得到回收。未回收的农户主要原因有：一是受访人不在家，比如，第四、第五村民小组外出务工经商较多，回收率也较低；二是受访人无法当场回答，要求思考填答后再提交；三是拒答，但这种情况比较少。对于未回收的意见，村委会决定到2004年10月10日前每人应全部完成任务并送交村委小苏统计，每少一户从工资中扣20块钱。

表4.2 《兰村10年发展规划》项目表决情况

组别	公安户	收回数	回收率（%）	组别	公安户	收回数	回收率（%）
1	30	28	93.33	6	97	81	83.51
2	60	59	98.33	7	49	37	75.51
3	67	63	94.02	8	114	92	80.7
4	176	99	56.25	9	120	108	90
5				10	37	31	83.78

数据来源：2004年9月29日上午两委工作会议记录，表中的回收率是我们计算补充的。

第四，上报地方政府部门。地方政府接受兰村资产建设规划的申报并参与论证、指导。兰村经济社会发展10年规划论证会由兰村所在的乡镇镇长亲自主持，市土地局、交通局、环保局、水利局、电信局、供电局、自来水公司、广电局、城市规划设计院等单位都派人参加。以下是当年的会议记录节选[①]：

二、乡镇站建设规划局对兰村建设规划发表意见：

①设计规划以康洪新区的定位，滨海新城的定位比较高。②工业用地比重偏高（工业区要统一规划）。③示范新村位置要标准。④要严格保护耕地。

三、土地局发表意见：

1. 规划主题应以旧村改造新村建设为主题，按规划48%的土地搞建设有点问题，占用新地是否属耕地，如没符合《土地法》的不能批。2. 新村建设不考虑工业区，要把工业区整合到草埔工业区，否则，今后土地比较难批。3. 规划建设用地分散。4. 体现商住用地都要投标拍卖。

四、交通局发表意见：1. 省道附近相关建筑物拆迁，实施很难。2. 总平面图的方位、走向的位置不很明确。3. 周边的交通网络图超过省道的弯道，KM大桥没体现。4. 区域道路没纵图。5. 考虑建兰村大桥是正确的。

---

① 详见附录8.2。

五、环保部门发表意见：污水处理应考虑与邻村合建比较合理。

六、水利部门发表意见：防洪规划跟镇区的规划要考虑，水位高低相差很大，防洪堤、排水沟、排涝、高排洪闸都要考虑进去。

七、电信部门发表意见：电讯规划不合理。

八、供电部门发表意见：从现有的线路完全可以适应。

九、自来水公司发表意见：用水量2万吨偏大不合理。

十、广电局发表意见：设计2个分前端不合理，应根据500户设一个分前端。

十一、NA市乡镇站领导问：根据设计的方案是比较理想，你们兰村今天参加的人也比较多，你们是直接关系，建设资金从哪里来？你们是否有这个决心？请村委会发表意见。

……

十五、KM镇潘镇长讲话：首先感谢各部门对兰村的支持；要求泉州市规划设计院认真按照各部门提出的意见和建议，对兰村的建设规划的设计方案，加以完善，要有现实意义和可操作性。

十六、乡镇领导讲话：1.要求把兰村建设规划方案向村民公示一星期，让更多的村民多了解，多知道。2.要按市委20个字（笔者注：规划一张图、审批一支笔、建设一盘棋、质监一把尺；高起点，高质量）的要求，有计划按程序报批。（选自兰村2005年5月9日会议记录）

从这则会议记录可看出，兰村资产建设10年规划引起了地方政府相关部门的极大兴趣与高度重视，他们派出了工作人员参与论证会审、并积极给予工作指导。这对兰村后来资产建设规划的成功实施起到很大的作用。

（二）资产建设规划的福利效应

1. 资产建设规划促进了兰村社会资本的增长

如前所述，本书将社会资本分为农村内部社会资本与外部资本，下面我们将分别阐述兰村这两种社会资本在资产建设规划的制定中发生的变化。

第一，统一的资产建设规划孕育了兰村的内部社会资本。

一是规划的制定增进了村民的团结合作。村两委有了统一的目标，就能把村民团结起来，为建设美丽富饶的家乡而共同奋斗。

一位许姓副村长说，以前他也是担任村干部，也想为本村的发展做点贡献，但当时不知道怎么做，不知从哪里着手，所以心有余而力不足啊！现在好了，他们村一个带头人，提出了本村发展规划的设想，大家一起讨论、修改完

第四章
资产建设的过程（上）：资产建设规划及其社区福利效应

善，这样，他们做事情就有目标了，也好做村民的工作了！以前动员村民做某项工作时，村民总会问做了那件事有什么意义，他都不知道怎么回答，现在如果还有类似的问题，他就知道怎么说了！（XZM，20090625访问）

村民自从知道村里有了发展规划后，很多人开始改变"自扫门前雪"的行为，逐渐关心村集体的事情。在与部分村民座谈中，他们告诉我们当时村民对那份规划的态度。2004年初，村民听说镇里给兰村派来了一位新书记，大家都以为又是来一个贪官，上面定的，肯定不是什么好东西。反正以前也是这样，大家并不觉得有什么新鲜感，还是各干各的。不久，这位新书记提出了兰村未来10年发展规划，大家开始觉得好像兰村要发生一些变化了。不过，大多数人还是不相信会给村民带来什么好日子，认为那份规划纯粹是吹牛，"哪能实现呢，就是30年都未必"（SXS，20090624访问）。因为多数村民知道自己的家底。尽管大多数村民持怀疑态度，但是茶余饭后大家还是不约而同地注意打听规划的情况，讨论规划的事情，也就是说人们开始关心村里的事了。

有位姓许的村民说：

哪个人不想自己的家乡好啊，我们村已经比其他村落后很多了，有些小伙子娶对象都难。当时，村里提出这份规划，虽然很多人怀疑，甚至有的人嘲讽，但说句实在话，大多数村民心里还是抱有一线希望，希望这份规划是真的，最好哪天能实现。有些在外打工的村民，还多次打电话回来询问规划的事情，并且表示如果规划是真的话，到时需要帮忙，他们一定义无反顾。（XXS，20090624访问）

可见，一份村庄发展规划其实反映了多数村民的心愿，也逐渐地把兰村村民的心凝聚在一起。兰村村民的公共合作意识也随着这份规划的展开而日益增强。

二是规划的制定促进了干群的沟通互惠。帕特南在分析公民参与网络对于社会资本的作用时指出："公民参与网络培养了生机勃勃的普遍化互惠惯例，即我现在这样对你，希望你或者其他人能够相应地回报我。"（帕特南，2000：158—159）兰村资产建设规划在征求村民意见中，通过人人参与的方式，增强了干群沟通与互惠。调研中，一位姓潘的村干部想起当年入户征求村民对规划的意见时说：

"我在入户征求村民意见中，确实碰到个别人不表决，也不签字，他认为有没有规划与他毫不相干，村干部叫做的事一般都不是什么好事。我就跟他做工作，既然你不需要村委会，村委会叫你签意见你不签，如果以后你要叫村委会签什么意见，那么，村委会到时也可以不签。因为这都是双向的，你可以这样对我，我以后也可能那样对你。话说回来，这份规划关系到我们村每家每户的利益，为什么不参与一下呢？……"经过这样的沟通，这种村民最终也会认

兰村福利——资产建设与农村社区福利研究

真在规划征求意见表上签字的。村干部只要是为群众的利益着想,村民一般也会配合的,干群之间的互惠关系也逐渐形成。我是为大家利益着想来做工作的,你如果不配合我,以后需要我帮忙,我也不会出力的。"(PJX,20090625访问)

三是规划的制定增强兰村相关制度规范的落实。兰村规划的整个制定过程是严格按照相关政策法规的要求执行的。《中华人民共和国村民委员会组织法》第二十四条规定:"村民委员会决定问题,采取少数服从多数的原则。村民委员会进行工作,应当坚持群众路线,充分发扬民主,认真听取不同意见,坚持说服教育,不得强迫命令,不得打击报复。"兰村10年发展规划正是在少数服从多数,坚持群众路线的原则上制定的。

在田野调查中,一位姓许的村干部告诉我们,以前涉及村集体的事情,一般就是个别人说了算,很少按程序来,多次开两委会反复讨论,最后还要表决,以少数服从多数的原则办事。最大的变化是,潘书记提到从规划这件事开始,以后凡是涉及村集体大事的,都要按相关制度执行。该召开村民代表大会就得开,该召开村民会议也得开,不能嫌麻烦。"反正要让村民积极参与到村集体公共事务中来,让一切事情制度化、透明化、规范化。"(XZM,20090626访问)

访谈中,一位姓许的村民跟我讲了当时的情况。他说:

那时候,有位村干部拿着一大堆图纸来我家,问我关于兰村发展规划的事情。刚开始我挺惊讶的,因为以前村干部来访,一般是收税、查计生等烦事,极少请教我关于村里发展的事。起初,我还有些怀疑,觉得是不是找错人了。但那位村干部一本正经地给我解释,兰村几年要建设什么项目,在哪里建设,问我是否同意。我当时态度也比较模糊,因为很少去想这些事。只不过前几天刚听厝边(邻居)说村里要搞什么新规划。不过我印象很深的是,我对那位干部说,以后村里要是有什么大事就得跟我们群众多沟通,听听我们的意见。那人说,你放心吧,从今天起,村里头的大事都会跟厝边头尾(闽南语:即群众之意)说的。(XXS,20090626访问)

其实,后来兰村两委管理集体事务确实都是坚持密切联系群众的原则,一切从群众中来,一切到群众中去,一切为了群众的利益。关键的是,他们通过资产建设逐步形成了一套规范的议事制度。国家已出台了比较完善的村民自治制度,但问题是,很多村都没有严格执行,所以,制度经常成为摆设的花瓶。兰村就是通过具体的资产建设项目,让村民自治制度得以落实。他们规定,涉及到村集体的重大事务,都必须经过村两委、村民代表会议、村民会议通过;每次会议村干部不能随意请假,每人必须做好会议记录,然后相互对照,经村

第四章
资产建设的过程（上）：资产建设规划及其社区福利效应

两委审阅无异议后，再由文书写入正规的会议记录本存档。

第二，资产建设规划的申报也增强了兰村的外部社会资本。

兰村外部社会资本的增强主要体现在与地方政府关系的密切。随着兰村向上级申报资产建设规划，政府相关部门开始关注兰村，也逐步给兰村政策支持、资金补助和工作指导。兰村今后向相关政府部门申请某一具体项目建设的优惠政策、补助资金时，就有一个合理的说法。

一位姓许的老年人说：

兰村往日被人家叫做"烂田"，好多年都没有发展，整个村四分五裂，经济落后，也没有哪个政府部门会来关心。现在咱们提出这份新规划，向上级政府申请审批，引起了这么多部门的重视与支持，实际上无形当中已使得兰村获得外部力量的支持。这个道理也很简单，政府好像是父母，农民好像是子女，哪个父母不爱自己的子女好呢？但子女太多，父母是关照不过来的，就像我们这一辈，兄弟姐妹十几个，父母不可能照顾每一个孩子。但是如果哪个孩子向父母提出要求，说出自己的人生规划，需要父母帮忙，父母都会尽力帮的。兰村能引起政府的关注，道理与此相同。（XLB，20090911访问）

老人家这段话虽然简单，但意味深长。我们在农村调研中，发现有的村资产建设没什么规划，存在很大的随意性，向上级政府部门申请资金补助或政策优惠时，很难引起政府的兴趣，自然得到的帮忙也就很有限。

在兰村规划审批之后，有关政府部门认为兰村的某些项目很符合政府的惠农政策，就把其纳入政府的相关项目建设中。比如，兰村桃子园的新村建设规划就被纳入QZ市旧村改造建设试点项目；兰青大桥被纳入NA市KM镇的整体规划。

2. 资产建设规划提升了兰村村民的人力资本

村民参与了资产建设规划的制定，在此过程中，他们的思想观念也发生了转变，视野也开阔了。

第一，资产建设规划逐步转变了村民的小农思想，培养他们展望未来的眼光。谢若登在阐述以资产为基础的福利理论命题时指出："资产的拥有创造了一种未来的取向。对大部分人来说，更重要的不是今天，而是更好的明天、理想、机会和希望"（迈克尔·谢若登，2005：181）。兰村资产建设规划也给村民的生活带来更多希望，激励他们奋发向上。令我们记忆犹新的是，在做入户调查过程中，有位40多岁的苏先生请我们入座后，抽着红七匹狼过滤嘴香烟（当地比较流行的一种烟，一般是经济收入还不错的村民才抽，一包13元人民币），帮我们沏茶后，他自己也倒了一杯，然后背靠着椅子，翘起二郎腿，告诉我们：

咱们农民如果有三餐吃，一座厝（房子）可以住，一家人平安无事就可以了，没想那么远，那么多。你看我，靠搞货物个体运输，现在收入虽然不怎么多，但是三餐伙食也不坏，有这栋厝也够住，家庭也和谐，生活可以说比较顺心。我晚上一般10点左右就休息了，早上6点起床，感觉很好。现在要紧的就是帮小鬼结婚的事情办好，我也就完成任务了，那时我就轻松了。我们绝多数村民都是这样过一生的，反正过一天算一天，真的对未来的代志（事情）没想那么多，也不敢想那么多，空想没路用（没用）10年、20年以后怎么样，谁说得清呢？

我们接着问他："那么当时村里提出这份规划，对你们有什么影响吗？"他吐着烟雾，想了一会儿，然后回答："影响肯定是有的。规划提到要修大路建大桥，建新小学、幼儿园，几年后，还要让家家有小车，老人有退休金，这些东西很多是城市人才有，或者较有钱的村才有，我们这种穷村哪有可能实现？刚开始大家都怀疑，甚至有人讽刺村干部不知道自己有几斤重。"我们接着提问："那后来村民思想怎么转变的？"他说："后来，村里多次开会叫大家要有信心，规划一定可以实现，让大家多配合村里的工作。村干部、小组长也多次下来宣传。为了让村民对兰村的未来有信心，调动大家的创业热情，潘书记还自己写歌词，请高人作曲，创作村歌《你是最好的》。"（SYM，20100819访问）[①]

我们开玩笑地邀请他哼几句，他果真唱了起来。有句歌词我们铭记不忘，那就是"不要怪自己没有用，其实你是最好的"。经查阅当年的会议记录可以发现，村委会当时多次组织村民学唱村歌。担任小学老师的许先生说："潘书记创作的这首村歌其实是兰村3000多人心灵的写照。"（XYE，20100819访问）很多人唱完热血沸腾，信心倍增，认为兰村就是应该好好规划，为子孙后代建设一个美好家园。同时，好多人也认为自己的人生应该好好设计，不再安于现状，得过且过。

第二，资产建设规划的制定过程让村民增长见识，扩大视野。建筑规划与设计本身就是一个专业，不管是对城市还是农村的规划设计都需要丰富的建筑学、工程学、地理学以及人文社会科学知识。兰村村民在资产建设规划过程中，多次听取设计单位（泉州城市规划设计院）规划师的介绍、讲解、答疑，在规划专业领域学到了不少知识。开座谈会时，一位姓潘的村民小组长告诉我们，当初做规划时，大多数村民主要是从农村的风俗去想的。比如，哪里要建村部，得看那里的风水怎样，要求请风水师来看。在农村生活过较长时间的人

---

① 参见附录6。

第四章 资产建设的过程（上）：资产建设规划及其社区福利效应

都知道风水之事。哪家哪户要挖井，哪有请什么地质勘探，都是请佛祖指点，弄清楚从哪一个位置去挖才有水。农民怎么会考虑水质呢？他说可以到附近参观，有些家庭的水井就在厕所边。但是，经过这次规划，很多人从规划师那边学到不少知识。比如，规划师根据他们的知识和经验，认为柑仔山那片地适合建设行政服务区，东溪边适合建农业发展区，松柏岭适合建商品房居住，山仔头适合工业用地。规划师这种安排不是随意的，而是有科学依据，是考虑到不同地段的地理位置、地质结构、交通情况、排水问题、人口分布等。这份规划如果能实现，对兰村的子孙后代将是一件非常大的功德。大家感觉他说的有道理，也就很配合。接着他说："有的村民听完规划介绍后，感慨地说，看来，以后挖水井、建房子光请风水师是不够的，还得多请个规划师来考察，这样才会放心哦！"（PWF，20100820 访问）

三　本章小结

　　本章研究表明，兰村资产建设规划的制定是一个"自下而上"和"自上而下"相结合的过程。在此过程中，村党委书记率先提出规划的设想；党员干部多次开会讨论、修改、完善规划的初稿；村民也对规划内容积极建言献策；地方政府部门给予工作指导。

　　兰村资产建设10年规划的制定过程产生了积极的社区福利效应。首先，它促进了社区社会资本的增长。一方面，它孕育了兰村内部社会资本。一份统一的资产建设规划，使得兰村村民有了共同的奋斗目标，促使村民心往一处想、劲往一处使，它起到凝聚人心，促进村民团结合作的作用；而在规划制定过程中，干群之间的沟通交流也得到了加强；同时，规划的制定还加强了兰村公共事务管理的制度化、规范化、透明化。另一方面，它还加强了外部社会资本，体现在兰村与地方政府关系的日益密切。兰村的10年规划引起了相关政府部门的兴趣，他们积极参与了兰村的规划会审，提出了针对性的建议，有些部门甚至将兰村规划的某些项目直接纳入政府的经济社会建设中。其次，它提升了村民的人力资本。由于兰村村民大多参与了10年规划的制定，在此过程中，村民逐步抛弃落后的思想观念，变得更加自信，善于规划未来，同时，他们也开阔了视野，增长了见识。那么，这份载满兰村全体村民美好梦想的10年规划能否得到实施，实施过程是怎样的，产生了哪些福利效应，这些问题，我们将在下一章进行深入分析。

第五章 资产建设的过程（下）：资产建设及其社区福利效应

上一章分析了兰村资产建设规划制定的过程与福利效应。本章主要利用村会议记录、报告、总结等各种档案材料，以及深度访谈的资料分析兰村资产建设的详细过程及其社区福利效应。为了更清楚地展现兰村的资产建设过程，我们将分别从组织资产（第1、2节）、实物资产（第3节）和金融资产（第4节）探讨资产建设的主体、建设的内容以及建设的方法；然后，讨论资产建设过程中，兰村人力资本和社会资本得到了怎样的增长。

一 创建组织资产及其福利效应的实证分析

本书的组织资产可分为两类，教育类和群众自组织类。兰村教育类组织资产主要有兰村小学和兰村新农民素质培训基地；群众自组织资产主要有兰村老年会和妇代会。下面我们将分别讨论兰村各项组织资产的创建过程及其福利效应。

（一）兰村学校的创建及其福利效应

兰村通过多种途径，实现了学校合并，建立了兰村学校[①]，在这个资产创建过程中，村民与村干部的人力资本得到了提高，兰村的社会资本也得到了加强。

上一章我们已交代过，由于历史与现实的一些因素，兰村有两所小学，即兰兴小学和兰村小学。政府很早就下文要求两所小学合并，但由于村里的复杂

---

① 之所以取名为兰村学校，而不称兰村小学，是因为兰村村民还想再建一个兰村中学，培养更多人才。

第五章
资产建设的过程（下）：资产建设及其社区福利效应

情况，这项事情迟迟得不到解决。一是因为村民不团结，以自身利益为重。比如，第2、3、4、6村民小组的村民认为，兰兴小学不应该并入兰村小学。因为，他们的小孩到兰村小学上学，要绕较长的山路，家长担心孩子上学途中的人身安全。而另外6个村民小组的村民也以此为借口，不肯让兰村小学并入兰兴小学。因此，兰村两所小学并存的局面维持了20多年时间。两所小学的独立办学也恶化了不同村民小组之间的关系，同时，也加大办学成本，造成教学质量持续下降。这种结果又引起村民对教育的极度不满，恶化了村民与学校的关系。二是因为村集体缺乏权威人物，缺乏强有力的两委班子。不同村民小组之间的利益协调、村与学校关系的协调，需要一个强有力的村两委组织。但是，在潘书记上任前，兰村的两委班子缺乏带头人，整个党支部选不出一个支部书记。村两委班子没有核心人物，成员之间经常搞内斗，班子缺乏战斗力，名存实亡，致使两所小学合并的事情没能得到解决。

镇党委当时了解到兰村的实际情况后，认为兰村要改变旧面貌，必须找一个强有力的带头人来领导村民。于是，镇党委通过调查研究，找到农村企业家潘先生。镇领导与潘先生多次谈话沟通后，决定邀请他出来带领兰村村民脱贫致富。访谈中，潘书记跟我们说：

> 当时我母亲哭着叫我不要到村里做事，她认为村里的情况太复杂了，我出来是自讨苦吃，没有必要那样做，好好的生活不过，偏偏想来搅这桶肮脏水……我劝她老人家，你就当没生我这个儿子吧，反正我这一生的钱剩这么多，用也用不尽，我的儿女也不需要我留什么财产给他们。我认为，一个人活在世界上，不只是从社会中赚钱，更主要是要把钱回归社会，实现自己的人生价值。我想把这种精神财富留给我的儿女更加重要。……我也可以把钱发给村民让他们过好日子，但这解决不了根本问题，钱会花完。关键是让村民的骨头里能自己长肉，这是最主要的。所以，我想通过实施一些具体的项目建设，让村民参与进来做事，这样，他们的素质才能真正在实践中提高，才能多交流，加强团结。如果村民素质提高了，大家团结了，兰村的明天肯定是美好的，没有我潘某，兰村照样可以发展很好……（PCL，20090625访问）

实际上，他后来的工作重点也确实是通过资产建设不断提高村民的素质和加强村民的团结，以实现兰村的发展。

潘书记自被镇党委任命为兰村的党支部副书记（主持村全面工作）以后就着手抓资产建设，首当其冲的是合并两所小学。兰村通过多种途径，实现了学校合并，在这个资产创建过程中，村民与村干部的人力资本得到了提高，兰村的社会资本也得到了加强。

第一，通过多次开会沟通，解决学校合并问题，此过程转变了村民观念，增强了他们对教育的重视。

观念转变是一个渐进的过程,兰村两委干部刚开始对两所小学是否合并的看法存在较大差异,意见很难统一。以下是当年村两委专门召开的教育座谈会会议记录节选:

四、由老年会有关同志发言:……

(3)林老通发言:主要是建议二所小学合并,集中资金办好兰村小学比较适合今后形势发展。

(4)许老煌发言:主要考虑资金欠缺、生源少,建议兰村二所小学应该合并为上策。

(5)许老赐发言:鉴于现在大多数都是独生子女,如果合并二所小学确实存在着一定的困难,因年纪小路上安全无保障,建议在兰兴小学办幼儿园到三年级,四年级以上合并为宜。

(6)许老尚补充:二所小学合并主要是考虑到年幼学生路上的安全问题。

(7)村干部许阿水发言:二所小学合并确实存在着诸多困难,年幼学生路上安全,不合并则村财确有困难。

五、村长许阿吉讲话:首先谈二所小学是否合并都有一定的困难,如果今后能合并,把有限的资金投入一所学校,对今后办学比较有好处。在未合并之前,要求老师教好书,努力提高教学质量。

其次许老德发言,他不同意二所学校合并,待新的学校建在兰村最中心点再来合并,共同为兰村的下一代着想……(选自兰村2004年2月1日下午教育座谈会会议记录)

从这份会议记录,可以清晰地看出当年村干部和部分村民代表在两所小学是否合并意见不统一,对如何办好小学教育还没有明确的思路。后来,又多次开会沟通,大家才逐步从教育兴村的角度出发,摒弃村民小组的局部利益,消除宗族对立,对两所小学的合并达成一致意见,并对如何办好小学教育有了一个较好的发展思路。在召开党员座谈会上,有位党员给我们介绍当时的情况,他说:

潘书记首先让全村的党员干部对合并两所小学的意见达成一致。他在支部会议上多次就教育问题发表看法。令我印象最深的是有一次在会议上,他说长期以来重视教育事业,至今已给NA市发展教育事业捐资200多万,但还没有捐给兰村两所小学一分钱,因为当时的村干部或村民从来没有向他提起要捐资。接着他说,兰村的群众,很多家庭只有靠教育才能翻身,所以兰村的干部谁如果没把教育事业办好,将是兰村的千古罪人。这句话我至今不忘,当时镇党委领导也在场,也表示被潘书记重视教育的言行感动,表示将尽力帮助兰村

第五章
资产建设的过程（下）：资产建设及其社区福利效应

合并好两所小学。在场的党员干部也纷纷表示同意合并。(XWH，20090624访问)

这位党员的话，可以从当年的会议记录得到印证：

关于两所小学合并有关问题提交支部大会表决：1. 两所小学的领导机构先合并。经表决一致同意通过。2. 2004年下学期先合并1—3年级。经表决一致同意通过。（选自兰村2004年7月1日下午会议记录）

由于村两委及全体党员对合并两所小学的意见达成一致，村民的意见也很快得到统一。这个结论可见同年7月30日的会议记录。据当日记录，按7月1日下午党员会议精神，两所小学先合并1—3年级，但仍有部分教师和村民持不同的看法。后来树兜片区4个组召开群众会议专门讨论此事，最终达成共识，全部同意两所小学合并。（选自2004年7月30日上午村两委扩大会会议记录）

为什么村民的意见转变得如此迅速，一位受访者告诉我们其中的缘由。有位许姓村民告诉我们，事实上村民对教育也是重视的，但这种"重视"并不坚决。因为，当这种"重视"碰到困难时，它就会让位于村民其他的选择。具体讲，由于独生子女问题，大家考虑更多的是孩子上学的路上安全问题。在人身安全与教育重视之间，村民当然选择前者。由于农民思想较保守，安于现状，且各顾各的，碰到矛盾时没有积极想办法去解决。因此，两所小学并存也就自然了。后来，很多村民听了潘书记和一些党员干部的解释后，知道村里会想办法确保孩子上学路途中的安全，大家也就放心了，也就支持两所小学合并。这件事也让"原子化"的兰村村民逐步懂得了一个道理：教育是改变孩子命运的重要途径；碰到困难时要一起动脑筋、想办法解决问题，而不能停留于等待。

第二，通过加强村集体与两所小学的沟通合作，促进学校合并工作顺利进行，此过程增强了兰村内部社会资本。在是否合并两所小学问题上，小学与村集体的意见是统一的。当时村两委班子与小学领导沟通时的会议记录这样记载：

兰村小学黄校长发言：从目前的现实情况，兰兴小学今年一年级的新生只有6人，二年级10人，其中3个是外地生，随时都可以走。人数这么少，就不能成班，学生少，教师就没有积极性，资金也成问题，上级要求规模办学。如果1—3年级并入兰村小学，4—6年级的学生只有79人，管理不方便，加上低年级到兰村小学路上没有年纪大的学生带路，出于安全考虑，我们也打算合并后，各个角落选一个高年级的学生带队，总之，合并是利大于弊。（选自2004年7月30日上午村两委扩大会会议记录）

同时，村集体与小学的领导、老师也对两所小学合并后可能碰到的教学管理、学生安全、师资队伍等问题进行沟通,共同寻找最佳的解决办法。兰村村党委潘书记要求学校领导要做好两所小学合并后的具体工作,按时上课,特别强调校领导要注意学生的安全工作。小学校长认为,合并后学生路上的安全问题,希望村两委协助宣传,加强学生路上的安全意识;学校会作出相应的措施,即由老师带队到各自然村路口,再挑选高年级学生做路长,确保学生上下课的路途安全。此外,他们还协商了师资队伍的问题。

黄阿卿校长介绍两所小学合并后的具体情况:由于学生数当时上报时没完全统计清楚,学区安排教师是按师生数的比例,如今小学教师不足,须聘请一名代课教师。

潘书记讲话:既然上学期苏阿海(笔者注:上任校长)没做好工作,学生数统计没准确,形成学区安排教师不足,聘请一名代课老师村委会每年最少多负担一万元。大家认为有必要聘任与否,请发表意见。

许阿钟发表看法:我们再聘任一名代课,主要是怕素质差,教学质量跟不上,我们合并就是为了提高教学质量。要是村委会把要聘任一名教师的工资加给现有13个公立教师,每人多上1—2节课,这样比较不会影响教学质量。

黄阿卿说:从现在13名教师和现有的班级,确实没办法,节数已安排得满满,学校还有其他很多工作就很难开展;并推荐原兰兴代课教师林英为聘任老师。

许阿物发表看法:林英原来在兰兴代课教的班级,素质不错,还可以。

许阿林的看法和许阿物一致。经讨论后,潘书记提出由大家表决。

经表决一致同意通过多聘任一名代课教师,由原兰兴小学的代课老师林英担任。(选自兰村2004年8月30日上午两委扩大会会议记录)

通过这样的沟通协商,两所小学的合并工作进展较顺利,在这个过程中,村集体与小学的关系也变得更加融洽。

第三,加强与上级政府的联系,获得了政府支持,促进学校合并,此过程增强了兰村外部社会资本。在合并两所小学过程中,地方政府给予兰村的支持主要体现在两个方面:

一是在合并中给予政策支持和工作指导。我们通过兰村2004年8月15日上午教育工作专题会议记录可以清晰地看出镇政府分管教育的领导、学区领导亲临兰村指导两所小学的合并。比如,当时镇学区苏领导的讲话强调合并中应该抓好的几项重要工作:(1)村两委与学校要积极沟通协商解决合并中的难题,需要镇政府帮忙解决的问题要及时提出,镇政府一定努力配合。(2)校舍资源的整合与管理。"兰兴小学的资产全部归入兰村小学。根据上级有关文件规定,固定资产属国家所有,合并后兰兴小学的校舍要妥善保管,依法盘后,

第五章
资产建设的过程（下）：资产建设及其社区福利效应

如出租管理、拍卖，都要按法律程序。电脑维修实行一费制，确实需要维修的要记清楚，设立工作平台，有什么困难找村委会共同解决。"（3）注重师资队伍建设与教学质量提高。"兰兴小学教师并入兰村小学，实行统一指挥，两校的教师要齐心合力集中搬迁。全体老师要自觉服从大局，为本单位的稳定发展做贡献在合并筹备工作中有特殊情况没法参加的应请假。并校后老师的教学质量只能上，不能下，各位老师要全身投入教学工作。"（4）做好家访与学生上学路途安全工作。"要求与会的同志做好被并校学生家长的宣传工作、家访工作，发现问题及时联系。并校有利于全体村民，但在新开学后要设立严格的管理制度，特别是路上的安全问题。"（选自兰村 2004 年 8 月 15 日上午教育工作专题会议记录）

二是资金支持。兰兴小学并入兰村小学后，原兰村小学的校舍无法容纳合并后的学生，因此，需要建设新的校舍。但摆在兰村两委及村民面前的困难是如何筹集兴建新校舍的资金？于是，他们向上级政府申请资金支持。创建新的教学楼政府拨款 37.8 万元；建设新的宿舍楼政府拨款 90 万元；兰村小学安装一套多媒体设备，其投入的资金也由市教育局负责 70%，村负责 30%，计 8000 元。（参见兰村 2009 年 2 月 2 日夜两委会会议记录）甚至连购买教室课桌椅也积极向政府申请。这是当时的一份资金补助申请书：

> KM 镇人民政府：
> 　　我村兰兴小学于 9 月份并入兰村小学，由于目前兰村小学的教室及课桌椅一时不能容纳合并后的班级数，必须对原来没有使用的教室及课桌椅进行修补才能正常投入使用。现经预算需投入资金 2 万元。目前我村已自筹 1.3 万元，尚欠 7000 元。鉴于目前村财确系十分困难，今特向镇人民政府申请拨款补助，谨望给予大力支持至盼！
> 　　特此报告请批复！
>
> 兰村村民委员会
2004 年 8 月 20 日

可见，兰村两所小学的合并，兰村学校的创建都得到了地方政府的政策支持、工作指导和资金补助，而在此过程中，兰村与地方政府的关系也更加密切了。

小结：兰村学校的创建过程提高了兰村干部、村民对教育重要性的认识；促进了兰村与兰村学校沟通合作，提高了内部社会资本；加强了地方政府对兰村的支持和重视，提升了兰村的外部社会资本。兰村学校是在兰村小学和兰兴小学合并的基础上创建的，兰村学校的创建过程包含村干部、村民、学校教师、地方政府四个行动主体,其中兰村干部和村民是创建兰村学校的主角,学校教师充当配合的角色,(县、镇)地方政府起着指导、协助的作用。兰村干部和村民与两所旧小学的领导老师通过良好地沟通合作完成了合并工作;与地方政府形成良好互动,获得了资金补助和工作指导。

(二) 兰村新农民素质培训学校的创建及其福利效应

首先,新农民素质培训学校①的创建提高了村党员干部的政治素质,促进党员干部的交流,增进党员干部之间的了解、互信,提高了党支部的战斗力。NA 市新农民素质培训学校 2006 年刚成立时叫兰村新农民素质培训基地。村党委潘书记告诉我们当时成立这个培训基地的动因是为了提高村民的综合素质,充分发挥他们在新农村建设中的作用。在他看来,虽然党中央、国务院给予农村很多优惠政策和大量的资金补助,但要想建好新农村只靠政府是不够的,关键还得依靠广大农民,他们才是新农村建设的主体。在兰村的宣传墙上写着:"发挥农民在新农村建设中的主体作用,创造兰村的美好明天。"潘书记在具体工作中,发现改革开放 20 多年来,大多数农民的素质还比较落后,文化水平不高(高中就算很好了),不会写,不会用文字与政府、媒体、社会各种单位沟通;语言表达也较差,普通话都讲不清楚,闽南地瓜腔不要紧,关键是意思表达不清,也难与外界交流,宣传自己;做事情主要靠封建迷信,动不动就请佛祖,不是用科学的知识去解决;法律意识淡薄,动不动就想打架;以自己的利益为主,像一盘散沙,不团结,很难做大事情……所以,他认为想要搞好兰村的新农村建设,必须提高村民的素质。于是,他个人投资,以旧小学校舍为场所,建立这个基地。启动资金虽然是他个人的,但其名义还是兰村的。起初,先从村两委、党员开始培训。教师邀请兰村的退休老师许先生,他原来在一所中学当校长。"第一次讲课内容就是关于新农村建设的政策问题。"(PCL, 20090625 访问)

那时的兰村农民素质培训基地还处于萌芽阶段,只是搭了个架子,培训对象也主要局限于村干部和党员,但已初显成效。多数党员干部认为以农民培训基地为平台,召集全村党员干部来学习党的一些政策,是有一定效果的。一是支部生活逐步恢复正常化了,党员干部之间的交流增多了。据他们反映,潘书记来之前,支部基本处于瘫痪状态。很久没有发展党员,很久没有开会,整个

---

① 新农民培训学校原称兰村新农民素质培训基地,其启动资金是由兰村潘书记出的,但是以兰村的名义申请,才能获得政府的支持;另外,刚开始,他的工作人员也主要由村党员干部和村民组成;学校场所就是旧兰村小学,该校也成为村各种会议召开的办公室,因此,我们可将该校视为兰村的一项重要资产。

第五章
资产建设的过程(下):资产建设及其社区福利效应

支部选不出一个书记,可以想像这种支部差劲到什么程度。除了交党费,其他根本没感受到自己是一个党员,体会不到组织的存在。潘书记上任之后,经常召开支部会议,讨论村里的集体事务。这就让大家找到党组织,也促进了大家的交流,增进了解和互信。二是拓宽党员干部的视野,增加知识。开会的时候,很多党员对党和国家的政策不太熟悉,不知道村里的工作是否符合政策,更不清楚怎么做工作才能得到上级政府的支持。所以,搞这个培训基地对大家多了解党和国家的政策是有很大好处的。比如,通过听课,大家对新农村建设的理解加深了,把什么是新农村,为什么要建新农村,怎么建新农村,新农村建设与和谐社会的关系等问题弄清了。这就大大提高了党员干部的政治素质。三是加强兰村党员的党性修养,让他们更加明确自己的职责,更加清楚自己如何参加兰村的规划建设。兰村新农民培训基地开支部会一般是这样安排的,前半部分听课,学习政治知识;后半部分结合政策知识,讨论村的工作。"这样的课程设置让兰村的党员干部将学到的理论知识有效地应用到实践工作中。"(PYY,20090625访问)

其次,新农民素质培训学校的创建也提高了全体村民的政治觉悟,有利于加强村民对新农村建设的认识,调动村民参与兰村资产建设的积极性。潘书记带领部分村干部连续6天,利用晚上时间,分别召集每个村民小组的村民(每户1个人)到兰村农民素质培训基地开会。他耐心、细致地给农民讲解新农村建设政策,总结兰村二年多以来的工作成就及其不足,并现场与村民沟通,解决各小组面临的问题。下面材料是第一次培训的会议记录节选①:

一、潘向全体村民对党中央在十六届五中全会提出建设社会主义新农村的时代背景、现实意义、目标任务作简要的解释……

建设社会主义新农村的目标和任务是全面、系统、完整的,不能片面地理解为单纯的新村建设,概括起来是20个字即:"生产发展、生活宽裕、乡风文明、村容整洁、管理民主。"一是必须坚持以发展农村经济为中心,进一步解放和发展生产力,促进农民持续增收;二是必须坚持农村基本经营制度,尊重农民的主体地位,不断创新农村机制;三是必须坚持以人为本,着力解决农民生产生活中最迫切的实际问题,切实让农民得到实惠;四是必须坚持科学规划,因地制宜;五是必须坚持发挥各方面的积极性,依靠全体村民的广泛参与,使广大农民群众真真正正有参与权、知情权、监督权……

六、村民小组及村民要求协助解决的问题

1. 潘阳发言:其反映的问题是陈田自然村最近修建从潘爷宫至该自然村

---
① 详见附录8.3。

的路线规划从本人的地通过,说是潘老元故意形成的。

潘书记问潘阿建:规划这条路是几个人去规划?

潘阿建回答:是6个人。

潘书记作解释:潘老元不是为个人,而是为本小组大局……

2. 新后埔山(即现大通蚊香厂)征用到现在,本村民小组没得到土地补偿费。该山在81年10月29日林权发证的面积是39亩。推选5人专门负责核实和追讨土地补偿。

经讨论现场未能推荐合适人选。潘书记提议让本自然村的党员、村民代表表决决定5名人选提交给全体村民表决。经表决一致同意通过决定该5名人选让党员、村民代表指定。(选自兰村2006年9月21日夜村民会议会议记录)

后来五天,他们接着召集各自然村的村民到培训基地进行培训。通过这样的轮训,加深村民对新农村建设政策的理解与把握,统一大家的思想,调动大家参与到兰村的资产建设中;同时,提升了村民的政治素质,增强了他们的大局意识。另外,在轮训会上,各自然村将自己的问题与矛盾提出来,村两委与他们当场讨论、协商,寻找解决问题的办法,这也消除了许多误解,融化了不少矛盾,增进了干群信任。

小结:新农民素质培训基地的创建主要是盘活村里的各种资源。培训场所就是利用旧小学;师资来源于村里的退休老师或村干部;培训采取开会与学习相结合的方式;学员主要由各组村民构成,每户必须派1人参加;培训内容主要是新农村建设、党的路线方针等政治知识。应该说,这时的农民培训学校还处于萌芽阶段,处于兰村村民自我教育、自我学习的阶段。但刚刚萌芽的新农民素质培训学校已初显成效,它提高了全村党员干部的政治素质,加强了党员干部的沟通、信任,提高了党支部的战斗力;也提高了村民的政治觉悟,加强了村民对新农村建设重要性的认识,有利于调动村民参与资产建设规划。

(三) 兰村老年协会的组建及其福利效应

老年协会的组建,推动了村民的团结合作,增强了兰村的内部社会资本。农村老年协会是一种重要的农村自组织,它在促进农村经济社会发展中发挥着不可替代的作用。农村人口老龄化问题远比城市严重,各级政府也积极出台各种政策,发展农村老年事业,应对人口老龄化带来的种种挑战。积极扶持与发展农村老年协会是当中的重要工作。现在,全国60多万个行政村基本都有自己的老年协会。绝大数农村老年协会在推动农村经济社会发展中起着积极作用,但是兰村原来的老年协会却妨碍了全村的团结,阻碍了全村经济社会发展。前文交代过兰村原来有3个老年协会,这3个老年会是并列的,不存在谁

第五章
资产建设的过程（下）：资产建设及其社区福利效应

领导谁，各自开展活动，它们分别代表部分自然村的利益。这种"三国鼎立"的局面非常不利于村两委开展工作。访谈中，村老年协会有位现任的潘副会长告诉我们："当时3个老年会（草埔、树兜、松柏岑）并存，每个老年会有自己的会长、副会长，相互独立，不存在谁领导谁，3个老年会之间也很少交流，关系不好，有时甚至冲突较厉害。"（PYY，20100821访问）3个老年协会合并成1个老年协会面临的首要问题是，缺乏统一的老年活动中心。于是兰村两委将此事安排在村民代表大会上讨论，以下是当时的讨论情况：

兰村老人活动中心建设项目：潘书记对建设老人协会活动中心的说明：按原计划，老人协会是要由社会捐资来建设。但许多老同志向我提建议，应该把拍卖旧村部的资金先用来建老人会，让全村的老年同志有一个固定的活动场所，一可加深了解，加强团结；二可以利用老同志协助村支部开展工作，老同志的作用是什么都无法替代的，我认为这个建议很好，也比较合理。因此，村委会初步打算把拍卖旧村部的资金用来筹建老人协会活动中心，村部的办公楼暂时设在老人会，村部办公楼待以后村委会有收入才建设，这个方案是否可以，请大家讨论发表意见。经讨论无异议进行表决，一致同意通过决定：把拍卖旧村部的资金先用于建设老人协会活动中心，村委会的办公室设在老人会，待今后有收入才建村部办公楼。（选自2004年12月4日村民代表建设项目决议表决会议记录）

从这段会议记录可以看出，村两委对老年协会工作的重视。他们宁可让自己辛苦点，也要让全村的老年人有个统一的活动场所。访谈中，一位姓许的村干部告诉我们，当年合并老年会，村两委是很坚决的，大多数村民也是非常拥护的，这在村民代表会议上可以明显地看出来。之前多个老年会，除了村民不团结，像一把散沙的原因之外，全村没有一个统一的活动场所也是重要原因，因为3个老年会距离较远，交通又不方便，不可能将其中2个老年会合并到另1个老年会中。而这次合并确实是为了加强村民团结，让老年人更好地参与到10年规划建设中，但说归说，实践中毕竟需要具体的项目建设来促进团结，必需有一个场所让全村的老年人相互了解、相互交流，才能达到团结。所以，他们村干部宁可自己没办公室，也要让老年人有统一的活动场所。"事实证明兰村村两委的决定是正确的，很多村民，尤其是老年人认为他们这一届班子确实是想为村民办实事的，村民表示以后会尽力支持村两委的工作。"（PHH，20100821访问）

后来，我们针对合并老年会之事，又访谈了几位老年人。有位姓潘的老年人对我们说：

当年很多老年人看到村干部宁可先建老年活动中心，也不建村部的做法后，确实真正感动啊！大家纷纷表示只要村里需要做什么事情，他们都会没有二话的。原来3个老年会的会长、副会长之间也做了反思，觉得以前很多事情都计较太多，胸怀太小，没从全村的利益去考虑，都只看到眼前的、自己角落的利益。有位老会长表态，新的老年会会长要让身体较好、有公益心、有责任心的人来当，他不会去争的。其他几位老年会干部也都表示确实没必要争什么私利，要选一些乐于为公的人来当老年会干部。(PYY，20100821访问)

从这些话中，可以看出老年会的合并，尤其是老年活动中心的建立，在很大程度上增进了全村老年人之间的团结合作，也加强了老年会与村两委之间的合作关系。

（四）兰村妇代会的创建及其福利效应

村妇代会的重建，为全村妇女相互了解，交流合作提供了平台，也增进了全村妇女的团结。农村妇代会是妇联在农村的基层组织，是党和政府联系广大农村妇女群众的桥梁和纽带，是农村基层民主政权的重要支柱。基本上每个行政村都有自己的妇代会，关键是妇代会的实际运作效果。笔者在以往的农村调研中发现，有的村妇代会运作得很好，甚至升格为妇联；但有的村妇代会基本没有活动，处于虚设的、被边缘化的位置。兰村原来的妇代会就是后面这种类型，基本处于名存实亡的状态，在调查中，副书记许先生告诉我们："原来的妇代会没有专门的人员组成，都是兼职的，也没独立的经费，没开展什么活动，简单说就是一个空壳。"(XZM，20100823访问)

为了让广大妇女参与到兰村10年规划建设中，村党员、干部多次讨论妇代会的重建工作。下面是当年的一段会议记录①：

二、许副书记布置成立妇代会的具体工作：

1. 时间：12月1日上午召开兰村第一届妇代会。2. 组织机构：主任：陈阿艳；增设2—3名副主任，成员若干名，由各村民小组推荐。3. 公布推荐名单如下……

潘书记指出：

1. 兰村妇代会成立后，一定要真抓实干，再过三年，兰村妇代会将与新农民素质培训基地相媲美，现在的时机已成熟，也够条件；

2. 新农村建设需要靠大家共同参与，怎样引导广大妇女来参与新农村建设是当前的主要任务，如果把妇代会这个牌子打出去，这点也是兰村的又一个亮点。

---

① 详见附录8.4。

第五章
资产建设的过程（下）：资产建设及其社区福利效应

三、关于成立兰村妇代会的有关事项提交大会表决：

1. 是否有必要成立兰村妇代会？经讨论表决，一致同意决定：有必要成立妇代会。

2. 各村民小组推荐妇代会成员对象（具体名单同上）……

3. 成立兰村妇代会由村财下拨10万元作为启动资金。

4. 礼品由妇女代表讨论决定。（选自2006年11月27日下午支部扩大会会议记录）

村支部决定要成立妇代会后，过了几天就举行兰村第一届妇代会的成立仪式了①：

会议名称：兰村第一届妇代会成立大会　　　　会议地址：中心村戏台

会议时间：2006年12月1日上午　　主持人：潘书记　　记录人：许文书

出席人：NA市KM镇领导、兰村两委、全村妇女、附近9个乡镇妇联负责人

市领导：市委常委李先生、市妇联主席陈女士、市综委副书记徐先生、市妇联副主席洪女士、黄女士

镇领导：党委书记王先生、镇长潘先生

村两委（名单略）

会议议程：

……

二、潘书记对为什么要召开这次会议作说明：即是以邓小平理论和"三个代表"重要思想为指导，认真贯彻落实省党代会精神，围绕我村新农村建设的总体规划，充分尊重妇女群众的意愿，找准工作定位，强化服务功能，以帮助农村妇女组织建设为保障。团结带领广大妇女积极参与社会主义新农村建设，全面促进妇女发展，依法维护妇女利益，努力使广大农村妇女成为建设社会主义新农村的实践者、推动者和受益者……

九、其他说明：

①兰村第一次妇女大会参加的妇女人数达1千多人，在我村是前所未有的。本次大会热烈而隆重，在大会未开始之前由兰村小学、幼儿园全体女教师演唱村歌《你就是最好的》，还由NA市兰村新农民素质培训学校的南音培训班青少年演唱南音，充分体现了兰村通过三年来新农村建设，全体村民的精神风貌和空前的团结氛围。②参加本次大会的妇女均分发一份纪念品。（选自

---

① 详见附录8.5。

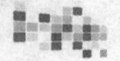
兰村福利——资产建设与农村社区福利研究

2006年12月1日上午兰村第一届妇代会成立大会会议记录)

从以上两个材料可以看出，兰村妇代会重建过程中几个重要的环节：

（1）村两委的重视，尤其是村带头人潘书记的重视、支持和发动。调研中，我们专门就妇代会工作访问了潘书记。在他看来，兰村没有华侨，没有大企业家，要想实现10年规划，只能靠3000多位村民的共同努力，妇女占一半，如果没将妇女的积极性调动起来，把她们团结起来，让她们共同参与到10年规划建设中，他们村的目标绝对不可能实现。但要将这些妇女发动起来，必须有一个平台，创建妇代会就是很好的机会。兰村的绝大多数女同志素质还比较低，文化水平不高，没有一技之长，也还不够团结，今后还需通过妇代会平台提高广大妇女的素质。"创建妇代会只是团结妇女参与新农村建设的第一步，如何构建这项工作的长效机制，以后还有很多事需要做。"（PCL，20100320访问）

（2）广大妇女的积极参与。妇代会委员是由各村民小组推荐的。各村民小组推荐之前，要先让本组的妇女先报名。遗憾的是当时报名的情况没有统计数据。于是，我们问了一些小组长，让他们回忆当年报名的情况。有位姓潘的小组长说："大家还是很积极的，比较关心妇代会的事，有的问妇代会委员主要做什么啊，需要什么条件啊，有没有工资补助啊……我那个组400多人，女的有200多人，报名的有120人左右吧，但很多条件较差，而且名额有限，我和小组的党员、村民代表、老年会讨论时就删掉了很多。"（PXS，20100320访问）但从兰村第一次妇代会的与会人数（1300人左右，占全村妇女80%左右，全村1600多个妇女）也可看出妇女参与的积极性。

（3）讲究创建的方法。妇代会是村集体的群众组织，需要各村民小组的支持。兰村采取按人口比例安排妇代会的成员①，大的村民小组成员较多，小的村民小组成员就少，妇代会主任陈女士说："这样做的好处是各村民小组的利益得到较好的协调，今后的工作比较好做。"（CHY，20100825访问）妇代会初创时需要的启动资金由村财支出。

---

① 兰村妇代会成员条件：1. 有较高的政治思想文化素质，有参政议政和组织管理能力，热心妇女儿童工作。2. 责任心强，作风正派，敢于维护妇女儿童的合法权益。3. 能带领广大妇女科技致富，在群众中威信较高。4. 一般具有初中以上文化程度。5. 行政村妇代会主任年龄一般不超过45周岁。妇代会成员中要求至少有一名年龄在35周岁以下。妇代会成员配备：1. 主任；1名；副主任；2名（由妇女代表会议采用推选方法产生）。2. 委员10名（每个村民小组1名，由妇女代表会议采用推选方法产生）。3. 妇女代表，妇女代表由各村民小组推荐产生，按每20～30名妇女（年满18周岁）推荐一名代表的要求产生。

第五章
资产建设的过程（下）：资产建设及其社区福利效应

表5.1 各村民小组妇代会成员数

村民小组	人数	妇代会成员数	比例（%）	村民小组	人数	妇代会成员数	比例（%）
1	151	2	1.32	6	425	6	1.41
2	271	3	1.11	7	207	3	1.45
3	272	3	1.1	8	511	8	1.57
4	373	5	1.34	9	503	6	1.19
5	396	6	1.52	10	149	2	1.34

数据来源：根据兰村会议记录整理。

（4）地方政府的支持。兰村妇代会的创建工作也得到了上级政府的支持。NA市领导、市妇联主席、KM镇党政领导也都亲自参加兰村第一届妇女代表大会，并在会上发表了热情洋溢的讲话。会上，市领导首先对兰村成立妇代会表示祝贺；然后，对其今后的工作提出了几点希望与要求。最重要的是他们表态如果兰村妇代会工作过程中碰到什么困难，随时可以找他们帮忙（参见2006年12月1日上午兰村第一届妇代会成立大会会议记录）。

妇代会的创建过程也有积极的福利效应。

第一，提高村民对农村妇女在新农村建设中作用的认识，增强妇女的自信心。"男主外，女主内"的传统性别观念在农村体现得更为明显。但是在妇代会的重建过程中，很多村民多次听了村党委潘书记等干部关于妇女工作重要性的讲话后，思想上逐步改变对妇女的传统看法。在调研中，有位姓苏的村妇告诉我们：

> 以前我们农村大多数人都认为查某（妇女）的头路（工作）就是呆在家里，煮三餐，扫地板，看小孩，照顾老人，种点草菜，养些鸡鸭，这样就好了，哪敢想妇女可以做什么大事情，可以为新农村建设做什么贡献……后来听潘书记等干部说，可以将全村的妇女组织起来，成立一个叫什么（她想了想）妇代会，组织我们这些人做一些事情，比如，清洁卫生啦，唱村歌啦，跳腰鼓舞啦……那些干部说，做这些事情也是贡献啊，很多人想后，也是有道理的。（SNS，20100321访问）

其实，妇代会的重建表明妇女被村干部重视，这也增强了她们的自信心。调研中，有位20多岁的姑娘给我们讲了她的成长历程。她中专毕业后，没找到正式的工作。在农村读书后没找到工作常被人看不起，甚至会被村民讽称为"书呆子"，她很自卑，觉得自己很没用，甚至有过轻生的念头……后来，听说兰村要组建妇代会，需要文化水平较高、且有计算机基础知识的，她赶紧报名,并被录用了,在村妇代会做些事,也算是发挥了自己的特长。现在她不会觉得"自己没用了,别人也不敢看不起她,甚至很多人认为还是读书的姑娘好"(PXJ,20100321访问)。

第二,增进村民的相互了解和交流,促进团结。妇代会组建,也为女性村民的交流提供了平台。据妇代会陈主任介绍,由于各自然村比较分散,不同村民小组的女性村民之间交流不多,有的甚至不认识。一般来讲,她们平时的交流主要集中于某角落。俗话说,三个女人一台戏。这些女的在一起经常聊张家长、李家短的,哪家的婆婆怎么不好啦,哪家的媳妇又怎么坏啦等等,搞得厝边头尾(邻里间)关系不是太好。但有了妇代会,"一是将她们相对集中起来,大家可以相互认识,相互了解,相互交流;二是她们交流的内容现在主要围绕着村里的工作,如哪个妇女适合当委员,妇代会应该开展哪些活动,怎么做才能有效果等,这个过程实际是她们素质提升的过程,也是逐步走向团结的过程"(CHY,20100321访问)。

第三,以妇代会为平台,加强了与上级相关政府部门的联系。市镇主要领导都参加了兰村妇代会的成立大会。这也为兰村妇代会甚至村两委的工作提供了方便。潘书记告诉我们:"兰村如果与每个政府部门都建立了较好的联系,每次活动都有相关的领导来参加,那么以后他们的工作是比较好开展的,比如,争取资金补助还是政策优惠都较好办。妇代会的成立只是一个起点,今后他们会好好把妇代会的工作做好,把它作为兰村的另一个亮点,让省领导甚至中央领导知道他们村的妇代会工作,如果真的到那个时候,兰村何愁不发展。"(PCL,20100321访问)

小结:从本部分的阐述,我们可以发现,兰村妇代会主要是在村两委(尤其是村党委书记)对妇女工作的高度重视、全村妇女的积极参与、地方政府和妇联支持下成立的。妇代会的成立增强了村民对妇女在新农村建设中作用的认识,提高了妇女的自信心;增进妇女的了解,加强村民团结;同时,也加强了与地方政府的合作和联系。

二 盘活自然资源及其福利效应的实证分析

第四章第2节已阐述过兰村资产建设的10年规划,其第一阶段就是先完成兰村的文化活动中心四项工程建设,即兰村小学综合教学楼、老人活动中心、兰村幼儿园、村部办公大楼。前2项资产的建设过程及其福利效应前文已

第五章
资产建设的过程（下）：资产建设及其社区福利效应

论述，本部分将要阐述的是这4项资产建设所用土地的盘活过程及其福利效应。

从地图上看，兰村小学综合教学楼、兰村幼儿园、老人活动中心、村部办公大楼4项资产位于兰村的中心。据村民介绍，目前的这个中心区以前是荒山野岭，山上藏有500座左右的坟墓，平时人迹罕至。村里盘活这片山地作为中心区也是经过多次开会讨论，并经过村民代表大会通过的。一位姓许的副村长告诉访问员：

选这片地作为中心村开发，10年规划图上面已有体现，当时做那份10年规划的时候，入户向群众征求意见（上文已有论述），已向群众讲清理由了，主要是因为当时全村像一盘散沙，具体表现为3个老年会，2所小学，没有幼儿园，所以为了团结村民，让大家共同拥有1个老年活动中心，1所小学，小孩有幼儿园读，经过多次讨论开会，村两委决定在这个位置建设中心行政服务区，关键是不管哪个村民小组的村民来这个位置都比较方便，所以村民也是拥护的……但是要想盘活这片山地，就得动到很多坟墓，有的甚至是祖墓，你也是在农村长大的，知道这个工作在农村是相当艰巨的，挖老祖宗的坟墓，你想想，哪家愿意啊！但最后我们还是成功地完成了迁墓地任务，而且没有一个村民上访（他颇为自豪地笑了）。（XHH，20100823访问）

经过访谈多位当年参与迁墓工作的村干部和村民，并查阅当年的会议记录，下面将详述兰村迁移490座坟墓、为中心村4项资产建设提供土地的过程及其社区福利效应。

坟墓迁移过程与方法：

1. 党员干部先带头迁自家的坟墓。农村的党员干部是农村经济社会各项事业发展的领导者、组织者与发动者。他们是村民的领头雁，他们的一言一行也都影响着村民的言行。兰村党员干部在迁移坟墓，为中心村建设提供土地过程中确实发挥了先锋模范作用，为村民树立了榜样。老年协会一位姓潘的副会长回想起当年迁墓的过程："迁墓的事情支部是有经过讨论的，就是每迁一个墓300元，钱领去，你自己迁。我们也没采取什么手段说你要盖章啊签名啊什么的，反正就是没有任何强制手段，然后村两委先迁，其他党员也接着迁，老年会的会长、副会长、常务理事也迁，迁这些墓真的是没用什么硬手段，如果要说觉悟，应该就是共产主义的觉悟。"（PYY，20100823访问）由于广大党员干部的带头，村民也纷纷加入到迁墓地的队伍中。

2. 老年会多次做少数"钉子户"的工作，促进迁墓工作顺利进行。"钉子户"不管在城市还是在农村的拆迁工作中都存在。兰村的迁墓过程中，也存在个别"钉子户"。但这些"钉子户"并非故意找茬，不与村委会配合做好迁墓工作,而确实是有些特殊原因。访谈中,老年协会会长许老先生告诉我们:"那些比较难做工作的都是亲属尸体才下葬一年多的,这样的难度就比较大,才下葬不久,感觉过意不去。这让他们也感觉很为难。实际上,将心比心,如果咱们自己亲人的尸体也才下葬一年多,尸体还未完全腐化,叫我们迁墓地,我们自己心里也说不过去。"(XYS,20090624访问)按农村的风俗,尸体下葬7年后,才请风水师来拾骨①,重新安置风水。风水在当地农民心中是相当重要的,它关系到一个家庭或家族的兴衰。

访问员接着问他:"像这种情况怎么做工作?"他说:

也没办法,为了村的4项工程建设,为了大局,也得去做他们的工作嘛。有一对夫妇我们做工作做了三四次,最终他们还是迁了。情况是这样的,这对老夫妇的儿子去世才1年多的时间,当时要叫他们迁墓地,他们刚开始死活都不迁,他们认为自己的儿子死得早,很可怜,这个时候尸骨未寒,就要迁墓,不合情理。我们没有采取什么强硬的手段威胁他赶紧迁,而是三番五次地反复地与他们谈心。比如,跟他们讲清楚,如果他们儿子的墓地不迁的话,4项工程是无法进行的,因为那块墓地刚好在中心位置。经过反复的谈心,他们后面也觉得不能因为自己的一点私利而影响了大家,人家三四百个都迁了,也没差我这一个,最后还是迁了,他们也自动迁了。(XYS,20090624访问)

然后,我们问他整个迁墓工作用了多少时间。他补充介绍:"兰村迁墓从头到尾用了1年多的时间,但绝大多数坟墓只用4个多月的时间就迁好了。少数坟墓是后面慢慢迁的,比如上文说的那对老夫妇的情况,又有一种情况是4项工程用地照样平整,工程照样建设,坟墓先不动,等需要用到的时候才叫他迁,这种情况的墓也有个别几座。这些工作主要都是老年会做的。"(XYS,20090624访问)

3. 对于少数外村村民的坟墓迁移,寻求政府的帮助,做好协调工作。兰村内部的400多座坟墓迁移工作进展总体是比较顺利的,对于个别"钉子户"经多次耐心地做工作,村民最终也是会配合的。但在坟墓迁移工作临近结束时,兰村也碰到了件棘手的事。他们在平整土地过程中发现,有2座坟墓是隔壁村(玉村)村民的。其中一座还是某一姓氏家族的祖坟。为了迁移这两座外村坟墓,兰村两委、老年会多次找玉村村两委交涉,协商迁墓的最佳方案,但最终都没有找到一个双方都可以接受的方案。以下是当年讨论迁墓工作的会议

---

① 拾骨是当地的一种风俗,即整理遗骸,一般要等尸体下葬7年之后,请风水大师选个良辰吉日,才能破土动工。风水大师将尸体的遗骸整理、清洁完毕后,放入一个瓮(类似骨灰盒),然后再放入墓中。这个仪式在当地农民心中很重要,农民往往将该仪式举办的质量视为家族风水好坏的标志。

第五章
资产建设的过程（下）：资产建设及其社区福利效应

记录节选：

三、许阿上汇报 2004 年与其协商的处理情况：当时处理迁移补偿方案是 1 万元，但玉村开价要 5 万元，最终未达成一致意见至今尚未迁。

四、讨论处理方案：潘书记提出对待玉湖问题三条原则：

（一）用智慧的思维方式；（二）用软不用硬的办法；（三）对大四房风水迁移补偿除按照处理的价格外，可另向 FZ、KM 镇政府协调争取一定的资金给予补贴，对林阿南祖坟的迁移只能按村委会处理的补偿价格……

研究玉村在文化活动中心的二座坟墓迁移的处理办法，根据我村新村建设需要，支部认为这两座坟墓必须迁移：其一，因 2004 年整理中心村建设用地已迁移本村的坟墓 490 座，如果这两座没迁移，位于中心村住宅小区不利于居住环境，今后势必造成后患；其二，对不起本村村民，另对其迁移补偿宜以软的手腕按经济补偿，无须让市政府采取强硬手段强制迁移，以免激化矛盾。

（选自兰村 2006 年 6 月 2 日上午两委扩大会会议记录）

从这段会议记录，可以看出兰村在处理外村坟墓迁移工作中是很注意讲究策略的。首先，他们尽量发挥自己的主观能动性与玉村沟通，争取协商解决；其次，在沟通无效的情况下，他们没有采取强硬粗暴的手段迁墓，而是积极寻求地方政府的帮助，以较温和的手段解决好迁墓工作，并处理好与邻村的关系。后来，事实证明他们的策略是对的。兰村所在的 KM 镇政府向玉村所在的 FZ 镇政府发函请求协助处理好玉村坟墓的迁移工作。经过多次协商，兰村最终成功地迁移了玉村的 2 座坟墓。迁墓后，两个村的关系没有被恶化，相反，得到了改善。有位村干部告诉我们："玉村是大姓，历史以来就一直欺负兰村。兰村开始向玉村提出迁墓事情时，玉村开出十几万的天价，兰村根本无法承受。后来，兰村以真诚的态度去与玉村交涉，找政府帮忙并不是要求政府强制他们迁墓，只是让政府作个公道人，来看看那 2 座墓地究竟该不该迁，补偿怎么定价较合理……"（XZJ，20100322 访问）玉村的干部和村民后来也觉得兰村确实是有诚意，不是故意找麻烦，而且确实是为了发展村的公益事业，再加上政府的协调，最终他们也是自觉地来迁墓。这件事，可以说兰村是比较圆满地解决的。经过这次交往，兰村与玉村的关系也变得比以前更密切，后来，玉村的村委还向兰村提出合作开发某一个工业区。

4. 在政府相关部门的帮助下，处理好迁墓后骨灰盒的放置问题，改善了兰村与龙溪寺的关系。在闽南，很多农村都有建立村集体的骨灰堂，用于放置已故村民火化后的骨灰。每放一个骨灰盒，骨灰堂每年收取管理费 200—1000 元。骨灰堂收取的费用主要用于管理人员的工资发放、场所维护等。兰村没有建立自己的骨灰堂，490 座坟墓迁移后，骨灰盒的安放是个问题。为鼓励村民

兰村福利——资产建设与农村社区福利研究

迁移坟墓的积极性，村委会承诺将为墓主免费提供骨灰盒存放。经村民代表大会表决，骨灰盒存放于村里的龙溪寺。这个寺院当年是由村里的两位姓许的尼姑筹资建立的，村集体没有出钱，但免费提供土地。据一位姓许的村民介绍，关于将 490 个骨灰盒放于龙溪寺之事当时双方是这样协商的，兰村共可以免费安放 500 个骨灰盒于龙溪寺，但村委会应按每存放一个骨灰盒 500 元的费用，把全部资金作为两位尼姑捐资兰村文化活动中心 4 项工程建设并立碑表彰。骨灰盒存放后，村民要求村委会与龙溪寺办理骨灰盒存放证，作为今后龙溪寺长期免收管理费的依据，但过了很长一段时间，两位尼姑仍不答应给村民办证盖章。村民对龙溪寺意见很大，要求村委会成立龙溪寺管委会参与寺务管理。

另外，由于两位尼姑经常在外化缘，龙溪寺长期由许尼姑的弟弟许阿良看管。据村民反映，这个许阿良是个野和尚，一家住在龙溪寺，并没有念经诵佛为村民祈福，而是吃喝玩乐，并且有时会对香客耍流氓手段。我们查看了当年的会议记录，记载着这么一件事：

那天，许阿国的祖母病故往 NA 殡仪馆火化返回已是过午时分。因时间较晚，故在途中用电话提早通知许阿良到骨灰堂开门并带收取寄存骨灰盒费用的发票给予交款，以减少拖延时间。但许阿良不同意，强调要先到龙溪寺交款后才能前来开门，直至灵车到骨灰堂门口还不来开门，仍然强调一定要到龙溪寺交款，否则就是不来开门。无奈之下，只好叫许阿国到龙溪寺交款，许阿良才骑着摩托车到骨灰堂，且有骂人的语气，周围的人实在气愤才去捆他的嘴巴，并且有人将他的摩托车砸坏。(选自兰村 2006 年 5 月 11 日会议记录)

由此，龙溪寺与兰村的矛盾也激化，村民意见很大。为了协调好与龙溪寺的关系，尽快做好迁墓的后续工作，兰村两委、老年会向市宗教局申请成立龙溪寺管委会，由村两委派人参与龙溪寺寺务管理。宗教局收到申请后，局长亲自到兰村开会协调。以下是当年的会议记录节选[①]：

尼姑许阿霞说：当时铺设从农资仓库到山头的水泥路，村委会叫我们捐资 6 万，要给我们立石碑，至今没兑现，村委会不能让我相信。建骨灰堂的事是村委会说，村里没钱出地，让我们来建……

潘书记提问：龙溪寺是谁的？

许阿霞回答：是我们的。

潘书记说：你在说什么，观音菩萨是众人的观音菩萨，财产是属国家的。如果你说是你们自己的，我们就回去……

许阿娥说：龙溪寺目前的地方不够用，二年前，我有送一份申请手续，准

---

① 详见附录 8.6。

第五章
资产建设的过程（下）：资产建设及其社区福利效应

备要在后面建一座大殿，至今还未批下来，这与你有关系。

潘书记说：这条我根本就不知道，你问，从来没听到村两委向我提到这个问题，你的小弟许阿良从来也没向我说过，如果我知道我绝对会支持，我也是信佛的，对建寺庙我的捐资也不少，难道龙溪寺的建设我会阻挡？你说当时铺水泥路你的捐资6万元没立碑，这是以前的事，当时我还没来当书记，这条我代表村委会向你们道歉，关于办理建大殿的申请手续你问许阿良，他的手续送到哪一级。

这时叫许阿良来，他说：关于办手续的事我从来没向你说是事实，但是我有送……

宗教局局长发言：今天说来说去主要有几个问题：一是寺庙的权属问题；二是骨灰堂的问题。通过今天的座谈，大家都有误会。一是寺庙不是私人财产，是社会共有的，既然是社会公有，对社会就应当有所贡献；二是对骨灰堂的问题，村民的要求也是合理的，不然以后是否有存放骨灰说不清楚。你们去做好选册登记，该办证的办证，就当龙溪寺支持村委会建设。希望通过大家的共同配合，把龙溪寺建设更好。村委会成立管委会对龙溪寺不一定是坏事，一是可以协助治安管理，二是配合骨灰堂的管理，可减少许多社会矛盾。（选自兰村2006年5月11日上午关于成立龙溪寺管委会协调座谈会会议记录）

由这段会议记录可以看出，当年龙溪寺与村委会的矛盾主要是因为存在误会：一是龙溪寺的两位尼姑认为村委会没有及时为她们的捐资立碑，产生埋怨心理，开始不信任村委会；二是两位尼姑将寺庙扩建无法获批错误地归因于村书记从中搞破坏，产生了怀恨心理；三是她们误认为寺庙是自己的，村委会不能来干扰她们的家庭事务。由于这些误会，造成了她们没有配合村委会做好骨灰的安置工作。而后，经过相关政府部门的协调，双方消除了误解，走向共同合作，共谋发展的道路。

从以上的分析中，可以看出兰村的迁墓也产生了一些积极的福利效应。

第一，村民的集体意识进一步增强。集体意识[①]是集体行动产生的重要条件。社区的集体意识往往要通过反复的社区参与才能产生。迁墓涉及的家庭比较多，可以说是一次较大的集体行动。很多村民在这次集体行动中思想得到洗礼，集体意识得到增强。访谈中，有位姓许的村民说：

虽然当时规划的时候，大家都知道要在这里建设村文化活动中心，但那时

---

① 涂尔干将公共情感、舆论、道德、风俗习惯等非制度性的社会事实称为"集体意识"或"集体表象"。"集体意识"在社会生活中各自发挥着特有的功能，维持或调整着人们之间的关系，使社会联结为一个有机整体（参见贾春增，2000：131）。

还是半信半疑。没想到过段时间，村里真的要求大家迁坟墓，说要平整土地。起初村民心里都很不爽，你知道的嘛，动风水可不是开玩笑的，所以很多人都在观望，谁也不想先迁。后来，村民看到党员、干部、老年会的都带头迁，尤其是平时非常重视风水的那些老一辈都迁了，很多村民也就陆续跟着迁了。那时候，大家认为迁墓是为了建设小学、建幼儿园、建老年活动中心等公益事业，每个人都有份，也是为下一代着想，所以，迁墓进展还较顺利。（XRF，20090325 访问）

访问员特意访谈了当年迁墓的一家"钉子户"。他告诉我们：

当时我们老夫妇是不想迁墓的，你想，本来白发人送黑发人就很痛苦了，现在又要在他（指他们的儿子）尸骨未寒时动风水，怎么说也说不过去。但是，看到那么多村民都迁了，老年会又反复来找我们，我们也感到如果不迁，说不过去，大家都是为了这个村的发展，为了子孙万代。（XLB，20090625 访问）

访谈中，听到最多的词就是"为了公益事业"、"下一代"、"兰村的发展"等等，这些都说明村民的集体意识在不断增强，而这种集体意识也为兰村今后的发展奠定了基础。

第二，村民"崇尚科学"的观念进一步增强。"坟墓"在当地农村通常被称为"风水"。比如，清明节扫墓，当地村民称之为"巡风水"。按当地的风俗，"风水"关系到家族的兴衰成败。某一个家庭如果各方面很顺利，人丁兴旺，家财万贯，村民往往会说这个家庭的"风水"很好。所以，"风水"在当地村民心中的地位相当重要。当然，从科学的角度讲，当地的"风水"之说是一种封建迷信。兰村通过迁墓，村民对"风水"的观念也有所转变。有位许副村长告诉我们：

风水之说，实际不只是我们村的风俗。自古以来，咱们农民就相信这套。我们在做工作中，既要考虑到村民的想法，又要让他们配合村两委的工作。我们多次向村民宣传，现在许多村已经不实行土葬了，国家也鼓励火化。另外，火化后的骨灰盒也要放于骨灰堂。很多村都有建立自己的灵堂（即骨灰堂）。其实，无论将骨灰盒放入坟墓中，还是放入灵堂都不是什么风水，它们只不过是纪念先人的不同形式罢了。而将骨灰盒放入灵堂更易于保存和管理，也是一种比较文明、现代的纪念方式。其他村很早都这样做了，只不过是我们村长期没有自己的灵堂，才（将骨灰盒）放入坟墓中。现在为配合 10 年规划建设，将骨灰盒统一放入龙溪寺，是一种适应社会的做法。（XHH，20090626 访问）

他接着补充说："我讲的这些想法，很多村民迁墓后也是这样想的，不信，你可以去问他们。"（XHH，20090626 访问）可见，通过迁墓，村民在一定程

第五章
资产建设的过程（下）：资产建设及其社区福利效应

度上改变了对"风水"的看法。

第三，与外村、龙溪寺的关系得到了改善，外部社会资本得到了增强。一个村的发展除了村内部的上下团结，还需要有一个较好的外部环境。在迁墓过程中，兰村多次与玉村交涉，最终在政府部门的帮助下，达成一致意见，并建立了较好的关系。而经过与龙溪寺的多次沟通协调，双方消除了误解，平息了村民对龙溪寺的怨恨；龙溪寺也表示要积极支持兰村的10年规划建设。兰村与玉村、龙溪寺关系的改善，增强了兰村的外部社会资本，也为其10年规划的实现提供了稳定的外部环境。

小结：兰村需要迁移400多座坟墓，盘活土地资源，才能为组织资产建设（兰村学校、老年会）和中心村的村部、幼儿园建设提供场地。兰村干部、党员、老年会干部带头迁祖坟，村民才陆续配合迁墓；对于少数"钉子户"，老年会干部多次做工作，他们最终才配合迁墓；对于外村的坟墓迁移工作，在当地镇政府的协助下才完成。祖坟迁移过程提高了村民的集体意识和归属感；改变了村民传统落后的封建观念，提高了他们对祖坟的科学认知；同时，还改善了兰村与一些社会单位的关系，增强了外部社会资本。

三 建设实物资产及其福利效应的实证分析

蒂莫西·M.马奥尼在分析可持续生计时，将房屋、社区的基础设施等定义为实物资产（蒂莫西·M.马奥尼，2005）。本书借鉴这一定义，将兰村的主干道（兰青公路）和兰青大桥界定为实物资产。前文已论述了村小学、幼儿园、老年活动中心、新农民培训学校等4项组织资产的建设过程，那么通向这4项工程的道路从哪来呢？本部分将重点讨论通往兰村组织资产的兰青公路和兰青大桥两项实物资产建设的主要过程及其福利效应。

上文已有交代，兰村在实行10年规划建设之前，没有一条主干道，于是他们将在10年规划的第二阶段中建设"一纵二横"的交通网络（见第四章二之（一））。这个交通网络的"一纵"就是本节要分析的兰青公路和兰青大桥。兰青公路全长2.5公里，宽20米，耗资约2000万元，建设周期约2年。兰青大桥是在兰青公路峻工的基础上修建的，它是兰青公路的延伸，横跨东溪，接通南洪公路（见第四章村地图）。兰青大桥全长267米（不包括引桥），宽9.5

米，耗资800万元左右，建设周期近3年。① 这两项资产是兰村发展的重要标志，在兰村村民心中有着非常重要的地位。我们将通过深度访谈的资料、会议记录、参与观察的笔记等实证材料阐述兰青公路和兰青大桥建设过程中的重要环节及其福利效应。

（一）修建兰青公路及其福利效应

第一，修建兰青公路过程中的征地拆迁工作增强了村民的合作意识与行为。征地拆迁及其合理的赔偿安置工作是近年来社会各界关注的焦点。在农村这项工作如果处理不当，很有可能恶化干群关系，发生农民集体上访，甚至暴力事件。为了修好兰青公路，又不让群众利益受损，兰村党员干部、老年会、村民代表多次开会讨论征地拆迁补偿方案。以下是关于修建兰青公路征地补偿的会议记录节选：

会议内容：关于兰青公路征地发放补偿费工作

一、2005年12月9日镇土管所丈量的统计数字：田地4.408亩、园地13.4695亩；果树赔偿金额统计数字：44790元；青苗：5051元。

以上统计数字系KM镇国土资源所丈量的统计数字，尚未与户主本人核对，如有差错，由户主最后重新丈量确认为准。

二、土地赔偿价格：因草埔自然村靠近307线公路边，经05年12月2日两委扩大会研究决定的价格，草埔自然村与其他自然村有差别之分，即：田地每亩23000元、园地每亩17000元、山杂地每亩6000元。

其他自然村按12月2日研究决定的新价格发放：田地每亩20000元、园地每亩15000元、山杂地每亩5000元。青苗赔偿标准……

四、经研究决定，本次发放土地款总户数50户，由村两委自己选择对象入户核对发放。

五、入户发放如村民反映其土地数量有差错，由户主约定时间，由许阿辉副村长、许阿财、许阿难、潘阿生到实地重新丈量核对。（选自兰村2005年12月10日下午两委会会议记录）

从这段会议记录可以看出，兰村村干部在处理兰青公路征地补偿问题时是比较妥当的。一是让镇国土资源所帮忙测量应该赔偿给村民的土地数量，加强

---

① 原计划300天，但由于承建公司未能如期完工，兰青大桥从2007年2月10日开工到2010年1月31日完工，整个周期近3年的时间。

第五章
资产建设的过程（下）：资产建设及其社区福利效应

了赔偿的公信力；二是多次讨论土地赔偿价格，而且价格不低于国家赔偿标准①，土地赔偿还体现地段差别，避免群众利益受损；三是工作认真细致，由村两委分工负责，避免出现赔偿失误，引起群众不满。这样的处理方法，促进了多数村民的合作，为兰青公路的顺利修建提供了较好的群众基础。

修路过程中，村民的行动可概括为三种类型：积极配合型、中立观望型和不配合型。

对于"积极配合型"的村民，村干部不需要做什么劝说工作，相反，将这类村民作为典型，成为其他村民学习的榜样。一位参与当年征地工作的许副村长说：

> 那时候有些村民听说要修建兰青公路，很高兴，纷纷表示无论村里需要配合什么，他们都会积极支持的。有位村民的10多棵龙眼树需要迁移，按当时的价格，需要进行几百元的补贴，他当场拒绝领补贴，并且第二天，他自己叫人迁移那些龙眼。像这种村民，兰村村干部是非常感谢的，有时候也感觉到工作更有信心了，如果每个村民都这样，兰村10年规划何愁不实现？所以，像这样的村民，开会的时候，兰村村两委经常宣传，并号召群众向他们学习。（XHH，20100825访问）

对于"中立观望型"的村民，村干部需要花些心思做工作。上文分析已指出，新一届的村干部实施10年规划以来，合并了两所小学，组建统一的老年会，创办新农民培训学校，村民的素质已有一定的提高，村民也变得比较团结。但是，仍有部分村民对新一届村干部不信任。访谈中，老年会有一位姓许的退休老师告诉我们：

> 其实修路碰到的最大困难还不是钱的问题，据我了解，主要还是有少部分村民不信任村干部。有些村民认为，这届干部跟以前没什么差别，就是想趁机捞一把。干部都是打自己的小算盘，哪会真正考虑老百姓的利益呢？当然，这里头与一些历史遗留问题有关系，前几届村干部与村民的关系都不怎么好，这种糟糕的干群关系已深深扎根在村民心中。这部分村民在征地拆迁中就不是很主动了，他们往往采取观望的态度，看看其他人的行动，然后再决定自己的行

---

① 征收耕地的补偿费用包括土地补偿费、安置补助费以及地上附着物和青苗的补偿费。征收耕地的土地补偿费，为该耕地被征收前三年平均年产值的六至十倍。征收耕地的安置补助费，按照需要安置的农业人口数计算。需要安置的农业人口数，按照被征收的耕地数量除以征地前被征收单位平均每人占有耕地的数量计算。每一个需要安置的农业人口的安置补助费标准，为该耕地被征收前三年平均年产值的四至六倍。但是，每公顷被征收耕地的安置补助费，最高不得超过被征收前三年平均年产值的十五倍（参见《中华人民共和国土地管理法》第五章第47条）。据兰村干部介绍，当年兰青公路征地赔偿费是高于国家赔偿标准的。

为。(XYE, 20090910 访问)

访问员问他村干部是怎样做这类村民工作的。他说,采取多次做思想工作和解决实际问题相结合。他们老年会多次入户与村民谈心,讲清修路的好处,比如,"要想富,先通路""路通到家家门口,环境也干净整洁了";另外,修路不会增加村民太大的负担,主要由村干部出大头或争取政府拨款。时间久了,村民也逐渐地接受他们的建议。当然,他们也注意讲究方法啦,比如很多事情都不是某个人或某个家庭说了算,还是要将事情拿出来让广大群众评头论足,然后决定怎么做,原则就是尊重多数人的意见。此外,有的时候要解决受损村民的实际问题,比如,以地换地,或者提高赔偿标准。通过这些方法,那部分有成见村民的工作也是能够做得通的,没有发生一起上访事件,所以,他个人认为,"新农村建设关键还是要群众的配合与支持"(XYE, 20090910 访问)。

调研中,有位姓潘的村民告诉我们,修建兰青公路征用田地时,他首先采取观望态度,但后来左邻右舍都同意了,村干部和老年会的干部又多次来他家里促膝长谈,而且感觉他们讲的很有道理,修路是为了子孙万代,村民也不用出太多的钱,"有什么理由不支持村里的工作呢"(PAB, 20090910 访问)?所以,他后来也配合村里的征地工作。

对于极个别不配合的"钉子户",村干部、老年会、村民代表等要多次反复做工作,甚至需要政府有关部门协助解决。"钉子户"现象在中国的城市化进程中是广泛存在的。《现代汉语词典》(第五版)对"钉子户"的解释是,在城市建设征用土地时,讨价还价,不肯迁走的住户。兰村在实行资产建设10年规划中,也经常会碰到"钉子户"。前文在阐述迁祖坟为中心村建设提供土地过程中,已有指出当年存在的"钉子户"及其处理方法。当时那种"钉子户"还是情有可原的,就是说他们并非故意不配合村集体的资产建设(可称其为"准钉子户")。而兰村在修建兰青公路过程中,就碰到了另一种典型的"钉子户"。这种"钉子户"虽然数量不多,但阻碍了兰村的资产建设。当年修建兰青公路过程中,村民许先生坚决不同意自己的0.4亩地被征用,除非按高速公路征用地的价格标准进行补偿或者置换一块增值较快的土地。他的要求远远高出其他村民同类型地的征用补偿标准。也因为他的不配合,导致兰青公路修建工程一直延缓。兰村通过多种方法,灵活地处理这种"钉子户"。以下是当年处理这个"钉子户"的会议记录节选:

关于兰青公路草埔路口许阿山的土地处理:

现在兰青公路从中心村到草埔路口全线唯一未能征用的只有许阿山0.4亩多的土地。从去年底开始征用草埔路段至今,村委会经多方面做耐心的思想工

第五章
资产建设的过程（下）：资产建设及其社区福利效应

作，该自然村的党员、村民代表、老年会理事也多次到该村民家做劝说工作，但他始终都不予配合。他提出的条件是：一是须用草埔大埕或桃仔园的土地调换；二是兰青公路用地须有征用手续，其土地补偿费要按高速公路征用地的价格标准。对此，他提出的条件村委会根本不可能接受，其原因：①草埔大埕是草埔自然村全体村民唯一的公共活动场所；②桃仔园是全体村民投资入股建厂房的集体土地，其项目建设的所有法律手续已办理完整；③兰青公路是根据兰村自身经济社会发展需要，经村民代表大会表决一致同意通过而规划设计的乡村道路，且经上级政府批准和全力支持的建设项目，免于办理征用手续。

现把许阿山在草埔路口的土地征用办法提交村民代表大会表决以便组织实施：

1. 把该土地（0.422亩）的土地补偿费人民币7174元，青苗补偿款1200元，合计人民币8374元，以村干部洪阿枞的名存入银行，许阿山什么时候同意就什么时候领给他；

2. 在草埔附近征用一地皮（但不是能建店面的土地）给予调换；

3. 以上两种方案经村民代表大会表决同意通过决定后，如许阿山仍不同意，才提交由上级政府处理。

对上述三种处理方案征求意见无任何异议进行表决：一致同意通过决定上述三种处理方案。（选自兰村2006年10月27日上午村民代表会议记录）

过一周以后，这个"钉子户"的处理结果是被村集体强制执行，他自由选择现金赔偿或以地换地。以下材料记录了当年处理的过程：

潘书记讲话：一个村的发展主要表现在二个方面，一是人的素质；二是经济基础。例如草埔路口许阿山在兰青公路0.4亩多的地皮为什么需要强制执行，这就是人的素质问题。在前面的一年多时间，我们经多方面做了大量工作，他始终都不予配合。村委会不是没办法，只是我们用一种无限的包容去对待每一个村民，因为我们所做的工作都是要让群众受益，没必要让一个村民去犯错误，不到万不得已，村委会是不会强制执行。在这天的执行当中，草埔没任何一个村民出来支持许阿山，这就体现了我们所做的工作得到大多数人的支持。希望今后凡经村民代表大会表决后的决定，大家就要执行。（选自兰村2006年11月4日下午村民代表大会会议记录）

从这两份会议记录，可以看出，兰村是如何对待典型"钉子户"的。第一，村两委是以真诚的态度去面对的，以不损失村民的利益为原则的。村两委多次亲自做"钉子户"的工作，也多次派相关的党员、村民代表、老年会干部做工作。可以说，村干部已做到仁至义尽了。第二，采取少数服从多数的民主原则，让群众来决定。兰村通过村民代表大会决定"钉子户"的处理。事实证

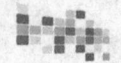
兰村福利——资产建设与农村社区福利研究

明,没有一个村民出来支持"钉子户"。

通过这个"钉子户"的处理,兰村村民也深深意识到如果是村集体的公益事业发展所需,个人必须服从村集体的决定,必须有强烈的合作意识和积极的合作行为。我们在实地调研中,就这个问题访谈了一位姓许的村民。他说:

许阿山的代志(事情)归根到底是他个人与村里作对,他父亲许老丁也是同意村里的决定,但父母作不了主。许阿山提出要以高速公路的征地价格赔偿他,或者换一块值钱的地,村里哪有可能答应他呢?你想,因为你一个搞特殊,那其他群众会怎样想?每个人都要搞特殊,村的工作根本没法开展。大多数人都还是比较明理的,不会像他这样胡闹。在我看来,这个事情村里通过村民代表大会来处理是很妥当的啦,既不损坏许阿山的利益,也不损坏公家的利益,最主要的是让群众清楚,凡是村集体的公益事业,每个人都需要配合,如果挖心思搞特殊,最终都会失败。(XLB,20090911访问)

第二,修建兰青公路过程中的工程质量监督工作增强了村干部服务群众的责任感,提升了村干部的管理能力。兰青公路修建之后,在180米处至路尾,需要增加回填土方、石头两个工程项目。据群众反映,这两个工程建设中存在诸多问题:一是村集体聘用的工程质量监督人员不能履行监督职责,甚至对工程建设的基本情况一问三不知;二是回填的石头数量不够;三是有些村干部在工程建设中也存在渎职行为。兰村针对这些问题专门召开了两委扩大会议,讨论解决方案,以下是当年的会议记录节选[①]:

许村长:说现场管理不知道是不现实的,现在争论的焦点是溪石子的工程量回填后没及时组织验收,待到土方回填后才组织验收,对石子回填的工程量存在争议(是否偷工减料?)……

潘书记:这件事情村委会和工程组都负有责任,希望日后支部决定的事情村委会要认真执行,否则要追究相应的责任。鉴于承包者陈阿明雇用我的机械施工,我建议回填石子的价格就按土方的价格计算,回填石子原价 25 元/m^3,现在回填石子的价格与土方一样,即 10 元/m^3,回填石子的总量为 7548.25m^3。按石子的价格计算工程款为 188706.25 元,按土方的价格计算工程款是 75482.50 元,其工程款差额计 113223.75 元。

老年会潘副会长:我想说的有两点,第一,土方和溪石子的价格没有异议,回填的总量也没有异议,目前就是回填的溪石子总量可能不够。我不赞成溪石子价格按土方的价格计算,应该实事求是,溪石子的总量减一些就可以了。第二,问题暴露出来是好处,它反映了我们在管理过程中的一些弊病,提

[①] 详见附录 8.7。

第五章
资产建设的过程（下）：资产建设及其社区福利效应

醒我们要认真解决，防止以后出现类似的问题。

潘书记：我们的群众应该站出来多提意见，多监督所有工作的实施，兰村才能发展；兰村的干部要勇于接受群众的监督，工作质量才能得到提高。作为党员、干部要有公心，不能损害群众的利益，当集体利益与个人利益发生冲突时，个人利益应该服从集体利益。我坚持溪石子的价格按土方的价格计算。今后支部要对监督组、理财组的工作制度、职责进行修改，然后提交村民代表大会表决。（选自兰村2009年2月15日上午两委扩大会议记录）

通过这次会议，兰村的党员干部更加明确自己的责任，也更加懂得如何管理村务。许副村长受访时深有感触地说：

这件事情的处理，潘书记给他们每一个党员干部树立了榜样，群众选你当干部，你就要负起服务群众的责任，宁可牺牲自己的利益，也不能损坏群众的利益。他在公路土石方回填工程中，当时工作方式确实出了问题，很多细节没有经过村委讨论通过，自己做决定，结果造成了麻烦，比如，当时石方回填后，就应汇报村两委，组织验收，再增加土方回填，这样就不至于出现后面的问题。所以，他认为，很多事情确实需要由集体讨论决定，这样可以避免走弯路。（XHH，20100820访问）

小结：兰青公路的征地拆迁工作与修建过程中的质量监督工作，使村民意识到如果是村集体的公益事业发展所需，个人必须服从村集体的决定，必须有强烈的合作意识和积极的合作行为，提高了村民素质，同时也增强了村干部服务群众的责任感，提高了村干部的管理能力。

（二）修建兰青大桥及其福利效应

第一，修建兰青大桥过程中的工程质量监督工作增强了村民的社区参与，培育了内部社会资本。社区参与是培育社区社会资本的重要途径。为了促进村民的社区参与，兰村采取了积极有效的激励措施。兰青大桥是兰村资产建设10年规划中最重要的项目，它耗资最大、建设周期最长、经济社会意义也最大、也是村民最关心的。为了保证这一民心工程的建设质量，兰村号召全体村民参与整座大桥建设的监督工作。兰村两委向全体村民发布通知，凡是向村委会提出有关兰青大桥建设质量问题的村民，村委会经查属实，都会给予发现者相应的物质奖励。奖励的标准视问题的大小，从200元－1000元不等。在实地调研中，一位姓许的副村长告诉我们：

那时候村里出台这个政策，效果还是不错的啦。很多村民积极向我们村干部反映兰青大桥建设过程中的一些问题。有件事情，我记得很清楚。也就是兰青大桥第11跨靠北第三支梁中段桥板破损问题。当时那支桥梁中心处梁顶出现长 30cm、宽 20cm 的破洞。你想一下,桥梁是支撑桥身的,桥梁破损是很危险的事情,随时都有可能发生桥倒塌,死人的事故。(XHH,2010082 访问)

访问员接着问:"那你们怎么发现的?"他接着回答:

村民。当时令村两委气愤的是,那支桥梁实际上在古山预制场(出售桥梁的地方)就出现损坏了。他们的工人在搬运的时候,不小心把桥梁打坏了,然后用沙土涂在上面,卖给我们。但施工单位的技术人员、工程监理员、大桥的现场管理人员都没发现有支桥梁已损坏的问题。于是,那支破损的桥梁就被装上去了……后来,有一位村民发现了,将情况反馈到村里,我们派人去核实,桥梁确实破了个大洞……"然后,他笑着说:"还是群众的眼睛最厉害,我认为,新农村建设最主要还是需要村民的积极参与啊。"(XHH,2010082 访问)

后来,那位村民因发现了桥梁破损的问题,获得了村集体的 1000 元奖励。我们通过查阅当年的会议记录,发现很多村民参与了兰青大桥建设的质量监督工作:

团委书记许阿水通报关于由村委会组织部分村民在兰青大桥头与古山预制场处理因其预制的桥梁板出现的质量问题的误工补贴及相关费用报支情况:

1. 村民参加人数共 108 个工日,每天误工补贴 60 元,计 6480 元;
2. 雇佣二辆农用车使用二天,每辆每天 200 元,计 800 元;
3. 许阿波、许阿文、潘阿江每人 200 元,计 600 元;
4. 三天的夜宵餐费计 620 元。

以上款项共合计 8500 元。

潘书记听取许阿水的汇报后提出二点建议:

1. 关于村两委成员此次的误工补贴按上述人员的误工补贴的平均数额支付;2. 上述开支均由预制场负责支付,不从村财列支。(选自兰村 2009 年 11 月 6 日夜村两委会会议记录)

从这节会议材料,可以发现在处理桥梁质量问题过程中,就有很多村民参与了协调工作。

第二,修建兰青大桥过程中的工程进展协调工作增强了村干部的组织协调能力和谈判能力。

按原计划,兰青大桥的建设时间是 300 天,投入资金 644 万元。但实际上,兰青大桥的建设周期维持将近 3 年的时间(2007 年 2 月 10 日至 2010 年 1 月 31 日),耗资 800 万元左右。无论是建设时间,还是建设资金都大大超过了原计划。可以说,兰村是举全村之力,经历了千辛万苦才把兰青大桥修建成功。"不经历风雨,怎么见彩虹",兰村的全体村民,尤其是党员干部在这场长达三年的"拉锯战"中虽然举步维艰,压力巨大,但他们的组织协调能力提高

第五章
资产建设的过程（下）：资产建设及其社区福利效应

了，谈判公关能力提升了，依法办事的意识也增强了。

令我们难忘的是，开座谈会时，一位村干部带着哽咽的语气，满怀深情地对我们说："修好这座桥，难！太难了……"他似乎有一肚子的苦水要向大家倾诉。我们当时观察了其他干部的表情，他们也给人一种如释重负的感觉。通过查阅修建兰青大桥的相关会议记录以及访谈相关人员，兰村在修建兰青大桥过程中碰到的最大困难是与各单位的交涉。

首先，与承建单位的沟通协调。兰青大桥的工程建设由HN地矿建设工程（集团）有限公司以644万元中标承建。但由于承建公司管理混乱，技术水平有限，在施工中碰到地质变化等因素，无法及时解决；没有如实履行建筑合同，导致大桥工程建设进展缓慢。一方面，建筑公司下属的施工单位产生了灰心情绪，突然中断施工，相关负责人跑得不知去向，并且把部分的工程进度款挪用于其他工程，最后致使其工程的材料款、工人工资都得由兰村直接代为支付；另一方面，大桥建设的相关验收材料也被施工单位的技术人员带走。这两个问题严重延缓了兰青大桥的建设进程，也大大阻碍了兰村资产建设10年规划的进程。于是，他们千方百计地与承建单位沟通协调，努力促使大桥能够顺利竣工。下面材料是当年他们与承建单位沟通协调的会议记录节选[①]：

一、与HN地矿建设工程（集团）有限公司兰青公路兰青大桥项目部经理王有、工程师张光协调兰青大桥的续建问题。

(一)回顾总结兰青大桥前期工程建设存在的问题：

1. 潘书记发言：……至此，兰青大桥停建已延后一年多时间，无论是上级领导或者村民对该项目的建设都有或多或少的质疑。鉴于我村来自各方面的压力，即于6月12日通过竟得律师事务所向贵方发出律师函，虽贵方来的时间有拖延一点，但你们还是来了。在此，我代表兰村党委会及全体村民表示热烈的欢迎和衷心的感谢！

今晚贵、我双方在此协调系基于共同探讨以围绕如何做好兰青大桥建设的后续工作为前提，其主要目的是共同配合，争取把兰青大桥建设在年底前竣工，并不是追究任何一方的责任。

……双方就如何做好大桥建设后续施工等相关问题进行了认真的讨论达成如下会议纪要：

1. HN地矿集团项目经理王有占、工程师张光今后常住兰青大桥负责施工。

2. 兰青大桥所有的施工资料由HN地矿集团负责收集整理，资料必须达

[①] 详见附录8.8。

到大桥的验收目的。

3. 由兰村派4人协助HN地矿集团进行施工管理。

4. 有关兰青大桥的施工技术、施工管理全由HN地矿集团负责。

5. 有关建筑材料可以由兰村代理采购。

6. HN地矿集团派驻兰青大桥的人员，兰村提供食宿方便，并给予适当的补贴。（选自兰村2009年7月18夜村两委扩大会会议记录）

可见，兰村主要通过法律的手段迫使承建单位续建兰青大桥，同时，以诚相待，动之以情，晓之以理，与承建单位友好地协商续建相关事宜，顺利推进兰青大桥的建设进程。

其次，与桥梁预制单位的协调。主要围绕上文提到的桥梁破损之事。桥梁制作单位由于工作疏忽，将破损的桥梁经过简单的修补之后，就送给兰青大桥的施工单位安装，留下了安全隐患。兰村两委积极与桥梁制作单位、施工单位、设计单位展开协商，认定相应的责任，讨论最佳的解决办法。以下是相关的会议记录节选[①]：

关于兰青大桥桥梁吊装后，被我村村民发现在第十一跨靠北第三片梁中心处梁顶出现长30cm——宽20cm破洞的桥梁板质量问题的解决处理方案、补救措施，以及追查其相关责任问题……

（三）预制场负责人发言：该桥梁出现破洞问题是工人在装车时不小心撞出这个破洞，后来工人有补上。当时了解工人的情况是：起初的破洞没那么大，这些施工单位的技术员、监理都有检查过，至于其出现的破洞是位于上面的部分，本人认为受力不大。如果出现的破洞是处在梁的下方位置，受力就会比较大，即将存在质量问题的安全隐患。综上所述，现在对其进行返工的质量不会比没返工来得好。因此，本人认为不需要返工。至于出现的这个破洞问题，本预制场应该负其主要责任……

（七）桥梁是否会造成什么影响的结论、补强的解决方案你们（指有关施工单位、监理单位）的知识比较专业，系必须由你们共同确定形成以文字为依据的报告，以便让我们向村民交代，关于出现这个破洞的质量问题，其责任是出在预制场，不是在我村……

（九）潘书记针对兰青大桥施工存在的质量问题及其解决处理方案作出如下强调：①上述解决的处理方案系以文字为据，文字以外均不算数。

②同意施工单位、预制梁单位、项目监理机构拟定报告意见提交给设计单位由设计单位设计补救方案。

---

① 详见附录8.9。

第五章
资产建设的过程(下):资产建设及其社区福利效应

③因产生上述质量问题而造成的所有经济损失及相关费用全部由制作预制梁单位负责。(选自兰村2009年11月4日夜兰青大桥桥梁破损处理协调会会议记录)

经过这样的商谈,明确了桥梁预制场负桥梁破损的全部责任,必须承担所有的经济损失和相关费用;同时,施工单位、监理单位、预制梁单位、设计单位还必须以书面的形式提供补救方案。这些措施有效地保证了兰青大桥的建筑质量。

过了一天,兰村两委马上又集中开了一个后续工作协调会。这次会议的主要议题是如何处理桥梁预制场的工程款支付问题。兰村与桥梁预制场的付款约定是在吊装最后一支桥梁之前应付清全部款项。但兰村支付的款项累计还欠198500元尚未支付,故预制场要求兰村必须先付清该欠款方可能吊装最后一支桥梁,否则,拒绝吊装。鉴于此,兰村为兑现合同条款承诺,经研究,特向BF石化有限公司暂借20万元予以支付,以免违约。兰村认为桥梁预制场的要求过于苛刻,承担责任的诚心不足,因此,村两委经讨论,决定要求桥梁制作单位必须以20万现金作抵押,确保兰青大桥顺利通过验收后,再退回押金。以下是相关的会议记录节选:

关于兰青大桥建设存在桥梁质量问题于昨晚(11月4日)召开相关施工单位协调解决处理的后续工作事宜的有关问题……鉴于预制场不顾其预制的桥梁板存在质量问题还这般苛刻,昨天晚上解决处理的桥梁板问题只是我们发觉的局部问题,其他的桥梁板是否也同样存在着质量问题?我们不清楚,预制场也不敢保证没存在其他的质量问题?因此,对于该问题经与会人员讨论研究决定:鉴于我村已按合同的承诺付清全部款项,待最后的一支桥梁吊装完毕后,在搬迁施工机械时把机械扣押。要求预制场交20万元给我村作为兰青大桥所有桥梁板的质量保证金,待大桥验收后没出现桥板质量问题时按法律程序给予返还。(选自兰村2009年11月5日夜两委会会议记录)

通过以上材料,可以发现兰村修好兰青大桥的历程确实是很艰辛的。但兰村的村民,尤其是党员干部在处理好与承建公司、桥梁预制单位、工程监理单位的协调工作中,他们的组织协调、公关谈判能力也都得到了较大提高。

一是更加明确要以村集体的利益为重,以极大的耐心协调好与各单位的关系。访谈中,党支部许副书记说,那时候,兰青大桥有时停有时建,工程建设缓慢,很多党员和群众都有埋怨情绪,后来听说施工单位老戴(戴老龙)私带材料跑路(即失踪),更是气愤。很多人来村里反映说一定要跟承建公司算账,要么将之告上法庭,要么叫他们赶紧派人再来施工。说实在的,当时村两委压力很大,要做村民的工作,稳定他们的情绪,也要及时与承建公司联系,谈好大桥的续建工作。所以，他们通过律师事务所发函叫承建公司派人来谈判。幸亏对方有派人来，尽管拖了很久。但施工一段时间后，村民发现桥梁有破损。这时矛盾就比较尖锐了，有些性子较急、脾气较暴躁的党员和村民就要与施工单位急了，差点发生打架的事情。当时村两委先开会统一认识，一定要耐心，千万不要意气用事，要顾大局，一方面调查清楚桥梁破损的原因，另一方面跟群众解释，吵闹是没用的，最终受害的是自己。事后，群众知道桥梁破损与施工单位无关，情绪才慢慢稳定。通过这件事，许副书记认为，党员干部一定要以群众利益为本，从大局出发，做好协调沟通工作，比如，"在修桥中，要处理好施工单位、桥梁预制单位、监理公司等等的关系"（XZM，2010080220 访问）。

二是更加注意谈判一定要有文字记录。法律是靠证据说话的，当一个人或单位的权益受到侵害，想得到法律的保障，必须有相应的证据作为支撑。兰村的干部群众在修建兰青大桥过程中也深深地意识到"法律证据"的重要性。有位姓许的副村长告诉我们：

修桥刚开始时，我们都很信任承建公司的老戴（戴老龙），所以，很多关于大桥建设的谈判都没做好记录，比如什么时间桥要建到哪里，原本都约好的，结果经常耍赖，不承认当时的承诺，我们没证据，空说无凭，也没办法。后来，我们感觉所有的谈判全部需要文字记录或录音整理，再经过双方签名生效。比如，续建阶段，我们与施工单位的每次谈判都有文字记录或录音，有的规定工程建设每延迟一天，扣工程款1万元。包括处理桥梁破损之事，我们也要求相关单位的处理方案一定要提交文字报告，靠嘴说的全部不接受。（XHH，20100822 访问）

小结：兰村兰青大桥的修建过程比较艰辛，为了保证大桥工程建设的顺利进展和建筑质量，他们与施工单位、桥梁预制单位、工程监理单位展开了多次的谈判。在此过程中，兰村干部的组织协调与公关谈判能力都得到了提高。同时，兰青大桥的修建也调动了村民的社区参与，提高了内部社会资本。

四 积累金融资产及其福利效应的实证分析

以上我们分别分析了兰村资产建设规划的制定过程及其福利效应，资产建设规划执行中创建组织资产、盘活自然资源、建设实物资产的过程与福利效应，那么资产建设规划制定的经费、各项资产建设的经费从哪里来呢？本部分将运用访谈资料、会议记录、观察日记等材料阐述兰村积累金融资产的过程及

第五章
资产建设的过程（下）：资产建设及其社区福利效应

其福利效应。

笔者在第三章已分析，旧兰村村集体经济薄弱，村民以打工、务农为主，较少有企业家，因此，他们在实施《兰村经济社会发展10年规划》中，发展思路有三个显著特点：一是充分发挥村里的优势，即"一把沙、一把土"①；二是努力建立各种社会关系网络，获得相关单位的支持，尤其是政府部门的支持；三是积极调动村民的参与，让村民理解、支持村两委工作，共同促进村集体各项事业发展。② 思路决定出路，在这种发展思路的指导下，他们主要采取四种途径积累金融资产，以建设组织资产和实物资产。按照资金的来源，可将兰村积累金融资产的渠道分为：盘活沙土资源、整合旧有资源、吸引社会捐资、获取政府资助。

第一，盘活沙土资源，增进干群之间的了解与信任。

在兰村的北部有一条溪，名曰东溪。兰村在政府有关部门的批准下，首期整理了东溪溪岸内的土地面积117.3亩，挖沙深度19.78米，沙面积达78203.91平方米，沙量764834.23立方米，转卖后获利1300多万元。所得资金全部用于兰青大桥和兰青公路的建设。

但是，兰村在东溪溪埔土地整理过程中也面临较大的阻力，主要是部分群众对干部不信任，怀疑溪埔土地整理是为了少数人的利益；少数村民甚至煽动群众毁坏村路。当年的会议记录③清楚地反映了溪埔整理的过程：

关于兰村东溪岸内土地整理过程中，树兜部分村民毁路等问题处理意见。

……偏偏有一部分人暗中策划，叫女同志去毁路，到目前已有6次。对这个问题，我们已做了大量的工作，村支部到树兜与老人会、党员、村民代表处理：一是承诺竹苗款8万元，要争取在整理过程中先拨部分资金兑现；二是关于路的问题也承诺如果真的因此运输损坏，村委会负责对该水泥路的修复。2月13日夜还在树兜祖厝召开村民会议，做群众的思想工作，也征求了不少人的意见，还向村民检讨，我们的工作做得不够。老年会副会长许老木同志也自发地到树兜召开有关会议，做群众的思想工作，动员不要干扰党支部的工作。可是个别人还在树兜造谣说什么溪埔的竹在哭，沙也在哭，老年会会长许叶上（注：树兜人）吃村委会多少钱……

目前参与毁路的有几种原因：一是过去长期到溪埔取沙的，现在没机会再

---

① 这里讲的沙与土也是兰村自然资源的一部分，与前文分析（盘活自然资源建设组织资产）的不一样，前文讲的主要是迁移坟墓，为组织资产建设提供场地；这里要讲的是盘活泥沙和土资源，积累金融资产。

② 参见第三章的内容。

③ 详见附录8.10。

去偷,这部分人在煽动;二是有的村民被蒙蔽。(选自 2006 年 3 月 13 日上午两委扩大会会议记录)

从这则材料,可以看出树兜自然村的不少群众反对溪埔土地整理。树兜自然村最靠近东溪,近水楼台先得月,该自然村的部分村民经常非法采沙倒卖获利,也有的采沙用于盖房子。所以,这部分人极力阻挠溪埔土地整理工作。他们在群众中散布谣言,说树兜的个别人被村两委收买,助纣为虐,朋辈为奸;又煽动少数不明真相的妇女去毁路。

为转变群众的观念,让群众更了解村两委的工作,支持兰村的 10 年规划建设,村两委实施"两手抓",一手抓群众观念的转变,让他们明白溪埔土地整理采沙是利大于弊;一手抓土地整理赔偿,让他们真正感受村两委的工作不会损坏群众的利益。以下是村两委到树兜自然村做群众思想工作的会议记录节选①:

许泽发言:溪埔是共同的,当时深丘沙场来捞沙,树兜有组织人去阻止。现在村委会整理,应该筑砌溪岸。

潘书记解释:你提的意见是合理的,这个问题,我村在制定十年规划是有计划的,现在已纳入镇政府的重点项目。村支部有考虑这个问题,请群众放心。

许丰说:如果是这样,群众就没什么可说……

许叶上讲话:今晚支部来这里已经做了全面的解释,溪埔虽说是金地,但村支部取之是用于造桥,今后还会回填,还有政府补贴,你们大家思考一下。

潘书记讲话:去年建学校没到溪埔取沙,现在取沙正式为了造桥。许丰你说,我们两人看谁是代表村民利益的,可以拿香到王公宫(当地的寺庙)发咒。我可以告诉你们,为什么树兜人到草埔买厝,草埔人怎么不来树兜买厝,就是路。为了路,以下这 5 个生产队作出让步。

许三向支部提议:溪埔整理要逐角整,逐角回填,这样群众会接受。

潘书记答复:这条可以接受。

驻村干部黄阿龙接着说:溪埔整理是根据我村新农村建设所需资金的最大支持。建兰青大桥大家都清楚,他的资金来源是通过溪埔整理盘活资源的资金筹集的。沙是矿产资源,属国家所有,如果没政府的支持,任何人都没办法去捞取。土地整理没剥夺村民的权利,三年后土地归还给村民。如果没土地整理,任何村民也无可能私自采取。列举青山个别村民私自采沙,镇政府制止的事例加以说明。(选自兰村 2006 年 3 月 23 日夜树兜群众会议记录)

---

① 详见附录 8.11。

第五章
资产建设的过程（下）：资产建设及其社区福利效应

经过这样的沟通，很多群众比较明确村两委进行溪埔土地整理采沙工作的意图，也比较支持村两委的工作，不再受少数破坏分子怂恿。我们针对这个问题访问了一位姓许的村民。她告诉我们，那个晚上开的会议，效果比较好，消除了不少村民对村委工作的误解。她说，虽然当时10年规划征求意见时，她们自然村的村民基本上也都参加，但已过了两年啦，很多人对要整理溪埔土地卖沙赚钱，印象不深了，所以，大家突然听说要采沙，都以为村委想要打什么歪主意，因为很多人的田地都要动到。那个晚上，村民听潘书记和其他干部解释，采沙的钱是要用于修大桥，对她们树兜自然村来讲，有很多好处。在明理人看来，村干部说的话可信。因为，桥要是通了，她们这边的土地也就值钱了，到时可以带动整个自然村。另外，她们的交通条件也大大改善，出门不用再走弯路了，"这里以后肯定会繁荣热闹"（XXM，20100822访问）。所以，她们想通后，都感觉应该支持村干部的工作。

另一方面，兰村两委以较高的土地赔偿标准，保证相关村民的利益，增强他们对村干部工作的信任：

关于溪埔整理征用其涉及的土地的补偿方案。

1. 凡村民的责任田按三年的产量补偿，三年后土地整理完毕按其土地面积归还给村民。

2. 凡村民在村集体所属范围内的开荒地，一次性赔偿地上物，其土地整理后归村集体所有；

3. 如村民同意让村委会征用，村委会按2005年底表决的土地价格标准付土地补偿费。（选自兰村2006年10月27日上午村民代表大会会议记录）

根据笔者的调查，兰村当年溪埔土地整理的赔偿是没让群众吃亏的。开座谈会时，有一位姓苏的村民说："说心里话，当时村里整理溪埔的土地，给我们的赔偿是比较有人情味的，三年不用辛苦种田，照常可以收成，三年后，田照样是你的，傻瓜也会同意的嘛，很明显村里是照顾树兜群众的利益，实际上也是想让群众支持他们的工作，搞好整个村的建设啦。"（SXS，20100823访问）

另一位姓潘的村民说："那次村里为了取沙，整理溪埔的土地，可以这样说，村里没侵占树兜村民的一分一厘，甚至有多给村民，都不会多拿村民的，我印象很深刻，村干部、老年会、村民代表、小组长等多次到现场量地，明确界限，恐怕有差错，有的村民打电话给潘书记反映说他的地少量了，村里马上派相关人员到现场重新丈量查明情况并登记入册，可以说工作是很细的，群众也是佩服的，大家也越来越信任村里的工作。"（PAY，20100823访问）

由此可见，通过溪埔土地整理，村民更加信任村干部，也更加配合、支持村集体的公益事业建设。

第二，整合旧有资产，提高干群的融资能力。

以资产为本的社区发展理论认为，每个社区都有自己的优势。社区的每项资源都是可以利用的。兰村也正是从"优势"视角出发，充分盘活一些闲置资源，变废为宝，从而不断积累金融资产。通过查阅村相关文档，兰村主要盘活两项闲置资源：旧村部和草埔菜市场。

一是转卖旧村部，筹集资金建设新村部。前文已阐述，兰村为了让村民有一个统一的行政文化服务中心，经村民代表大会表决，决定将村部、老年活动中心、小学、幼儿园4项工程建设相对集中，方便村民办事。而建设这4项工程需要的资金来源之一便是转让旧村部。旧村部位于省道旁边，建设时间比较长，房屋已比较破旧，面积也较小，已不适合兰村经济社会发展10年规划的需求。而新村部建好后，旧村部实际已成空中楼阁。但由于这栋楼地理位置优越，还是容易转让的。① 后来，这座旧村部以40万价格转让给邻村（玉村）的两个姓林的村民。这40万元再用于新村部的建设。

二是整理旧市场，设置摊位出租。草埔是兰村的一个自然村，位于省道旁边，与旧村部一样，也具有优越的地理位置和交通条件。长期以来，它已逐渐成为周围几个村落的农贸中心。但由于缺乏管理，整个市场秩序较为杂乱，小摊小贩乱摆设，也不用交租金。可以说，兰村当时没有充分利用这个市场增加村财收入。后来，有位村民向村两委建议整理这个旧市场，村里每年可以收些摊位租金。访问中，一位姓许的村干部告诉我们："那时候，刚好村里在征求10年规划建设的意见，有位村民向我们提议，叫我们组织村民对草埔菜市场重新整理，可以像洪濑镇（附近一个经济较发达的乡镇）那样，统一规划，统一排摊位，统一布置，到时收点租金，一年也可赚不少呢，我们村两委认为他的建议有道理，决定按照他说的去做，我记得因为这个建议，（村里）还给他500元的奖励哩！"（XHH，200903 31 访问）

这位村干部说，兰村草埔农贸市场摊位招标通告②贴出后，就有许多附近的村民来投标。当年村里定的摊位租金标准是：每个摊位每年最低限价人民币1000元（2012年底价已上升到每年1200元）。承租者中标后，应在当日签订租赁合同，并交清全年租金。据村民许先生告知，这个市场每年可为村集体增加至少5万元的稳定收入。

旧村部和旧市场的盘活，也提高了兰村干部和群众积累金融资产的筹资能力。我们在调研中，听许副书记说："以前村里要想搞什么公益事业建设，工

---

① 兰村旧村部的拍卖招标通告参见附录8.12。
② 详见附录8.13。

第五章
资产建设的过程（下）：资产建设及其社区福利效应

作还没做，最常听到的一句话就是，'村里都没钱，哪有可能办什么事情'，一直这样，很多干部就放弃了，以前兰村为什么比别人落后这么多年，与这点是有关系的……通过这个市场的盘活，虽然钱不多啦，但让我们反省，还是要充分发动群众的积极性，让他们参与，让他们帮忙想办法，他们才是兰村发展的主力，村里要想有钱，最根本还得靠群众出主意啦，你说我讲的有道理吗？"（XZM，200903 21 访问）

第三，吸引社会捐资，增强村民的社区归属感。

吸引社会捐款，发展公益事业，是很多村庄常用的方法。兰村虽然地处侨乡 NA 市，但该村的华侨却是极为稀少。正如前文所述，兰村村民以务农为主，工业基础薄弱，企业家也较缺乏。所以，兰村通过社会捐款，积累金融资产的数额也较少。我们查阅了 2004—2013 年的会议记录，发现主要的捐款有两笔：

一是在兰村文化活动中心 4 项工程（即村小学、幼儿园、老年活动中心和村部）建设时，各村民小组的捐款（如表 5.2）。这种捐款是以户为单位，由各村民小组长代表村集体入户向村民募捐。村民捐款与否，以自愿为原则，可捐可不捐，可捐多也可捐少。这种集资方式，在一定程度上增强了村民的社区归属感。访问中，有一位村民小组长说：

村里当时说要搞兰村 10 年规划建设，就向村民承诺不会增加村民的经济负担，所以，村民捐多捐少都无所谓啦，你知道吧，这只不过是村里蛮做的工作，有就有，没就没，不要紧的嘛！但是通过这种方式，10 个小组长分别将自己小组的每家每户走一遍，至少加强了村民对村集体事务的了解嘛，同时也可看出村民对村集体的感情……我在入户中，就发现有的村民家庭经济虽然不怎样，但他还是尽力出点钱，他说只是表达一点心意，反正都是为了我们村的公益事业嘛，为了子孙后代嘛。（XHP，201008023 访问）

可见，通过这种捐款方式集资，钱虽然不多，却也从侧面增强了村民的归属感。

表 5.2　各村民小组捐款汇总

自然村名	捐资金额（元）	自然村名	捐资金额（元）
1 组	4400	6 组	36300
2 组	6400	7 组	35500
3 组	12730	8 组	6000
4 组	7300	9 组	7600
5 组	9050	10 组	29900
合计：155180			

数据来源：根据兰村 2005 年 9 月 8 日夜两委扩大会议记录整理

二是在兰村文化活动中心4项工程（即村小学、幼儿园、老年活动中心和村部）落成庆典时的捐款（见下表）。从表中数据可看出，外部捐款虽然不多，但也体现出兰村与某些政府部门的关系比较好，这也印证了上文分析的结果。

表5.3 社会捐资汇总

捐款单位	金额（元）	捐款单位	金额（元）
NA市教育局	20000	KM镇黑石业公司	20000
NA市公安局	30000	KM镇派出所	10000
合计：53600元			

数据来源：根据兰村2005年9月8日夜两委扩大会议记录整理

第四，争取政府资助，团结群众、凝聚人心，加强与地方政府的合作关系。

经统计汇总，兰村2004—2013年从政府获得资金达500万元。除了前文所述支持兰村组织资产建设[①]之外，政府还通过制定相关政策，采取资金补助[②]的方式，推动兰村壮大金融资产。而兰村在争取政府资金补助、充实村金融资产的过程中，也达到了凝聚人心，团结群众和发展政府合作关系的目的。以下是兰村争取政府资金补助的一个案例：

新村建设评奖政策的推动。潘书记发言：根据考评办法和具体内容，我村具备了诸多有利条件，据了解，目前全市比较有竞争的村有4个，我村最有利。我村从去年到现在做了大量的工作，如对全村进行规划设计，有六图一册，文化活动中心工程的建成为我们提供了一个先决条件，市领导到我村也给予充分肯定。如果被评为第一名，可以获奖30万元，根据目前我村需做的几项工作，再投资10万元，评第一名是有可能的。但目前我们必须做好以下几方面的工作，请大家讨论：

1. 树兜水泥路两侧重新整理，砌路沿、排水沟；2. 对兰村小学原来的水冲厕所进行装修，在潘爷公宫后新建一座公共卫生厕所（10个蹲位）；3. 老人会三球场；4. 绿化覆盖面：3号下午村两委研究决定，发动村两委、全体党员、老人会理事成员、村民小组长每个人在文化活动中心义务植树一株；5、沿环村路的露天厕所全部拆除，凡自动拆除的每个补贴100元，没拆除的由村委会组织拆除；6、各村民小组建垃圾坑每个300元，希望村民小组未定位的

---

① 参见本章一的内容。
② 学者渠敬东、折晓叶等人称此种现象为"项目制"（参见渠敬东，2012；折晓叶、陈婴婴，2011）。

第五章
资产建设的过程（下）：资产建设及其社区福利效应

抓紧落实。（选自兰村 2005 年 11 月 5 日下午村会议记录）

一位姓许的村干部告诉我们运用这种方法充实村财的好处。他说，为了获得政府的物质奖励，号召群众一起创事业最有效。他们跟群众讲："兰村的建设有明确目标，只有咱们干群合心，共同奋斗，搞一些拿得出去的项目，村容村貌真正发生变化了，上级才可能给咱们钱，我们才能继续发展。"（XLS，20101203 访问）一般这样动员后，多数村民很配合，大家比较团结，一起干事业；另外，他们村历来也确实是做实事的，从不弄虚做假，政府部门也信任他们，这样就实现良性循环了，以后，他们再申请，政府还再给他们钱。

小结：兰村主要通过盘活沙土资源、盘活旧有资产、吸引社会捐资、争取政府支持等途径，积累金融资产。在此过程中，兰村的干部和群众进一步加强了解，消除误会，增进信任；兰村村民的社区归属感也得到增强；兰村的融资能力也得到提高；兰村与政府形成良好的合作关系，兰村村民的凝聚力得到增强。

五　本章小结

本章阐述兰村资产建设规划的执行过程及其福利效应；具体探讨组织资产、实物资产和金融资产的建设过程及其福利效应。本章在全文中的篇幅最长，份量也最重。本章的目的是为了回答研究问题中的第 2 个小问题（参见第一章一之（二）），揭示兰村资产建设过程的福利效应及其产生机制。

本章的实证分析显示，兰村资产建设过程确实能够产生一系列的福利效应。

第一，组织资产的创建，提高了村民的人力资本，加强了兰村的社会资本。一是兰村通过多种途径做好两所小学的合并工作，提高村民对教育的重视，融洽与小学的关系，加强与地方政府的合作，得到了政府的政策支持、资金补助和工作指导。二是兰村新农民素质培训学校的建立，提高了全村党员干部的政治素质，加强了党员干部的沟通、信任，提高了党支部的战斗力；也提高了村民的政治觉悟，加强了村民对新农村建设重要性的认识，有利于调动村民参与资产建设规划。三是兰村三个老年协会合并成一个老年协会，推动了村民的团结合作，增强了兰村的内部社会资本。四是妇代会的重建增强村民对妇女在新农村建设中作用的认识，提高了妇女的自信心；增进妇女的了解，加强村民团结；同时，也加强了与地方政府的合作与联系。五是在迁移祖坟、盘活自然资源,为组织资产建设提供场地过程中,兰村也提高了村民的集体意识和归属感;改变了村民传统落后的封建观念,提高了他们对祖坟的科学认知;同时,还改善了与一些社会单位的关系,增强了外部社会资本。

第二,实物资产的建设,提升了村民的人力资本,增强了兰村的内部社会资本。一是兰青公路的征地拆迁工作与修建过程中的质量监督工作,使村民意识到如果是村集体的公益事业发展所需,必须有强烈的合作意识和积极的合作行为,同时也增强了村干部服务群众的责任感,提高了村干部的管理能力。二是兰青大桥的修建,提高了村干部的组织协调、公关谈判能力,也调动了村民的社区参与,增强了内部社会资本。

第三,金融资产的积累,增长了兰村的社会资本,提升了村民的人力资本。

一是在盘活沙土资源、积累金融资产中,干群之间消除了许多误解,增进了解与信任;二是在整合旧的资产、积累金融资产中,兰村干群的筹资能力得到了提高。三是在吸引社会捐资、积累金融资产中,增强了村民的社区归属感;四是在争取政府资助、积累金融资产中,兰村进一步团结群众、凝聚人心,并加强了与地方政府的合作关系。

本章的研究结果也得出了一个结论,即农村社区资产建设过程会产生积极的福利效应,增进社区资本和提升人力资本。谢若登在资产建设社会政策中认为,穷人或贫困家庭通过金融资产的积累与建设,可能会产生九大福利效应,其中提升个人的社会资本、人力资本是重要的内容。本章的研究表明,贫困农村,在社区层面进行资产建设也具有诸多福利效应,可以增强社区社会资本和提升人力资本。那么这些资产建设好之后如何进行经营管理呢?我们将在下一章讨论这个问题。

此外,通过本章的实证资料,可以发现兰村的资产建设过程涉及村民、村党员干部、村民间组织、地方政府等行动主体。其中村民、村党员干部和民间组织在资产建设中扮演主角:村民主要起的作用是参与、合作、支持资产建设;村党员干部主要起的作用是组织领导、沟通协调、制定执行村集体的决策;村民间组织主要起平台作用,以之为载体,组织发动群众参与资产建设。而地方政府在资产建设中扮演配角,它主要提供政策优惠、资金补助和工作指导。

而这些行动主体的行为逻辑则是需要深入思考的问题。

第六章　资产的经营管理与社区福利产出

本章将在上一章论述的基础上，运用深度访谈的资料、会议记录、一般访谈的材料和观察日记讨论资产经营管理过程及其福利产出。本章第一节采用文献法定义测量社区福利产出的核心变量——社区公益服务；第二节将分别阐述组织资产、实物资产和金融资产的经营管理过程及其社区公益服务产出情况；第三节运用问卷调查数据描述分析村民的福利评价，以更好地考察社区公益服务的效果。

一　理论分析：社区服务

一般来说，社区服务的定义有狭义和广义之分。狭义的社区服务就是指传统的民政服务，主要由各级政府或社会提供的无偿、低偿服务，服务对象仅针对社会弱势群体，如老人、妇女、儿童、残疾人、贫困家庭等，服务内容也仅局限于基本生活需要，如老年照顾、儿童照看、生活救助。而广义的社区服务指政府、社区、市场等提供的各项生活、生产服务，其服务对象包括全体居民，服务内容除了满足基本的生活需要外，还涵盖生活质量的提高，如安全、健身、文体娱乐服务（景天魁，2010：355）。

社区服务的定义存在宽狭之分，主要是因为人们对社区服务经济属性的看法存在差别：

第一种观点认为，社区服务应该是以公益性、非营利性为主。社会学者李迎生、刘祖云就是持这种观点。李迎生认为，在社区服务的起步阶段，其服务对象应该是老年人、残疾人、穷人等社会弱者，这时的服务肯定是免费的；而随着政府和社会支持力度的加大，社区服务发展到比较高的水平，服务对象可以面对全体社区居民，服务内容也可以多样化，并且以提高生活质量为主，但这时的服务也是免费或较低收费（李迎生，2008：225；转引自景天魁，2010：

354)。刘祖云通过武汉与香港两地社区服务体系的比较后,指出内地要实现社会福利社会化,社区服务就必须走福利型的道路,而不能走经营型的道路,因此,政府必须加大对社区服务的资助(刘祖云,2000)。

第二种观点认为,社区服务应该走市场化的道路,形成产业化。社区服务产业化在上个世纪90年代到本世纪初曾经是时髦的说法。这种观点将社区服务作为一个产业来经营,并将其视为第三产业的重要组成部分。1993年中央14部委发出"发展社区服务业的意见",提出把社区服务和发展我国第三产业结合起来,以进一步适应社会发展的需要(肖艳,2000)。李泽泉认为,产业化是社区服务的发展方向;社区服务产业化是市场经济规律的客观要求,是减轻政府负担、缓和基层干群关系的必然选择,也是建设文明社区的需要,同时也是解决就业问题的重要途径(李泽泉,2000)。

第三种观点,则综合了前两种观点,认为社区服务应该具有公益性和营利性双重属性。唐钧按社区服务的经济属性,将其分为三类:一是核心部分,这部分属于福利性服务,其对象是社区中的有困难的人和有特殊贡献的人,目的是要满足这一部分人的基本生活需求,主要提供无偿服务;二是中间部分,这部分属于行政事业性服务,它的对象是全体社区成员,目的是帮助本社区的居民解决生活中碰到的难题,主要提供非营业性的低偿服务;三是边缘部分,这部分属于市场性服务,它的对象不限,目的是拾遗补缺、方便居民,主要提供营利性的有偿服务(唐钧,1992)。与唐钧观点类似,张友琴等认为要从三个方面理解社区服务:第一,促使社区服务产业化,把它纳入第三产业发展规划中,作为社会保障体系和社会化服务体系中的一个重要行业,注重社区服务的经济效益和社会效益;第二,注重社区服务在保障老弱病残等困难对象中的福利功能;第三,注重发展志愿服务和居民互助服务(张友琴、童敏等,2000:248)。周沛认为社区服务应该包括福利性服务、公益性服务和微利性服务三类。福利性服务主要满足老、弱、病、残等传统福利对象的基本生活需求;公益性服务是以改善全体社区居民的生活环境和生活质量为目的的服务,比如,环境整洁服务、社区安全服务;微利性服务以提高社区居民生活质量和筹集福利社区化资金为目的的服务,服务对象主要是有经济支付能力的居民(周沛,2007:246—247)。罗萍认为:"对特殊群体是福利性服务,对一般居民是经营性服务。服务民政对象是福利性服务,服务社会对象是经营性服务。前者是无偿服务,后者是低偿和有偿服务……根据服务对象的差异性及服务需求的层次性、多元性,采取无偿、无偿与有偿相结合、有偿三种服务方式,建立福利型服务与经营型服务两种服务机制。"(罗萍,1998)

综合以上学者对社区服务的界定,本书借鉴第三种观点,将农村社区服务

第六章 资产的经营管理与社区福利产出

定义为：政府引导支持、社会多元参与，以农村社区为依托，以社区组织为基本力量，以社区成员为服务对象，以满足成员生产、生活需要的各项服务，包括政府提供的基本公共服务、社区各种组织提供的服务、村民互助服务和市场服务等。包括有偿、低偿及无偿的各项服务。

本研究要探讨的农村社区公益服务，是农村社区服务中的一种类型，指农村社区在相关政府部门的帮助下，通过资产的经营管理，为村民提供各种低偿或无偿的服务。这里强调资产的经营管理，是因为各种资产建设好之后，如果没有得到良好地管理、保护、使用，根本不能真正为村民提供各种福利，有时甚至成为劳民伤财的"形象工程"[①]。

因此，我们将首先考察兰村在组织资产的经营管理中，兰村小学为村民提供了哪些教育福利？新农民培训学校提供了哪些培训福利？老年会为全村的老年人提供了哪些老年人福利？妇代会为全村的妇女提供了哪些福利？其次，我们将探讨兰村实物资产的经营管理为村民提供了什么样的交通福利？再次，我们将分析兰村通过金融资产的经营管理为村民提供了哪些福利项目？

二 资产的经营管理及其社区福利产出的实证分析

本节主要考察兰村组织资产、实物资产、金融资产的经营管理过程及其提供的社区公益服务情况。

（一）组织资产的经营管理及其社区福利产出

本部分将重点讨论兰村组织资产的经营管理及其福利产出情况，即讨论兰村学校、新农民培训学校、老年会、妇代会四种组织资产的经营管理与社区福利产出情况。

1. 兰村学校的经营管理及其社区福利产出

兰村对兰村学校进行良好地经营管理，为村里的小学生提供了较好的教育福利。兰村实行资产建设的第一件事就是合并两所小学，组建兰村学校，并建设新校舍。一所环境优美、硬件设施完善的学校，如果没有良好地经营管理，提高教学质量，那么再漂亮的校舍也有可能成为摆设的花瓶。令人高兴的是，

---

① 详见第一章二"福利"的概念界定。

我们在调研中,发现兰村不仅为村里的少年儿童建设了美丽的校园,更重要的是提供了良好的教学管理,真正促进了孩子们综合素质的提高:

第一,推行素质教育,提高学生综合素质。素质教育已提倡多年,但事实上很多学校没有严格执行。我们在调研中发现,当地很多小学还是处于应试教育阶段,仍然以"分数"论英雄。每学期的及格率、优秀率依旧是衡量一个学校办学水平的重要标准。所以,大部分小学还是以语文、数学作为主课,其他科目作为辅助进行教学安排。但兰村在注重应试教育的同时,也积极开展素质教育。

(1)与中国教育学会、中育教育发展研究中心[①]合作创办"发明创新教育体系的研究与实践"课题实验学校,提高小学生的创新实践能力。据兰村学校的林校长介绍,兰村党委潘书记利用个人的人脉关系,与中育教育发展研究中心负责人联系,让他们在兰村学校开展创新实验研究。整个课题实验时间持续4年(2006—2010),主要方法是邀请中育教育发展研究中心的老师到学校讲课,教学生如何搞创造发明。林校长说:

北京那边派老师来讲课,一年来几次,一次讲几天,主要教学生如何搞些小发明,比如,新式小雨伞、书包啦,主要是小孩子用的东西,我们学校的学生听了,感觉很兴奋、很欢喜,多数孩子很感兴趣啦,因为他们以往主要在背书,少动手,突然有这种新内容,他们很快就被吸引了……效果也很明显,我们经过一年多的训练,就拿到了10项专利,还获奖了呢(奖状见附录7)!我认为这种教学方法很好,可以充分调动学生的学习积极性,开启他们的想像力,提高他们的创新能力,很多家长听了也很支持。同时在教学过程中,我们学校的老师也增长了不少见识,大家认为应该将继续办这个实验。主要的困难是费用太重,每个老师来讲课的课酬、交通费、食宿费加起来,总共要3万多元,全部由村里出,但村里又没有太多的经费,学校更没钱啦,所以,比较麻烦啊!但村委会表示只要对学生有好处,他们会尽力想办法支持学校开展这项工作!(LJJ,201008 21访问)

(2)开设南音学习辅导班,培养小学生的文艺特长。南音,在当地也称"南曲",是流传已久的一种重要文化表现形式,深受当地人民的喜爱。2009年10月1日,泉州南音正式入选联合国教科文组织公布的第四批人类非物质文化遗产代表作名录。当地政府也出台政策鼓励小学生学习南音。但由于小学

---

① 中育教育发展研究中心成立于2003年4月,中心秉承中国教育学会的宗旨和任务,发展基础教育实验学校、提供教育咨询、组织《中国教育学刊》工作、开展教育培训和学术交流活动。中心依托中国教育学会的人才、科研、管理及品牌等教育资源优势,形成了涵盖自主办学、教育服务、教育产品、教育传媒等业务领域的综合型教育机构。

第六章 资产的经营管理与社区福利产出

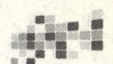

并没有将南音作为一门重要的必修课，而且很多学校也缺乏足够的师资，南音进小学课堂还是比较困难的。据林校长介绍，兰村的干部、群众为了丰富孩子们的课余生活，让孩子们多掌握一门艺术，特意从其他学区聘请了一位南音老师。他说：

村里出钱帮我们学校聘请这位女教师，大约35岁，师范类毕业的，学过南音，教南音也好多年了，也获过奖，应该说素质是不错的。她利用周末的时间，给孩子们上南音课。一般每次上2个小时，每周上3次左右。孩子是否参加南音培训班采取自愿的原则，也不收费。反正你想学就可以来听课，老师会指导你，通过这几期的观察，我看，孩子们的积极性还是比较高的，每期培训，学生数都较多。（LJJ，2010080210访问）

我们问："对学生有什么要求吗？"她回答："至少要3年级及其以上的学生才允许参加。"

对于学习效果，我们访谈了一位姓许的年轻人。他说：

以前不管是听南曲，还是唱南曲的，都是老年人，很少有小孩爱学这行。但据我看来，自从村里开设这个南音班，来上课的孩子还是很多的。我女儿今年上4年级，她看很多同学都去学了，她跟我们讲，她也想学。我和我老婆都支持她去学。学了后，她经常也会哼几句给我们听，虽然有时不知道她在唱什么，但看她那副认真的样子，我们也很开心啦，有时候我们也学她唱几句！另外，我感觉她学南音后，变得比较活泼，比较外向了。（XWH，20100821访问）

据林校长介绍，有些小孩子接受能力很强，学习效果比较好，去参加泉州市的比赛还获奖。

第二，抓好师资队伍建设，提高教学质量。没有一流的师资队伍，学生也不可能享受到一流的教学质量。兰村干群积极协助兰村学校抓好师资队伍建设。

（1）设立奖教奖学制度，调动教师的工作积极性。兰村每年专门从村财中拨款设立教学奖励基金，提高教师待遇，鼓励教师安心教学，做好本职工作。访谈中，潘书记向我们介绍了相关情况，他说，他一贯很重视教育，自从他来村里工作，抓的第一件事情就是教育，即合并两所小学成立兰村学校，新小学成立后，他就动员全体村两委、党员和村民共同关心教育事业，主要就是抓教学质量，而想提高教学质量，就必须有一批好的老师。于是，他们向小学的老师承诺："只要老师安心教学，认真负责，提高教学水平，兰村的待遇绝对不会比其他村差。"（PCL，20100822访问）尽管兰村集体经济还比较薄弱，大家还是同意尽力挤出一点资金每年用于奖教奖学。每年的元旦、劳动节、教师节、中秋节、国庆节等节日，村里都有对老师表示慰问。对于那些教学水平突出、为人师表、深受学生欢迎的老师，他们还有另外的奖励。通过这样的管理，兰村小学的老师工作积极性总体上是比较高的，教学水平在学区中也是比较好的。

潘书记的话可以从以下会议记录内容得到证实：

兰村小学今后的工作重点将加强教师队伍建设。经研究决定于3月31日前下拨兰村小学2008年——2009年二年的奖教奖学资金15万元，另将下拨人民币10万元作为兰村小学开展创意发明研究课题的项目资金……

三、潘书记答应兰村学校本学期财务下拨补贴项目：

① '六一'儿童节每所小学壹仟元作为儿童开展活动经费，由大埔山支取。

② '三八'妇女节每个女教师奖励100.00元。

③ 每所小学每学期材料下拨5000元作为奖教奖学。

④ 代课工资欠缺的70.00元由村委会负责。

⑤ 二女户的学费减免，由村委会负责。

以上资金除'六一'节活动经费外，其他于现场支付。

四、潘书记对小学提出严格要求：

1. 教学质量要提高：以去年的标准，如成绩下降要退奖金。

2. 要提高教师的职业道德，利用休息日，辅助一些能培养的、家庭经济较差的学生。

3. 学校今后碰到的临时问题，要用书面形式报送村支部。

4. 要求小学的教师要加强团结，互相交流共同为兰村小学的教学质量提高多做贡献。（选自兰村2010年2月17日上午两委扩大会议记录）

（2）建立村校沟通机制，监督教师的教学工作，提高教学质量。除了建立物质奖励制度，兰村还积极与学校建立良好的沟通机制，共同抓好教学管理工作，提高教学质量。兰村每学期至少召开两次教育座谈会，参加对象包括村两委、小学的全体教师、村民代表、老年会理事、校董会代表，开会的目的是研讨如何提高教学质量。以下是一次教育座谈会的会议记录节选：

会议名称：教育座谈会

内容：主要围绕如何提高教育质量，各位老师谈自己采取什么教学方法和步骤来提高学生成绩……

二、由小学校长谈对今后如何提高教学质量，所采取的教学方法和步骤。（略，见书面材料）

三、小学教师发言（略，见书面材料）……

第六章
资产的经营管理与社区福利产出

五、校董会老同志、村两委发言,主要是围绕如何培养下一代,提高教学质量发表自己的看法。其中许阿黎同志提到重新建立兰村小学校董会,动员全体村民都来关心教育事业。

六、潘书记讲话:首先对今夜来参加座谈会的老同志、全体老师表示感谢,提出如下几点看法和建议:

1. 肯定了全体老师在今晚座谈会的发言作了充分的准备,特别从几位教师的发言中看到他们的为人师表,从他们的发言中看到他们对兰村的教育事业是尽心尽职,同时也批评部分老师没有按村委会的要求写出书面材料。

2. 指出当前的教学形势和如何提高学生素质:一是要积极引导,挖掘潜力,提高学生的思维能力;二是教学要创新、开发学生的智力;三是树立良好的教学氛围。

3. 围绕老师和家长互相沟通的重要性。

4. 为更利于老师和家长的经常联系,决定每个教师每月补贴电话费10元。

5. 五、六年级的学生希望老师要定期召开家长座谈会,同时指出召开家长座谈会要通知村委会派人参加。

6. 由洪阿枞向各位老师收发言稿来存档并参照好的教学措施,制定相关的政策。评为前三名的发言稿村委会发给奖励金,其余有发言稿的给予适当的鼓励,没发言稿的今后补无效。(选自2006年3月4日夜兰村教育座谈会会议记录)

这种教育座谈会,实际上是村两委、老年会、校董会、村民代表共同对小学教学工作的监督检查。一位姓林的老师告诉我们:"村里对老师的要求很严格,监督也很到位。比如,开座谈会,事实上每个老师都要汇报自己的教学成绩在学区中的排名情况,这无形中就施加一种压力,你必须教好,否则会受批评。另外,村里规定所有的老师,包括校长在学校期间不管是节假日与否,都不能进行打牌、打麻将等活动。"(LZQ,20100822访问)

由以上材料,可以看出,兰村学校的主要工作实际上是受兰村两委领导和全体村民的监督。也正是有村两委对教育的重视和支持,兰村的小孩子才可以享受到美好的教学环境,接受到优质的教学服务。一位姓许的村民说:"自小学合并以来,经过村里的严格管理,小学发生了很大变化。比如,安全做得让家长放心,保安也比较尽职,现在小学不像以前可以随便进出呢……食堂伙食也不错,价格又便宜,宿舍楼建好了之后,住宿环境也还不错,4人一间,有独立卫生间,听说都与大学差不多。主要是这里的教师很不错,认真教书,还经常家访,或者召集家长开座谈会,这样他们家长就很放心。"(XSF,2010

年8月23日访问)

小结:兰村村两委、校董会、村民与学校领导、教师共同抓好兰村学校的教学管理工作,推行素质教育、提高师资力量,为孩子们提供了良好的教育福利。

2. 兰村新农民培训学校的管理及其社区福利产出

第五章已阐述过新农民培训学校创建时的情况。这里我们将通过兰村的相关会议记录、报告总结、深度访谈资料、一般访谈资料以及观察日记重点论述兰村新农民培训学校的经营管理过程及其福利效应。作为一所村级培训学校,它的福利产出是为村民提供教育培训服务与信息化服务。截至2013年12月,该校已举办各类培训班660多期,专题活动、参观、调研1940批次,参与人数达86000多人次。

第一,教育培训服务及其运作模式。新农民培训学校主要通过有针对性的选派培训师资、开展多样化、实效性强的培训内容、采用创新性的培训方法及不收取任何培训费用、主要由社会企业家提供培训资金的方法进行运作,为村民提供了教育培训服务。

培训师资的来源及其选派方法。截止2013年7月,新农民培训学校已有专职教师150人,其中高级职称35人,各类兼职专业技术人员56人。师资的来源主要有三个渠道:一是自己招聘的;二是由有关政府部门下派,如当地农海局、卫生局、交通局、检察院等单位;三是从其他学校聘请,如市委党校、高校[①]、科研院所等,刚开始这部分比例较小,后来逐渐增多。访谈中,新农民培训学校的许校长向我们介绍老师的选派方法。他说:"选什么老师来上课主要看上课的内容,比如,这期培训要给村民讲解新农村建设、党的十八大精神等政治类的内容,他们村就向NA市委党校申请安排一位老师来讲课,而如果想给村民讲解农业技术方面的,就需要向农海局申请派老师啦,当然有的培训是相关单位自动找上门来,要以他们农民学校作为场所,向农民讲解相关知识,有一次交警部门就来找他们,在他们学校开展关于摩托车证的培训。"(XYE,20130822访问)

这种选派方式也使得各种培训更具专业性、针对性、实效性,增强了培训效果;此外,兰村以新农民培训学校为平台,实际上与村外各种单位也建立了较好的合作关系,促进了外部社会资本的增长。

---

① 兰村先后与厦门大学、华侨大学、福建师范大学等高校的相关院系签署合作协议,学校聘请这些单位相关专业教师给村民授课。

第六章
资产的经营管理与社区福利产出

培训内容的选择与制定。培训学校的培训内容多样化,涉及时事政治报告、农业技术推广、人口计生政策、实用技术等等。培训内容的安排主要以时效性为原则,扣紧社会热点、重点、难点,以提高村民的听课兴趣,增强培训效果。例如:"针对贯彻党的大政方针政策开展《学习与实践科学发展观》《社会主义新农村建设》培训,针对农作物生产季节进行《病虫害防治》《食用菌种植》《水果蔬菜种植与管理》培训,针对禽流感病情进行《禽流感防控》培训,针对计生工作进行《计生政策宣传》《优生优育》《育龄青年婚前》培训,针对村级换届选举进行《组织法、选举法》培训,针对安全隐患进行《安全防火》《摩托车交通常识》培训,针对普及新技术进行《微机技术》《电信技术》培训,针对行业要求进行《电工、焊工、炊饮》培训等等,大家反映,像这样培训,既听得懂,又学得会,还用得上,我们为什么不来参加。"(参见兰村新农民培训学校 2009 年工作总结)

培训方法的选用。培训方法的创新是取得良好培训效果的重要保证。为了防止上课形式过于单一、枯燥,培训学校在教学方法上采取了三个结合:请进来与走出去相结合,集中上课与分组讨论相结合,理论学习与实践操作相结合。许校长说:"他们在教学上,主要还是请老师来培训基地(学校)讲课,但有时候也让老师带村民到外参观,边看边讲解,比如免耕法(下一章会详细阐述),就要带村民到田间观看,那样才有效果,否则只有空谈,村民不可能听得懂,看完之后,还要让村民亲手操作一遍,有问题当场提,或者老师将村民分为几个小组,让他们讨论后进行交流,只有采取多样化的方法,(培训)效果才会好。"(XYE,20100822 访问)

另外,他们也灵活安排培训时间。比如,农忙季节少培训,农闲季节、下雨天多培训。再次,培训对象也是灵活安排的:

访问员问:那是不是每次培训,大家都来啊?

许校长答:那倒不是。培训对象是这样定的。根据培训内容,由各村民小组组长组织村民参加。比如,有关引进新种子、推广新耕作技术的,就要通知种田的村民参加;有关蘑菇、食用菌技术的,就要通知一些养殖户参加。老师的选择也是要根据培训内容决定。(XYE,20100822 访问)

培训资金的来源。培训学校面向村民,实行全方位服务、无偿服务,对参训农民从来不收一分钱培训费,不增加任何经济负担。培训经费除了部分协办单位资助外,大部分是由社会企业家、培训学校董事长、兰村书记潘先生无偿支付(参见兰村新农民培训学校 2009 年工作总结)。许校长说:

培训学校名义上虽然是兰村的,实际上村集体投入的资金是很少的,村民享受的培训全部免费,那么培训学校日常的开支要从哪里来呢?最主要还是我们村的潘书记无偿地出资，至2009年他已投入个人的资金750万元了，数额还是比较多的，可以说，这所学校，他花了很多心血……另外，有时政府也有拨些资金补助，还有就是一些单位的资助，但这些都不是太多嘛。（XYE，20100822访问）

新农民培训学校为村民提供了教育培训服务，村民通过免费的、实效性高的教育培训，掌握了新知识，提高了人力资本。那么这种人力资本对兰村社区发展有何影响呢？这个问题我们将在下一章进行讨论。

第二，网上信息服务及其运行模式。信息化服务在城市已司空见惯，但网上服务对农民来说却是新鲜事物。我们在第三章已交待，兰村在潘书记上任之前，村务管理混乱，很多材料没有存档，即使部分村务有记录，也是材料不齐全。有的村民想查看村财务支出情况，村两委却没法提供相应材料，引起群众不满，干群关系紧张。后来，潘书记等村两委思考为什么不把所有村务材料公开在网上呢，既利于保存又利于村民查看。于是，他们利用新农民培训学校的有利条件，与北京友友新创系统技术有限公司合作开发了具村务管理功能的"世纪之村"高科技信息软件。这个软件实际上就是一个社区信息服务平台，其运作原理类似阿里巴巴网、淘宝网、当当网等。"世纪之村"是兰村给这个服务平台取的雅号，据潘书记说他们希望村民能够走向世界，兰村的发展也能与国际市场接轨。通过查看"世纪之村"网站①（网址：http：//sannong.cuncun8.com/②），可以发现它主要包括8大功能模块：村务管理及公开、村财管理、乡风文明、农家店、劳务供需、星火科技、企业展品、百姓新闻（见图6.1）。这八大功能对多数村民来说，最主要的服务是"村务管理及公开"与"农家店"。它的运作模式是设立信息服务点。因为并非每个农户都有电脑，每个村民都懂得使用电脑上网。所以，兰村依托一家茶叶店和一间小卖店设立2个信息点。③ 信息点的设立不会增加店主的任何成本，因为他们本来就有电脑、网络（这也是成为信息点的重要条件）。店主经过简单的培训后，就可为村民提供信息服务了。比如，村民想查看近期村里的财务收支情况，店主点击

---

① "世纪之村"信息服务平台最早是由兰村新农民素质培训基地与北京友友新创系统技术有限公司合作开发的，主要是为了让兰村村务管理透明化、公开化。后来，该平台受到地方政府的肯定后，在很多乡村推广。平台中"村务公开"、"村财管理"模块的日常维护与管理主要由村里一个干部负责，资金来源于新农民培训学校和村集体的收入。

② 这是2010年调研时的网站，2013年7月我们重访时，网站已更改为 http：//www.cuncun8.com/，网站模块已简化为"便民服务""电子村务""电子政务""电子商务"。

③ 起初兰村只有两个信息点，截止2013年8月已有十多个信息点。这些信息点遍布兰村各村民小组，为不同角落的村民提供信息服务。

第六章
资产的经营管理与社区福利产出

"世纪之村"网站,指导村民查看即可。而当村民想让店主在网上帮忙发布农产品销售信息,其费用通常是发1条信息交1元钱。

网上"村务公开与管理",方便了村民对村务的了解,增强村民对村干部的信任,改进干群关系,促进了社区和谐稳定。网上农家店则帮助村民扩大农产品的销量、增加了村民的收入。

至于这样的网上信息服务究竟给兰村的经济发展带来了哪些变化,我们将在下一章详细阐述。

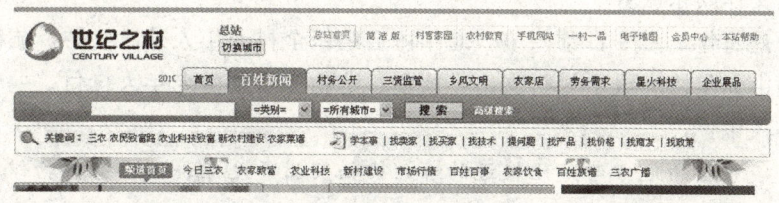

图6.1 世纪之村功能模块

3. 兰村老年协会的运作及其社区福利产出

第五章阐述过兰村3个老年协会合并成一个老年会的过程及其福利效应。这部分我们将重点讨论老年会合并后的运作过程及其福利效应。

第一,努力办好老年人的经济福利,让老年人老有所养。兰村的村集体经济虽然不算发达,但村民代表大会每年都同意拨款给老年协会作为活动经费。据村民介绍,2004—2012年村里给老年协会的经费每年10万左右,这些经费有很大部分用于孤寡老人的生活补贴和全体老年人的节日补贴。一位姓许的老年人向我们介绍他的生活情况,他说:

> 我这辈子没有娶老婆,孤身一人,在农村你知道这种情况是比较苦闷的,我也没有想那么多了,也没什么牵挂和追求啦,过一天,算一天吧。但毕竟我老了,腿脚不灵活,也没法做什么工作,生活比较困难。后来老年会听说我的情况后,叫一位村干部来帮我办低保,每个月领取一点低保金。老年会每个月另外给我100元的生活补贴,这样我的生活基本还是过得去的,我当然很感谢老年会,感谢村委会啦!(XYS,20100319访问)

孤寡老年人在兰村老年人中的比例不高,但老年会、村两委没有忘记他们,始终给予密切的关心。

每逢春节老年协会就会给全村的老年人(男的60虚岁以上,女的55虚岁以上)发一点过节费,表示慰问。过节费没有统一的标准,经费比较宽松时,就发100元,经费比较紧张时,就发50元。80虚岁以上的老年人过节费会更高，即高龄补贴；另外，这些高龄老人还可领取村里的特殊礼物（一份面线和鸡蛋①）。虽然现在兰村已给老年人较好的福利，但离他们的目标还有一定的距离。前文我们已介绍过兰村的经济社会发展10年规划，其第三步的目标就是让每个老年人每月能领取100元的养老金，但村集体经济显然还不足以支撑如此的老年人福利。

第二，积极提供多种老年人文体娱乐服务，让老年人老有所乐。老年人的文体娱乐服务对促进老年人身心健康有着重要的作用，兰村主要为老年人提供了三项文体娱乐服务。

一是每年9月9日重阳节，老年协会组织全村老年人外出旅游。旅游的交通费用由老年协会或由村财支出，饮食、购物等费用由老年人自付。一位受访的老年人说：

一般旅游的地方都是比较近的嘛，比如泉州开元寺、闽台缘博物馆、厦门南普陀、莆田湄洲湾妈祖，这样费用较省，村里才承担得起，另外，我们老年人的体力也才顶得住，当天去当天回来。

访问员：您感觉有什么收获吗？

老年人：当然很开心啦！我们村里有一些老年人待在家里很闲，没什么事情做。像我，子女都成家立业了，孙子也成年了，又没有种田，所以很闲。一两次出去走走也挺好的，心情当然很欢喜啦！（XLB，20100319访问）

二是积极开展"三球"运动。"三球"即门球、汽排球、地热球。在兰村老年活动中心就有标准的球场。老年会组织会员在那里练球。他们组建了一支球队，还选了队长、副队长、主力队员、替补队员；他们统一着装，集中训练，其乐融融，成为兰村一道亮丽的风景线。访谈中，一位姓许的老年人自豪地告诉我们："我基本上每天傍晚都有过来打球，除非下雨天，我感觉来这里打球很快乐，与一些老年朋友多交流，省得呆在家里很无聊。还有，我在这里也很有成就感啦……我球技不错的啦，是这里的领队，你可别小看我们这支老年队伍，它为兰村争了不少荣誉，几次NA市里组织比赛，我们都得奖！"（XDZ，20100319访问）

三是积极组建乐队，让老年人陶冶情操，身心愉悦。兰村老年协会组织了一支大鼓吹队。队员40人左右，主要由一些爱好音乐的老年人组成，基本每个村民小组都有老年人参加，一周排练2—3次。一位姓潘的老年人向我们讲述了他参加乐队的感受。他说：

---

① 按当地的风俗，吃了面线和鸡蛋，表示祈求一生平安、长命百岁。每逢孩子生日，父母亲都会为孩子准备一份特别的早餐，那就是面线和鸡蛋。

第六章
资产的经营管理与社区福利产出

我从小喜欢敲锣打鼓,记得当孩子的时候,我就经常把水桶当鼓打,拿一双筷子在上面敲,后来当兵的时候,我还是文工团的,参加工作后,我也喜欢音乐啦!退休回家后,想组织一个乐队,但当时老年会不团结,都不怎么支持。后来,潘书记这届两委上任后,老年会合并统一后,他们都听取我的建议,认为可以搞(乐队),你看现在这支乐队,报名参加的老年人越来越多,他们也很积极参加排练,很多人认为敲鼓吹笛很有意思哟!(XKL,20100319访问)

在我们召开老年人座谈会时,一位许老先生说,以前他心情不好时,要么就是喝酒,要么就是去赌博(打麻将),现在好啦,就是来乐队排练,"嘿,吹笛子一会儿,心情就好啦"(XKL,20100319访问)!

第三,创办老年学校,开展老年教育,让老年人老有所学。现代社会是一个终身学习的社会,中央的文件也多次提出要构建学习型的社会。俗话说,"活到老,学到老",老年人也需要不断地学习。老年教育也是老年人福利体系的重要组成部分。兰村老年会也积极开展老年教育,他们组建老年学校,每个月定期(一般是15日)组织老年人学习。这所老年学校与新农民培训学校不同,它属于老年协会的下属机构,专门针对老年人开设的。任课老师有时直接由新农民培训学校派出,有时另外聘请。课程内容主要包括时事政治(如科学发展观、"三个代表")、党和国家的农村政策(新农村建设)、老年卫生保健、老年书法艺术、营养美食、家庭关系处理等等。老年教育增加了老年人的知识,提高了他们的素质。一位受访的老年人讲了她的感受。她说:

我长期有心脏病,你们知道,这种病是比较危险的,说发作就发作,有时候胸闷、气喘,家里有人在还没事,可以及时送医院,可有时病发作时,家里没人,我都不知道怎么办。后来,上老年学校,有一期讲心脏病知识,听了老师的课后,我学会了心脏病的急救办法,效果不错哩!(XAP,20100319访问)

小结:兰村村财每年拨款给老年协会10万元左右的活动经费,兰村老年协会在村两委的帮助下,自我管理,为全村的老年人提供了丰富的老年人福利:办好老年人的经济福利,让老年人老有所养;提供多种老年人文体娱乐服务,让老年人老有所乐;创办老年学校,开展老年教育,让老年人老有所学。

4. 兰村妇代会的运作及其社区福利产出

我们在第五章分析了兰村妇代会的建设过程及其福利效应。妇代会是妇联在农村的基层组织,也是为农村妇女提供公共服务的平台。每个行政村都有自己的妇代会,关键是妇代会的运作效果,它是否真正做到了为广大妇女谋福利。这部分主要阐述兰村妇代会的经营管理及其福利产出情况。

兰村福利——资产建设与农村社区福利研究

第一,为妇女提供就业培训,促进劳动力非农转移。为了发挥"半边天"在兰村10年规划建设中的作用,妇代会根据妇女自身的优势,积极为全村妇女提供就业服务,促进劳动力的非农转移。据兰村妇代会主任陈女士介绍,她们主要采取了两种方法:走出去和请进来。"走出去"的操作方法是由妇代会派人到晋江、石狮等地方学习衣服干洗知识。被派出去的人员一般3—5个,要求有一定的文化知识、比较勤快、责任心强、有奉献精神、能够积极参与村集体事务。这些人学成之后,要把所学知识教给其他妇女。所有的学习培训费用都由妇代会支出。陈女士说:

本来我们是想让妇女学习洗衣技术后,开干洗店的,但这种店不可能在农村开太多,需求很有限,很多人家里有自己的洗衣机,再加上农民的消费观念还没有达到那种程度,一件衣服干洗下来就要一二十块,他们宁可手洗,哪有可能拿来给你洗,是不是?所以,后来有的妇女学了(干洗)技术之后,到县城去开店,生意还不错的啦!像这样,她们就不需要再靠种田或打工赚钱了嘛!(CHY,20101201访问)

而"请进来"的操作方法是充分利用新农民素质培训学校的优势,请一些创业成功人士来培训妇女如何发展餐饮服务业,并创办"兰馨"巾帼家政服务中心。一位参加过培训的许女士说:

妇代会组织的这支队伍(餐饮服务队伍)生意还是不错的啦,你在农村也生活几年了吧,应该知道我们农村的喜事、丧事风俗嘛!比如,某一户农家结婚娶老婆,农村很少像城市一样去酒店办酒桌,一般爱在厝里(家里)办,比较热闹也比较省钱,但一场婚宴下来几十桌,有的甚至达到上百桌,主人不可能自己煮,所以,主人往往请一些人去煮。我们村里就是组织了一支队伍,专门为别人煮吃(即提供餐饮服务),包括提供碗筷、煮菜、清洗等一条龙服务,一年下来,这种生意可以接好几次,每次的话一个妇女赚几十块没问题,总比做小工(建筑女工)轻松啊!(XSB,20101201访问)

后来的事实证明,这个家政服务中心在帮助妇女就业、增加妇女收入方面发挥了重要作用。2013年兰村被农业部定为农村实用人才培训基地,全国各地派代表到兰村新农民培训学校学习培训。学习期间,"兰馨"巾帼家政服务中心承担了提供学员饮食的任务。由于学员较多,需要的服务人员也较多,为很多赋闲在家的农妇提供了就业机会,增加了经济收入。同时,通过优质、安全的饮食服务增进全国农村实用人才代表对兰村的了解。

第二,为妇女提供文体娱乐。兰村妇代会还根据各年龄段妇女的特点,利用农闲之余开展丰富多彩、富有农村特色的文化娱乐活动。比如,组织20—40岁的年青妇女跳腰鼓舞;组织40—60岁的中年妇女跳钱鼓舞;晚上7—9

第六章
资产的经营管理与社区福利产出

点各年龄段的妇女都可以到中心村空地跳广场舞。据妇代会陈主任介绍，每次参加跳舞的人数都达到 50 人左右。妇代会只是起到组织协调的作用，比如，提供音响设备、邀请小学老师当教练等。妇女是否参加采取自愿原则。这种文体娱乐也积极促进了兰村妇女的身心健康，从而提升她们的人力资本。一位姓潘的农妇告诉我们她参加跳舞的感受：

问：您经常来参加跳舞吗？

潘：是的，一般有举办活动，我都会参加，除非没空。

问：您感觉跳舞对生活有什么影响吗？

潘：我感觉很有好处。说实在的，以前我们这些查某（妇女）一天做的事情无非是煮吃（饭）扫地、喂养牲畜，晚上家务做了后就没什么事情了，要么看电视，要么拉家常，说别人的闲话，很没意思啦！后来，妇代会组织这些活动，让很多妇女有一个活动机会，每次跳了之后，心情都很好，汗流了还有助于身体健康，真的是不错啦！我原来 150 多斤呢，走路都辛苦啊！经常跳舞后，体重变成只有 130 多斤了，多好！（PNS，20101202 访问）

第三，为妇女提供生殖健康保健服务。妇女由于其自身的生理特征，更易受到各种疾病的侵袭。兰村妇代会为了保护全村妇女的身心健康，积极开展生殖保健知识宣传和服务。一位受访的苏女士说："村里（指妇代会）有时会召集未婚育龄女性到村部，教会她们注意月经期、怀孕期，包括产期、喂奶期的注意事项，比如，教会女孩子如何通过试纸检验自己是否怀孕了，然后如何注意身体防止流产等等，这些都是有的。"（SLS，20101202 访问）

一位老年妇女告诉研究者："妇代会讲的很多知识我都听说，有一次上级计生办来入户调查，检验我们查某对生殖知识的了解，其中有一问题，生男孩是由男方决定还是女方决定①，我这种老人都懂得回答男方决定，那些工作人员翘起大拇指，夸我真厉害。"（XLM，20101202 访问）

从这位老人的话，可以推测兰村妇代会普及生育知识的力度还是比较到位的。

第四，为贫困母亲提供生活照顾。兰村妇代会另一个重要的福利产出项目就是关爱贫困母亲。据妇代会陈主任介绍，全村妇女列入低保户对象的有 15 户，这 15 户贫困母亲除了每个月领取政府发放的低保金外，还可享受到妇代会提供的各种福利。

一是子女的教育救助。有些贫困母亲的孩子正在上中学，学杂费、生活费

---

① 在当地农村，人们都认为生男孩子是由妇女决定的，所以如果哪家妇女不能生男孩，经常会被邻居瞧不起。如果某个家庭一直生女孩子，婆婆往往就会带儿媳妇到寺庙祈求观音送子。

占家庭消费支出较大的比例。妇代会就会帮忙联系其所在学校给予一定的学杂费减免和补贴。张女士说："她今年 40 多岁了，丈夫前几年去世了，留下两个小孩给她照顾。两小孩如今都在读书，一个读高中，一个读初中。仅靠她去工厂打工的收入，不可能支付两小孩的生活费和学杂费。妇代会知道情况后，帮她联系学校，减免了一些费用，令她感动的是，妇代会还帮她联系一个企业家定向帮忙，一年都有发些补助。"（ZLZ，20101202 访问）

二是医疗救助。在农村，很多家庭是因病致贫，农女士的家庭就是这种情况。她说："她今年将近 40 岁了，老公长期生病住院，需要较多钱，一直靠吃药和输液才能维持生命，可以说厝里（家里）所有值钱的东西该卖全都卖啦，还欠了一身债，现在还想向亲戚朋友借钱也没得借了……上段时间需要做一个手术，家里实在是没钱，想想反正活下来的希望也不大，没钱只有等死啦，村里妇代会知道情况后，发起了募捐，帮她家筹集了一些医疗款，虽然不是太多，但心里已经很感激了！"（NNS，20101202 访问）

三是节日慰问。节日慰问是兰村妇代会关心贫困母亲的重要工作。许女士说："每年妇女节和春节的时候，妇代会都会派代表来厝里（家里）关心她，一般是送慰问金，送大米、油等生活用品。这些东西虽然不是很贵重，但也较好地让她欢喜过节！"（XNS，20101202 访问）

小结：兰村妇代会的有效运作为妇女提供了各种公益服务，提供就业培训，促进劳动力转移；提供文体娱乐、生殖健康保健服务，促进妇女身心健康；为贫困妇女提供教育救助、医疗救助和生活照顾。

（二）实物资产的经营管理及其社区福利产出

第五章分析兰青公路和兰青大桥两项实物资产的建设过程及其福利效应。接下来我们将运用访谈材料和观察日记讨论兰青公路与兰青大桥建好之后的福利效应。

第一，兰青公路与兰青大桥的建成极大地改善了兰村的交通条件，方便村民出行。要想富，先通路。没有好的交通条件，村民出行就不太方便，村民与外界的联系也就比较少，村民就难以致富。前文提过，兰青公路与兰青大桥修建之前，兰村是没有村主干道的。除了草埔自然村外，村民想到县城办事就得绕一条崎岖的山路。兰村到县城的路程较远、山路难走。而兰青公路与兰青大桥修建后，兰村到县城的距离来回至少缩短 30 公里。调研中，一位姓许的村民指着宽阔的兰青公路说：

以前这里都是田地、菜地、山地，没有路，那座桥（兰青大桥）也没有，所以整个村实际上只有靠近省道 307 线的草埔自然村交通比较便利外，里面的

第六章
资产的经营管理与社区福利产出

各自然村的交通都不怎么好,他们要想到 NA 县城办事,要么绕山头自然村的一条泥土路,到南洪公路,然后再去县城;或者走路到草埔,在省道 307 边乘汽车到县城,反正这两条路线都比较麻烦,前面那条线路虽然相对较近,但不好走,路窄又多泥泞,要是下雨天就很不方便!后面那条虽然有省道,都是水泥路,但对住在较里面的村民来说,也是非常不方便……不过现在好啦!这条路和那座桥通了,他们现在去县城路好走,又省时,如果骑摩托车至少可以节省 20 分钟,因为兰青公路与兰青大桥是直接与南洪公路连接,直接通向县城。这样就很好了,他们出去方便,别人进来也方便,这样兰村才有可能活起来。(XDG,20110701 访问)

第二,兰青公路与兰青大桥的建成极大地提高了兰村的居住品质,为村民提供了良好的居住环境。农村的居住环境相对城市来说,有着空气较好、空间较大的优点,但也存在缺乏规划、乱建房屋的弊病。所以,在农村很难看到整齐划一、错落有序的建筑格局。兰村村民的房屋建筑也是杂乱无章。兰青公路与兰青大桥建成之后,由于交通条件大大改善了,很多村民申请在路的两侧建房。兰村趁此机会,对房屋建筑进行了统一规划。许副村长告诉我们:"兰青公路修建之后,两边绿化很好,空气也不错,一些村民提出在两边建房。他们当时认真考虑了群众的申请,认为这种做法是可行的。他们经过支部大会讨论后,认为可以通过兰青公路和大桥,把村民的房屋建筑重新规划一下,提高兰村的居住质量。经支部讨论和征求群众意见后,他们规定村民想在路两边建房屋可以,但必须符合村的要求,即宽统一 4.5 米,户与户之间间隔 1 米,这样建起来之后就很漂亮了。"(XHH,20110701 访问)

村民建设房屋所需的宅基地获得方法由村民自行解决,村委会协调处理;宅基地申请的费用也有相应规定。以下是相关的会议记录节选:

关于兰青公路沿路两侧的土地规划建设。

具体初步规划情况由潘书记作解释说明:原兰青公路两侧的土地规划建设拟由各组自行统一规划建设。鉴于现各自然村存在的一些实际情况,由各组自行统一规划有一定的困难,故经村两委会讨论研究决定将对以前的规划方案予以调整。即:由村委会配合各自然村进行统一规划,村民申请建房涉及的建设用地即由村民与村民自行协商处理。如能处理得当,村委会就要准予申请。其申请人应交的费用除正常的申请费用及村委会新村规划配套费每平方米 10 元外,每间店面应交本村民小组的土地补偿费人民币 1 万元以用于弥补原村民的土地被兰青公路建设征用的土地差价。具体弥补办法待定,村委会不再收取任何费用。另应交镇政府配套费每间店面 2 万元,即由村委会与镇政府协调交由我村收取用于兰青公路及兰青大桥建设。经征求意见无异议,一致同意通过。

 **兰村福利**——资产建设与农村社区福利研究

（选自 2009 年 7 月 25 日上午兰村党委扩大会会议记录）

我们访问了一位申请在兰青公路旁建房的村民。他说，在这条路两侧建房子，是有眼光的，这条路以后肯定会很热闹，两边有厝（房），有店面，路以后就像商业街一样，适合居住，还可做点小生意，所以，他感觉交 2 万元给村作为兰青公路的建设费，交 1 万元给小组作为弥补一些被征地村民的损失是合适的。他认为花这 3 万元值得，以后很快就可以回收了。附近村的一些村民也想来这里申请土地建厝（房），并且出的价格是本村村民的几倍，但村里不会同意，各个村的干部肯定都是为自己的村民利益想的，哪有可能为外村呢？

在 2011 年的一次调研中，我们特意观察了兰青公路两侧房屋的建设情况。站在兰青公路的起点处，映入眼帘的是 10 多栋规格统一的楼房，它们矗立在兰青公路的两侧，有的已经装修好了，开始有人在卖些商品；有的还在装修中，人们正忙碌着；有的还没建好，正在施工中……此时的兰青公路已显露出繁荣的景象，相信若干年后将成为村民最向往的地方。

第三，兰青公路与兰青大桥的维护管理工作也为兰村贫困村民创造了就业机会。像村路、大桥这样的基础设施建好之后，必须进行良好地维护管理，否则非但不能为村民带来福利，反而有时会威胁到村民的生产生活安全。兰村在兰青公路通路、兰青大桥通桥之后，成立了一支管理队伍。这支管理队伍的队员主要由家庭经济比较困难的村民组成，如五保户和低保户。① 这种做法的好处是既保证了兰青公路与兰青大桥的日常维护，又为困难群体创造了就业机会。许副村长介绍了相关情况。他说，他们村里这样做是经过认真考虑的，一方面兰青公路和大桥确实需要维护，比如查看路基是否有破洞，大桥是否有安全隐患等，另一方面帮助那些经济很困难的人找一份工作，比如，村里那个五保户，他今年 60 多岁，身体有点残疾，长期靠领取低保金过日子，平时也做不了什么事情。于是，经征求他的意见后，村委把他招进管理队伍中，与其他几个管理人员负责清扫兰青公路和大桥的垃圾，查看安全隐患并及时汇报村委会，这种工作他做得了，一个月工资 1200 元，增加了他的收入，提高了他的生活质量！其他几个队员情况也类似。

小结：兰青公路与兰青大桥的经营管理为村民提供了丰富的社区公益服务，兰青公路的通路与兰青大桥的通桥极大改善了兰村村民的交通条件；统一规划公路两侧的建筑，提高了村民的居住品质；兰青公路与兰青大桥的日常维护管理工作还为困难群众创造了就业机会，提高了他们的收入。

---

① 以资产为本的社区发展理论认为，贫困群体也是社区的资产，也是可以为社区的经济社会发展做贡献，兰村的做法体现了这一理论在实践中的应用。

164

第六章
资产的经营管理与社区福利产出

(三) 金融资产的经营管理及其社区福利产出

一个村的金融资产存量决定着一个村的社区福利水平。金融资产的经营管理是村务管理中的重要工作,是干部、群众最关心的一项内容。本部分将阐述兰村金融资产的经营管理方法及其社区福利效应。主要包括两方面的内容:一是村集体金融资产的管理制度;二是村财提供了哪些社区服务。

1. 金融资产的管理制度

(1) 成立完善的管理机构。兰村成立了金融资产的领导组、管理组和监督组。领导组成员共有5位,组长由村党委潘书记担任,副组长由许副书记担任,另外3位成员由村两委干部、村民代表和老年协会理事担任。领导组的主要职责是制定村集体金融资产的发展规划和管理制度,指导村集体金融资产的支出方向、支出金额,统筹协调理财组和监督组的工作。理财组和监督组都是在领导组的指导下开展工作。两个组的成员共有15人,其中监督组8人,理财组7人,全部由老年协会理事和村民代表构成,每个村民小组都有相应的代表(见表6.1)。每个村民小组的名额是依据它的人口数决定的,人口数较多的小组有2个名额,反之,则只有1个名额。理财组和监督组人员的素质要求都是对财务管理知识比较熟悉。

表6.1 兰村集体金融资产管理理财组和监督组的名额分配

组别	名额	老年协会理事	村民代表	组别	名额	老年协会理事	村民代表
1	1	1		6	2	1	1
2	1		1	7	1		1
3	1	1		8	2	1	1
4	2	1	1	9	1	1	
5	2	1	1	10	1		1

数据来源:根据兰村相关会议记录整理

理财组和监督组的成员不得有村两委的亲属。以下是兰村调整相关成员的会议记录节选:

七、讨论研究村务公开理财组、监督组成员。

根据上级有关文件精神,2009年村级组织换届的理财组、监督组当中的成员,不得有村两委的亲属,故对原理财组、监督组系因与村两委成员有亲属关系的对象作适当的调整。其调整的对象系由涉及的村民小组推荐并经与会人员讨论研究确定:

监督组：5 组许阿改调换许评、4 组许林因故调换许忠、2 组许玉调换潘花、3 组许英调换许荣、6 组林华调换林琴。

理财组：2 组许辉调换许天、6 组潘琴调换潘益、8 组杨清调换黄丽。（选自兰村 2009 年元月 20 日上午两委会会议记录）

理财组和监督组的主要职责是每季度对村财收支进行审核并印发到各村民小组张贴公示，又让村民小组长存档一份备查（参见兰村《2006 年村规民约》第三十五条）。

当然，这两组成员每次工作后都能领取相应的工作补贴，比如，参加开会每次补贴 40 元；审核财务一次补贴 50 元。

（2）建立严格的财务管理制度。除了设立管理机构外，兰村还建立严格的财务管理制度。兰村规定村财的每笔支出发票必须有经办人和证明人的亲笔签名，并且要写明具体用途。对于 1000 元以上的发票必须要有 4 个人签名，其中经办人 1 个、证明人 3 个。每笔支出还必须由经办人在村两委扩大会上公开，详细说明用途，并经理财组和监督组全体成员确认后才能写入村会议记录，然后经村主任审批方可报支入账。访谈中，一位姓潘的村干部告诉我们关于兰村财务管理制度的执行情况，他说：

我们村的财务管理可以说非常严格啦，每张发票都必须有经手人、证明人签名，而且要写清钱用到哪里，之后需要财务理财组和监督组的审核，然后给村长审批后，才能入账。这些程序绝对不是写好看的，真的有落实嘛！我记得有一次，我们两位村干部去买一些办公用品，发票上面都有写清经手人、证明人，也有在村委会上说清钱的用途，理财组、监督组的人员也有审核，但由于他们的疏忽，发票忘记给村长签名后就入账，结果被领导组发现，最后这两人各罚款 100 元，从这点，你可看出我们管理村财还是很严格的，作为你们的调研，你们也可将我们村的管理与其他村的管理作些比较，看是不是我们（的财务管理）比较严格……总之，我们认为村财管理一定要经得起历史的考验，绝对不能马虎嘛！（PXS，20100823 访问）

受这位村干部的启发，我们也调研了附近几个村的财务管理制度，发现有的村财务账册上连发票都没有，只是附张白条；有的村虽然提供发票，但经办人、证明人未签名或未写清用途。兰村的账务管理制度确实比较严格，并且得到真正的落实。

（3）设立透明的财务公开制度。村财公开是村务公开的核心内容，也是群众最关心的工作。兰村也制定了一套透明的财务公开规则。兰村规定每月 5 日为村财报账日，这天，分管村财的会计、出纳会将上一月的村财收支情况向与会人员逐一解释，然后接受提问，由相关人员回答。与会人员全村村民都可以

第六章 资产的经营管理与社区福利产出

参加,并采取自愿参加的原则,村两委、老年协会理事、妇代会主要干部、村民代表、村民小组长则必须参加。会后,小组长还必须将村财公开情况复印回去征求群众意见,把群众有异议或不清楚之处反馈到村委会。以下是一份村财报账日的会议记录节选:

一、由出纳许阿辉对每一笔支出作具体说明①……

三、对上述公布的支出情况征求意见

1. 许英提问关于中心村12万多元的设计费问题。

许副书记解答:该设计费系于中心村土地未投标前聘请华侨大学设计,其设计方案以前在培训基地开村民代表大会已有解释过,至于中心村土地转让后改变的设计方案、设计费与村委会无关,也无须村委会负责。

2. 许英物提问:村委会有一台复印机,在报支时还有那么多的复印费。

许村长解答:村委会复印机有一台,但这台只有复印一小部分的材料,材料较多的叫别人复印,比用村委会的复印机省钱,因为每次加碳粉就要150元。

3. 潘琴提到,群众普遍反应会议次数偏多,误工补贴偏高,参加会议的对象重复,请支部对这个问题认真考虑。

许村长解答:这点支部会认真研究。(选自兰村2007年6月5日上午报账会议记录)

兰村透明的财务公开制度还表现在兰村的财务支出情况在"世纪之村"信息服务平台上开辟专栏公布,方便村民查看、接受群众监督。但由于电脑、网络的普及程度还没有那么高,村民的文化素质也还没有达到信息化普及的要求,较少村民浏览网上村财公开专栏。②

4. 严格贯彻有关政府部门的文件精神,并听从相应的工作指导。地方政府相关部门对兰村的财务管理也给予积极的工作指导。根据农业部《农村集体财务管理规范化管理办法》、财政部《村集体经济组织会计制度》、《福建省村集体会计委托代理制度》③ 等规定及有关会议精神,NA市于2008年3月1日

---

① 详见附录8.14。

② 我们观察了2005年1月—2014年2月的浏览记录,发现点击率都在30以下。

③ 这项制度福建省于2005年就开始实行了。主要操作方法是:各地成立乡(镇)会计代理服务机构,负责代理村集体会计业务;各行政村今后将不再另设会计岗位,只设报账员1名,负责村集体出纳和报账工作;而乡(镇)会计代理服务机构的代理会计和村报账员都必须持有《会计从业资格证》或《农村财会任用证》方能上岗;村集体资金实行专户储存、专款专用,会计服务中心只提供服务,无权支配使用村集体资金(参见赵鹏,2005,《福建:村里不设会计,村账委托管理》,《人民日报》2005年6月28日)。

开始实行村集体会计委托代理制度。兰村的村财管理也严格按照上级政府的要求，贯彻会计委托代理制度。一位姓许的副村长谈了对这项制度的看法。他说："他们村对上级政府文件的落实工作比较早、也比较严格，当时市里下发了村集体会计委托代理制度的文件，他们马上召开两委会，传达相关精神，并且制定落实方案。也就是，村里不再设会计了，只设一个报账员，村里所有的账目全部交给镇的会计委托中心代理。在他看来，这样做也很好，村财务管理会更加规范，毕竟镇的工作人员比较专业，都需要持证上岗，工作起来肯定比村里的土会计要好，这样的话，村委也放心，也可以更好地向村民交待。"(PXS，20100823 访问)

另外，我们从2010年1月份的一份会议记录可以清晰地看出兰村及时落实地方政府有关部门的财务指导工作意见。这份记录记载着，当年元月7日当地市组织部、市农海局、市农办到兰村检查村务，就财务管理提出几点整改意见：

（1）村委会各项资金支出的票据未经领导审批签名不能先支付，否则，视为报账员挪用公款现象；（2）超过1000元以上支出必须由村主任、书记签批后方可支付；（3）超过5000元以上必须经村两委会议研究决定签批后方可支付；（4）大额以上（5万元以上）必须由村民代表大会研究决定签批后方可支付。对市委组织部、农海局、农办提出上述的4点意见，负责财务的许副村长要求两委会要及时解决，否则他无法继续开展该项工作，经两委会讨论，一致同意按照上级有关部门的意见办理。（选自兰村2010年元月17日上午村两委扩大会会议记录）

2. 金融资产经营管理的福利效应

（1）增加村干部和村民的财务管理知识，提高人力资本。在大学的专业设置目录里，财务管理属于工商管理一级学科下面的一个二级学科，财务管理专业需要经济学、管理学、统计学等多个学科的知识作支撑。农村的村财管理虽然没有那么复杂，但对很多村干部或村民来说，看懂村财务报表依旧不是件简单的事情。有位村干部就跟我们讲：

每个月村财务支出都有公开，并贴在墙上让村民看，但说实在的，很多人都看不太懂，有的看到那些数据，头都会晕，尤其是那个余额，经常有人（包括村民和一些党员干部）怀疑是否有问题。情况是这样的，有时政府拨款支持村里的公益事业建设，比如，拨100万元用于兰青大桥建设，那么这个月的村财收入就有体现多出100万元，所以余额就会增加很多，群众就以为村里还很有钱，但一旦要付工程款，这100万元马上就支出了，余额就很少了，有时甚

第六章
资产的经营管理与社区福利产出

至亏空,群众就有意见了,怎么这个月开支那么多,就怀疑是不是有人挪用公款了,实际上他们没有认真看清每笔钱的收入、支出情况,单独看余额。所以,村委曾经组织村民和某些干部培训,教他们如何看财务报表;尤其是村党员干部一定要加强财务知识的学习,万一群众有误解,好做解释工作。一段时间以后,他们村的绝大多数干部和村民对村财务报告还是比较看得懂的。(XNS,20100823访问)

(2) 加强村民对村干部的信任,增强内部社会资本。由于兰村有着健全的财务管理机构、严格的财务管理制度和透明的财务公开制度,村民对村里的财务支出是放心的,他们也更加信任村干部,干群关系和谐。一位姓潘的村民说:

以前想看看村里的钱到底有多少,每个月开支情况怎么样,要跑到村部去看,并且经常找不到人(没人上班嘛),即使刚好有干部值班,你看到那些账簿都会晕,发票、条子(有些开支没发票,用纸条代替)粘得非常混乱,有些支出项目干脆就没注明清楚,你问村干部,他也支支吾吾,说不清,所以,那时候,群众对村干部意见真大,都认为那些人是吃钱官!现在好嘞,你可以去各家各户调查了解,看哪位村民对村财务管理有意见,我可以给你打包票,99%的人是满意的!人家(指村干部)每笔支出都注明得很清楚,经手人是谁、证明人是谁、开支多少、买什么,都在发票上写了,你还有什么疑问?大的支出都有开村民代表会通过,群众有意见可以当场提或者事后提,这样透明的做法,谁不服啊,谁不信啊,你说呢?(PAL,20100824访问)

(3) 兰村金融资产的经营管理,还提供了一系列的社区公益服务。村集体的金融资产除了用于组织资产(兰村小学、培训学校、老年会、妇代会)的建立与管理①、实物资产(兰青公路、大桥)的建设②之外,还用于提供以下几种社区福利。

第一,用于奖励各类先进分子。

一是奖励"学习先进分子"。兰村设立奖学金制度:"A、小学各年级前三名分别奖给150、100、50元;B、初中考高中(NA市指定的重点高中)每人发给奖学金人民币200元,全村分数第一名奖500元并贴联;C、凡属兰村户籍的学生考入本科以上每人发给奖学金人民币500元,并贴联;如果是'二女'结扎户的女儿考上本科时,每人奖励1000元,考上专科时,每人奖励500元。"(选自兰村2004年7月1日下午会议记录:纪念建党83周年系列活

---

① 参见第五章一和本章二之(一)的内容。
② 参见第五章三的内容。

动)例如,2008年,第8村民小组许阿碧次女许婷考入厦门大学,该对象属二女结扎户,获村集体奖励1000元。

二是奖励"文体先进分子"。兰村村规民约第五章第三十九条规定:"文体活动获奖的本村村民,获全国性三等奖以上的(含三等奖,下同)村委会发给奖金10000元;获全省性三等奖以上的发给奖金5000元;获泉州市级三等奖以上的发给奖金3000元,获NA市级三等奖以上的发给奖金2000元。"(选自《兰村2006年村规民约》)比如,2007年10名小学生和老师到北京参加全国小学生卡拉ok比赛,2人获二等奖,分别获得村10000元的奖励,每个参赛人员的车旅费及其他费用3000多元全部由村财支出。

三是奖励"工作先进分子"。兰村村规民约第五章第四十条规定:"在建设新兰村的工作中,以书面形式提出合理化建议,每被采纳一条,村委会发给奖金1000元;在建设工作中,表现突出的,年终经村民代表大会表决确认为先进个人的,村委会发给奖金1000元。"第四十一条规定:"抢险救灾、见义勇为,包括劝架、反盗窃、救死扶伤、济困助弱表现突出,受镇以上人民政府表彰的,村委会发给1000奖金。"第四十三条规定:"本村村民在工作或创业中有突出贡献的,受县市级以上人民政府表彰的先进个人,村委会发给奖金10000元。"第四十五条规定:"在民事纠纷调解工作中,效果显著的,年终经村民代表大会确认为调解优秀分子的,村委会发给奖金1000元。"另外,兰村还规定村干部(包括村两委、全体党员、村民代表、老人会理事、中心户长)的奖励办法:"本届村干部以及所有参与兰村经济社会发展的决策者的年终奖金,按三年总收入提取一定比例作为奖金,让下届的村民代表评比本届的政绩表现予于兑现。"比例如下:"村财年收入50万元以下提30%;50-100万元提取20%;100-200万元提取10%;200-300万元提取8%;300万元以上提取5%。"(参见兰村2006年9月13日上午党支部大会会议记录)每三年结算一次,比如2004-2006年的村财收入共3459675元,提取5%计172983.75元作为上届三年村干部的年终奖金。

四是奖励"生活先进分子"。兰村村规民约第五章第四十四条规定、"在社会公德、遵纪守法、邻里团结、家庭和睦等方面,表现突出的,经党员、老人协会理事成员推荐,通过村民代表大会表决确认的文明家庭,村委会发给荣誉证书、奖金500元。"(选自《兰村2006年村规民约》)

第二,用于参加新型农村合作医疗保险。兰村将新型农村合作医疗保险的推广与村经济社会发展事业结合起来。兰村规定:"从2007年以来,我村为了鼓励村民遵守《村规民约》、争当文明村民,让村民对照《村规民约》条件自己报名参与评选'文明家庭',经评选符合条件的村民由村委会出资为其办理

第六章 资产的经营管理与社区福利产出

新型农村合作医疗保险。"(参见 NA 市 KM 镇兰村改革开放 30 年成就简介)表 6.2 是兰村 2007—2013 年为被选为文明家庭村民参保金额的汇总。

表 6.2 兰村出资帮助村民参加新农合的金额

年份	参保金额（元）	参保人数（人）	全村总人口（人）	占全村总人口比例（%）
2007	45780	2289	3219	71.10
2008	51720	2586	3194	80.96
2009	53660	2683	3238	82.86
2010	83460	2782	3258	85.41
2011	142350	2847	3286	86.67
2012	149200	2984	3300	90.41
2013	188100	3135	3392	92.43

数据来源：根据兰村新农村合作医疗参保会议记录整理而得。

第三，用于提供安全服务。兰村高度重视"平安创建"工作，为村民提供一个安全舒适的居住环境。

一是组建一支治安巡逻队。据村治保主任潘先生介绍，巡逻队队员共 5 人（4 人专职，1 人由村委兼任）。队员每月工资 1500 元，由村财支付。队员选拔标准是兰村村民，身体素质比较好，有治保工作经验，退伍兵优先考虑。村里非常重视巡逻队的工作，出资给他们建设独立的办公室（警务室），并配备两辆巡逻车。警务室要求 24 小时均有人值班，队员在夜间必须轮流在全村的重点区域巡逻。他说："村巡逻队的工作要接受镇派出所的指导，派出所会下派一个工作人员到他们村警务室值班。他们如果抓到小偷，就把小偷扭送派出所，因为，他们没有执法权，从这点来说，他们也是在协助派出所开展工作。此外，他们还在各村民小组设有治安中心户，这些中心户的户长会协助他们掌握治安信息。治安中心户长会定期把自己负责的小组治安情况（比如，哪家最近丢了什么东西，有哪些安全隐患等）及时汇报巡逻队，然后他们共同商量最佳的解决方案。"

二是在全村的主要交通路口和要害位置安装 13 个"全球眼"，实现了全村社会治安的全天候、全方位监控。据潘主任介绍，全村共装了 13 个"全球眼"。可以说，全村主要路段的情况，都可以从"全球眼"中的监控录像查到。他说："这些设备是由电信公司来安装的，13 个监控摄像刚开始每个月是 6 千多，它是分期付款的，交两三年后就比较省了。这些监控设备帮了我们很大忙。比如，有人偷东西，只要他经过这些路口，肯定会被拍下来，然后我们调出录像，就可以很清楚地查看盗窃者的长相，有利于破案。"（PJX，20100824

兰村福利——资产建设与农村社区福利研究

访问)

第四,用于提供环境清洁服务。"村容整洁"是新农村建设的重要内容。2012年以来,兰村又投入了大量的时间与精力进行"美丽乡村"建设(第三章已有介绍)。因此,兰村投入了不少资金用于村容整洁工作,有效地治理了脏、乱、差的环境卫生状况。兰村主要采取了两项措施:(1)组建一支12人的卫生清洁队。队员全部从村民中招聘。只要手脚灵活、工作勤快、为人朴实、不怕苦、不怕脏的村民,都可以报名。如果报名的人太多,由各村民小组的组长、党员、老年会理事、村民代表讨论推荐。从最后招聘的情况看,多数是女同志。清洁队的主要职责是打扫环村水泥路和各自然村的道路。(2)建立健全环境卫生清洁设施。兰村给每个家庭发一个垃圾桶,在各小组添加若干垃圾坑,全村共30个垃圾坑,新建一个垃圾处理场,添加一部垃圾运输车。大概过程是这样的,他们号召群众将日常垃圾先倒入垃圾桶,然后放入垃圾坑,最后才由村的垃圾运输车将垃圾运往垃圾处理场。这个工作实际上承包给一位村民,他要负责运走垃圾场里的所有垃圾,每年承包费4万多元。另外,他们还填平露天厕所100多座,新建10蹲位水冲式无公害公厕7座。

通过以上两个方法,兰村为村民提供了一个整洁、干净、宜人的居住环境。村民许先生说:

以前,村里的垃圾乱七八糟,鸡屎、鸭屎随处可见,苍蝇满天飞,厕所也很臭,而且是露天的,非常难看,后来听说政府要搞新农村建设,我们村也在搞10年规划建设,大家认为村里没有新面貌,哪有什么新农村,所以村里请了一些查某(妇女)和困难户专门扫村路,也建了很多垃圾坑,家家户户也发垃圾桶,通过整理后,确实整个村变了样,路比以前干净多了,群众也较自觉地将垃圾扔往垃圾场,卫生清洁后,我们生活得也比较舒心、清爽了,嘿嘿!(XGJ,20100320访问)

我们在田野调查中,带着几个访问员一起到兰村的各角落参观了几回。通过观察,我们发现兰村的道路确实比其他村干净、清洁,有专人在打扫;垃圾坑有专人来清理,有专车来运输;村公共厕所也比较干净,有专人清洗。

第五,用于救助困难群体。社会救助是我国社会保障体系的最低防线。1995年民政部为了帮助农村的贫困户解决衣食之忧,开始在部分地区开展了建立最低生活保障制度的试点工作;福建省于2004年1月起在全省建立最低生活保障制度。兰村的困难群体在潘先生担任村支部书记之前除了领取政府给的低保金之外,几乎再也没有任何其他补助。但自从2004年开始,以潘先生为党支部书记的村两委上任后,兰村的困难群体每年过春节或经济特别困难时候都可以得到村里的额外补助。据一位负责社会保障事务的村干部介绍,兰村

第六章 资产的经营管理与社区福利产出

每年春节都要拨款 1.5 万元左右慰问全村 24 户的特困户、残疾人、孤儿，主要是想让他们过一个祥和愉快的新春佳节，同时感受党和政府对弱势群体的关怀。在调研中，一位姓许的村民告诉我们：

他们夫妻俩都是残疾人，没法找到什么好工作，主要靠政府发的低保金过日子，他上面还有一个 70 多岁的老母，下面有一个读高中的孩子，可以说生活是真艰难。要感谢村干部的是，村两委过年的时候都会给他家一些钱，贴补家用，好过节。另外，孩子读书的学费有时也有帮他向学校申请减免啦！他认为，村里对他们这些困难家庭还是很关心的，他印象里记得有一位厝边（邻居）生大病住院，需要动手术，但家庭（经济）非常困难，一时不可能拿出那么多钱的，村里认为先救人再说，赶紧从村财中拿出钱帮忙他，最后那个人的命才捡回来！(XZY, 20100320 访问）

我们事后向村民打听，了解到那位受助的村民姓许，脑部受重伤，需要动手术。当时村两委除了从村财中支出帮他支付医疗费外，还带头捐款并向群众募捐资助他。

小结：兰村建立了完善的村集体金融资产管理制度，对村集体金融资产进行了良好地经营管理，既提高（增进）了村民的财务知识，又增进村民对村干部的信任。此外，村集体金融资产还提供了一系列的社区公益服务：奖励各种先进分子、为村"文明家庭"办理新型农村合作医疗、为村民提供安全保障服务、环境清洁服务、为困难群体提供社会支持等。

三 社区福利评价

第五章和本章第二节讨论了兰村资产建设的过程及其福利效应、资产的经营管理方法及其社区公益服务产出情况，那么作为社区服务接受者的村民，他们对各项公益服务的评价是怎样呢？本节将对问卷调查获得的数据进行统计分析，考察兰村村民的主观福利评价，以印证上文定性分析的结果，同时也试图发现兰村社区福利发展中存在的一些问题，为下文提出相关政策建议奠定基础。

（一）数据来源

问卷调查的过程我们在第一章第二已有交待。我们于 2011 年 12 月初对兰村进行了正式的问卷调查。本次调查采用随机抽样的方法选取调查对象，即以户口编码为抽样框,每个村民小组抽取30户作为样本。每户的受访者要求年龄在18周岁以上,出生日期最接近调查时间的就被选为受访对象。本次调查共发放300份问卷,回收274份,回收率91.33%,其中有效问卷263份,有效率达95.99%。这样的问卷回收率和有效率在农村调研中可以说是很好的结果了。在问卷填答环节上,我们主要根据受访村民的文化水平,采用自己填答和协助填答相结合的方式。如果村民受教育水平较高,问卷由他们自行填答,然后由访问员当场收回;如果村民无法看懂问卷,则由访问员进行结构性访谈,帮助受访者完成问卷填答后,当场收回。

(二) 样本的基本情况

本次调查样本的基本情况如表6.3,从表中各变量的数据分布看,这次调研的样本分布比较均匀。表6.3显示,受调查的村民中男性占45.6%,女性占51.7%,女性比男性多出6个百分点。从年龄分布情况看,老、中、青都有一定的比例,60周岁以上的老年人占8.7%,40-59周岁的中年村民占34.6%,而18-39周岁的青年村民占了53.6%;从受教育水平看,多数村民文化程度比较低,78.7%的村民学历在初中、小学或小学以下;从村民从事的职业类型看,排前三位的分别是"在家务农"(占46%)、"商业服务人员或企事业单位雇工"(占15.2%)、"手工业"(占13.3),而"公务员或村干部"、"私营企业主或企业管理人员"和"个体户"则分别只占1.5%、2.3%和12.2%,可见受访村民还是以务农或打工谋生;从政治身份看,受访对象中,村干部(这里包括村两委、小组长、中心户长)占3.8%、党员占8%、普通群众占79.5%,可见,普通村民占绝大多数,这种样本构成有利于提高福利评估的真实性。从受访村民上一年度的家庭年收入看,多数村民的收入水平不高,71.1%的农户家庭收入在3万元以下,这说明如何更快地提高村民的家庭收入还是兰村今后的重要工作。受访村民中,84.8%人的已婚。

表6.3 样本构成情况

变量	N	%	变量	N	%
性别			是否村干部		
男	120	45.6	否	233	88.6
女	136	51.7	是	10	3.8
缺失值	7	2.7	缺失值	20	7.6
合计	263	100	合计	263	100
年龄			政治面貌		

第六章 资产的经营管理与社区福利产出

变量	N	%	变量	N	%
18—39岁	141	53.6	群众	209	79.5
40—59岁	91	34.6	民主党派	10	3.8
60岁及以上	23	8.7	中共党员	21	8.0
缺失值	8	3.0	缺失值	23	8.7
合计	263	100	合计	263	100.0
文化程度			去年家庭年收入		
小学及小学以下	107	40.7	2万元以下	90	34.2
初中	100	38.0	20001—3万元	97	36.9
高中或中专	31	11.8	30001—4万元	36	13.7
大专及以上	11	4.2	40001—5万元	15	5.7
缺失值	14	5.3	5万元以上	14	5.3
合计	263	100	缺失值	11	4.2
职业状况			合计	263	100
在家务农	121	46	婚姻状况		
手工业者	35	13.3	未婚	24	9.1
商业服务人员或企事业单位雇工	40	15.2	已婚	223	84.8
个体户	32	12.2	已婚但离异或丧偶	2	0.8
私营企业主或企业管理人员	6	2.3	缺失值	13	4.9
公务员或村干部	4	1.5	合计	263	100.0
其他	8	3.0			
缺失值	17	6.5			
合计	263	100			

（三）村民对社区福利的评价情况

调查显示，受访村民对各项社区公益服务的满意度很高。表6.4是受访村民对兰村组织资产、实物资产以及金融资产提供的各项社区公益服务的评价结果。从数据分布，我们可以看出，受访村民对各项社区服务的满意度都达到90%以上。比如，对小学教学质量的评价，54%的人表示"很满意"、38%的人表示"满意"，两者之和达92%（详见下表）。这也印证了上一节定性分析的结果，即兰村的各项资产通过良好的经营管理后确实为村民提供了较好的公益服务。

表 6.4 村民的主观福利评价

福利项目	很满意（%）	满意（%）	不满意（%）	很不满意（%）	合计（%）
小学的教学质量	54.0	38.0	6.1	1.9	100
孩子上小学方便度	55.1	36.9	6.8	1.2	100
孩子上小学的学费	55.9	38.4	3.8	1.9	100
老年人春节享受的津贴	54.6	38.7	5.9	0.8	100
老年人外出旅游	39.5	51.8	8.3	0.4	100
老年文体娱乐	51.7	42.6	4.2	1.5	100
老年教育	44.5	48.3	3.8	3.4	100
大鼓吹队免费为去世老人送葬	48.7	44.5	5.7	1.1	100
妇女就业培训	50.6	42.2	5.3	1.9	100
妇女文体娱乐	50.6	44.1	1.9	3.4	100
困难家庭的经济补助	52.1	42.2	3.8	1.9	100
困难家庭的就业帮扶	53.5	39.2	4.6	2.7	100
困难家庭的关怀慰问	51.7	41.4	3.4	3.5	100
治安保障	50.6	39.9	5.3	4.2	100
环境清洁	57.4	36.5	3.8	2.3	100
免费参加"新农合"	60.5	34.6	3.4	1.5	100
村路方便程度	58.9	35.0	4.2	1.9	100

调查表明，大多数受访者对新农民培训学校提供的服务表示肯定。79.1%的村民认为该学校可以"提高村民素质，增加村民收入"；75.2%的人认为新农民学校"增进村民之间的交流"；61%的人认为，该校可以"为村民解决生产、生活中的难题提供指导"；39.8%的人认为该校"增强兰村与外部单位的联系"；只有3.1%的人认为"很少村民参加，作用不大"（见表6.5）。

表 6.5 村民对创办兰村新农民培训学校的看法：（可多选）

选项	选择的百分比（%）	排序
增强本村与外部单位的联系	39.8	4
增进村民之间的交流	75.2	2
为村民解决生产、生活中的难题提供指导	61.0	3
提高村民素质，增加村民收入	79.1	1
很少村民参加，作用不大	3.1	5
不了解	2.4	6

"世纪之村"信息服务平台深受兰村村民欢迎。从表6.6可以看出，新农

第六章
资产的经营管理与社区福利产出

民培训学校与北京友友公司合作开发的"世纪之村"信息服务平台是深受兰村村民欢迎的。85.7%的人认为,该平台实行"网上村务公开,可增加村民对干部的信任";82.9%的人认为通过该平台"发布农产品买卖信息,可增加农民收入";46.1%的人认为该平台"增强本村与外部各单位的联系";只有2.0%的人认为"很少人使用,效果不大"。

表6.6 村民对"世纪之村"信息服务平台的看法:

选项	百分比(%)	排序
增强本村与外部各单位的联系	46.1	3
网上村务公开,增加村民对干部的信任	85.7	1
增加村民的计算机知识	21.6	4
发布农产品买卖信息,增加农民收入	82.9	2
很少人使用,效果不大	2.0	6
不了解	3.3	5

兰村村民对兰村经济社会发展10年规划产生的福利效应也持肯定态度。最后,当我们把目光移向第4章介绍的《兰村经济社会发展10年规划》,也可发现受访者对该计划的福利效应持肯定态度。当我们问到"你认为《兰村经济社会发展10年规划》自2004年实施以来,兰村发生了哪些巨大变化?"时,按选择的人数计算,排前五位的分别是"办事情更加制度化、规范化"(高达78.5%)、"村民发展经济的观念增强了"(占59.8%)、"村民集体意识提高"(占49.0%)、"群众更加信任村干部"(占46.4%)和"村民变得更加团结"(占43.3%)(参见表6.7)。这说明在大部分兰村村民心中,10年规划确实有力地提高了他们村的人力资本和社会资本。

表6.7 《兰村经济社会发展10年规划》实施以来,村民对兰村变化的评价(可多选)

选项	选择的百分比(%)	排序
村民变得更加团结	43.3	5
群众更加信任村干部	46.4	4
办事情更加制度化、规范化	78.5	1
村民集体意识提高	49.0	3
村民变得更加讲道理	31.8	6
村民发展经济的观念增强了	59.8	2
与各级政府的关系更加好了	11.5	7
只是一些形象工程而已,变化不大	3.4	8
其他	1.5	9

通过以上数据分析，我们可以看出，问卷调查的结果较好地印证和补充了前文定性分析的结果，即兰村资产建设规划的实施过程确实提高了它的人力资本和社会资本，而各项资产通过良好地经营管理后也确实为村民带来了较好的社区公益服务，村民对资产建设过程与经营管理过程产生的社区福利持肯定态度。但是，我们也要看到，兰村多数村民的收入水平还比较低。

四　本章小结

本章在第五章关于资产建设过程及其福利效应论述的基础上，运用多元的资料分别阐述了兰村组织资产、实物资产、金融资产的经营管理过程与社区福利产出，并运用问卷调查获得的数据分析村民的福利评价。本章的写作目的是为了回答研究问题中的第3个小问题（参见1.1.2），揭示社区资产经营管理中的福利效应及其产生机制。

实证资料分析表明，兰村资产通过良好地经营管理确实产生明显的福利效应，能够提供诸多社区公益服务，并提升了村民的人力资本和社区的社会资本。

第一，组织资产的经营管理及其社区公益服务产出。一是表现在兰村学校的管理上，兰村村民、村干部和学校采取多种途径，为孩子们提供了良好的教育福利，包括推行素质教育，提高学生素质；抓好师资队伍建设，提高教学质量。二是表现在新农民培训学校的管理上，新农民培训学校通过有针对性地选派培训师资、开展多样化、实效性强的培训内容、采用创新性的培训方法及不收取任何培训费用、主要由社会企业家提供培训资金的方法进行运作，为村民提供了教育培训服务；新农民培训学校与北京一家公司合作开发了"世纪之村"软件，为村民提供网上信息服务和农家店服务。三是表现在老年协会的运作上，兰村老年协会在村两委、村民的帮助下，自我管理，为全村的老年人提供了丰富的老年人福利：办好老年人的经济福利，让老年人老有所养；提供多种老年人文体娱乐服务，让老年人老有所乐；创办老年学校，开展老年教育，让老年人老有所学。四是表现在妇代会的运作上，兰村妇代会在村民、村两委、地方政府有关部门的帮助下，为妇女提供了各种公益服务：提供就业培训，促进劳动力转移；提供文体娱乐、生殖健康保健服务，促进妇女身心健康；为贫困妇女提供教育救助、医疗救助和生活照顾。

第二，实物资产的经营管理及其社区公益服务产出。兰村干部对兰青公路

第六章
资产的经营管理与社区福利产出

与兰青大桥进行了良好地维护、规划，为村民提供了丰富的社区公益服务，兰青公路的通路与兰青大桥通桥极大改善了兰村村民的交通条件；统一规划公路两侧的建筑，提高了村民的居住品质；兰青公路与兰青大桥的日常维护管理工作还为困难群众创造了就业机会，提高了他们的收入。

第三，金融资产的经营管理及其社区公益服务产出。兰村建立了完善的村集体金融资产管理制度，促使村集体金融资产为村民提供一系列的社区公益服务：奖励各种先进分子、为村"文明家庭"办理新型农村合作医疗、为村民提供安全保障服务、环境清洁服务、为困难群体提供社会支持等。

资产的经营管理除了提供以上社区公益服务，还提升了村民的人力资本和增强社区的社会资本。在人力资本提升方面，体现在兰村学校的管理对孩子们素质的提升、新农民培训学校的教育对村民素质的提升、金融资产的管理对村民和村干部财务知识的提高等；在社会资本增强方面，体现在兰村与中育教育发展研究中心合作开展素质教育、与北京友友公司合作开发软件、村集体金融资产的管理增进村民对村干部的信任等。

本章的研究发现，资产的经营管理不仅能够提供各种社区公益服务，还可以提升社区人力资本和社会资本。那么这些社区公益服务、增长的人力资本和社会资本对社区发展有何作用呢，我们将在下一章阐述这个问题。

此外，通过本章的实证资料，可以发现兰村的资产管理过程同建设过程一样也涉及村民、村干部、村民间组织和地方政府等行动主体。其中村民、村党员干部和民间组织在资产管理中仍扮演主角：村民主要起的作用还是参与、合作和支持；村党员干部主要起的作用也是组织领导、沟通协调、制定执行村集体的决策；村民间组织尤其是老年协会、妇代会起着重要作用，以之为载体，为相关的村民提供了诸多公益服务。而地方政府在资产管理中还是扮演配角，它同样提供政策优惠、资金补助和工作指导。

这些行动主体的行为逻辑同样是一个值得深入思考与总结的问题。

第七章　资产型农村社区福利与社区发展

以上四章阐述了资产建设过程及其产生的福利效应、资产建设的经营管理及其社区福利产出。那么这些福利效应对社区发展能起什么作用？本章主要围绕这个问题展开分析。首先，本章在梳理有关社区发展的学术文献后界定本书社区发展的涵义；其次，我们将运用深度访谈的资料、会议记录和一般访谈的材料，分别讨论社区福利效应中的人力资本、社会资本和各种社区公益服务对社区经济增长、社区稳定和社区综合发展的作用；最后，在本章分析的基础上，初步提出福利也是一种资本的观点。

一　理论分析：社区发展

最早提出社区发展概念的是美国社会学家 F. 法林顿，他在其著作《社区发展：将小城镇建成更加适宜生活和经营的地方》中首先使用社区发展这一概念。

社区发展的概念通常可以从广义与狭义两方面来理解。广义的社区发展指，社区成员在政府和社会组织的协助下，挖掘和整合社区内外部各种资源，解决社区问题，以促进社区经济、政治、文化和社会的发展，包括一切推动社区进步的规划、政策、行动等。而狭义的社区发展专指社区经济发展。狭义的社区发展概念来源于"二战"后联合国为了促进世界经济发展而兴建社区福利中心的运动。当时，联合国认为，通过建立社区福利中心可以改变世界经济和社会发展状况。但后来的调查表明，单纯依靠社区福利中心是无法完全解决经济落后这一问题的。于是，联合国又提出了新的社区发展计划。新的社区发展计划采用的就是广义的社区发展概念。

事实上，国内学术界对社区发展的看法存在 4 种角度：一是过程说。这种学说认为社区发展是一个持续改革的过程，是经由社区居民自觉、自动参加，

第七章 资产型农村社区福利与社区发展

以其进取精神不断促进社区经济与社会进步的工作过程。二是方法说。这种观点强调社区发展是实现社区目标和完成任务的一种方式或手段。三是工作方案说。强调社区发展是指导社区成员活动的计划和方针,如策划卫生、环保、文娱活动等实务项目,并为此开展一系列有秩序的活动。四是运动说。强调社区发展是社区居员积极参与,促进社区内部各方面协调进步的社会运动(张友琴、童敏等,2000:241;刘晓玲,2002)。这4种角度分别强调了社区发展的某一侧面,但综合来看,已反映了社区发展的基本特征。

影响社区发展的因素包括内部因素和外部因素。内部因素主要是社区发展中人的因素;外部因素主要包括社区自然环境、经济环境和文化环境等。考虑到本书的研究目的,我们将主要分析人的因素和文化环境因素对社区发展的影响。

社区发展中人的因素主要是人口问题和社区网络问题。在人口问题上,人口数量、人口结构、人口素质、人口密度分布以及人口迁移、流动都会影响社区发展。比如,人口的受教育水平越高,越有利于推动社区发展。"一个合理的个人体系(人格、心理和态度)是利于社区发展的。反之,容易满足、缺乏责任感、狭隘自私的人格特点和以此为基础的心态取向则是社区发展中的消极因素。"(胡鸿保,2003:279)这个观点启发我们要注意考察兰村人力资本对社区发展的影响。另外,社区群体网络(社区自组织)也会影响社区发展。比如,社区中缺少必要的服务保障组织,就会使居民感到不便,缺少必要的管理组织,就会使居民生活紊乱(胡鸿保,2003:279)。同理,我们也将注意兰村社区组织,如老年会、妇代会对社区发展的影响。

社区的文化环境是指社区居民的基本价值观念和行为准则,健康的文化环境能够促进社区成员的观念更新,促进社区成员开拓进取,从而推动社区发展;反之,如果社区文化环境比较封闭保守,社区居民墨守成规,拒绝与外界交流,就会阻碍社区发展(童敏,2000:244)。受此观点启发,我们将注意兰村村民的文化价值观念对社区发展的影响。

社区发展的途径有直接工作方法和间接工作方法两种。前者指政府以行政命令的方式,以工作方案为中心,自上而下地促进社区发展,它不注重社区成员的参与,突出物质建设的重要性;后者是以工作过程为中心,注重社区成员积极参与社区发展,强调由社区成员自己提出要求主动与政府和社区工作人员合作,重视社区居民责任心、自信心和归属感等的培养(童敏,2000:246)。兰村社区发展采取的是后一种途径。

通过以上学者关于社区发展观点的介绍与分析,结合本书的研究目标,我们将社区发展定义为:农村社区成员在政府的协助下,依靠自身的力量,协调社区各方面的关系，充分利用社区的资源和优势，运用资产建设产生的社区福利，改进社区的经济、社会和文化状况的过程。这个概念强调社区发展的理念是社区成员要充分发挥社区自身的优势与资源；注重社区居民是社区发展的主体；强调社区福利是社区发展的动力和途径。具体内容如下：

首先，我们将考察兰村村民在资产建设和管理过程中获得的人力资本对社区发展带来了哪些好处，比如，他们通过新农民培训学校学习到的知识、技能是否能应用于生产生活实践中，推动经济增长；其次，我们将探讨兰村经过资产建设后增长的社会资本对社区发展起到了什么作用；再次，我们还会特别关注资产经营管理后产生的各种社区公益服务究竟在哪些层面上推动了社区发展；最后，我们将综合分析以上福利效应如何推动了兰村新一轮的发展。

二 资产型农村社区福利与社区发展的实证分析

这部分，我们将运用多种实证资料考察资产建设和管理中增长的人力资本、社会资本和社区公益服务对社区经济增长、社区稳定的作用。

（一）人力资本促进社区发展

兰村村民通过参加新农民培训学校的教育培训，学习了新的生产生活知识，掌握了新技术，提高了人力资本，推动了社区经济增长。

首先，村民将新学到的农业技术应用于农业生产中，增加了农业收入，促进社区经济增长。① 我们在调研中，获悉一位姓许的村民通过培训，掌握一种新的农业耕作技术（免耕法），提高水稻产量，并向村民推广该技术，大大提高兰村的农业生产总值。据许先生介绍，起初他对村里办的那个培训学校是不太感兴趣的，以为只是叫来开会，听听干部的讲话而已，没想到越听越有意思，每期培训的内容都比较适合他们农民的需要。他说，有一期是讲免耕法，即不用犁地就可以种水稻，这点他感觉很稀奇，他一直怀疑这怎么可能呢？对农业稍懂的人都知道，种水稻肯定需要犁田的。为了搞清楚疑团，他在培训时就非常认真听老师讲课，看老师是怎么操作的，原来老师是用一种药（土壤疏松剂，由重庆生产的，18 块钱一瓶），在田湿的晚上喷洒，一亩田也是一瓶，到了第二天的傍晚就可以把水放进田里，水要满岸，稻头能浸到水，这样持续

---

① 这个观点在上文的"社区福利评估"中已有稍微提到，这里作详细阐述。

第七章
资产型农村社区福利与社区发展

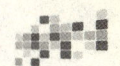

一个星期,之后再播种。他说,使用这种方法整理后的田地比有犁田和耕田的来得硬但也是可以播种的。但人们使用免耕法时要注意一点,即田里水不能放太多,因为只有那样插了秧后秧苗才能稳。水比较少,今天插完,明天傍晚田地就能收缩固定,再大放水这样就没事了。接下来是我们请教他关于免耕法效益的访谈材料节选:

访问员:没有用免耕法之前一亩地田里的收获是多少?用了之后,收获变成多少?

许:在培训完之后,由于我这个人比较懒,就抱着试一试的心态,其他人都不信,我也想要把这个方法推广出去,所以我就在自己家的五分田里做起了实验。如果是照以前的传统犁田耕田的方法,一亩田请人犁要120块钱。免耕法只要28块钱,这样就帮农民节省了将近100块钱,这是很实际的。我要运用免耕法,找人和我一起做,但没有人要,说这是乱讲的,所以我就自己来做了。之前的一季5分田收起来是485斤,因为要搞实验所以我算得比较精确,那么一亩田就是970斤。实验时我就按照老师讲的方法做。插秧时连我老婆都不帮我,所以我就自己来插秧,不会很难插,还是可以播的,没事。一个礼拜后(田地)还是没什么变化。半个月后,我发现有犁田耕田的土已经变硬了,而用免耕法的土还是软的,这个道理是有犁田耕田的在犁完耕完时比较软但渐渐地后来就硬掉了,而用免耕法的就是软的,这样比较好。软和松,是土壤疏松剂的疏松效果。而且使用免耕法,上一季的肥料没有吸收完这一次还可以吸收。

访问员:5分田最后收割了多少?

许:5分田收割了500多斤,亩产增加了17%,这个不是我在吹牛,NA市农海局的有来跟踪调查,我喷洒除草剂,农海局有来摄像和照相,我播种时他们也过来看,都有在跟踪调查。免耕法比犁田和耕田的好这是众人公认的,现场可以看到的。

访问员:你是全村第一个使用免耕法的,那后来有没有别人学习?

许:怎么没有,一下子就推广出去了,这一季我播完,下一季就有20多户,几十亩地跟着做了起来。有些思想顽固的还是使用传统的方法,没有百分百使用免耕法。如果家里有缺少人手的就喜欢用免耕法。大家向我买药,我卖药的闲暇之余就到田里给他们看一看,帮忙讲要怎么做。

访问员:培训是什么时候的?什么时候使用免耕法的?07年吗?

许:是两三年前的,大概是07年,电视台也有来采访,说我是第一个吃螃蟹的人。村里还举行了远程培训,是泉州科技局的过来讲课,我向讲师提问讲师都有回答。(这时,他向我展示了远程培训的录像,他将录像存储在手机

上)

访问员：现在是全村都使用免耕法吗？

许：不是全村，没有，60%左右。但是你可以想像，亩产增加17%的产量，一年下来全村可以增加多少公斤的水稻啊！(XYD，20100821访问)

接着他算了笔账，他说，兰村共有耕地1000亩左右，以1000亩计算，60%使用，算600亩吧；每亩原产量970斤，以亩产增加17%，每亩田就大概增加165斤水稻，每斤以2元计算，每亩田就增加330元，全村就可以增加198000元左右，这还不算省去犁田的费用、肥料节省的成本费。

可见，村民经过培训学校的学习，掌握了新型的农业生产技术，发展现代农业，提高了农业产量，增加了收入。

据培训学校的许校长介绍，除了像许先生学到新农业技术之外，有的村民学会了电焊知识，干起了电工；有的村民学习了食用菌方面的知识，干起了蘑菇、茶树菇等菌类生意。兰村的工作总结写道，"村里有位村民通过培训和农技员的指导，投资150多万元创办'NA市KM南兴食用菌种植场'，种植蘑菇、草菇、袖珍菇，年产值200多万元，盈利50多万元；另一位村民通过养殖业的技术培训，投资66万元创办生猪养殖场，饲养生猪100多头，其中母猪30多头，年产值66.5万元，盈利6万多元"（参见兰村村委会2007年工作总结）。

其次，村民学到了现代电子商务知识和技术，在网上销售农产品，扩大了销售渠道，增加收入，也促进了兰村农产品的市场化。

上一章我们已阐述兰村新农民培训学校与北京友友软件公司合作开发的"世纪之村"软件，为村民提供网络信息服务。经培训，很多村民学会使用这种信息服务，销售自己的产品，增加收入。

在网上买卖商品对农民来说是一个全新的市场。俗话说，"万事开头难"。刚开始，有的村民半信半疑，"网上的东西怎么会有人看呢？信得过吗？"等问题常萦绕在他们的头脑中。但是随着一些敢于"吃螃蟹"的人通过网上农家店获利后，很多村民也开始加入到这一新的市场中。调研中，我们访谈了一位老阿婆。她向我们介绍通过在网上发布信息卖土鸡土鸭的事。她说：

我养了很多鸡鸭，儿女都到外面赚吃（赚钱），平时很少回来，所以那些鸡鸭都吃不完，在村里家家户户都有养，所以在村里很难卖。我去农民学校培训时，听说村里与别人合作开一个什么网站，可在上面卖东西，这种事情我们老人也不懂啦，我就交1块钱到信息点去叫他帮我发卖鸡鸭的信息，没想到真正有用，过几天就有很多城市人想买，有的说是要给孕妇吃，有的说是要给小孩子吃，很快哦，我那些鸡鸭就卖完了，我也欢喜，也感谢村里提供这种方

第七章
资产型农村社区福利与社区发展

便,感谢,感谢!(XAP,20100823访问)

这个老阿婆还只是通过网上农家店卖了一些鸡鸭而已。下面两个个案更能体现网络服务给村民带来了较大的经济效益。

我们对一位经营菇类产品的老板进行了深度访谈。这位姓许的老板向我们讲述了他通过"网上农家店"销售产品的情况。据他介绍,在使用网络服务销售产品之前,他已在QZ市的一个菜市场摆摊搞零售长达20年时间。虽然这种销售方式能吸引一些老客户,也有利于与客户面对面沟通,但销售量比较有限,最麻烦的是晚上下班后,有些人想买就不太方便了。而自从他知道村里有提供信息化服务,帮忙村民在网上买卖商品后,他就积极尝试这种新的销售渠道。他让自己的两个小孩分工负责,一个专门做菜市场的摆摊生意;一个专门在家里将新产品信息发布到村里的信息平台上,等电话,看是否有人联系买东西。我们向他咨询使用信息平台销售产品后,店里营业额发生的变化。从计算的结果看,他的公司每年营业额可达800万,其中约20%—30%是从世纪之村信息服务平台销售的。换言之,"网上农家店"每年可帮他卖出大概200万的产品。消费者主要通过信息服务平台、电视台报道知道他的公司。以下是我们的对话节选:

问:您使用信息化之后,有没有人看到你发布的信息然后打电话过来买的,比较大宗的?

答:我原本对泉州就很熟,现在有一个深圳的,原本相互不认识,他说他是在网上看到我们公司的,现在每天和他交易差不多3千多。

问:是什么时候找到你的?

答:去年。

问:买的是什么品种?

答:袖珍菇,说是送到香港的。

问:每天都是3千多吗?

答:是啊,每天都要摘卖,放冻库也只能放两三天。

问:那一个月就9万。

答:这个还不算多,我们厂有时一天就卖一两万。

问:他怎么知道你这个地方?

答:在网上找到的,通过'世纪之村'信息平台。

问:大概是什么时候?

答:去年。

问:上个月通过信息化的销售额占总销售额的比例是多少?

答:20%——30%吧!

问：那大概每天是多少？

答：大概是7千多吧！

问：那就是每天有七千多块钱的产品是通过信息化卖的？

答：有些来买的也没问是哪里的，有的是电视上看的，我的公司有通过'世纪之村'上过泉州的电视，福建的，中央七套也有，只要是价格合理都会做买卖（指'世纪之村'出名后，很多记者有采访他）。我们厂里有监控，有把厂里的画面放到网上给他们看，在网上就可以查得到了。

问：一年800万左右做得很不错啊！

答：难赚啊，厂里近百个工人工资都要分掉很多，所以有时赚有时亏。

问：厂是在村里？

答：是的，在原本的兰村小学（兰兴小学），花10万块租来的。

问：现在工人具体有多少人？

答：八十多个吧。

问：全部都是本村的？

答：是的。

问：信息化应该有个过程，在这个过程中你有什么感受？

答：我也不懂得讲，就是收益从少到多。

问：本村的几十个也算是促进农民就业啊！

答：七八十个都是本村的，本村的好管理，他们做完工就直接回家，不用担心住宿问题。

问：那你估计一下通过信息化增加的收入是多少？

答：一年就按800万算，那就有200多万是通过信息化增加的，就是乘以20%——30%。（XZH，20100822访问）

从这位老板的言谈中，可以看出，"世纪之村"信息化服务平台大大增加了他公司的营业额，由于有了较多的营业额，公司也就需要招聘更多的员工，而这也增加了村民的就业。

"网上农家店"对信息点负责人的生意也有很大的好处。兰村一个姓林的女老板（开茶叶店的）向我们介绍她经营信息点的情况。据林女士介绍，村民成为信息点负责人的条件很简单，只要是开店的、有电脑和宽带网络即可。她自己开了一家茶叶店，本来店里就配备了电脑、安装了网络，因此，她申请成为信息点负责人不需要增加额外成本。村民想要在网上销售一些农产品或购买物品，可以找她发布信息，每条信息收费1元钱。但事实上，她经常免费帮村民发布信息。之所以这么做的理由是，她觉得经营茶叶店的重点不在于收取信息发布费，而是通过发布信息，增加了店里的人流量，让更多的人知道她的茶

第七章
资产型农村社区福利与社区发展

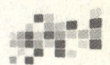

叶,让更多的人来买茶。她说,自从茶叶店成为信息点两年多以来,平均每个月的营业额增加了 1000 多元钱,春节前后有时可增加 1 万元钱左右。她认为,茶叶店成为信息点除了增加自身的收入以外,还促进了城乡居民的市场交易。她说,许多城里人经常找她帮忙购买一些有特色的农产品,她再去物色合适的卖方。总之,她为村民提供了方便的销售途径,也为城里人带去了农产品,促进了兰村农产品的市场化。

(二)社会资本促进社区发展

在第四—六章里我们已详细阐述了兰村在资产建设和经营管理过程中,内部社会资本得到增强,体现为村民变得更加信任村干部,干群关系和谐;村民之间也更加团结,更具合作精神和公共精神。同时,在此过程中,兰村也进一步拓展了外部社会资本,包括横向的和纵向的,具体表现为兰村得到政府相关部门更多的支持,得到更多社会单位的关心支持。也正是由于兰村内外部社会资本的增长,兰村的集体经济出现了新的增长点。本部分将运用会议记录、访谈材料以及观察日记,以兰村标准厂房租赁有限公司和汽车运输公司为例,重点讨论社会资本与兰村集体经济增长的关系。

兰村标准厂房租赁有限公司位于省道 307 线附近,地理位置较好,交通便利。该公司占地 25 亩,其中 15 亩地已建设为五层钢筋框架结构的标准厂房,另外 10 亩地为平整后的空地。厂房面积共 16530 平方米,耗资 1100 万元。据村民介绍,兰村标准厂房租赁有限公司所占的 25 亩地原来是一片杂草丛生的荒地(地名桃子园)。2006 年经村两委会、支部大会、村民代表大会以及村民会议多次讨论后,兰村决定盘活这块土地,建设标准厂房租赁,以壮大村集体经济,增加村民收入。经过一年多的艰苦建设,兰村标准厂房大楼终于落成。经分析相关资料,我们发现标准厂房租赁公司能够顺利成立主要有两方面的因素:村民的信任与政府的支持。

第一,兰村村民对村干部的信任、合作与支持,这种内部社会资本促进"标准厂房租赁有限公司"的成立。兰村标准厂房租赁有限公司从性质上讲是一种农村经济合作组织。它的资金来源主要有:(1)村民自愿入股,每股 3000 元;(2)兰青公路建设过程中,被征地农民的土地补偿款可以优先入股;(3)桃子园 25 亩地,以每亩 1.7 万元的价格入股,算为村集体的股份;(4)中心村 4 块土地转让的资金入股,也计为村集体的股份;(5)村集体的股份属于全体村民所有。① 所以,该公司也可以看作是村集体的企业。调研中,许副

---

① 关于兰村标准厂房租赁有限公司成立情况可详见附录 8.15。

村长讲述了该公司形成中村民的参与情况。他说:"这次村里集资成立标准厂房租赁公司,可以看出兰村经过几年的建设,村民素质确实提高很多,观念转变了,毫不夸张地说,村民是非常信任他们这一届两委的,所以有时村干部也感觉压力真大,怕做不好,对不起群众!你想,如果村民不信任我们,就不会入股,就不会在大会小会上支持我们建设厂房。我记得几年前有一件事情,当时村干部还不是我们这些人,村里要在草埔自然村建一个大仓库出租,实际上也是想赚租金,类似这个厂房,当时也叫村民集资,但是没有多少人支持,你猜有多少户入股?只有13户,少得可怜,因为很多村民怕钱拿出去收不回来,不信任村干部![1] 这次就不同了嘛,我们一开始说要建厂房,将厂房建设的意义、性质、方法解释给群众听以后,很多人都是支持的。有的村民说,我们这届干部确实是想为兰村做一些事情,不可能做出损坏群众利益的事情,所以对我们有信心。集资通知发出去不多久,全村就有300多户村民要入股。至于,将中心村土地转让后获得的资金入股,也是经村民代表大会讨论通过的。"(XHH,20100824访问)

这位副村长的话可以通过兰村相关的会议记录得到证实:

会议名称:两委扩大会

会议时间:2007年3月7日上午　　会议地点:新农民培训基地

主 持 人:潘书记　　　　　　　　记 录 人:许文书

会议内容:讨论计划新年的工作……

二、由许贻汇报标准厂房建设的基本情况:

①各村民小组村民入股情况(截止正月十五日)328.75万。

组别	交现金股额(以一万元为一股)	村民没交现金要求贷款股额	组别	交现金股额(以一万元为一股)	村民没交现金要求贷款股额
1	12.75	5.5	6	50.4	4.5
2	12.75	9.5	7	17.8	23.7
3	14.75	无	8	120	9.8
4	20.5	8	9	39.7	5.4
5	25.6	4.5	10	14.5	11.1

(选自兰村2007年3月7日上午两委扩大会会议记录)

从这份会议记录,可以看出多数村民还是积极支持村两委关于建设标准厂

---

[1] 以前出现过标会的事件,甚至有村干部组织的,但最后拿不到本钱。这种不良记录在村民心中留下阴影。

第七章
资产型农村社区福利与社区发展

房的决定。我们在田野调研中，一位许姓村民说："当时村里通知要在桃仔园的荒地上建设厂房出租，让群众每月领些租金，不要单纯靠打工、种田赚钱，大多数人听了很高兴，都感觉这种做法利大于弊，现在大家都知道房价很贵，很多有钱人也是靠房子出租发财的。这个道理，大家是明白的，而且厂房是固定资产，是永远的，还可留给后代。关键的是村民入股后，村干部不能乱来，没有兑现承诺，让村民分红，他们将钱私吞。但村民相信这届村干部，从这几年来的建设，兰村发生的变化，大家心中都有数，他们确实是想为村民办实事的，所以大家很放心参股。他家里经济情况实际上也不好，但还是对村委有信心的，觉得跟这届村委走肯定不会错的，所以他申请贷款入股。至于，当时村里说村民参股的还不够多，依他看，也不能要求太高，那时已经有一半以上的村民入股了，不可能要求家家户户都参股。毕竟大部分人确实没钱，少数人想先看看再说。"（XBZ，20100320访问）

第二，地方政府对兰村的支持，这种外部社会资本推动"标准厂房"的成立。前文①分析过，自从兰村经济社会发展10年规划的制定，就得到政府有关部门的支持、指导，兰村与政府的关系也更加密切。后来，随着兰村10年规划的实施，第一阶段（2004—2006）任务完成后，资产建设产生的福利效应显著，兰村已发生了巨大的变化，兰村因此获得了地方政府"旧村改造，建设新村"的示范村称号。QZ市市委书记、NA市市长挂钩兰村。从此，当地政府重点支持兰村的社区发展，并努力将其建设成为全省乃至全国的示范村。兰村标准厂房租赁公司与汽车运输公司就是在这么有利的外部环境下建成的。从当年NA市市长到兰村现场办公支持标准厂房租赁公司建立的会议记录，我们可看出当地政府主要从三个方面支持兰村准厂房的建立。第一，出台优惠政策。关键体现在土地申请手续的简化；允许使用土地时减交、缓交部分费用，其他企业用地办理手续每亩须交4万多元，标准厂房每亩只交1万多元。第二，建设厂房配套设施，主要是通往厂房的自来水管道、电线杆等生产生活必需品。第三，领导重视与支持。NA市市长当年到兰村现场办公时发表了公开讲话："兰村新农村建设是QZ市委郑书记挂钩、NA市安排我负责。兰村是走在全市的前列，受到市委、市政府的表扬，今年的现场会也在兰村召开。兰村被列为我市示范村，希望能够得到国家的示范点，既然是示范点，要走在全省的前列，应在实践中去探索新农村建设的新路子，全国都在实践，其中兰村是一种模式，希望能在全市推广，要支持、帮助、引导，从政策、措施、舆论导向等……今天承诺几个具体问题：①支持标准厂房建设，可以享受优惠政

---

① 参见第四章资产建设规划的过程。

策;②自来水公司在一个月内要通到标准厂房、中心村……"(选自兰村 2006 年 5 月 9 日下午会议记录)

正是因为村民的积极支持、合作与参与,再加上地方政府的扶持,一座占地面积 25 亩、建筑面积约 1.6 万平方米的高楼才迅速矗立在兰村的土地上。这座 5 层楼的标准厂房也成为兰村经济社会发展 10 年规划建设中一道亮丽的风景线。

那么,这栋举全村之力建设而成的厂房大楼是否也会像有些地方搞的"形象工程"呢?兰村的全体干群用事实否定了这一答案,因为他们已拟定了标准厂房有效的经营管理方案。① 第一,稳定盈利型为主的经营模式,即将之出租以赚取租金,从而壮大村集体经济和增加村民收入。因"NA 市兰村厂房租赁有限公司"现有建设用地面积 25 亩,其中申请手续办理完成每亩 20 万元,计 500 万元向社会公开招投标出租,取投标金额最高为中标者,租赁期限为 50 年②,租金少于 500 万元不予出租。承租者中标后,"NA 市兰村厂房租赁有限公司"把现有在建工程总投资 1100 万元原价盘给承租者。租赁期满,如承租者续租则另签合同;否则,对其建筑物进行评估,由股份公司收回另租他人。关于该公司股东分红,按公司注册资金 1100 万元股份分两部分进行分红:第一部分,村民实际入股资金 385 万元;另一部分村民入股不足 1100 万元所欠资金 715 万元(该资金包括原村集体桃仔园地皮 25 亩的土地转让费 42.5 万元)归村委会属全体村民所有。第二,风险投资型为辅的开发模式。即投资开发新项目,并让村民分享利润。由"NA 市兰村厂房租赁有限公司"继续投资开发董内虎空自然村,征地采用两种方式:1. 征地补偿费按 2006 年的价格标准,园地每亩 1.7 万元,田地每亩 2 万元,山地每亩 5000 元计算支付给村民,待开发后的盈利资金由村集体与村民各 50% 分成。2. 由村民小组自行规划开发,但必须加纳镇村二级的管理费,每亩人民币 5000 元。(参见 2007 年 5 月 7 日上午兰村村民代表大会会议记录)

俗话说,天有不测风云。当今社会处于全球化的时代,吉登斯、贝克等社会学大师都认为现代社会是一个风险社会。市场经济本身就充满着不确定性。处于全球化的社会当中,兰村也难以避免全球化、市场化的冲击。他们原本计划好"标准厂房"在 2008 年能够顺利出租,赚取租金,以壮大村集体经济和

---

① 详见附录 8.17。

② 根据合同法第 212 条的条款规定,出租期限最长时间是 20 年。另根据合同法 214 条的条款,租赁期满可以延期租赁 20 年。因此,按照合同法规定也只有 40 年,而原定出租 50 年的方式是不符合合同法规定的,即使合同签订也不具有法律效力。后来他们改为出租 20 年。(参见兰村 2007 年 7 月 13 日上午村民代表大会会议记录)

第七章
资产型农村社区福利与社区发展

增加村民收入。但 2008 年，发生了席卷全球的金融危机，兰村在这场百年一遇的金融海啸中也难逃厄运。尽管全村上下用尽了种种方法，比如，在各大媒体上刊登招租广告、甚至出台只要哪位村民能够帮忙找到合适的承租者奖励现金 30 万元的政策，但他们还是难以找到标准厂房的承租单位。为了应对这一灾难性的经济冲击，兰村开始寻找新的经济增长点。

兰村村民对党员干部的信任、支持，这种内部社会资本再次起作用，帮助兰村应对金融危机，找到新的经济增长点。他们从标准厂房的建设资金中抽出 100 万元，再让其他村民以"自愿参与"为原则入股 100 万元①开发运输业。主要的操作方案是：购置 5 部大货车出租给 QZ 某家蔬菜运输公司，租金每季度结算一次。

访谈中，副村长许先生告诉我们汽车运输业的相关情况。据他介绍，当年受全球金融危机的影响，全国经济比较萧条，兰村标准厂房难以找到合适的承租方，村两委为了树立村民发展经济的信心，想先让村民尝点甜头，由一位村干部与 QZ 市四海蔬菜物流公司联系好，由兰村出资买 5 辆大卡车租给他们，每季度结算一次租金，两年后就可回收成本了，那时肯定就能开始赢利的。我们对这件事感到好奇，向他请教了一些问题。以下是访问员与他的对话：

问：在那种经济环境下，那家蔬菜公司怎么会想跟你们合作？

答：当时他们资金缺乏，一下子购买 5 辆大卡车有一定的困难，租车对他们来说还是合算的。但能抓住这个机会，找到这种合作伙伴，关键还是我们村这几年取得的成就，尤其是兰村这几年与外界接触多了，关系打开了，信息也较灵通，要是像以前比较闭塞，我看也很难找到这种商机……

问：你说 100 万由标准厂房公司出，另 100 万元由村民自愿参股，村民会参加吗？

答：说实在的，当时我们心里也比较担心，因为标准厂房建好还没有赢利，这对入股厂房的村民来说是一种考验，有可能打击他们的信心。受此影响，村里又叫村民入股购买汽车，真是不合时机！为了促进村民的参与面，我们规定每人入股的界限是 100 元－300 元/股，记得潘书记说，重要的是参与，不一定求太多，哪怕是 100 元，也可以显示出村民对两委工作的信赖和支持。虽然是这样说，但我们心里还是没底。但出人意料的是，群众入股的积极性还是很强的。不管有钱的，还是没钱的，不管是老人，还是年轻的，都有人参股。最后，参与的家庭达到一半以上，这种结果也非常令我们兴奋，说明群众还是理解支部的、对支部有信心的。（XHH，20100824 访问）

---

① 村民自愿入股，每股 100 元，最少 100 元，最高 300 元。

最后，他很兴奋地告诉我们汽车运输业的经营结果。他说，两年后，5辆汽车的成本全部收回了。由于那家蔬菜公司不再续租了，经开会讨论后，村里就将那5辆汽车卖掉了。卖掉汽车的钱实际就是他们的利润。结果平均下来，每100元可以赚31.5元。据他讲，这个利润当时是比较高的，1万元赚3150元，存银行的话，1万元1年的利息才200多元，2年也才500元左右。他们的利润远远超过银行。这个成绩，令很多村民欢喜。他认为，不是说兰村党员干部厉害，功劳还得归全体村民，如果没有他们的信任、支持，哪有可能产生这种好结果呢？

我们在调研中，访谈了一户当时入股汽车运输业的家庭。户主姓付，50多岁，务农为主，配偶健在，还有一儿子、一女儿，儿子已结婚。付先生告诉我们当时他们家入股的情形，他说：

我这个家庭虽然人口比较多，但经济并不好，一家人主要以种田、打工为主，只能勉强过日子而已。当年，村里通知说要搞汽车运输，要群众入股，说是为了增加大家的收入。说实在的，我倒不是想（也不敢想）能够增加多少收入，因为我没本钱嘛，我这家庭总共入股10份，一股100元，共1000元。给你怎么高的利润，这1000元也不可能变成很多钱吧！但我想了想，这是村里的工作，应该支持，从这几年村的变化可以看出，这届村干部真正是想为群众办点实事的，这点我还是有信心的，所以，虽然没本钱，我还是动员全家参与，我儿子出200元，儿媳200元，女儿200元，我们夫妻俩400元，1000元就这样凑齐了嘛！事实证明我这样做是对的，最后我们也赚了600多元！（FLB，20100824访问）

可见，兰村良好的干群关系、村民的信任、当地政府的支持重视，这些社会资本不断促进兰村社区的发展。

（三）社区公益服务促进社区发展

福利不一定促进社区发展，人民公社时期的农村集体为村民提供了一种低水平、广覆盖的福利，但这种福利并没有促进农村的综合发展。资产建设所产生的社区公益服务却是可以促进社区的综合发展。下面我们将分析各项社区福利对社区发展的作用。

1. 教育福利促进社区发展

第六章已指出，由于兰村对兰村学校进行良好地经营管理，兰村小学生能够在安全舒适的教育环境里，享受到高质量的教学服务，综合素质得到较好的发展。这种教育福利进一步提升了兰村的"品牌知名度"，让它获得"教育之村"的美名。随着农村"一胎半"计划生育政策的施行,上小学的适龄儿童数量相对实行计划生育政策前骤减,在这种背景下,很多生源较差、教学质量得不到保证的小学被生源较好的小学兼并,但兰村学校却凭高质量的教学服务和较强的社会美誉度,不但没有被别的学校兼并,反而成为镇第二中心小学,吸引越来越多的生源。我们根据访谈资料整理了表 7.1,从表中数据可看出,兰村学校从 2006—2013 年的学生数呈逐年增长的趋势,教师数量也稳步上升。现在兰村小学的生源不仅来自本村的小孩子,还有邻近村落的小孩子及外来务工人员的子女。据兰村学校的林校长介绍,他不是兰村的,而是邻村福铁村的村民。他们村小学的生源不好,教学质量也很一般,很多家长来找他,说想让他们的小孩来兰村小学读书,虽然路途较远,而且要横穿省道,但因为兰村小学可以寄宿,伙食、住宿条件都很好,管理也很严格,最主要的是教学质量好,孩子放在那里,家长很放心。所以,慢慢地,兰村附近的几个村落的小孩也很多来这里读书,兰村小学的学生规模逐渐扩大。这样,几个村(包括福铁村)的小学最后被合并。而兰村小学仍然独立办学,成为镇第二中心小学。可以想象,一所中心小学放在兰村,它的作用有多大,可以带动周边的服务业,给村民提供更多的就业机会;可以吸引一些人返乡创业,因为他们的小孩子再也不用送到外地去读书啦;可以吸引一些外来工到村里一些企业上班,现在找工人不太容易呢;可以提高村民的自豪感,增强凝聚力等等。

可见,由于能够给小孩子提供较好的教育福利,兰村小学成为了镇中心小学,促进了兰村的社区发展,不仅带动了周边服务业、为村民提供更多就业机会,而且提高了村民的自豪感、增强了凝聚力。

表 7.1 兰村学校 2005—2013 年师生数变化情况

年度	学生数(人)	教师数(人)	师生比
2005	330	13	25.38
2006	320	13	24.62
2007	350	18	19.44
2008	450	22	20.45
2009	466	24	19.42
2010	500	24	20.83
2011	598	25	23.92
2012	612	26	23.54
2013	618	28	22.07

数据来源:根据小学校长林先生的访谈材料整理

2. 老年人福利促进社区发展

在第三—六章里，我们已说明兰村老年协会在合并之前存在"三国鼎立"的局面，不但不能促进兰村的发展，还造成了不团结，严重阻碍了兰村的经济社会发展。2004年，以潘书记为首的村两委果断地合并了3个老年协会。在第六章里，我们阐述了合并后的老年协会得到良好地经营管理，为全村的老年人提供了各种服务，使得老年人老有所养、老有所乐、老有所学。那么，这样的老年人社区福利对兰村的发展有哪些影响呢？

第一，老年人积极参与兰村经济社会发展的10年规划建设，促进社区发展。在第5章里，我们已分析过老年人在迁移500座坟墓中的作用。老年人在兰村经济社会发展10年规划的第二阶段中（即修建兰青公路和兰青大桥）也起到很大的作用。修建兰青公路和兰青大桥过程中，兰村为了保证建设质量和工程进度，成立了工程监督小组，这个小组的成员全部由老年人构成，数量10个左右。每个村民小组都有老年人参与。工程监督小组的职责是按时到施工现场监督工人的劳动，防止偷工减料，保证质量；另外，催促承建单位按进度施工，推动工程顺利进展。

老年协会的潘副会长向我们介绍当时工程监督的情况。据潘先生介绍，当时兰村工程监督小组的十几个老年人分成三班，每班大概四个人，各负责8个小时的工程监督。他说，令他印象深刻的事情是施工单位对监督小组没办法，只能乖乖严格地把工程做好。据他说，修路那个时段是多雨时节，雨经常下，工时短，兰青公路和兰青大桥要在一年内完成，施工单位想要偷工减料。十二个老人就分班轮流监督，时刻不离施工现场。施工单位看到他们也很头疼，可是没办法。老年人觉得这些工程是村里拿钱出来建的，不能让别人随便乱来。他们必须向村民负责，那条路和那座桥是子孙万代的事业，哪能随随便便呢？

访问员：那您认为兰青公路和兰青大桥的建设质量如何？

潘副会长：如果让我打分，我会打至少95分，你看那座大桥，一点水泥添加剂都没有让他们添加，全部是真货，我不是夸张的，我们这些老年人真正是以高度的责任心去做的！

访问员：您认为，老年人为什么会那么用心去做好工程监督工作呢？

潘副会长：村里为我们老年人提供这么多好的福利，村民信任我们，村两委信任我们，我们不做好工作，对不起大家，你说是嘛？说实在的，要是往届的村委会，我们也不可能做这些事情，那时候3个老年会闹独立，老年人之间关系也不是太好，村里也没有给我们提供什么好处，看到其他村的老人生活娱乐各方面都不错，我们村很多老人对村委会都有意见啊，算了，算了，不讲这

第七章
资产型农村社区福利与社区发展

些啦！（PYY，20100823 访问）

从这段谈话，可以看出，正是因为兰村老年人受到了村集体提供了各种福利，他们也积极地参与到村集体的经济社会发展事业中。可以说，兰村老年人为兰青公路和兰青大桥的建设质量做出了重大贡献，从而推动了兰村的社区发展。

第二，老年人积极帮忙调解各种纠纷，有效维护了社区稳定。韦伯提出了三种权威来源，即法理型、人格型和传统型。老年人在农村是一种传统型权威。费孝通认为，"长老统治"是中国乡土社会的权力结构，它是一种教化权力（费孝通，1998：68）。换言之，老年人通常是传统农村社会的权威。所以，老年人通常成为村民纠纷调解的裁判，兰村老年人也积极地承担了这一角色。潘副会长向我们介绍了老年协会处理的两起纠纷。第一件事情是村里有个年轻人不赡养母亲，还经常打骂母亲。老年会的处理方法，主要是到那个年轻人家里与他讲道理：

访问员：你们与那个人讲道理，他听吗？

潘副会长：我们会想好办法，老人会的会长一个两个先去，如果不行就四五个正副会长都去，如果还不行我们就老人会的所有理事也都去，实在不行我们所有老人会的老人都要去，我们就是采取这种办法，从局部到集体，正常情况下是不用大家去的啦！（他微笑着说）

访问员：你就坐在家里然后把他叫来咯？

潘副会长：对，就是跟他摆事实讲道理，也不采取强硬手段，就是好好的大家坐一起，讲一讲道理，首先先让他说一个年轻人对自己的父母这样，是对还是错，我们只要他讲这一条，其他的我们都不讲，母亲再怎么不对，你骂她对不对？母亲再怎么没用，你不给她吃对不对？把这两条讲清楚了，每一家都会解决的。（PYY，20100823 访问）

接着，他介绍了另一起事件。他说，第2村民小组和第3村民小组为了一条水沟的事情，差点发生暴力事件，村两委也多次出面协调，但最终还是老人会帮忙解决的。据介绍，当时兰村处于干旱时期，农田急需水资源灌溉。第2村民小组的村民说那条水沟是他们的，应该引水进入他们的农田灌溉，但第3组的村民却说那条水沟自古就是他们的，不可能属于2组的，这条水沟的水应该引入他们的田地。两个小组的村民争得相当厉害，差点打架。为了避免矛盾激化，他们几个老年会会长和副会长出面主持公道，向年轻人讲清水沟的历史，事实上，两个小组都有份，最好轮流灌溉，比如，一组白天、一组夜晚，至于水流向谁家的田地，小组内部自已再协调。经过他们的处理，矛盾最终化解。潘先生说，兰村老年会实际上不只处理这两起纠纷，自合并成一个老年会

兰村福利——资产建设与农村社区福利研究

以来,他们总共调解的各类纠纷有 20 多起了,有效地避免了很多争端,促进社会和谐。他自信地说:"这也算对得起村两委、村民啦!我们老年人不只是从村里得到好处,也是做了很多事情的,也算发挥余热吧!"(PYY,20100823 访问)

3. 妇女福利促进社区发展

在上一章里,我们已交待过兰村妇代会为妇女提供的各种福利项目。而妇女福利又积极促进了兰村社区稳定。

第一,妇女的休闲娱乐福利,大大减少了她们参赌"六合彩"的可能性,维护了社区稳定。有些农村妇女完成了一天的辛苦劳作之后,晚上没什么事情可做;有些人专门在家里做家庭主妇,空余时间很多。所以,很多农妇都购买"六合彩",有的农妇沉迷于"六合彩",难以自拔,给家庭和谐造成很大危害。我们在兰村调研中,听说了这么一则故事:

有个 40 多岁的农妇,长期靠种田和打短工过日子,生活虽然清贫倒也自在。刚开始她是不懂"六合彩"的。但劳作之余,她看到左邻右舍都在聊"六合彩"。村民一碰面就是问"晚上会开什么号码"的问题,连傍晚看电视也都是为了买"六合彩"。耳濡目染之后,她也跟着买"六合彩"了。刚开始她买的金额很小,就是几块钱而已。有个晚上,她运气很好,买了 10 元钱就中了,赚了 390 元钱。她非常高兴,觉得这钱来得太容易了。从而,她就慢慢增加了购买金额。但毕竟中奖的概率还是比较低的,她后面连续输了好几期,为了赢回本钱,她开始赌大的。结果,越赌越输,负债累累。此时,她已无心打工、种田了,一心全在参赌"六合彩"。但赌得越深,欠的钱就越多,来讨债的人也越多。最后,她承受不了还债的压力,喝农药自杀。(CHY,20100824 访问)

这是一个令人心酸的故事。这件事发生之后,妇代会也在积极思考如何调整自己的工作应对妇女参赌"六合彩"。所以,她们组织妇女参加各种文体活动。据妇代会陈主任介绍,除了下雨天,她们每天都会举办广场舞;一般在周二、周四、周六晚上("六合彩"一般在这 3 个晚上开彩)。这样做的效果是丰富了广大妇女的精神文化生活,也大大减少了参赌"六合彩"的可能性,减少了许多悲剧。许先生说,她老婆原来也很喜欢买"六合彩",后面参加了村里的广场舞和腰鼓舞之后,就比较少买了。潘女士说,大家来跳舞聊的更多是怎么把舞跳好,很少去讲"六合彩"了。

第二,贫困母亲由于获得良好的生活照顾,她们积极帮忙看护留守儿童,促进了社区稳定。由于兰村妇代会为贫困母亲提供了较好的福利,很多贫困母

第七章 资产型农村社区福利与社区发展

亲在享受福利的同时,也积极为社区稳定做出自己的贡献。林女士就是其中一位。林女士的丈夫前几年得肾病去世,当时,为了给丈夫治病家里已负债累累。如今,林女士要承担起两个未成年子女的抚养和教育责任,还要赡养一位70多岁的婆婆。显然,单纯靠耕种几亩田地很难挑起如此的生活重担。妇代会知道林女士的情况后,除了日常的生活照顾外,还帮她筹资开了一家小的服装店。林女士说:

> 我都不识字,也没有什么技术,长期靠种田和做小工,有时靠捡垃圾增加一点收入,贴补家用,但生活还是比较困难,两个孩子在读高中,一个婆婆还需要我照顾,后来村妇代会知道情况后,帮我开了服装店,增加些收入,工作较轻松,现在生活还是不错啦!我的两个孩子都已毕业了,婆婆去世了。现在压力比较小了,长期得到别人的帮助,我也想为村里做点事情。所以,我自愿挂钩了3个留守儿童,多关心他们的生活。比如,其中有一个儿童,他父亲很早就去世了,母亲是外省来的,不是本地人,也离家出走了,家中只有年龄很大的奶奶和他自己,由于长期没有母爱,这个孩子性格比较孤僻,很内向,有时还会旷课,我就经常叫他来我厝里(家里)吃饭,与他谈心,给他买生活用品和学习用品,慢慢地,他和我的感情还是比较好的,比较听我的话,这样就防止他变坏嘛,要不然,像这种孩子有的会去偷东西,那就麻烦了!(LXY,20101202访问)

第三,妇女福利也促进了妇女积极参与村集体的工作,促进社区发展。妇代会自成立以来,一直得到兰村村两委的重视和支持。据潘书记说,他们两委始终尊重"半边天",始终关心"妇代会"的工作,并努力使"妇代会"成为兰村新农村建设的一个亮点。也正是有了村两委的高度重视与支持,兰村妇代会才能为妇女提供各种福利项目。而妇女福利的提供,又让兰村的"半边天"感受到自身的价值,她们也乐于配合村集体搞好各项工作。

一是积极配合村集体搞好卫生清洁工作。上一章在讨论金融资产的经营管理及其福利产出时,我们已交待兰村投入较多的资金用于环境整洁。虽然村里已组织卫生清洁队,也有一套环境清洁制度,但如果没有广大妇女的配合与监督,村容整洁也是难以做到的。黄女士说:"村里对我们这些查某(妇女)确实是不错啦,所以我们也比较支持村里的工作,比如,卫生清洁工作,本来家家户户主要就是由查某做的,如果没有我们配合,哪有可能清洁呢?我看,大家还是比较自觉的,都会及时清理、打扫,并将垃圾倒入垃圾桶。有时,那些清洁工没扫干净,有的农妇还有向村里举报呢,我记得,松柏岭苏阿凤曾经向村里举报,说是松柏岭有一个垃圾坑在水井边,由于垃圾没及时清理,致使垃圾里边的死鸡死鸭被狗拖到井盘,严重影响饮水卫生,群众意见很大,后来村

里派人来及时处理,群众才安定下来!"(HNS,20101202 访问)

二是积极帮助村两委做好安全宣传工作。潘书记向我们介绍了有关情况,他说:"以前村里要向村民宣传什么安全事项,比如、森林防火啦、家禽疾病防治啦、防盗防抢啦等等,我们买了好几个大喇叭,各个自然村至少都安装1个,上午8—9点、下午3—4点、晚上7点各播放一次,但效果不好,没有多少人认真听,很多事情播了之后,又有村民说我们没通知、没宣传,真的会被他气死!后来,有些妇女来跟我讲,说村里既然给她们提供了各种好处,她们也应该为村里做点事情,像这种工作她们完全可以做得到。她们说,村里的妇女经常会聊天嘛,张家长、李家短的,东拉西扯的,特别厉害,如果把宣传工作让她们来做,效果应该是不错的!我采纳了她们的建议,发现真的很好用,要宣传动员什么事情,只要从小组中召集一些妇女来,给她们讲清楚事情的来龙去脉,然后由她们在茶余饭后的闲聊宣传,效果很好,不用多久,整个村的人都知道我们要做什么。"(PCL,20090624 访问)

4. 医疗卫生福利推进乡风文明,促进社区稳定

上文我们已分析过村集体出资为村民办理新型农村合作医疗的条件是,村民所在家庭要能被评为"文明家庭"。兰村"文明家庭"的评选标准主要有5个条件:"1. 该户当年度所有家庭成员能模范遵守宪法和法律,拥护党的基本路线,热爱社会主义,自觉模范地执行党支部、村委会的各项决策,积极参与《兰村经济社会发展十年规划》建设。2. 该户当年度住宅室内外四周及其本户所属范围内长期保持卫生整洁。3. 该户所有家庭成员能孝顺长辈、家庭和谐。4. 该户的所有家庭成员在 2004 年以来能做到邻里团结、和睦相处。5. 该户的所有家庭成员当年必须没有违反计划生育政策。"(选自兰村 2006 年 12 月 16 日上午村民代表大会会议记录)

"文明家庭"评选的比例,大约是 25%,即每 4 户推选 1 户。表 7.2 是 2007 年度的文明家庭数量。

表 7.2 "文明家庭"名额分配

组别	总户数	名额	组别	总户数	名额
1	41	10	6	121	30
2	73	20	7	56	15
3	72	20	8	137	35
4	97	25	9	145	37
5	100	25	10	44	11

数据来源:2006 年 12 月 17 日上午村两委扩大会议记录

第七章
资产型农村社区福利与社区发展

"文明家庭"的评选活动对村民的影响还是比较大的。访谈中,一位许姓村民说:"村里通知只有评上文明户的家庭,才能免费参加合作医疗保险,保险费每人20元才由村里帮忙出,实话实说,一年一个人20元并不是太多,很多家庭都有能力出,但是咱们农村有句俗话叫'输人不输阵',别人能被评为文明户,我这个家庭怎么不能评上呢?如果很多人可以评上,我没被评上是很没面子的,会被厝边头尾(邻居)笑啊,你说是不是?所以,大家都会争取评为文明户。这样就要注意啦,违法的事情我们一般是不会做啦,但千万要积极支持村两委的工作,不然是很难评上的,还有一条就是,家庭关系要和谐,要团结,如果有夫妻不和、婆媳不和、父子不和等全部不行,另外,与厝边头尾关系很要好啊,不能斤斤计较……所以,我感觉,这个做法还是不错的,它促进大家要和谐,要团结,不能为了一点小事情就吵吵闹闹,争东争西,我看不只我这样想,我相信很多人也是这样想的,你可以多问几个人嘛!"(XHX,20100322访问)

从这位村民的谈话中,可以看出,兰村为"文明家庭"免费办理新农合、提供医疗卫生福利促进了"文明村民"的增多,这也促进了社区稳定,推进社会和谐。

5. 社区安全福利,促进社区稳定

上一章在讨论金融资产的经营管理过程及其福利效应中,我们已阐述过兰村投入部分资金组建巡逻队和安装"全球眼",为村民提供安全服务。而这种安全服务又促进了社区稳定。兰村自成立巡逻队和布置"全球眼"以来,基本没有出现偷窃事件。一位姓潘的村民说:

以前村里经常发生丢东西的事情,比如丢失摩托车、鸡、鸭等等,查也查不出谁偷的,最后都是不了了之。给我印象很深的是,安了监控不久,有一个不务正业的混混偷了我一部豪爵太子摩托车,那天大概是下午2点多,我去一个亲戚家做客,车放在门口,出来发现车没了,我赶紧找巡逻队,从警务室中调录像,很快就发现作案的小偷,从录像中看得清清楚楚呢!从那件事以后,村里很少发现丢失东西的事情啦,小偷惊死(怕死)嘛!但我们周边几个村,你可以去调查,那些没巡逻队和监控的村,经常丢失东西!(PXS,20100824访问)

这位姓潘的村民说的是事实。笔者的老家就在兰村附近。笔者老家所在的村由于没有像兰村那样的巡逻队和"全球眼",村民家庭财产经常丢失。在笔者回老家的那段时间,有一个晚上,两个村民小组的鸡鸭全部丢失。有的村民认为,很可能是一些熟悉村情的外来人口干的;也有的村民认为,外地人绝对

难以轻车熟路干这种事，很可能是本村村民与外面的人里应外合干的。持后面这种观点的村民又把经济困难的家庭当作嫌疑对象，说是穷人才会做这种事。而这样又造成穷人与村民关系的不融洽。不管是谁干的，这件事肯定是团伙作案，盗窃者对村里的交通以及各家各户养鸡养鸭的情况要比较熟悉才有可能完成这种盗窃任务。笔者听说，这已经不是第一次发生的事了，村里前几个月其他村民小组也有发生类似的事件。大规模地鸡鸭丢失，造成村民重大的经济损失，更糟糕的是搞得人心惶惶，生怕再丢什么东西。生活在这样的村落里，人们显然很不开心。所以这个村的村民都很羡慕兰村的安全福利。笔者也建议村两委可以向兰村学习，组建巡逻队和安装监控设备，增强村民的安全感，让他们安居乐业。但直到笔者离开老家的时候，还没看到村里有采取行动。个中原因据说是，村里缺乏一个带头人，村两委也没有什么凝聚力。

综上所述，兰村的资产建设策略提高了村民的人力资本，增进了社区社会资本；资产的经营管理又提供了各种社区公益服务。而这些福利效应又积极促进社区经济增长、社区稳定和社区综合发展。正是如此，兰村实现了可持续发展，它启动了新一轮的发展规划——生态文明村建设。这一轮规划比2004年的10年规划内容更丰富、周期也更长、目标更远大。生态文明村30年建设规划，分为近期、中期、远期：近期5年，实际上就是10年规划中的第三阶段；中期10年；远期15年。兰村以新农村建设20字方针为指导，根据兰村当前的经济社会发展现状，将30年规划的建设目标定为：金山银山、绿水青山、人人安康。与村干部座谈时，潘书记向我们解释了这12个字的内涵。当时，他站起身，手指着村行政楼大厅中间的一堵内墙，我们沿着他手指的方向看过去，一个镶着"金山银山、绿水青山、人人安康"的牌匾牢牢地挂在墙壁上，并不时地发出夺目光芒。我们想，这个金光闪闪的牌匾寄托着兰村3000个村民未来30年的梦想。容不得我们多想，潘书记接着说：

这12字是我们村民根据中央新农村建设20字方针和5年来我们取得的成绩提出的，2009年年初开全体村民大会时，很多村民说兰村这几年的发展离不开各级政府和社会各界的支持指导，更离不开群众的参与支持。一些乡贤认为，兰村应该好好珍惜来之不易的成就，抓住发展机遇，利用目前的各种资源。比如，村民目前的综合素质、全村的大团结、与政府等单位的合作关系，掀起兰村新一轮的发展。之后，我们也多次开会，经充分讨论、征求不同群体的意见后才定的。金山银山，说的是要充分利用我们山地比较多的优势，发展村集体经济，让大家致富；绿水青山，讲的是发展经济的同时，要保护环境，保护资源，要为兰村的子孙后代着想，不能杀鸡取卵，意思就是要像上面所说的可持续发展、科学发展；人人安康，讲的是每个兰村村民的身体要健康，生

第七章 资产型农村社区福利与社区发展

活平安,这样才有用,不然你钱再多,经济再怎么发展,人都没了,有什么用?你们说是不是?我一直都认为,兰村能取得今天的成就,绝对不是我个人的,要归功于兰村全体村民的积极参与、团结和谐。有一些人说,兰村如果离开了我潘某,就不可能发展,我认为,这种观点非常错误,你们来调研这么久了,也看了很多材料了,有没有发现兰村现在各项工作已经形成一套规范的制度,无论碰到什么事情,它能够自行运作?所以,以我看,一个村关键是村民素质提高、村民团结合作、各项制度规范能够得到执行,再加上政府和社会的支持,那么这个村肯定是会发展的,我对兰村的未来就是抱这种想法的,我们现在已具备这些条件了,所以,我相信我们的30年规划一定会实现!(PCL,20100823访问)

通过以上章节的分析,可以发现兰村村民在资产建设中观念改变了,素质提升了,变得更加团结合作,更有公共精神了;兰村也得到了各级政府和各社会单位更多的支持。相信,兰村的明天会更好。我们在今后的学术研究中将会继续跟踪考察兰村的发展情况。

三 本章小结

本章在资产建设及其社区福利效应、资产管理及其社区公益服务产出的基础上,从人力资本与社区发展、社会资本与社区发展、社区公益服务与社区发展三方面,讨论资产型农村社区福利对社区发展的作用。本章的目的是为了解答研究问题中的第4个小问题(参见第一章一之(二)),揭示资产型农村社区福利的功能及其产生过程。

实证资料显示:第一,兰村村民在资产管理中提升的人力资本,推动了社区经济增长,增加了村民收入。访谈资料分析结果表明,村民通过参加新农民培训学校的学习,掌握了新型农业生产技术,并应用于实践,降低了农业投入成本,提高了农业产量,达到增收目的。在对三位受访村民分析的基础上发现,兰村村民通过培训,学习了现代电子商务知识,学会使用"网上农家店",扩大了农产品销售渠道,推进农业市场化,增加收入。第二,兰村在资产建设和管理中提升的社会资本,促进了社区经济增长。通过对深度访谈材料和相关会议记录的分析发现,兰村内部社会资本,促进村集体经济合作组织的成立。这体现在村民对村干部的信任、合作与支持,推动兰村标准厂房租赁公司的成立。兰村外部社会资本也是村集体经济合作组织顺利成立的重要条件。这体现

在地方政府主要领导亲自到兰村现场办公,帮忙解决兰村标准厂房租赁公司成立中的困难。此外,兰村村民对村干部的信任与支持,还帮助兰村应对全球金融危机,找到村集体经济的新增长点。第三,兰村资产经营管理提供的各种社区公益服务,促进社区和谐稳定。访谈材料和会议记录的分析结果表明,教育福利促进了兰村成为镇的一个教育中心,推动了兰村的综合发展;老年人福利有助于兰村经济社会发展 10 年规划的实现,有助于化解各种矛盾纠纷,维护社区稳定;妇女福利有助于减少"六合彩"危害,有助于帮忙照顾留守儿童,有助于促进环境清洁;医疗卫生福利有助于推进乡风文明;安全保障福利有助于促进社区稳定。

综合来看,兰村资产建设和管理中产生的诸多福利,促进了兰村社区的可持续发展,兰村启动了新一轮的生态文明村建设规划。

本章的研究表明,农村社区资产建设和经营管理过程产生的福利(资产型农村社区福利)会积极促进农村社区发展。

发展型社会政策理论认为,社会福利是一种投资,也是一种生产力,可以促进经济增长和社会发展的统一(安东尼·哈尔、詹姆斯·梅志里,2006:140)。本章的研究也表明,资产型农村社区福利也是一种资本(本书称之为"福利资本"),它可以推进农村社区经济增长、社区和谐稳定。如何认识福利的资本特征,重新认识福利的功能,是一个值得深入思考的问题。我们将在第八章讨论这个问题。

第八章 结论与讨论

以上三—七章的实证研究,以深度访谈资料、会议记录为主,档案材料、一般访谈材料和问卷调查获得的数据为辅,讨论了兰村资产建设的背景与社区福利理念、资产建设过程及其社区福利效应、资产的经营管理与社区公益服务产出、资产型农村社区福利对社区发展的作用。本章将导出该项研究的最后结论,并进一步讨论研究引出的问题,提出发展农村社区福利的社会政策建议以及交待本书的研究不足和今后可继续深入研究的问题。

一 研究发现

谢若登最早提出资产建设社会政策理论,这一理论的核心内容是政府通过制度化的措施帮助穷人或贫困家庭进行资产建设,将会产生诸多福利效应,主要包括提高穷人或贫困家庭的人力资本、社会资本、增加后代的福利等,这些福利效应将会使政策对象最终脱贫。受谢氏理论的启发,本书试图探讨,在贫困农村社区层面,实施资产建设,是否也会产生诸多福利效应,帮助贫困农村永久性摆脱贫困。因此,本书主要研究的问题是:农村社区如何通过资产建设,为村民提供福利,促使社区脱贫。四个具体的研究问题是:资产建设是在什么背景下开展的,其福利理念是什么?资产建设具体是怎样进行的,产生了哪些福利效应?资产是如何运作的,为村民提供了哪些社区公益服务?资产建设与运作产生的福利对社区发展有何作用?基于本书的研究问题和理论框架,第三—七章对兰村这个个案村的实证材料进行了分析,解答了以上问题,同时证实并补充了核心概念之间存在的关系。本节将从"资产型农村社区福利"总结本项研究的发现。

资产型农村社区福利是本书对兰村社区福利建设的概括,它是农村社区福利的一种理想类型,指农村社区在政府相关部门的帮助下,通过整合社区内外的各种资源，进行有形资产的建设，在此基础上，提供解决村民的生产、生活问题，以提高村民生活质量，使农民生活幸福的各种公益性服务（通常表现为非物质形态）。这些公益性服务包括农村社会问题的解决、村民需要的满足和人发展潜能的实现，具体体现为社区社会资本的增进、人力资本的提升、各种社区公益服务的输送。

通过以上五章实证资料的分析，我们可以发现，围绕资产型农村社区福利分析框架的六个核心概念之间的关系得到了验证或补充（参见图8.1）。即农村社区的资产建设过程确实可以产生积极的社区福利效应，能够增强社区的社会资本，提升社区的人力资本；农村社区资产经过良好地经营管理后，可以为村民提供各种社区公益服务，同时也增进了社区的社会资本和人力资本（这个发现是对第一章理论框架的补充，见下图）；资产建设及其管理产生的福利能够积极推动农村社区发展。下面我们将总结资产型农村社区福利的相关内容。

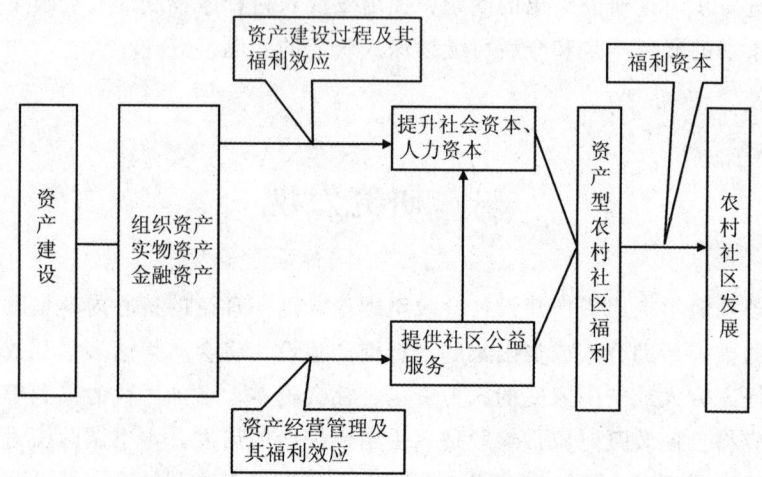

图 8.1　资产型农村社区福利研究发现总结

（一）资产型农村社区福利产生的背景及其理念

通过本书第三章的分析，我们可以发现资产型农村社区福利是在我国社会转型、国家相关政策下乡以及兰村自身村情的背景下产生的。

在社会转型宏观层面，兰村资产建设深深地受到现代化、城市化、全球化和市场化的影响。兰村村民和村干部认为，现代化最主要是人的素质的现代化，于是他们决定合并两所小学，重建兰村学校，培养人才，决定创办新农民培训学校，提高村民素质。由于现代网络技术的应用，他们才能创办了"世纪之村"信息服务平台，为村民提供信息服务。由于现代科学知识的传播和人类

第八章
结论与讨论

行为的理性化，他们毅然打破封建习俗，迁祖坟建老年活动中心和小学教学楼、宿舍。受到城市化的推动，他们以城里人的生活标准来制定10年经济社会发展的最终目标。处于全球化时代，2008年全球金融危机改变了他们的经济发展规划。在社会主义市场经济环境下，市场化的力量推动他们寻找积累金融资产、壮大村集体经济实力的新路子。

在中观层面，兰村资产建设深受各级政府相关涉农政策的影响，尤其是受到新农村建设、农村社区建设和"美丽乡村"建设政策的推动。社会主义新农村建设政策的出台，给兰村实行资产建设规划带来了信心。兰村的村干部以新农村建设为契机，促进村民对新农村建设的认识达成一致，调动村民参与资产建设的积极性；同时，兰村以新农村建设的名义，向上级政府要政策、要资金，支持他们的资产建设。从他们对新农村建设的理解，可以看出，他们进行资产建设的目的是为了团结村民、让村民参与、提高村民素质，为村民提供各种福利，以促进兰村经济社会各项事业的发展。农村社区建设政策的试点促进兰村积极发展各样社区公共服务，推动社区稳定与经济增长。当地政府"美丽乡村"建设的开展也推进了兰村的社区动员能力与环境公共服务供给。

在微观层面，兰村资产建设的背景是兰村的经济社会发展现状。兰村首先分析了自身拥有的资产和存在的问题，然后充分发挥自己的优势，利用一切自然资源、人力资源、社会资源和政策资源，盘活旧有的资产和建设新的资产，在资产建设过程中，提高村民的人力资本，增强社区社会资本，实现社区的可持续发展。

同时，通过分析，笔者发现，资产型农村社区福利的理念与发展型社会政策的理念①具有内在的契合性。发展型社会政策的理念是在社会政策的设计中加入"发展"的维度，它主要出发点是将社会政策看作一种社会投资，而不是把社会政策视为支出或消费（熊跃根，2009：166）。其理论要点包括：

（1）在政策的重点上，它特别关注对人力资本的投资，主要包括投资儿童和支持家庭。首先，让儿童获得恰当的教育、健康的身体和良好的家庭环境等，使其"不要输在起跑线上"，为他们的生命起点尽可能提供最好的条件。其次，对家庭的支持。与传统社会政策不同的是，它认为所有的家庭都需要帮助，并且更强调从预防的角度为普通的非贫困家庭提供帮助。其对象不止是特殊人群，而是所有的家庭和个人。即所有的家庭和个人都要提高素质。

---

① 20世纪90年代，以安东尼·哈尔、詹姆斯·梅志里为代表的欧美学者提出了"发展型社会政策"，并积极倡导新时期社会政策的理论与实践的变革。国内学者也对这一新的社会政策范式进行积极的学术讨论与实践探索（张秀兰，2004）。

(2) 发展型社会政策认为在农村发展过程中应把民众置于中心位置。它特别重视公民社会建设，强调公民责任，号召群众参与经济社会建设，注重社会资本的积累。它认为，民众可以对发展进程贡献出多种不同的资本性资产。比如，有关当地生态系统的传统知识，民众通常都会处于环境管理的核心位置（安东尼·哈尔、詹姆斯·梅志里，2006：140）。而民众才是地方性知识的掌握者，外来的机构行动者只有与当地的民众形成战略联盟，才可能达到预期的目标。它还认为，发展型社会政策的行动过程应该依照特定环境的要求来决定，并且应当直接与受益人进行充分的协商，而不应该事先制定好行动计划后照方行事。因此，确定正确的先后顺序和建立最为恰当的制度安排，都是通向成功的关键环节（安东尼·哈尔、詹姆斯·梅志里，2006：142）。

(3) 强调与政府合作。发展型社会政策是一种整体性思路，它认为不能寄希望于依靠单一机构来解决农村发展的问题，而将多重行动者考虑在内。因为不同的行动者所起的作用是不同的，各类机构之间可以互补，从而使发展行动事半功倍。比如，国家虽然不再拥有对计划性发展的垄断权力，但是国家依然在农村发展中能发挥独一无二的作用，即提供压倒一切的法律或政策框架来促进社会变迁。地方社区经常存有极富价值的社会资本和人力资本以及关于地方生态和自然资源的地方性知识，而政府对这样的知识却有可能一无所知，这些资本和知识完全可以被充分利用起来，以实现发展的目标（安东尼·哈尔、詹姆斯·梅志里，2006：142—143）。

(4) 强调可持续发展。在发展型社会政策的视域中，农村发展必须以"可持续生计"的分析框架为指导，要让村民有多重的受益，而不只是让他们拥有高收入，更关键的是村民要能够改善健康水平、增加受教育的机会、减少脆弱性并且力图规避风险。而这些目标的实现要诉诸于村民拥有一系列资本性资产，如：财政资本、人力资本、物质资本、自然资本、社会资本以及政治资本（安东尼·哈尔、詹姆斯·梅志里，2006：136）。只有这样，民众才能获得稳定的生计，永久地摆脱生活困境。

(5) 强调福利发展的科学规划。在政策思维方式上，它强调对于社会问题的"上游干预"，重视中长期战略（张秀兰、徐月宾、梅志里编，2007：8—10）。发展型社会政策的制定要具备中长期性战略规划：社会政策的制定要有短期、中期、长期的目标与规划，不能处于一种应急性、补救性的状态，要避免"头痛医头，脚痛医脚"的社会治疗模式（侯志阳，2008）。

与上述理念相一致，首先，资产型农村社区福利也是将福利看作一种社会投资，它可以促进经济增长与社区稳定，实现经济社会协调发展。兰村实行各项资产建设的目的是为村民提供各种社区福利，比如，老年人福利、妇女福利、教育福利等，但在他们看来，这些福利也是投资、是可以增值的，即可以促进村经济增长和社区稳定。其次，资产型农村社区福利也是把人力资本的积累放于优先的位置。在资产建设过程中，兰村干部和村民首当其冲做的事情就是办好教育，他们合并两所小学，重建兰村学校的目的就是为了提高教学质量，培养人才。而创办新农民素质培训学校、培养新型农民则是教育投资的另一件重要事项。为了提高村民的市场适应能力和现代经营管理能力，兰村还创办了网上农家店、重建菜市场、创建经济合作组织（标准厂房租赁公司）。兰村的这些举措，都是为了提高村民的人力资本。第三，重视社会资本的积累，实现社区可持续发展。兰村的党员干部采取各种措施充分发挥群众自身的优势，调动广大村民积极参与资产建设，在此过程中，干群加深了沟通、互惠、理解、信任，村民走向团结合作，兰村内部社会资本得到了增强。此外，兰村在资产建设中还注重发展外部社会资本，他们积极与各级政府搞好关系，争取地方政府的政策支持和资金补助。最后，都强调制定福利发展规划。兰村制定了资产建设的10年发展规划，而且严格执行了规划。在10年规划基本实现的基础上，根据国家政策的战略重点、地方政府的行为取向和自身村情的特点又制定了新一轮30年生态文明村建设规划。

（二）资产型农村社区福利产生的过程机制及其福利内容

通过本书第四—六章的分析，我们可以发现，资产型农村社区福利的产生过程包括资产建设和资产的经营管理两部分。本书关注的是建设和管理哪些资产，谁来建设和管理，怎么建设和管理，建设和管理中产生了什么福利效应。

1. 兰村资产建设的类型

兰村的资产建设主要包括组织资产、实物资产和金融资产建设三类。各类别资产的内容分别是：组织资产指村小学、村农民素质培训学校、村老年协会和村妇代会；实物资产指兰青公路、兰青大桥；金融资产指村集体资金。本书第一章已说明"资产"的涵义，即社会政策学科中的资产并非一般意义的资产，而是在福利制度框架内所界定的资产，服从于社会保障的目标。兰村选择以上三类有形资产作为切入点，是因为有形资产在社区发展的初级阶段往往处于首要的地位；有形资产是可以在一个比较短的时间内通过社区居民自觉的努力和行动实现的；从社区资产的有形资产切入，是加快社区发展的有效途径。此外，这三项资产是提供社区福利最重要的场所和物质来源。组织资产是团结社区居民的重要载体，而社区居民是社区有形资产建设的主体，也是社区福利的接受者。实物资产与金融财产则是产生社区福利的物质前提。

2. 兰村资产建设的主体

村民、村党员干部是资产建设和管理的主角,地方政府是资产建设和管理的配角。

(1) 村民在资产建设与管理中的作用及其参与机制。

村民在资产建设与管理中起着参与、支持、提供地方性知识的作用。发展型社会政策认为在农村发展过程中应把民众置于中心位置。民众才是地方性知识的掌握者,外来的机构行动者只有与当地的民众形成战略联盟,才可能达到预期的目标。在规划征求意见时,村民提供了很多有益的意见,促使兰村制定一份符合实际、可操作的建设规划;村民拥护兰村关于合并小学、建立新农民素质培训学校、重建老年会、成立妇代会的决定,配合迁移祖坟、为中心村四项工程建设提供场地,使村组织资产得以建立;配合修建兰青公路、兰青大桥,并积极监督工程质量,保证实物资产的顺利建成;为壮大村集体金融资产建言献策。

在兰村干部眼里,村民是最大的英雄,是村各项资产的主要建设者。因此,必须建立一个有效的村民参与机制。

一是设立了奖励制度,"在建设新兰村的工作中,以书面形式提出合理化建议,每被采纳一条,村委会发给奖金1000元;在建设工作中,表现突出的,年终经村民代表大会表决确认为先进个人的,村委会发给奖金1000元"(参见《兰村村规民约》第39条)。正是村民的积极参与,兰青大桥桥梁破损问题才能得到及时发现和处理,兰青大桥的建筑质量才得到保证。

二是成立各种民间组织,为村民参与提供平台。兰村将三个老年会合并为一个老年会,充分发挥老年会在实物资产、金融资产建设中的作用;老年会多次做少数"钉子户"的工作,促进迁墓工作顺利进行。重建妇代会,调动妇女积极为兰村的经济社会发展做贡献;成立校董会,帮助抓好小学的教学管理;成立卫生清洁队伍,促进村容整洁;成立工程管理小组,保证实物资产的建筑质量;成立村财领导组、监督组、理财组;保证村金融资产的安全;成立治安巡逻队,促进社区安全稳定。

三是形成规范的议事制度。凡是涉及全村重大事务的,都要召开村民代表大会或全体村民会议讨论决定,会上让村民畅所欲言,集思广益。村干部要对村民提出的意见、建议给予及时答复。

这些参与机制充分地把群众参与的积极性调动起来,使他们成为村各项资产建设与管理的主角。

(2) 村党员干部在资产建设与管理中的作用及其运作机制。

第八章
结论与讨论

兰村的党员干部是兰村资产建设的领导者、组织者与发动者。他们是村民的领头雁，他们的一言一行也都影响着村民的言行。

其中村党委书记是资产建设的领头人，处于核心位置。他在兰村资产建设中起着指引方向、资金支持、团结村两委和村民、提高村民素质的作用。首先，他运用自己的见识最早提出10年发展规划的初稿，为兰村的发展指明了方向。其次，他为兰村资产建设提供资金支持，个人出资帮助村集体发放修建兰青公路的部分征地补偿款；出资创办农民学校，培训村民，提高他们的素质；利用个人的人脉关系，与中育教育发展研究中心负责人联系，让他们在兰村学校开展创新实验研究课题，提高学生的创新实践能力；利用个人威信，协调各自然村的矛盾，合并老年会、合并小学。再次，他通过多种方式调动村两委和村民积极参与到兰村资产建设中。他创作《村歌》，并结合自己对新农村建设的理解培训村民，统一村民的思想，调动村民参与到兰村的资产建设中；同时，通过多次会议提升村民的政治素质，增强了他们的大局意识；团结两委班子，提高村两委的战斗力，使村两委、村民团结一致，共同参与到新兰村的建设中。

而兰村的广大党员干部在资产建设中也起着重要的组织领导、贯彻执行、发动群众和沟通协调的作用。一是起带头作用。兰村党员干部带头迁移自家坟墓，为中心村建设提供土地发挥了先锋模范作用，给村民树立了榜样。二是起执行村集体决策作用。党员干部必须严格执行村集体的决策，凡是村集体讨论形成的决议，都要签名并严格执行，履行各自的职责，否则要承担相应责任。比如，在修建兰青公路中，负责工程管理的村干部未能做好份内的工作，就被调离岗位。三是起组织发动作用。党员干部分工负责农户的思想政治工作，他们入户与村民谈心，转变他们的观念，团结绝大多数村民，孤立少数破坏分子，组织村民配合两委做好溪埔土地整理工作，为兰青大桥和兰青公路筹集建设资金。组织群众募捐，为中心村四项工程建设筹资。四是起沟通协调作用。在合并两所小学、建设兰村学校过程中，与两所小学的教师多次沟通，做好合并工作，并协助学校做好教学管理工作，为孩子们营造良好的教学环境。在修建兰青大桥中，兰村党员干部积极与承建公司、桥梁预制单位、工程监理单位沟通协调，保证兰青大桥工程的顺利进行和建筑质量。五是起出谋献策的作用。他们与村民共同探索兰村学校新校舍建设的资金筹集渠道，探讨壮大村集体金融资产的办法。

兰村党员干部能够发挥战斗堡垒作用的原因在于他们有一套有效的运作机制。第一，奖惩机制。从本书引用的会议记录可以看出，兰村的会议补贴是比较高的，每次党员干部开会或执行公务都可领取20—100元的误工补贴。这也调动党员干部的工作积极性。但如果缺席或不能完成任务,就不能领取补贴。此外,兰村还设立了包含全体党员、村干部、村民代表、老人会理事、中心户长等对象的年终奖金制度。兰村规定:"本届村干部以及所有参与兰村经济社会发展的决策者的年终奖金,按三年总收入提取一定比例作为奖金,让下届的村民代表评比本届的政绩表现予以兑现。"比例如下:"村财年收入50万元以下提30%;50—100万元提取20%;100—200万元提取10%;200—300万元提取8%;300万元以上提取5%……"(参见兰村2006年9月13日上午党支部大会会议记录)这种激励措施提高了村干部的工作积极性,也要求他们的工作要经得起历史的考验。第二,学习机制。新农民培训学校的首批学员就是党员干部。党员干部要不断学习党和国家的路线方针政策,不断提高自身的政治素质;要努力学习现代管理知识,提高管理能力等。所以,村党员干部均必须参加农民培训学校的每期培训。第三,议事机制。凡涉及村公共事务的,不能由某个村干部说了算,都必须先由党员干部开会讨论。每次会议村干部不能随意请假,每人必须做好会议记录,并且要相互传阅各自的记录,核对无误后,由文书写入村会议记录本。第四,工作监督机制。党员干部必须将自己的工作职责、工作情况公诸于众,接受村民的监督、评议、考核。

(3)地方政府在资产建设中的作用及其行动逻辑。

地方政府在兰村资产建设中主要起着工作指导、政策支持和资金补助的作用。

镇党委经过考察,推荐潘先生为兰村书记,协助兰村找到资产建设的带头人。

在兰村资产建设规划中,县、镇政府有关部门派人参加兰村10年规划的论证,提出指导意见,有些部门甚至将兰村的资产建设项目直接纳入他们的年度规划中,并给予资金支持,如兰村桃子园的新村建设规划就被纳入QZ市旧村改造建设试点项目;兰青大桥被纳入KM镇的整体规划。

在组织资产建设中,县教育局出台政策支持兰村两所小学合并为兰村学校;指导合并工作,为兰村学校的顺利建立提供政治保障;拨款支持兰村学校的新校舍建设。当地县、镇政府积极支持兰村建立妇代会,地方党政主要领导和妇联主席都参加了兰村妇代会成立大会,并予工作指导。此外,兰村在迁移四百多座坟墓,为中心村建设提供场地过程中,发现当中有邻村的两座坟墓,邻村不肯迁移,经村两委与邻村多次协商无果后,兰村所属的镇政府帮助协调,最终才完成坟墓的迁移工作,使中心村四项工程顺利建成。

在实物资产和金融资产建设中,县、镇政府出台政策支持兰村村民整理溪埔土地,盘活沙土资源,筹集资金建设兰青公路和大桥;县政府有关部门还对

第八章 结论与讨论

兰村财务管理制度给予工作指导。

兰村资产建设是在中央提出社会主义新农村建设和农村社区建设的政策背景下进行的,地方政府是党和国家政策的执行者,为了贯彻落实中央关于新农村建设和农村社区建设的方针政策,他们需要选择一些"标杆村",体现政绩,因此,他们重视、支持农村的发展。随着兰村资产建设10年规划的制定、执行,兰村逐步在当地同类型农村中脱颖而出,它逐渐引起地方政府的关注和青睐。因此,地方政府有意重点支持兰村,树立典型,让其他村学习,从而有效地推进新农村建设和农村社区建设。从这个意义上讲,兰村的资产建设也是国家和地方政府塑造的结果。但兰村显然有很大的独立性,村民和村干部在资产建设中根据自己对国家和政府政策的理解、根据自己的村情,用好政策,搞好建设,逐步实现自己的资产建设规划。可见,兰村的资产建设中,村民、村干部是主角,地方政府是配角。

3. 兰村资产建设与管理的方法、策略

兰村在资产建设和管理中采取了一系列有效的建设策略,才能产生诸多福利。

第一,制定切合实际的资产建设规划,并严格执行。兰村的村干部和村民根据村里的经济社会发展现状、自然资源及地理位置的区域优势,提出了资产建设的10年规划。该规划的口号是"三步拼出新兰村"①。

第二,发掘优势,盘活资源。兰村的资产建设是一种"优势视角"的社会工作模式,即着眼于社区已有的资产、优势和能力。兰村的村民和村干部首先盘活村里的自然资源,他们整理溪埔土地面积117.3亩,挖沙764834.23立方米,转卖后获利1300多万,将所得资金全部用于修建兰青大桥和兰青公路。迁移400多座坟墓,开发荒山,平整土地,建设中心村。接着,他们盘活人力资源,邀请村里的退休教师给村民讲解党和国家的路线方针政策,提高村民素质;发掘村民特长,提倡社区互助服务;村里的低保户、五保户等困难群体在他们眼里也是资产,可用于组成村清洁队,维护村容村貌,与此同时,他们也获得相应报酬。而后,他们盘活旧的资产,转卖旧村部,筹集资金建设新村部;整理旧市场,设置摊位出租,赚取租金,壮大村集体经济。此外,兰村还善于用足各级政府的惠农政策资源,向地方政府争取资金和各种优惠政策。

第三,严格落实村民自治各项制度,依法办事。兰村资产建设并非追求标新立异,与很多村庄不同之处只在于他们严格按照国家关于村民自治的各项制

---

① 规划的内容详见第三章,至2014年1月,我们重访兰村时,这份规划的目标基本实现。

度办事。村集体事务,视情况通过村两委会、村党员大会、村民代表大会或全体村民大会等进行决策,还给群众知情权、参与权和监督权;所有事项的决策全部实行少数服从多数的原则。更重要的是他们每次开会都要求做好会议记录。而每次的会议记录都将成为他们办事的依据。

第四,坚持走群众路线,一切从群众中来,一切到群众中去,一切为了群众的利益。在资产建设中,兰村的党员干部善于听取群众意见,吸收群众智慧,尊重群众,所以,村民的参与积极性很高。资产建设的最终目的是为群众谋福利,是为了群众的利益,因此,村民能积极合作。碰到少数破坏资产建设的极端分子,他们也是运用群众的力量给予解决。

4. 兰村资产建设与管理中的福利效应

测量资产型农村社区福利的三个核心变量是:社区社会资本、人力资本和社区公益服务。通过前文四—六章实证资料的分析,可以发现兰村的社会资本、人力资本和社区公益服务在资产建设和管理中都获得了较大的提升。

第一,兰村的资产建设过程增强了社区的社会资本,也提升了村民的人力资本。

在资产建设规划制定过程中,统一的资产建设规划推动了村民的团结合作、加强了干群沟通互惠、促进相关规范制度的落实;而资产建设规划的申报也密切了兰村与地方政府的关系。此外,由于兰村村民大多参与了十年规划的制定,在此过程中,村民逐步抛弃落后的思想观念,变得更加自信,善于规划未来,同时,他们也开阔了视野,增长了见识。

在组织资产创建过程中,一是兰村通过多种途径做好两所小学的合并工作,提高村民对教育的重视,融洽与小学的关系,加强与地方政府的合作,得到了政府的政策支持、资金补助和工作指导;二是兰村新农民素质培训学校的建立,提高了全村党员干部的政治素质,加强了党员干部的沟通、信任,提高了党支部的战斗力,也提高了村民的政治觉悟,加强了村民对新农村建设重要性的认识,有利于调动村民参与资产建设;三是兰村三个老年会合并成一个老年协会,推动了村民的团结合作;四是妇代会的重建增强村民对妇女在新农村建设中作用的认识、提高了妇女的自信心、增进妇女的了解、加强村民团结,同时也加强了与地方政府的合作与联系;五是在迁移祖坟、盘活自然资源,为组织资产建设提供场地过程中,兰村也提高了村民的集体意识和归属感、改变了村民传统落后的封建观念、提高了他们对祖坟的科学认知,同时还改善了与一些社会单位的关系。

在实物资产的建设过程中,一是兰青公路的征地拆迁工作与修建过程中的质量监督工作，使村民意识到如果是村集体的公益事业发展所需，必须有强烈的合作意识和积极的合作行为，同时也增强了村干部服务群众的责任感，提高了村干部的管理能力；二是兰青大桥的修建，提高了村干部的组织协调、公关谈判能力，也调动了村民的社区参与。

在金融资产的积累过程中，一是在盘活沙土资源、积累金融资产中，干群之间消除了许多误解，增进了解与信任；二是在吸引社会捐资、积累金融资产中，增强了村民的社区归属感；三是在争取政府资助、积累金融资产中，兰村进一步团结群众、凝聚人心，并加强了与地方政府的合作关系；四是在整合旧的资产、积累金融资产中，兰村干群的筹资能力得到了提高。

第二，资产的经营管理提供了社区公益服务，也促进了社会资本与人力资本的增长。

在组织资产经营管理中，兰村学校通过推行素质教育、抓好教师队伍建设，为孩子们提供了优质的教学服务；新农民培训学校为村民提供形式多样、内容丰富的生产生活知识培训和网上信息服务。这些服务也提升了兰村村民的人力资本。老年协会的运作为老年人提供了各种经济福利、文体娱乐服务、教育福利，让老年人老有所养、老有所乐、老有所学。妇代会的运作为妇女提供了就业培训、文体娱乐、生殖健康保护、贫困母亲生活照顾等福利。

在实物资产经营管理中，兰青公路与兰青大桥的投入使用，大大改善了村民的交通福利，方便村民出行；也提升了兰村的居住品位，为村民提供宜人的居住环境；兰青公路与大桥的维护管理，也为贫困村民创造了就业机会。

在金融资产经营管理中，兰村通过成立完善的管理机构、建立严格的财务管理制度和透明的财务公开制度，对金融资产进行良好地经营管理。在此过程中也提高了村民的财务知识，增进村民对村干部的信任。此外，金融资产还用于提供一系列的社区公益服务，主要包括：奖励各种先进分子；出资为村"文明家庭"办理新型农村合作医疗；为村民提供安全保障服务、环境清洁服务；为困难群体提供社会支持。

（三）资产型农村社区福利对社区发展的功能

第七章的分析结果表明，资产型农村社区福利对社区发展有着积极的作用，能够推动社区经济增长，促进社区和谐稳定。具体表现为：第一，资产管理中提升的人力资本推动了社区经济的增长。兰村村民通过参加新农民培训学校的学习，掌握了新型农业生产技术，并应用于实践，降低了农业投入成本，提高了农业产量；学习了现代电子商务知识，学会使用"网上农家店"，扩大了农产品销售渠道，增加收入，推进农业市场化。第二，资产建设和管理中增长的社会资本，促进了社区经济增长。伴随着资产建设的进行，村民对村干部越发信任、合作与支持，这种日益增长的内部社会资本，促进村集体经济合作组织的成立，推动兰村标准厂房租赁公司的成立。而在资产建设和管理中，兰村与地方政府的关系日益密切，这种外部社会资本也是村集体经济合作组织顺利成立的重要条件。这体现在地方政府主要领导亲自到兰村现场办公，帮忙解决兰村标准厂房租赁公司成立中的困难。第三，资产经营管理产生的社区公益服务，有助于社区综合发展。教育福利促进了兰村成为镇的一个教育中心，推动了兰村的综合发展；老年人福利有助于兰村经济社会发展10年规划的实现，有助于化解各种矛盾纠纷，维护社区稳定；妇女福利有助于减少"六合彩"危害，有助于帮忙照顾留守儿童，有助于促进环境清洁；医疗卫生福利有助于推进乡风文明；安全保障福利有助于促进社区稳定。

兰村资产建设和管理中产生的诸多福利，促进了兰村社区的可持续发展；兰村启动了新一轮的生态文明村建设规划。从这个意义上讲，资产型农村社区福利也是一种资本，它可以推进农村社区经济增长、社区和谐稳定，实现社区可持续发展。

本节总结了本项研究的最终发现，提炼出农村社区福利的理想类型：资产型农村社区福利。具体阐述了这种福利类型的建设背景与理念、建设的过程机制及其功能。

本书的研究结论表明，贫困社区在地方政府的帮助下，发挥自身的优势，调动村民积极参与，开展资产建设，将会提升社区的人力资本、增进社区的社会资本、产出多种社区公益服务，这一系列的福利效应会促进社区经济增长和社区和谐稳定，实现社区可持续发展。本书的研究成果，拓展了谢若登的资产建设社会政策理论。

二 相关讨论

上一节根据研究问题和研究框架，归纳了资产型农村社区福利的理论要点。本节将针对研究过程中的一些问题，进行一个整合性的讨论。这节的讨论将从"福利资本"和"社区层面的资产建设社会政策"展开。

（一）福利资本

本书的研究发现，资产型农村社区福利能够积极促进社区经济增长和社区

第八章
结论与讨论

稳定。① 换言之，福利也是一种资本，它可用于投资，促进生产力的发展。如何认识福利的资本性，或称"福利资本"，刷新对福利功能的认识，是一个值得讨论的问题。

社会福利是一种社会投资还是社会负担？传统观点认为，只有经济发展了才有可能发展社会福利，社会福利是经济政策的附属品，社会福利会拖经济发展的后腿，严重地说，社会福利甚至会阻碍经济发展。近年来西方学术界流行的发展型社会政策理论却提出社会福利是一种社会投资而不只是支出或消费，社会福利也是一种生产力，能够积极促进一国或地区的经济社会综合发展（安东尼·哈尔、詹姆斯·梅志里，2006:2）。但是从目前国内外关于发展型社会政策的研究成果看②，支撑这一理论的实证研究还比较少。本书则采用了实证研究方法对此理论进行检验。本书以兰村为个案，探讨农村社区在地方政府的帮助下，如何通过资产建设，为村民提供福利，促进社区发展。研究结果表明，农村社区福利确实能够积极推动社区经济社会发展，印证了发展型社会政策的理念，丰富了这一理论的实证研究。

另外，本书认为对"社会福利也是一种投资，一种生产力"的论断应该进行进一步的深入挖掘与分析，以重新认识社会福利的功能，厘清社会福利与经济发展的关系。新中国成立以来，中国社会政策的改革一直滞后于经济政策改革，社会政策长期被人们认为是经济政策的附属品。近年来，随着中共中央提出落实科学发展观、构建社会主义和谐社会的发展战略，以民生问题研究为己任的社会政策越来越重要，有的学者甚至提出"中国进入社会政策时代"（王思斌，2004；王绍光，2006）。中共中央关于"十二五"规划的建议指出"深入贯彻落实科学发展观，适应国内外形势新变化，顺应各族人民过上更好生活新期待，以科学发展为主题，以加快转变经济发展方式为主线，深化改革开放，保障和改善民生，巩固和扩大应对国际金融危机冲击成果，促进经济长期平稳较快发展和社会和谐稳定，为全面建成小康社会打下具有决定性意义的基础。"因此，如何处理好社会政策与经济政策的关系，实现经济社会协调发展将是社会主义现代化建设中的一项重要课题。为此，本书提出"福利资本"③

---

① 详见第七章内容。
② 景天魁、张秀兰、徐月宾、张友琴等学者都有提到社会福利政策的实施，可以拉动内需、刺激消费，进而推动经济增长的观点。但大都缺乏系统、深入的实证资料加予论证。
③ "福利资本"是笔者在分析欧洲"社会投资"理论与综合本书实证结果基础上提出的概念。社会投资理论强调社会政策对人力资本、社会资本的培育，增强人们现在和未来的技术与能力，提高人们应对生存风险的能力。在欧洲社会政策学科中，社会投资具有确保社会保护系统满足人民需要、改进人们进入社会和劳动力市场机会、促进经济增长、整合福利体系等功能（潘屹，2013）。

的概念，试图帮助人们更好地认识社会政策与经济政策的关系。

"福利资本"，从字面上看，"福利"是社会学意义上的概念，"资本"是经济学上的概念，"福利资本"结合了社会学和经济学的学科诉求。社会学追求的是社会公平、公正；经济学追求的是资源的有效配置，效率是其核心议题。笔者提出的"福利资本"追求的是公平与效率的有机结合，追求的是社会与经济的协调发展。在给出"福利资本"的定义前，有必要先界定"福利"和"资本"的含义。

关于"福利"的解释，我们在第一章已做详细说明，这里不再赘述，本书的"福利"表示多层含义，涵盖"好处""效用""幸福""快乐""公益性服务"等意思，但更多体现为一种非物质形态。在本书的实证研究中，"福利"被操作为社区社会资本、人力资本、社区公益服务三个变量。

资本的定义本身也是有争议的。在经济学研究中，资本的含义大致有几种：（1）借贷活动中与利息相对的贷款本金；（2）被生产出来作为生产手段使用的生产资料，即资本品或物质资本；（3）在金融市场中作为适宜于固定资产投资的长期资金；（4）公司财务会计中来源于所有者自己的资产，即所有者股本；（5）能够带来未来收益或服务的所有物，贝克尔就认为在较长的时期内能带来收益和其他有用产品的东西都是资本（加里·贝克尔，2007：1）；（6）能够带来"剩余价值"的价值，是体现"剥削"的特殊范畴，马克思就是用资本的概念来揭示资本家对工人的剥削关系（李宝元，2009：54）。简单说，资本是人们通过投资活动能够获利的手段，它强调投资收益回报、价值增值。

因此，本书认为，"福利资本"意指将福利视为一种社会投资，即期望在市场中得到回报的福利资源投资。这里的市场包括经济的、政治的、社会的、文化的。[①]"福利资本"体现了发展型社会政策的理念，重视对人力资本的投资和社会资本的积累。

笔者根据"福利"的不同标准，将"福利资本"分成几种类型。

按福利的功能划分，可以分为社会资本型（比如，本书将村民在资产建设中的团结合作、沟通互惠、交往信任作为福利，这种福利就体现为社会资本型）、人力资本型（比如，村民在资产建设中获得的知识、技能、眼光等，就是一种人力资本型）、文化资本型、政治资本型等。

按福利的接受对象划分，可分为老年人福利资本、妇女福利资本、儿童福利资本、残疾人福利资本、贫困家庭福利资本等。

按福利的分配区域，可分为农村社会福利资本、城市社会福利资本。

---

① 福利资本定义的表述借鉴林南对社会资本的定义。

按福利的供给主体，可分为政府福利资本、社区福利资本、家庭福利资本、非营利组织福利资本、企业福利资本等。

福利资本既体现了经济政策上的效率、投资回报，即福利的提供促进人力资本、社会资本、社区公益服务的提升，从而能够促进社区的经济发展与可持续发展；同时，又实现了社会政策需求上的公平与正义，使居民在社区里能享受到"幸福"、"快乐"，高质量的生活。它是经济政策与社会政策的有机结合。

以上只是我们在本书研究的基础上，对"福利资本"的初步阐述，如何将"福利资本"作为一个概念工具，并进行相关的理论建构和实证研究，还需要今后学界的共同努力。

（二）资产建设与农村社区脱贫

谢若登在《资产与穷人》一书中，批判了以收入为基础的传统福利政策，只能暂时缓解穷人的生活困难，无法摆脱贫困—救助—再贫困—再救助的"福利陷阱"；创造性地建构以资产为基础的福利政策模型，提出政府要通过巧妙的政策设计，帮助穷人进行金融资产的积累与储蓄（即资产建设），从而使穷人最终可能摆脱贫困。在谢若登的理论体系中，穷人之所以可能摆脱贫困是基于资产建设能够产生一系列的福利效应的假设。这些福利效应主要包括9个：①促进家庭的稳定；②创造了一种未来取向；③促进人力资本和其他资产的发展；④增强知识和技能的专门化和专业化；⑤提供了承担风险的基础；⑥增加个人效能，比如，拥有资产的人对生活更有选择的余地，也能生活得更好；⑦增加社会影响，个人或家庭拥有资产可以提高社会地位；⑧增加政治参与，拥有资产的人具有参与政治过程的更大动机和更大的资源；⑨增进后代福利。资产提供了收入和消费所不能提供的一种代际关系（迈克尔·谢若登，2005：181—202；详见第二章资产建设社会政策理论层面的研究）。

以上福利效应，谢氏只是通过理论推理提出的，并没有通过严格的实证研究加以检验；而且，谢氏理论的政策对象主要是穷人或贫困家庭，针对贫困社区的资产建设，他没有探讨。本书着眼于社区层面，拓展谢氏理论的应用，同时采用实证研究方法对此理论进行检验。本书以贫困农村（兰村）为个案，分析该村运用资产建设策略，创建、管理组织资产、实物资产和金融资产，实现脱贫的目标。研究发现，兰村在资产建设和管理过程中，也产生了一系列的福利效应：（1）提升了社区的人力资本，村民通过参与资产建设，他们增长了知识，扩大了视野，放宽了眼光，提高了生产、生活技能；（2）增进了社区社会资本，资产建设提高村民的社区参与和社区归属感，促进村民更加团结，加强干群之间的沟通互惠与信任，密切兰村与地方政府的关系；（3）提供了诸多社区

公益服务，包括初等教育福利、社区培训服务、老年人福利、妇女福利、交通福利、医疗卫生福利、环境清洁福利、安全保障等。本书的研究结果部分证明了谢若登资产建设理论的福利效应假设，即创造未来取向、展望明天（第②条）；促进人力资本，获得知识和技能（第③条）；增大社会影响，增强社会资本（第⑦条）；增进后代福利（第⑨条）。更重要的是，本书在研究对象上拓展了谢氏理论，为农村社区脱贫提供了一种新的政策范式：资产型农村社区福利。

此外，本书在阐述资产型农村社区福利建设过程中，还借鉴了一个重要理论，即"资产为本的社区发展模式"（Asset-Based Community Develpment，简称 ABCD 模式）。这个理论最早由美国西北大学 John Kretzmann & John L. McKnight 提出。近年来，该理论已成为国际社会政策关于社区发展的核心议题。它与传统社区发展模式，比如，以需要满足为本的社区发展、以能力建设为本的社区发展、以增权为本的社区发展等各种策略和工作模式，存在一些共同点，也有自己的侧重点。"资产为本的社区发展"（ABCD）的工作思路是：贫困社区要着眼于自身的优势，而不只是停留于社区的不足或问题，善于发挥社区优势，解决社区问题，促进社区发展；其策略的重点是人力资本和社会资本建设，以此整合有形资产建设（高鉴国、展敏主编，2005：169）。"ABCD"的工作理念值得借鉴，但该理论的"资产"是个无所不包的概念，不利于展开经验研究。考虑到有形资产在社区发展初级阶段的重要性，本书将资产聚焦于有形资产，阐述兰村通过发挥自身的优势，调动村民积极参与，盘活自然资源、人力资源、政策资源等，通过组织资产、实物资产和金融资产三类有形资产的建设，逐渐实现社区脱贫的过程。研究成果提高了"资产为本的社区发展"理论的应用性和可操作性。

在本书研究的基础上，值得进一步思考的是如何结合中国国情构建"资产为本的农村社会工作模式"，让更多的贫困农村脱贫。在我们看来，"资产为本的中国农村社会工作模式"的工作理念是"优势、需要与可持续"，即社会工作者介入贫困农村社区时，要先着眼于社区已有的优势，再分析村民的需要，去解决社区问题，促进社区的可持续发展；工作的切入点是建设有形资产；工作重点是在有形资产建设中，调动村民的社区参与，提高社区人力资本与社会资本；工作策略是注重村民的教育培训、注重村自组织建设、注重与政府的合作。

三 发展农村社区福利的社会政策建议

前面两节总结了本书的研究发现，即资产型农村社区福利的理论分析模型，并进行了三个相关理论的讨论，与发展型社会政策、资产建设社会政策、资产为本的社区发展模式展开学术对话。根据兰村资产建设与社区福利的发展经验，本节将提出发展农村社区福利的社会政策建议。本节的讨论分为三个部分：一是发展农村社区福利的理念；二是以资产建设为载体，发展农村社区福利；三是壮大农村集体经济，促进农村社区福利可持续发展。

（一）农村社区福利的发展理念：发展型社会政策

如前文所述，发展型社会政策将社会福利视为一种社会投资，注重人力资本的提升和社会资本的积累；认为社会福利也是一种生产力，可以推动经济增长，实现经济与社会的协调发展。兰村社区福利的发展经验印证了发展型社会政策的理念。而实现社会与经济的协调发展，正是我们国家目前所追求的政策目标。因此，"兰村福利"的理念可供其他同类型农村发展社区福利参考。一是要正确认识福利与经济的关系，摒弃福利就是负担的传统观念，应将福利也看作是一种资本，可以促进社区经济发展和社区稳定。二是要正确理解福利的内涵，福利不仅表现在给一些弱势人群提供物质帮助、资金补助和服务支持，更重要的是体现为村民人力资本的提升和社会资本的增进[①]，比如让村民接受更多有效的教育培训、让村民拥有更多的公共事务知情权、参与权和监督权。三是要实现福利的可持续性，不要将福利作为一种"头痛医头，脚痛医脚"应急措施，而要注重福利的中长期规划，真正提高全体村民的生活质量。

（二）农村社区福利的发展途径：社区资产建设[②]

如何在农村社区层面搞资产建设，发展社区福利是本书的研究问题，笔者通过对兰村的实证调查和理论分析，解答了这个问题并且提炼出"资产型农村社区福利"（或称兰村福利）的理论模型和实践路径。"兰村福利"的操作要点也是值得同类型农村发展社区福利参考的。

第一，选择一个好的资产建设带头人。这个"好"没有一个统一的标准，但从兰村的领头人——潘书记来看，至少要有如下5个条件：个人经济实力比较雄厚，是发展经济的能人；社会责任感强，具有奉献精神；政治素质比较高，善于理解与运用党和国家的路线方针政策，善于与各级政府打交道；具备一定的文化水平，有较强的法治意识；沟通能力强，善于组织和发动群众参

[①] 换言之，社区福利的内涵应由"小福利"拓展到"大福利"（参见景天魁、毕天云，2009）。

[②] 此观点已转化为QZ市委、市政府关于"美丽乡村"建设方案的观点。该方案要求QZ市各区（市）、县要积极发展"资产型、服务型的集体经济"。

兰村福利——资产建设与农村社区福利研究

与。而选拔这位带头人的机制则相对灵活,可由地方政府帮助考察推荐,再由村民选举;也可直接由村民选举产生。

第二,建设一个好的村两委班子。从兰村的经验看,一个好的村两委班子是资产建设成功的组织保障。好的村两委班子应该有3个要素:有一个杰出的"班长"(即上一段讲的带头人);班子成员敬业、乐于奉献、团结、互信、合作,有凝聚力;有一套可行性强的奖惩制度和工作制度。班子成员的选拔要严格按照国家相关政策法规进行。

第三,建立有效的村民参与机制。从兰村资产建设过程可看出,没有广大村民的参与、支持,就不可能有今日兰村的辉煌。在兰村的村干部眼里,群众才是最大的英雄,才是各项资产建设的主体。他们为资产建设提供了丰富的地方性知识,配合村干部克服种种困难,促使资产建设顺利进行。兰村的村民参与机制是值得推广的:尊重群众意见,以群众利益为上;建立适当的奖励制度;发展农村自组织,给村民参与提供平台;建立规范的议事机制,由群众来评判是非。

第四,获得地方政府的支持与帮助。以往关于农村社区与地方政府的关系,都是强调政府要怎样加强对社区的支持与帮助。而地方政府不可能对每一个农村都给予一样的支持与帮助。其工作重点经常是"典型村"或"问题村"。兰村正是通过自己的努力,成为当地的典型,才获得政府更多的支持,而不是政府直接树立的明星村。因此,农村社区想获得政府更多的支持,应当通过自身的资产建设,努力成为典型,引起政府的兴趣和重视,以获得更多的政策优惠、资金补助和工作指导。

第五,善于发挥优势,盘活资源。贫困农村要善于发现社区已有的优势和资源,比如,在自然资源方面,要善于盘活土地、泥沙等资源;在人力资源方面,不仅要充分发挥社区精英的作用,也要挖掘每个普通村民的特长,并将一些低保户、五保户等弱势人群利用起来,总之,要发挥每个村民的作用;在政策资源方面,要善于结合村情、运用政策获得政府支持,实施资产建设。

(三)农村社区福利的可持续发展:壮大村集体经济

农村集体经济是农村社区福利的物质基础,也是社区福利可持续发展的重要保障。在资产建设过程中,壮大村集体资产是资产建设的主要内容。兰村在发展社区福利中,碰到的困难之一就是村集体经济不够强大。[①] 所以,他们一

---

① 2012年6月,兰村所在的KM镇政府村财审计小组对该村2009—2011年的经济责任进行审计。审计结果发现,由于兰村基础设施投资较多,出现债务增加的迹象。

直在寻找发展集体经济的路子。① 于是，他们成立标准厂房租赁有限公司和汽车运输租赁公司。因此，如何探索实现村集体经济发展的有效途径，是农村发展社区福利的一个重要课题②。在我们看来，各个村的实际情况不大一样，发展村集体经济不可能采取一刀切的模式，要因地制宜，探讨合适、有效的实现形式。我们认为要注意以下两点：

一是在观念上需要重新认识农村集体经济的地位。"人民公社"时期，我国农村实行的就是集体经济。但那种集体经济是在高度集中的计划经济体制下进行的，是一种效率低、不可持续的经济形态。这种经济形态追求的是"一大二公"，实行绝对平均主义，搞"大锅饭"，造成干多干少一个样，干与不干一个样。大家缺乏工作的积极性，结果农业生产力低下，人们吃不饱、穿不暖，生活极端贫困。而如今的农村集体经济是在社会主义市场经济体制下建立起来的，它是一种统分结合、双层经营管理的模式，是以科学发展观为指导，兼顾效率与公平、注重可持续发展的经济形态。这种集体经济是农村发展公益事业，提供社区福利的重要物质保证，也是社会主义新农村建设的重要内容。

二是必须积极探讨市场经济条件下农村集体经济实现的有效形式。笔者认为可采取的形式有：（1）村企式。村级企业是提供农村社区福利的重要支柱，像华西村、南街村等明星村的社区福利发展得那么好，关键在于它们有发达的村集体企业。积极发展村集体企业，可实行"劳动联合＋资本联合"的方式，并成立专门的管理机构。管理机构的成员最好不与村两委成员交叉，由专职人员担任，专门负责村级企业的规划、经营与管理。（2）租赁式。通过租赁的形式，赚取租金，壮大村集体经济实力。比如，在交通有利的位置，积极盘活或建设一些房子、店面出租，所得租金用于社区福利的资金来源。还可充分运用中央关于鼓励农村土地流转的政策，实行土地规模经营，建设工业园区，出租给企业，既可为村民创造就业机会，还可赚取较多租金。这种方法将使社区福

---

① 2013年4月该村又成立"兰村发展服务有限公司"。注册资金20万元。村集体占60%股份；村民占40%。每股1000元，每个村民只能投资1股。兰村试图通过此公司提供社会服务、与某些企业合作研发新产品、争取政府资金支持等方法，补充壮大村集体经济。由于成立时间较短，该公司的经济效应尚不明显。

② 党的十七大提出"要积极探索农村集体经济实现的有效形式"；党的十七届三中全会也指出，农村要积极"发展集体经济、增强集体组织服务功能。党的十八报告再次提出，"坚持和完善农村基本经营制度，依法维护农民土地承包经营权、宅基地使用权、集体收益分配权，壮大集体经济实力，发展农民专业合作和股份合作，培育新型经营主体，发展多种形式规模经营，构建集约化、专业化、组织化、社会化相结合的新型农业经营体系。" 2013年11月12日中共十八届三中全会通过的《中共中央关于全面深化改革若干重大问题的决定》着重强调，"坚持农村土地集体所有权，依法维护农民土地承包经营权，发展壮大集体经济。"

利发展有一个比较稳定的筹资渠道。(3) 承包式。将村集体的林地、耕地、草地、果园、水库、生产工具（如收割机、发电机、沼气池等）等资产承包给个人或其他组织经营管理，要求承包方每年必须缴纳一定金额给村集体。(4) 投资式。将村集体的资金、设备与一些经营状况较好、盈利明显的企业合作，采取资金入股、设备入股、土地入股、技术入股等方法，所得分红计入村集体账户。(5) 服务式。近年来，各地农民专业合作社在各级政府的政策支持下，取得了蓬勃发展。各种专业合作的发展需要一系列的公共服务，村集体可以此为契机，主动介入，提供一些有偿服务，帮助它们更好的发展，如以村集体的名义向上级政府申请政策优惠、工作指导、信息咨询等，帮助联系龙头企业与合作社共建，在此过程中向合作社收取一定的服务费。(6) 共建式。以新农村建设和农村社区建设为契机，积极与一些知名企业、明星村、高校等社会单位共建，获得它们的资金支持、技术支持和人才支持等，发展村集体经济；也可以努力成为相关政府部门或领导挂钩的村，获得政府的资金支持、工作指导和政策优惠，发展集体经济。

四　研究不足与展望

　　虽然本课题力求按照社会科学研究的原则进行研究设计，但由于研究者学识水平、研究时间、研究经费等方面的局限，本书还存在一些研究不足：

　　首先，在资料收集方面，为保证资料的信度，我们虽然采用相关检验法力求资料的准确性，但由于有些事情发生的时间与访谈的时间间隔较长，受访者可能因为记忆的问题，丢失了一些重要细节，这种情况可能造成无法还原事件的全貌，继而影响到描述型效度（Descriptive Validity）。其次，由于课题组成员都是以研究者的身份进入兰村，受访者在接受调查时，有可能受到研究者的影响，而没有表达自己真实的想法，这也会影响到资料的解释型效度（Interpretive Validity）。最后，在资料分析方面，由于我们带着理论假设去阅读、分析实证材料，在此过程中对纷繁复杂相互交织的社会事实难免有所忽略。在此意义上，此调查的理论型效度（Theretical Validity），即研究所依据的理论是否真实地反映了研究现象，也有可能存在漏洞。

　　本书运用资产建设理论，以兰村为个案，分析贫困农村社区如何通过资产建设，为村民提供福利，促进自身实现脱贫的过程。虽然我们已经试图运用多元的资料阐述社区层面资产建设与福利的关系，但限于时间、资料和研究者能

第八章
结论与讨论

力等的限制，有些问题在本书中没有涉及。另外，本书也带出了一些新的研究课题。这些与本书相关的、有待今后研究的问题有：

第一，在研究内容上，本课题虽然尽量挖掘社区资产建设、社区福利的内涵，来探讨社区的资产建设及其福利效应，而兰村的资产建设，除了本课题阐述的组织资产、实物资产与金融资产外，可能还有其他类别的资产未能在本研究中得到分析，而这些资产可能是兰村摆脱贫困的重要来源。当然，本课题分析的社区福利也可能忽略了兰村资产建设的其他一些重要效应，而这些效应是帮助它脱贫的重要条件。这些问题都有待于今后对兰村进行长期跟踪时再作研究。

第二，类型比较。在本课题开题时，我们是想将兰村的资产建设与邻近一个经济发达的农村（蓉中村）比较，试图探讨农村社区发展的两种类型。但由于能力、时间、篇幅等条件所限，我们只好先研究兰村的资产建设过程。我们认为，今后条件允许的话，可以将另一个村的素材作为探讨社区资产建设与福利关系的姐妹篇，代表农村社区发展的另一种类型。

第三，在分析单位上，迈克尔·谢若登认为资产建设在个体、社区、国家甚至全球都可以实施。他重点研究了穷人和贫困家庭的资产建设，本课题则研究了贫困社区的资产建设，今后可考虑在小城镇或区域层面探讨资产建设、福利与经济发展的问题。如果能够把这些问题分析清楚的话，将对我们国家正在进行的新型城镇化战略、推进城乡一体化有很大的帮助。

第四，关于福利资本的研究。福利资本是我们在本项目研究结论的基础上引申出来的一个概念，试图更好地说明社会福利也是一种生产力、一种投资的观点，让人们改变对福利功能的看法，认清社会福利并非经济增长的附属物，而是能够推动经济增长的。这个概念有利于我们从社会政策学科角度探讨《中共中央关于制定国民经济和社会发展第十二个五年规划的建议》提出的"转变经济发展方式"的课题，实现社会与经济协调发展。但如何将福利资本的概念做一个合理的理论解释和进行科学的量化指标构建[①]，让学界认同，使它与经济资本、社会资本、人力资本、文化资本等概念有着一样的学术地位，并可以进行深入的理论建构和经验研究，则需要未来研究者的共同努力。

---

① 关于福利资本的概念如何操作化具体的变量，我们也做了一些前期研究。比如，测量某些社会单位（一国或地区）的社会支出与其经济增长、社区安全稳定之间的相关性。当这种相关性体现为强相关，说明福利资本强；反之，说明福利资本弱。

参考文献

［美］艾尔·巴比,《社会研究方法》(第10版),邱泽奇译,北京:华夏出版社,2005。

［英］安东尼·B. 阿特金森、约瑟夫·E. 斯蒂格里茨,《公共经济学》,蔡江南等译,上海:上海人民出版社,1994。

［英］安东尼·哈尔、詹姆斯·梅志里,《发展型社会政策》,顾昕译,北京:社会科学文献出版社,2006。

［英］安东尼·吉登斯,《社会学》(第4版),马戎等译,北京:北京大学出版社,2003。

［美］彼得·埃文斯,《跨越公私界线的发展战略》,苑洁编译,李惠斌、杨雪冬主编《社会资本与社会发展》,北京:社会科学文献出版社,2000。

卞飞,《浅谈我国残疾人社会保障现实困境及发展路径选择——基于资产建设的视角》,《江淮论坛》第5期,2010。

边燕杰、丘海雄,《企业的社会资本及其功效》,《中国社会科学》第2期,2000。

边燕杰,《城市居民社会资本的来源及作用:网络观点与调查发现》,《中国社会科学》第3期,2004。

陈东,《我国农村公共品的供给效率研究——基于制度比较和行为分析的视角》,北京:经济科学出版社,2008。

陈嘉明,《现代性与后现代性十五讲》,北京:北京大学出版社,2006。

陈建胜、毛丹,《论社区服务的公民导向》,《浙江社会科学》第5期,2013。

陈柳钦,《社会资本及其主要理论观点研究综述》,《东方论坛》第3期,2007。

陈向明,《质的研究方法与社会科学研究》,北京:教育科学出版社,2000。

陈伟东、孔娜娜,《社区分类管理:城乡比较与城乡统筹》,《社会主义研究》第2期，2008。

程汉中，《论国家在农村公共服务中的作用及其实现》，《江汉论坛》第12期，2005。

程胜利，《中国城市低保家庭的资产状况及其社会政策意涵》，高鉴国、展敏主编《资产建设与社会发展》，北京：社会科学文献出版社，2005。

迟福林，《推进城乡基本公共服务均等化》，《人民日报》1月19日，2009。

[美]蒂莫西·M.马奥尼，《以资产基础的扶贫策略》，王绍兵、刘丽译，高鉴国、展敏主编《资产建设与社会发展》，北京：社会科学文献出版社，2005。

丁建定，《当代西方社会保障改革中的社区福利与社区服务》，《社会工作》第8期，2004。

董海宁，《现代农村社区福利的产生和促进——对浙江宁波L村老年协会的考察》，《社会》第11期，2003。

段钢，《人力资本理论研究综述》，《中国人才》第5期，2003。

樊继达，《统筹城乡发展中的基本公共服务均等化》，北京：中国财政经济出版社，2008。

范斌，《福利社会学》，北京：社会科学文献出版社，2006。

范柏乃、蓝志勇，《公共管理研究与定量分析方法》，北京：科学出版社，2008。

冯仕政，《国家、市场与制度变迁——1981—2000年南街村的集体化与政治化》，《社会学研究》第2期，2007。

冯希莹，《下岗失业人员小额贷款政策执行过程研究——以抚顺市为例》，吉林大学博士学位论文，指导教师：宋宝安，2009。

风笑天主编，《社会研究方法》，北京：高等教育出版社，2006。

——，《社会学研究方法》（第三版），北京：中国人民大学出版社，2009。

费孝通，《乡土中国、生育制度》，北京：北京大学出版社，1998。

——，《江村经济》，北京：商务印书馆，2001。

[美]福山，《信任——社会道德与繁荣的创造》，李婉容译，呼和浩特：远方出版社，1998。

伏玉林、符钢战，《税费改革后农村公共服务提供机制的比较研究——基于湖北与浙江农村的调查》，《社会科学》第10期，2007。

高鉴国，《社区公共资产的社会属性》，《山东大学学报》第1期，2005。

高鉴国、展敏主编，《资产建设与社会发展》，北京：社会科学文献出版社，2005。

高灵芝，《城市边缘社区福利：困境与出路——基于济南市的实证研究》，《社会科学战线》第 10 期，2008。

郭建军，《强化政府对农村的公共服务》，《开放导报》第 3 期，2007。

郭春丽编著，《新农村公共财政/新农村公共服务体系建设丛书》，北京：中国社会出版社，2006。

[美] 赫次勒，《世界人口的危机》，何新译，北京：商务印书馆，1963。

何精华等，《农村公共服务满意度及其差距的实证分析——以长江三角洲为案例》，《中国行政管理》第 5 期，2006。

[美] 亨廷顿，《变化社会中的政治秩序》，王冠华、刘为等译，上海：三联书店，1989。

侯志阳，《发展型社会政策视阈下的新型农村合作医疗——科学发展观的实践探索》，《理论与改革》第 1 期，2008。

胡鸿保，《社会学概论》（第三版），郑杭生主编，北京：中国人民大学出版社，2003。

胡荣，《社会学导论：社会单位分析》，厦门：厦门大学出版社，1993。

——，《社会资本与中国农村居民的地域性自主参与——影响村民在村级选举中参与的各因素分析》，《社会学研究》第 2 期，2006。

——，《社会资本与城市居民的政治参与》，《社会学研究》第 5 期，2008。

胡荣、李静雅，《城市居民信任的构成及影响因素》，《社会》第 6 期，2006。

胡晓登，《中国资产建设主要瞄准群体：市民化进程中的新生代农民工》，《贵州社会科学》第 11 期，2012。

胡志平，《从制度匹配检视农村公共服务均等化》，《社会科学研究》第 1 期，2013。

黄洪，《以资产为本推行社区经济发展——香港的经验与实践》，《江苏社会科学》第 2 期，2005。

纪江明，《缩小城乡公共服务资源的现实差距》，《中国经济时报》1 月 10 日，2011。

[英] 吉尔伯特、特雷尔，《社会福利政策导论》，黄晨熹、周烨、刘红译，上海：华东理工大学出版社，2003。

江立华、沈洁等，《中国城市社区福利研究》，北京：社会科学文献出版社，2008。

贾春增，《外国社会学史》，北京：中国人民大学出版社，2000。

贾洪波,《资产构建视域的新加坡公共住房制度考察》,《东南亚研究》第5期,2012。

[美]加里·贝克尔,《人力资本理论》,郭虹、熊晓琳等译,北京:中信出版社,2007。

靳永翥,《公共服务提供机制》,北京:社会科学文献出版社,2009。

金炳彻,《从机构福利到社区福利——对国外社会福利服务去机构化实践的考察》,《中国人民大学学报》第2期,2013。

景天魁等,《从小福利迈向大福利:中国特色福利制度的新阶段》,《理论前沿》第1期,2009。

景天魁,《福利社会学》,北京:北京师范大学出版社,2010。

[英]肯尼思·纽顿,《社会资本与欧洲民主》,冯仕政译,李惠斌、杨雪冬主编《社会资本与社会发展》,北京:社会科学文献出版社,2000。

[美]劳伦斯·E·卡洪,《现代性的困境——哲学、文化和反文化》,王志宏译,北京:商务印书馆,2008。

[瑞典]理查德·斯威德伯格,《经济社会学原理》,周长城译,北京:中国人民大学出版社,2005。

李宝元,《人力资本论——基于中国实践问题的理论解释》,北京:北京师范大学出版社,2009。

李路路,郑杭生主编《社会学概论新修》,北京:中国人民大学出版社,2003。

李培林,《透视"城中村"——我研究"村落终结"的方法》,《思想战线》第1期,2004。

李秀忠,《农村公共服务供给问题思考》,《山东师范大学学报(人文社会科学版)》第6期,2007。

李迎生,《社会保障与社会结构转型》,北京:中国人民大学出版社,2001。

——,《坚持福利性的基本宗旨推进城市社区服务》,《2008年两岸社会福利学术研讨会文集》8月,2008。

李泽泉,《产业化:社区服务发展的方向》,《人民日报》12月19日第九版,2000。

廖俊平、刘妍洁,《资产建设理论与英国的住房股权计划》,《中国房地产》第4期,2006。

[美]林南,《社会资本:争鸣的范式和实证的检验》,《香港社会学学报》第2期,2001。

——,《社会资本:关于结构与行动的理论》,张磊译,上海:世纪出版集团、上海人民出版社,2005。

林万龙,《中国农村公共服务供求的结构性失衡:表现及成因》,《管理世界》第9期,2007。

刘佳卉,《资产建设:解决低收入群体住房问题的重要途径》,吉林大学博士学位论文,指导教师:宋宝安,2008。

刘继同,《中国城市社区建设的最佳"突破口":社区需要研究》,《中国民政》第9期,2002。

——,《从身份社区到生活社区:中国社区福利模式的战略转变》,《浙江社会科学》第6期,2003a。

——,《社区就业与社区福利——劣势妇女需要观念与生活状况》,北京:社会科学文献出版社,2003b。

刘林平,《企业的社会资本:概念反思和测量途径——兼评边燕杰、丘海雄的"企业的社会资本及其功效"》,《社会学研究》第2期,2006。

刘晓玲,《社区建设与社区发展的辩证关系》,《湖南经济》第4期,2002。

刘祖云,《香港与武汉:城市社区服务比较》,《华中师范大学学报(人文社会科学版)》第1期,2000。

刘振杰,《资产建设:新农保的新理念和新范式》,《中共中央党校学报》第4期,2011。

龙兴海、曾伏秋等著,《农村公共服务研究》,长沙:湖南人民出版社,2009。

罗家德、赵延东,《社会资本的层次及其测量方法》,李培林、覃方明主编《社会学:理论与经验》,北京:社会科学文献出版社,2005。

罗萍,《略论社会转型呼唤社区服务发展》,《武汉大学学报(哲社版)》第5期,1998。

[英]罗宾·科恩、保罗·肯尼迪,文军等译,《全球社会学》,北京:社会科学文献出版社,2001。

[美]罗伯特·普特南,《独自打保龄球:美国下降的社会资本》,李惠斌、杨雪冬主编,《社会资本与社会发展》,北京:社会科学文献出版社,2000。

——,《使民主运转起来》,王列、赖海榕译,南昌:江西人民出版社,2001。

[德]马克思,《马克思恩格斯全集》第3卷,中共中央马克思恩格斯列宁斯大林著作编译局译,北京:人民出版社,1982。

[德]马克斯·韦伯,《社会学的基本概念》,胡景北译,上海:上海世纪

出版集团，2005。

［美］迈克尔·谢若登，《资产与穷人：一项新的美国福利政策》，高鉴国译，北京：商务印书馆，2005。

潘晓凌，《中国名校生源急剧变迁 农村学生难入名牌大学》（http：//edu.sina.com.cn/gaokao/2011－08－06/1118309006.shtml），2011。

潘屹，《国家福利功能的演变及其启示》，《东岳论丛》第10期，2012。

——，《社会福利制度的效益与可持续——欧盟社会投资政策的解读与借鉴》，《社会科学》第12期，2013。

彭华民、杨心恒等，《社会学概论》，北京：高等教育出版社，2006。

彭华民，《福利三角中的社会排斥——对中国城市新贫穷社群的一个实证研究》，上海：上海人民出版社，2007。

彭华民等，《西方社会福利理论前沿：论国家、社会、体制与政策》，北京：中国社会出版社，2009。

彭晓梅，《失地农民安置政策与资产建设——政策过程的研究视角》，厦门大学硕士学位论文，指导教师：张友琴，2007。

邱需恩，《基本公共服务均等化的实质与预期》，《人民论坛》第26期，2010。

渠敬东，《项目制：一种新的国家治理体制》，《中国社会科学》第5期，2012。

［美］塞勒伯，《优势视角——社会工作实践的新模式》，李亚文、杜立婕译，华东理工大学出版社，2004。

沈洁，《福利非营利组织在社区福利供给中的作用——以日本社区福利为例》，《华中科技大学学报（社会科学版）》第2期，2004。

申曙光，《论社会保障发展中的七大关系——基于社会公平的视角》，《学习与探索》第4期，2009。

世界银行编，《改善农村公共服务》，北京：中信出版社，2008。

孙立平，《"过程——事件分析"与当代中国国家——农民关系的实践形态》，《清华社会学评论》特辑，2000。

——，《实践社会学与市场转型过程分析》，《中国社会科学》第5期，2002。

孙立平、郭于华，《"软硬兼施"：正式权力非正式运作的过程分析》，《清华社会学评论》特辑，2000。

孙炳耀，《资产为本社会政策理论问题初探》，杨团、葛道顺主编《社会政策评论（第一辑）》，北京：社会科学文献出版社，2007。

唐钧,《关于社区服务的理论思考》,《中国社会科学》第 4 期,1992。

——,《资产建设与社会保障》,《江苏社会科学》第 2 期,2005。

童敏,《社区》,张友琴、童敏等《社会学概论》,北京:科学出版社,2000。

韦璞,《贫困地区农村老年人社会资本对生活质量的影响研究—以贵州省黄果树社区为例》,华东师范大学博士学位论文,指导老师:桂世勋,2007。

王明杰、郑一山,《西方人力资本理论研究综述》,《中国行政管理》第 6 期,2006。

王绍光,《从经济政策到社会政策:中国公共政策格局的历史性转变》,《中国社会科学》第 5 期,2006。

王思斌,《社会政策时代与政府社会政策能力建设》,《中国社会科学》第 6 期,2004。

——,《我国城市社区福利服务的弱可获得性及其发展》,《吉林大学学报(社会科学版)》第 1 期,2009。

王小林,《结构转型中的农村公共服务与公共财政政策》,北京:中国发展出版社,2008。

王习明,《乡村治理中的老人福利》,武汉:湖北人民出版社,2007。

[英]威尔·帕克斯顿,《以资产为基础的英国福利政策》,高鉴国、展敏主编《资产建设与社会发展》,北京:社会科学文献出版社,2005。

文军,《西方社会学理论:经典传统与当代转向》,上海:上海人民出版社,2006。

文军、黄锐,《论资产为本的社区发展模式及其对中国的启示》,《湖南师范大学学报(社会科学版)》第 2 期,2008。

韦克难,《我国城市社区福利服务弱可获得性的实证分析——以成都市为例》,《社会科学研究》第 1 期,2013。

吴彤,《自组织方法论研究》,北京:清华大学出版社,2001。

[美]西奥多·舒尔茨,《人力资本投资》,北京:北京经济学院出版社,1990。

项继权,《构建新型农村公共服务体系——湖北省乡镇事业单位改革调查与研究》,《华中师范大学学报(人文社会科学版)》第 5 期,2006。

——,《基本公共服务均等化:政策目标与制度保障》,《华中师范大学学报(人文社会科学版)》第 1 期,2011。

谢宜容,《台北市社会救助政策脱贫方案之研究》,台北:台北大学社会工作系硕士学位论文,高鉴国、展敏主编《资产建设与社会发展》,北京:社会科学文献出版社，2005。

徐勇、徐增阳，《流动中的乡村治理》，北京：中国社会科学出版社，2003。

徐勇，《服务下乡：国家对乡村社会的服务性渗透》，《东南学术》第1期，2009。

徐小青，《中国农村公共服务》，北京：中国发展出版社，2002。

徐小青、郭建军，《中国农村公共服务改革与发展》，北京：人民出版社，2008。

徐延辉，《社会资本培育的经济学与社会学分析》，《国外社会科学》第6期，2009。

徐光平，《"十二五"时期协调推进新型城镇化与新农村建设研究》，《东岳论丛》第8期，2011。

徐月宾，《社会福利的概念及其演变：社会政策是生产力》，《社会福利（理论版）》第1期，2012。

肖艳，《关于我国社区服务理论发展的分析与思考》，《求实》第11期，2000。

熊跃根，《社会政策：理论与分析方法》，北京：中国人民大学出版社，2009。

［英］亚当·斯密，《国富论》，郭大力、王亚南译，北京：商务印书馆，2009。

［美］亚历山德罗·波茨，《社会资本：在现代社会学中的缘起和应用》，杨雪冬译，李惠斌、杨雪冬主编《社会资本与社会发展》，北京：社会科学文献出版社，2000。

杨发祥，《社区福利建构的理念与实践——基于广州市的实证分析》，《社会主义研究》第6期，2010。

杨金华，《中国教育储蓄制度研究：资产建设的视角》，山东大学硕士学位论文，指导教师：高鉴国，2008。

杨善华、谢立中，《西方社会学理论》（下卷），北京：北京大学出版社，2006。

杨团，《资产社会政策——对社会政策范式的一场革命》，《中国社会保障》第3期，2005。

杨团、孙炳耀，《资产社会政策与中国社会保障制度重构》，《江苏社会科学》第2期，2005。

杨雪冬，《全球化：西方理论前沿》，北京：社会科学文献出版社，2002。

佚名,《兰田村特刊》,《海峡摄影时报》4月12日,2007。

[日]一番濑康子,《社会福利基础理论》,沈洁等译,武汉:华中师范大学出版社,1998。

[英]英克尔斯、史密斯,《从传统人到现代人——六个发展中国家中的个人变化》,顾昕译,北京:中国人民大学出版社,1992。

郁建兴,《地方发展型政府的行为逻辑及制度基础》,《中国社会科学》第5期,2012。

于水,《乡村治理与农村公共产品供给》,北京:社会科学文献出版社,2008。

俞可平,《治理和善治引论》,《马克思主义与现实》第5期,1995。

袁方,《社会研究方法教程》,北京:北京大学出版社,1997。

袁方成,《使服务运转起来:基层治理转型中的农村公共服务——湖北咸安乡镇事业站所改革研究》,华中师范大学博士学位论文,指导教师:项继权,2006。

岳军、潘寄青、朱德云,《农村公共服务与农村财政（2004－2008 山东省)》,北京:中国财政经济出版社,2009。

赵成福,《社会转型中的县域农村公共服务供给机制研究——以河南省延津县为表述对象》,华中师范大学博士学位论文,指导教师:张立荣,2008。

张鸿雁,《中国新型城镇化理论与实践创新》,《社会学研究》第3期,2013。

赵人伟,《对我国经济改革二十年的若干思考——特点、经验教训和面临的挑战》,《经济社会体制比较》第3期,1999。

赵定东、李冬梅,《中国社区福利的逻辑及实践问题》,《社会科学战线》第12期,2012。

赵延东,《再就业中社会资本的使用——以武汉市下岗职工为例》,《学习与探索》第2期,2006。

赵曼丽,《从协同到共生:农村公共服务供给的理论构建与超越》,《江海学刊》第3期,2013。

张和清、杨锡聪、古学斌等,《优势视角下的农村社会工作:以能力建设和资产建立为核心的农村社会工作实践模式》,《社会学研究》第6期,2008。

张立荣、李军超、樊慧玲,《基于收入差别的农村公共服务需求偏好与满意度研究》,《中国行政管理》第10期,2011。

张勤,《推动农村公共服务建设是服务型政府的重要职能》,《中国行政管理》第7期,2006。

张其仔，《社会资本论——社会资本与经济增长》，北京：社会科学文献出版社，1997。

张时飞，《投入资产建设要素，破解农保工作困局》，《江苏社会科学》第2期，2005。

张秀兰，《从欧美国家社会福利政策变化趋势谈我国社会福利的政策取向》，阎青青主编《社会福利与弱势群体》，北京：中国社会科学出版社，2002。

——，《构建中国发展型的社会政策》，《中国社会科学》第6期，2004。

张秀兰、徐月宾、梅志里，《中国发展型社会政策论纲》，北京：中国劳动社会保障出版社，2007。

张秀兰、方黎明、王文君，《城市家庭福利需要压力和社区福利供给体系建设》，《江苏社会科学》第2期，2010。

张友琴、童敏等，《社会学概论》，北京：科学出版社，2000。

张文宏、李沛良、阮丹青，《城市居民社会网络的阶层构成》，《社会学研究》第6期，2004。

张文宏，《社会网络与社会资本研究》，中国社会学网（http://www.sociology.cass.cn/shxw/zxwz/t20040915_2743.htm），2004。

——，《中国的社会资本研究：概念、操作化测量和经验研究》，《江苏社会科学》第3期，2007。

展敏，《存款与发展：个人发展账户中的预期应用与存款模式》，高鉴国、展敏主编《资产建设与社会发展》，北京：社会科学文献出版社，2005。

郑传贵，《社会资本与农村社区发展——以赣东项村为例》，上海：学林出版社，2007。

郑丽珍，《贫困户的储蓄诱因、理财教育与储蓄行为：以"台北市家庭发展账户"为例》，高鉴国、展敏主编《资产建设与社会发展》，北京：社会科学文献出版社，2005。

折晓叶、陈婴婴，《项目制的分级运作机制和治理逻辑——对"项目进村"案例的社会学分析》，《中国社会科学》第4期，2011。

周沛，《社会福利体系研究》，北京：中国劳动社会保障出版社，2007。

周生春、汪杰贵，《乡村社会资本与农村公共服务农民自主供给效率——基于集体行动视角的研究》，《浙江大学学报》第3期，2012。

周玉，《社会网络资本与干部职业地位获得》，《社会》第1期，2006。

Adam Smith, *The wealth of Nations*, New York: New York Press, 1937.

C. B. MacPherson, ed. *Property: Mainstream and Critical Position*, Toronto: University of Toronto Press, 1978.

Chen L. C. "Developing family development accounts in Taipei: Policy innovation from income to assets." *Social Development Issues* 25 (1&2), 2003.

Coleman, J. S, *Foundation of Social Theory*. Cambridge: Belknap Press of Harvard University Press, 1990.

Cournot, Antoine. *Research into the Mathematical Principles of the Theory of Wealth*. Translated by Nathaniel T. Bacon. New York: Macmillan, 1838.

Denzin, N. K. *The research act: A theoretical introduction to sociological methods*. New York: McGraw-Hill, 1978.

Elizabeth Bell & Robert I. Lerman, "Can Financial Literacy Enhance Asset Building?" [J/OL]. http://www.urban.org/UploadedPDF/311224 financial_li-teracy.pdf, 2005.

Giloth, R. P. *Jobs, Wealth, or Place: The Faces of Community Economic Development's in Sherraden, M. S. and Ni-macs, W. A. (eds.) Community Economic Development and Social Work*. Binghamton, NY: The Haworth Press, 1998.

Gina A. N. Chowa & William Elliott III, "An asset approach to increasing perceived household economic stability among families in Uganda." *The Journal of Socio-Economics* 40 (2), 2011.

Guo Baorong, Jin Huang, Li Zou & Michael Sherraden. "Asset-based policy in rural China: an innovation in the retirement social insurance programme." *China Journal of Social Work* 1 (1), 2008.

H. M. Treasury, "The modernisation of Britain's tax and benefit system." *saving and assets for all*. London: H. M. Treasury, 2001.

Johnson, N. *The welfare state in transition: The theory and practice of welfare pluralism*. Brighton (England): Wheatsheaf, 1987.

Johnson, N. *Mixed economies of welfare: A comparative perspective*. London; New York: Prentice Hall Europe, 1999.

Lily Tsai, *Accountability Without Democracy. Solidary Groups and Public Goods Provision in Rural China*. Cambridge: Cambridge University Press, 2007.

Kretzmann, John P. & John L. McKnight, *Building Commmunities from the inside Out: A Path Toward Finding and Mobilizing a Community's As-*

sets. Evanston, IL: Institute for Policy Research, 1993.

McBride, A. M., Lome, M. & Beverly, S. G. "The effects of Individual Develo—pment Account programs: Perceptions of participants", *Social Development Issues* 25 (1&2), 2003.

Melinda Lewis, Reid Cramer, William Elliott & Aleta Sprague, "Policies to promote economic stability, asset building, and child development." *Children and Youth Services Review* 36 (1), 2014.

Michael Sherraden & Li Zou, "Asset—Based Policy in China: Demonstration Program and Policy Progress." [J/OL] (http://gwbweb.wustl.edu/csd/Publications/China_Update12_18_06.pdf), 2006.

Midgley, J. "Growth, redistribution, and Welfare: Towards social Investment." *Social Service Review* 77 (1), 1999.

Midgley, J. "Assets in the context of welfare theory: A developmentalist interpretation." (http://gwbweb.wustl.edu/csd/Publications/2003/WP03—10.pdf), 2003.

Mise, Ludwig von. *Human Action: A Treatise on Economics*. London: Hodge, 1949.

Mukul G. Asher "Compulsory Savings in Singapore: An Alternative to the Welfare State." *NCPA Policy Report* (198): 1—15, 1995.

Plant, *Modern Political Thought*, Oxford, Cambridge, Mass: Blackwell, 1991.

Rich Ling, et al. "Report of literature and data review, including conceptual framework and implications for IST." *D6: SOCQUIT Project Deliverable*, Delft: SOCQUIT consortium, 2004.

Robert D. Putnam, "The Prosperous Community: Social Capital and Public Life." *American Prospect* 13, 1993.

— "Bowling Aline: America's Declinig Social Capital." *Journal of Democracy* 6, 1995.

—*Blowing Alone: The Collapse And Revival Of American Community*, DC: The Brooking Institution Press, 1999.

Rubin, A. & Babbie, E. *Research methods for social work*, Pacific-Grove: Brooks/Cole, 1997.

Ronald S Burt. *Structural Holes*. Cambridge: Harvard University press, 1992.

Portes, A. "Social Capital: Its Origins and Applications in Modern Sociology." *Annual Review of Sociology* 24, 1998.

Rose & Richard, "What Does Social Capital Add To Individual Welfare? An Empirical Analysis of Russia." *Social Capital Initiative Working Paper* No. 15, 1999.

Sen, A. *Development as freedom*. New York: Alfred A. Knopf, 1999.

Sherraden, M. "Rethinking social welfare: Toward assets", *Social Policy* 18 (3), 1988.

Sherraden, M., Nair, S., Vasoo, S., Ngiam, T. L. & Sherraden, M. S. "Social policy based on assets: The impact of Singapore's Central Provident Fund", *Asian Journal of Political Science* 3 (2), 1999.

Sherraden, M. S., McBride, A. M, Hanson, S. & Johnson, L. "The meaning of saving in low—income households", paper at annual meetings of Eastern Economics Association, Washington, February, 2004.

Snow, L. K. *The Organization of Hope: A Workbook for Rural Asset—based Community Development*. Chicago: ACTA Publications, 2001.

Schultz, Theodore W. "Investment in Human Capital." *The American Economic Review* 1, 1961.

Susan A. Rans, "Hidden Treasures: Building Community Connections by Engaging the Gifts of People on welfare", *A Community Building Workbook*, ABCD Institute, 2005.

Terri Friedline, William Elliott & Gina A. N. Chowa, "Testing an asset—building approach for young people: Early access to savings predicts later savings." *Economics of Education Review* 33 (4), 2013.

Taylor—Gooby, P. "Need, welfare and political allegiance." In Timmms, N. ed., *Social welfare: why and how*? RKP, 1980.

Vasoo, S. & Lee J. "Singapore: Socail development, housing, and the Central Provident Fund." *International Journal of Socail Welfare* 10 (4), 2001.

Vernon Loke & Michael Sherraden, "Building Children's Assets in Singapore: The Post—Secondary Education Account Policy." *Savings, Assets and Financial Inclusion—a Global Symposium*, 2007.

Web, Max. *Economy and Society: An Outline of Interpretive Sociology*. 2 vols. Berkeley: University of California Press, 1922.

Woolcock, M. "Social Capital and Economic Development: Toward a Theoretical Synthesis an Policy Framework." *Theory and Society* 27 (2), 1998.

Woolcock, M. & Narayan, D. "Social Capital: Implications for Development Theory, Research, and Policy." *The World Bank Research Observer* 15 (2), 2000.

ZhanM. & Sherraden, M. "Assets, expectations, and children's educatinal achievement in single‐parent households." *Social Service Review* 77 (2), 2003.

附 录

附录1　一般访谈名单

工作单位	受访对象	性别
NA市人民政府	吴副市长	男
NA市人民政府	张副市长	女
NA市农村办公室	褚主任	男
NA市农村办公室	王副主任	男
NA市人民政府办公室	黄科长	男
NA市人民政府办公室	林科长	男
NA市市委组织部	洪科长	男
KM镇政府	洪副镇长	男
KM镇政府	黄组委	男
KM镇政府	吕女士	女
NA市KM镇兰村	李助理	女

附录2　深度访谈名单

序号	访谈对象	性别	年龄	职务	职业
1	潘先生	男	53	村党委书记	社会企业家
2	许先生	男	40	村委主任	私营企业主
3	许先生	男	45	村党委副书记	私营企业主
4	许先生	男	46	村委副主任	务农
5	许先生	男	58	村文书	务农
6	陈女士	女	33	村妇代会主任	务农
7	潘先生	男	35	村治保主任	司机
8	洪女士	女	37	村干部	务农
9	许先生	男	63	新农民培训学校校长	退休教师
10	林先生	男	56	兰村学校校长	教师

序号	访谈对象	性别	年龄	职务	职业
11	许先生	男	78	老年协会会长	务农
12	许先生	男	70	老年协会副会长	务农
13	潘先生	男	65	老年协会副会长	退休工人
14	许先生	男	45	村民小组长	手工业者
15	许先生	男	47	村民	务农
16	许先生	男	48	村民	私营企业主
17	许先生	男	32	村民	务农
18	林女士	女	65	村民	务农
19	潘女士	女	39	村民	手工业者
20	许先生	男	42	村民	务农
21	许先生	男	66	村民	务农
22	林先生	男	63	村民	务农
23	潘先生	男	37	村民	务农
24	苏先生	男	48	村民	务农
25	张女士	女	41	村民	务农
26	农女士	女	43	村民	务农
27	许女士	女	65	村民	务农
28	林女士	女	30	村民	个体户
29	付先生	男	54	村民	务农
30	黄女士	女	45	村民	务农

附录3　深度访谈提纲汇总

　　本研究采取半结构化访谈（semi—structural）的形式，使用了提问和追问的技术来进行访谈。根据试调查、研究问题和研究框架的指引，设计访谈提纲。接受深度访谈的对象基本情况如上表。访谈前访问员先自我介绍，说明访谈的目的，并征得受访者同意进行录音、做好访谈笔记。

　　请您谈谈兰村经济社会发展10年规划的情况？（追问：规划前村里的发展状况？怎么会想到这份规划？规划内容是怎么定的？哪些人参与了规划的制定过程？政府提供了什么帮助？村民提供了什么意见或建议？村党员干部起了什么作用？规划给村里带来什么明显的变化？）

　　请您介绍兰村学校的合并情况？（追问：为什么一个村会存在两所小学？

合并前两所小学的教学管理情况怎么样？群众对两所小学并存的看法怎么样？为什么村里规划执行时，第一件事情就是抓两所小学合并？采取了哪些措施合并？合并中存在什么困难吗？政府提供了什么帮助？村民提供了什么意见或建议？合并给村里带来哪些变化？目前学校的教学管理情况怎样？哪些人参与了学校管理？村两委与学校的关系如何？学校的教学质量怎样？）

请您介绍兰村新农民培训学校的情况？（追问：为什么会想到要建立这个培训学校？怎么建立的？政府提供了哪些帮助？村民参与情况怎样？村党员干部起了什么作用？讲课的老师从哪里请的？培训资金从哪里来？采取哪些培训方法？培训对象怎么确定的？培训效果如何？参加培训要交学费吗？这个学校给村里带来哪些变化？）

请您谈谈老年协会的发展情况？（追问：为什么老年协会合并前村里会存在3个老年协会并存的局面？3个老年协会并存对村里有哪些影响？群众的意见怎样？后来，为什么会想到合并？怎么合并的？合并中存在哪些困难？合并后老年协会是如何运作的？相关的干部怎么定的？老年协会在村里起了什么作用？给村里带来哪些变化？村里的老年人能享受哪些福利？）

请您谈谈妇代会成立、发展的情况？（追问：为什么会想到要重建妇代会？重建妇代会过程中，政府提供了哪些帮助？村党员干部起了什么作用？村民的参与情况如何？妇代会的重建给村里带了哪些变化？重建之后，妇代会成员如何确定？妇代会主要为村里做了哪些事情，起了什么作用？村里的妇女有哪些福利？）

请您介绍兰青公路的情况？（追问：兰青公路修建前，村里的交通情况怎样？修建公路的资金从哪里来？政府提供了什么帮助？党员干部、老年会起了什么作用？村民参与了哪些工作？公路修建过程中碰到哪些困难，如何克服？公路修建之后，如何管理？兰青公路的修建给村里带来哪些变化？）

请您介绍兰青大桥的情况？（追问：修造兰青大桥的资金从哪里来？政府提供了什么帮助？党员干部、老年会起了什么作用？村民参与了哪些工作？大桥修造过程中碰到哪些困难，如何克服？大桥修造之后，如何管理？兰青大桥的建成给村里带来哪些变化？）

请您谈谈村财的管理情况？（追问：2004年之前村财情况？2005以来村财的情况？村财的主要来源？村财如何管理，有什么制度？政府在壮大村财和管理村财中提供了什么帮助？村党员干部在壮大村财、管理村财中起了什么作用？村民在壮大村财、管理村财中参与情况怎样？村财的支出情况，为村民提供哪些福利？）

请您谈谈标准厂房租赁有限公司的情况？（追问：为什么村里会想到办这

个公司？成立这家公司，政府提供了哪些帮助？村党员干部起了什么作用？村民参与情况怎样？成立过程中碰到了哪些困难，如何克服？这家公司的经营情况怎样？给村民带来什么好处？）

请您谈谈汽车运输公司的情况？（追问：为什么会想到要办这个公司？成立这家公司，政府提供了哪些帮助？村党员干部起了什么作用？村民参与情况怎样？成立过程中碰到了哪些困难，如何克服？这家公司的经营情况怎样？给村民带来什么好处？）

您觉得近几年村里较大的变化有哪些什么？（追问：您觉得有哪些因素促成村里发生了这些变化？您觉得村里目前面临的困难有哪些？您认为村里要取得更大的发展，最需要做哪些工作？

您怎么看村里的10年规划？（追问：您在10年规划中，参与了哪些工作？有何感受？）

您认为学校的教学管理情况怎样？（追问：您参与了学校的合并或管理工作了吗？有何感受？）

您如何看新农民培训学校？（追问：您参加过培训吗？如果有，参加过几次，哪一期培训印象比较深刻？效果怎样？通过培训，给您的生活、生产带来哪些变化？）

您如何看"世纪之村"信息服务平台？（追问：您使用过这个平台吗？怎么用的？它给您的生产、生活带来哪些变化？有何感受？）

您如何看村老年协会？（追问：您认为老年协会为村里做了哪些事情？您参加老年会组织的活动情况？有何感受？村里给老年人提供了哪些福利？）

您如何看村妇代会？（追问：您认为妇代会在村里起了什么作用，做了哪些事情？您参加妇代会组织的活动情况？有何感受？村里给妇女提供了哪些福利？）

您如何看兰青公路、兰青大桥的修建？（追问：修建过程中，您参与了哪些工作？有何感受？您认为这条公路和这座大桥给村里带来了哪些变化？）

您如何看村里的村财管理？（追问：您在村财管理中参与了哪些工作？有何感受？您认为村财管理制度怎样？）

您如何看标准厂房租赁有限公司？（追问：您入股了吗？当时入股时，是怎么想的？对这家公司，您如何评价？）

您如何看汽车运输公司？（追问：您入股了吗？当时入股时，是怎么想的？收益情况怎样？）

附录4 兰村社区福利调查问卷

问卷编码_____

亲爱的朋友,您好!

为了对兰村新农村建设取得的成就进行经验总结和学术提炼,并且出版相应的图书,我们做了这次调研。本调研需要您的真诚配合,请您在认为最合适的选项上打"√"。除特别说明,均为单选题。本问卷仅作学术调研所用,调查采取不记名形式,不涉及个人利益,请您不必有任何顾忌,谢谢支持!

《资产建设与农村社区福利建设》课题组

2011年12月

A 基本情况

A1. 您的性别:1. 男　0. 女

A2. 您的年龄:_____周岁

A3. 您的文化程度:1. 小学及小学以下　2. 初中　3. 高中或中专　4. 大专及以上

A4. 您的主要职业:1. 在家务农　2. 手工业者　3. 商业服务人员或企事业单位雇工　4. 个体户(比如做小生意、搞运输等)　5. 私营企业主或企业管理人员　6. 教师、医生、律师等专业技术人员　7. 公务员或村干部　8. 其他_____(请填)

A5. 您是村干部吗?1. 是　0. 否

A6. 上一年度您家庭的年收入

1. 2万元以下　2. 2—3万元　3. 3—4万元　4. 4—5万元　5. 5万元以上

A7. 您的婚姻状况:1. 未婚　2. 已婚　3. 已婚但离异或丧偶

A8. 您的政治面貌:1. 群众　2. 民主党派　3. 中共党员

A9. 您属于第_____村民小组

B 福利评价

B1. 您对村集体提供的福利项目评价:

福利项目	很满意	满意	不满意	很不满意	福利项目	很满意	满意	不满意	很不满意
老年人春节享受的津贴					妇女文体娱乐				
老年人外出旅游					困难家庭的经济补助				
老年文体娱乐					困难家庭的就业帮扶				
老年教育					困难家庭的关怀慰问				
大鼓吹队免费为去世老人送葬					志愿者的数量				
幼儿园教学质量					志愿者服务的质量				
小孩上幼儿园的方便程度					志愿者服务的次数				
小孩上幼儿园的学费					治安保障				
小学的教学质量					环境清洁				
孩子上小学方便度					村路方便程度				
孩子上小学的学费					新型农村合作医疗				
妇女就业培训					会议补贴				

B2. 您对创办新农民培训学校的看法：（可多项选择）

1. 增强本村与外部各单位的联系 2. 增进村民之间的交流 3. 为村民解决生产、生活中的难题提供指导 4. 提高农民素质，增加农民收入 5. 很少村民参加，作用不大 6. 不了解

B3. 您对"世纪之村"信息服务平台的看法：（可多项选择）

1. 增强本村与外部各单位的联系 2. 网上村务公开，增进村民对干部的信任 3. 增加村民的计算机知识 4. 发布农产品买卖信息，增加农民收入 5. 很少人使用，效果不大 6. 不了解

B4. 你认为以下村组织对本村发展的帮助：

村组织	较大	一般	较小	村组织	较大	一般	较小
村党委				村财管理领导组			
村委会				理财组			
老年会				监督组			
村妇代会				标准厂房有限公司			
巡逻队				汽车运输公司			
村团委				村工程现场管理组			
村民代表大会							

B5. 你认为《兰村经济社会发展10年规划》自2004年实施以来，兰村发生了哪些巨大变化？（可多项选择）

1. 村民变得更加团结　2. 群众更加信任村干部　3. 办事情更加制度化、规范化　4. 村民集体意识提高了　5. 村民变得更加讲道理了　6. 村民发展经济的观念增强了　7. 与各级政府的关系更好了　8. 只是一些形象工程而已，变化不大　9. 其他

B6. 您认为兰村能够取得今天的成绩主要是因为：（可多项选择）

1. "新农村建设"系列政策的推动　2. 善于发挥优势，盘活各种资源　3. 村党委书记的个人魅力与领导　4. 有一个团结的村两委班子　5. 群众的积极参与、支持　6. 有一份较好的村发展规划，并且得到严格执行　7. 村老年会、妇代会等民间组织的作用　8. 各级政府的支持　9. 社会各界的关爱　10. 媒体的吹捧　11. 其他

C 福利需求

C1 除了现有的福利以外，您认为村集体还应给村民提供哪些福利？（可多选）

1. 更多挣钱的机会　2. 更多培训的机会　3. 更多参与村务管理的机会　4. 医疗保健（如定期体检）　5. 法律、心理等咨询服务机构　6. 其他

C2 您认为村集体将来要给村民提供更多的福利，让群众过上更好的生活，最需要做的工作是：（可多选）

1. 壮大村集体经济实力　2. 提高村民素质　3. 培养后备力量，尤其是带头人　5. 发展更多的群众组织　6. 加强得到各级政府的长期支持　7. 加强与村外各单位的联系　8. 其他

附录 5　兰村村规民约和文明家庭评选方案

本《村规民约》于 2006 年 10 月 27 日经村民会议表决通过，现予公布，自 2006 年 11 月 1 日起正式实施，先前制定的村规民约同时废止。

兰村村民委员会
2006 年 10 月 28 日

第一章　总　则

第一条　为了建设社会主义新兰村，构建和谐社会，争取兰村早日实现"生产发展、生活宽裕、乡风文明、村容整洁、管理民主"的美好目标，根据《中华人民共和国村民委员会组织法》和有关法律、法规，结合本村实际，制定本村村规民约。

第二条　凡是本村村民和居住本村的外来人员都要遵守本村规民约。本村规民约的解释权归村民委员会。

第二章　乡风文明

第三条　热爱祖国，拥护中国共产党，爱护兰村，爱护兰村的山山水水，维护兰村的合法权益和名誉。

第四条　努力学习文化知识，努力学习科学技术，不断提高文化素质、思想素质、道德素质和科学素质。

第五条　努力生产，努力工作，艰苦奋斗，勤劳致富，智力致富，反对贪逸恶劳。

第六条　遵守社会公德，诚信做人，爱护个人声誉，反对损人利己，反对损公肥私，反对见利忘义，反对为富不仁。

第 7 条崇尚科学，反对愚昧，禁止以迷信手段骗财，坑害群众。

第八条　遵纪守法，反对违法乱纪。不偷盗，不斗殴，不赌博，不参加"六合彩"，不偷税漏税，不卖淫嫖娼，不吸毒贩毒，不违法建房，不违反村和村民小组的规划建房。每户只能拥有一处宅基地，申请建新房的村民，荒废的旧宅基地应归还原集体。

第九条　不违法卖、转让土地。违法买卖、转让土地造成兰村土地流失的，土地承包到期时，应依到期时日的地价赔偿发包方。凡属非承包的"五边"什地，因公益，公共事业建设需要土地，使用人应及时交出土地，对其地面附属物，使用人可以获得适当的补偿。南京路两侧排水沟外50米范围内的土地，由原村民小组统一规划，逐步开发建房建店。禁止个人擅自建房建店或出卖、转让开发。

第十条 讲究文明礼貌，助人为乐，知恩图报，敬老爱幼，亲朋邻里团结互助，有矛盾时，通过协商或合法途径解决，反对以强欺弱，以众欺寡。村民之间有纠纷，当事人自愿，可用书面申请村委会调解。

第十一条 爱惜资源，俭朴治家，反对铺张浪费，婚丧喜庆尤其要注意节约。

第十二条 提高安全意识，注意防火防盗，注意安全生产，特别注意用电安全和交通安全，禁止私藏爆炸物。

第十三条 做好家庭和睦，恩爱夫妻，孝顺父母公婆，爱护子女儿媳，特别要让老年父母公婆老有养、老有乐、病有医，反对家庭暴力，反对摈弃家庭成员。违反的，村委会、老协会有权干涉。

第十四条 养成良好的公共卫生习惯，柴草不乱垛，禽畜不乱放，臭水不乱流，粪便不乱堆，垃圾不乱扔。

第十五条 开展健康的文化娱乐活动，反对败坏社会风气的低级下流娱乐，禁止传播淫秽录像和书刊。

第十六条 支持发展集体经济，热心公共、公益事业，爱护公共财物，爱护水、电、道路、水利、通讯等等公共设施，爱护公共花草树木。不拖欠、挪用村或村民小组的公款，拖欠、挪用公款，申请建房时村民委员会不支持。

第十七条 遵守义务教育法，父母或其他法定监护人都应依法保证其儿童、少年按时入学和完成义务教育。

第十八条 遵守兵役法，有服兵役义务的村民都应积极依法服兵役。

第三章 计划生育

第十九条 每位村民都要学习、宣传党和国家的计划生育政策，都要遵守《中华人民共和国人口与计划生育法》、《福建省计划生育条例》等法律法规，依法享有计划生育的权利和履行计划生育的义务。

第二十条 鼓励青年实行晚婚晚育（男满25周岁，女满23周岁），严禁早婚早育（男未满22周岁，女未满20周岁），男女双方结婚必须达到法定婚龄，依法登记，并领取《生育服务证》后方可怀孕生育，违反者按计生有关政策规定处罚。

第二十一条　禁止超生，禁止婚外生育，禁止非法抱养、送养孩子，禁止弃婴。对非法抱养孩子的一律退回原籍，发现弃婴的应及时向公安、民政、计生部门报告，由有关部门协调处理。

第二十二条　已婚育妇应自觉学习并熟练掌握计生"两基"知识，经抽查不合格的，应参加计生知识培训班，直至熟悉为止。

第二十三条　严禁非医学需要进行胎儿性别鉴定，持证的必须与村委会签订不非胎儿性别鉴定合同书。确因医学需要终止妊娠的，必须报告村干部并到镇级出具证明，经 NA 市计生鉴定小组或市计生服务站鉴定、市计生委批准。因意外造成流产的必须在 24 小时内报告村委、驻村工作队，先上环，待调查清楚后，方可办理延证手续。持《生育服务证》擅自终止妊娠的，属第一胎的五年内不安排生育；属第二胎的则吊销《生育服务证》，并落实绝育措施。

第二十四条　育妇生育第一个孩子后，必须在 42—90 天内上环（或皮埋），如不宜上环（或皮埋）的，须经计生服务所（站）出具证明；生育第二孩（含第一胎双胞胎，政策性第二孩）后，必须在 60 天内落实结扎措施。对迟迟不落实的，采取强制措施。

第二十五条　生育第一孩是男孩的或一方为非农业人口生育一孩的，必须在 3 个月内办理《独生子女父母光荣证》。

第二十六条　查环查孕的对象每年必须接受四轮的"两查"（3 月、6 月、9 月、12 月份），具体日期由村委会提前通知，两查对象应按时参加，逾期三天的必须说明原因。

第二十七条　凡跨市（县）经商，务工等外出一个月以上的育龄妇女（18—49 周岁），应与村委会签订《流动人口计划生育合同书》，并到镇计生办办理流动人口《婚育证明》，没办理的，按规定给予经济处罚。

第二十八条　男女结婚，女（男）方应在婚后一个月内把户口迁入婚嫁地。生育孩子的家庭，在婴儿出生的一个月内应向村委会如实申报出生，并到派出所办理户口证明。

第二十九条　凡本村男满 16 周岁、女满 15 周岁以上的未婚青年（在校生除外），要与村委会签订不早婚早育，不暗婚暗育合同书，每年应接受两次"未婚青年见面教育"，具体时间由村委会提前 5 天通知，对象应准时参加。

第三十条　本村辖区内的用工单位、房屋出租房主，必须通知外来人员在入住七天内，将计生情况准确地向村委会申请，并接受上级计生审验。违者按国家《流动人口计划生育管理办法》有关规定处罚。

第三十一条　党员、村两委要带头并教育子女遵守计生政策，实行计划生育，违反者按规定报上级给予党政纪处分和经济处罚；村责任人失职造成政策外生育的给予降职直至撤职（罢免），本村村民违反计划生育政策者，不纳入为入党积极分子和后备干部，不享受本村规定的优惠待遇和其他照顾。

第四章 管理民主

第三十二条 村干部应廉洁奉公，确立"权为民所用，情为民所系"，真心实意为村民办实事、办好事，带领村民致富，建设新兰村。村干部，包括村民小组长行使公权违反规定，给村级、村民小组或村民造成损失的，应当承担赔偿责任。

第三十三条 村级有关重要决策和重要事项，村民有参与权、监督权和评议权；村级有关重大决策和重大事项应让村民参与，接受村民监督，让村民评议，让村民满意。每年农历正月初五、八月十六日村委会召开二次村民大会，审议村委会的工作报告、村财收支以及村级有关的重大决策和重大事项。村级重大工程的管理人员，普通村民应占50％以上。

第三十四条 村委会应建立严密的村级财务管理制度，成立有村民代表、老人协会代表参加的理财组和监督组，每季度由理财组、监督组对村财收支进行审核并印发到各村民小组上墙公示，又让村民小组长存档一份备查。

第三十五条 有关村级企业承包经营、土地管理、工程建设严格依照《KM镇村级企业承包经营公开制度》、《KM镇村级土地管理公开监督制度》和《KM镇村级工程建设项目公开制度》执行。

第五章 奖罚规定

第三十六条 违反计划生育法律、法规的，除了受依法处罚外，还要向村委会缴交违约金；早婚的应缴纳500元；早孕的应缴纳500元；非法抱养、送养一个孩子的应缴纳500元；逾期不上环、不结扎的，应缴纳100—500元，逾期不督促外来人员申报计生情况的单位或房主，应缴纳100—500元。违约金全部用于计生事业。

第三十七条 计生"三户"在享受法定奖励及上级各项优惠政策的基础上，可再享受如下优惠：

1."二女"结扎户女儿在兰村小学就学期间免交课本费。

2."二女"结扎户在购买兰村中心村宅基地时每平方米减免20元（原每平方米50元），计生"三户"优先购地。

3."二女"结扎户在兰村境内建房时免交配套费每平方米10元，拆旧翻新的每户再补助5000元，计生"三户"优先办理手续。

4.计生"三户"免费参加"NA市新农民培训学校"的技术培训，免费享受技术信息服务，优先参加家政服务队伍。

5. 在建设标准化厂房入股时，"二女"结扎户和独生子女户每户多照顾一个入股（每人3000元股金）。

6. "二女"结扎户的女儿考上本科时，每人奖励1000元，考上专科时，每人奖励500元。

第三十八条 本村子女考上重点大学，村委会一次性发给奖学金500元，当年由老人协会、校董会到其家中贴联鼓励。文体活动获奖的本村村民，获全国性三等奖以上的（含三等奖，下同）村委会发给奖金10000元；获全省性三等奖以上的发给奖金5000元；获泉州市级三等奖以上的发给奖金3000元，获NA市级三等奖以上的发给奖金2000元。

第三十九条 在建设新兰村的工作中，以书面形式提出合理化建议，每被采纳一条，村委会发给奖金1000元；在建设工作中，表现突出的，年终经村民代表大会表决确认为先进个人的，村委会发给奖金1000元。

第四十条 抢险救灾、见义勇为，包括劝架、反盗窃、救死扶伤、济困助弱表现突出，受镇以上人民政府表彰的，村委会发给1000元奖金。

第四十一条 本村村民在本村新办企业，可为本村提供50人以上就业机会的，该企业申请企业用地时，村委会提供全方位服务及优惠，并为其建立一个垃圾坑，二年免交垃圾运输费。

第四十二条 本村村民在工作或创业中有突出贡献的，受县市级以上人民政府表彰的先进个人，村委会发给奖金10000元。

第四十三条 在社会公德、遵纪守法、邻里团结、家庭和睦等方面，表现突出的，经党员、老人协会理事成员推荐，通过村民代表大会表决确认的文明家庭，村委会发给荣誉证书、奖金500元。

第四十四条 在民事纠纷调解工作中，效果显著的，年终经村民代表大会确认为调解优秀分子的，村委会发给奖金1000元。

兰田村关于持续推进和巩固"文明家庭"建设的实施办法

我兰田村自2011年元月起就开展共建"文明家庭"活动，两年多来，已取得了显著的成绩。去年，泉州、南安市委、市政府号召建设"美丽乡村"，而建设"文明家庭"是建设"美丽乡村"的重要内容之一，尤其是家园整洁方面,更是建设"美丽乡村"不可或缺的内容。为了加快建设美丽兰田,经兰田村两委研究,决定持续推进和巩固"文明家庭"建设,让"文明家庭"建设成为常态化,成为村民的自觉行为,为此,特制定本实施办法。

一、继续执行2012年制定的兰田村"文明家庭"考评标准,但随着情况的变化,村两委可以对考评标准作适当的增减或调整,以适应情势的需要。

二、继续由兰田村老人协会组织无职党员、村民代表、妇代会委员参与的"文明家庭"家园整洁考评小组,进组入户开展考评、复查。

三、为了让"文明家庭"建设成为村民的自觉行为,村委会鼓励全体村民积极报名参与考评,"文明家庭"的考评活动采用村民自愿报名的形式,未报名参与考评的村民,随时都可以报名。对新报名的村民,考评小组每月组织一次入户考评。

不报名参加考评活动的村民,视为自动放弃权利,日后不能享受兰田村的公共福利。

四、评上"文明家庭"的村民,村委会将奖励每户奖牌(万年历)一个,全户人口每年每人100元。

五、评上"文明家庭"的村民,都应争取晋升"星级文明家庭",随时保持标准水平,并养成习惯,随时接受考评小组的复查、晋级。

六、"文明家庭"的复查、晋级,时间由村两委决定,以抽签(或摇号)的方式决定复查对象,也就是随意抽签(或摇号),抽到谁就复查谁,比如:抽到老许,就复查老许,抽到老林,就复查老林。

七、"文明家庭"户,每复查合格一次,给记上红花一朵,记满红花五朵,该户晋升为"一星文明家庭";记满红花十朵,该户晋升为"二星文明家庭";记满红花十五朵,该户晋升为"三星文明家庭";记满红花二十朵,该户晋升为"四星文明家庭";记满红花二十五朵,该户晋升为"五星文明家庭"。

复查不合格的"文明家庭"户,每次减去红花一朵,没有红花可减的,则每次记欠红花一朵,并应立即整改,直到考评小组考评合格。

八、每一个年度,评上"一星文明家庭"的,村委会奖给奖牌一个,全户人口每人200元;评上"二星文明家庭"的,奖给奖牌一个,全户人口每人300元;评上"三星文明家庭"的,奖给奖牌一个,全户人口每人400元;评上"四星文明家庭"的,奖给奖牌一个,全户人口每人500元;评上"五星文明家庭"的,奖给奖牌一个,全户人口每人1000元。

奖金于年度结束后的第一个月兑现。

九、新的年度开始后,上年度评上"文明家庭"或"星级文明家庭"称号的仍然保持,复查方法和奖励金额仍然依照上述规定执行。

十、本实施办法自 2013 年 5 月 1 日起实施。2013 年 5 月 1 日至 2014 年 5 月 1 日为第一年度,以后依此类推。

兰田村民委员会
2013 年 4 月 1 日

附录 6　兰村村歌

《你就是最好的》歌词

很多时候我们都不知道,自己的价值是多少
我们应该做什么
这一生才不会浪费掉
我们究竟重不重要
我们是不是很渺小
深藏心中的那一套
人家会不会觉的可笑
不要认为自己没有用
不要老是坐在那边看天空
如果你自己都不愿意动
还有谁可以帮助你成功
不要认为自己没有用
不要让自卑左右你向前冲
每个人的贡献都不同
也许你就是最好的那种……

附录7　兰村学校相关奖状

附录 8　相关会议记录

一　（正文第三章二（一）新农村建设政策的影响）

"四、潘书记关于建设社会主义新农村的讲话：

1. 以人为本，创新思维，加快社会主义新农村建设步伐。

……

2. 确立主体，共同参与。建设社会主义新农村是一个非常复杂的系统工程，它的内容非常丰富，党中央提出了建设社会主义新农村目标"生产发展、生活宽裕、乡风文明、村容整洁、管理民主"。20个字看起来通俗易懂，实际上它的内涵是非常深奥，它包含着整个农村社会政治、社会生态、思想意识的内涵。因此，建设社会主义新农村是一个艰巨的重大历史任务，它的受益者最终是广大人民群众。既然是广大人民群众，就必须让广大人民群众参与才有意义，因为群众才是真正的英雄。具体表现在：一是特别在农村存在的问题不是千篇一律，每个地方都有这样那样的问题存在，只有群众才知道什么问题急需解决，什么问题暂缓解决，用什么方法解决；二是只有让他们参与，才能增加透明度，接受广大人民群众的监督，减少社会矛盾；三是通过广大人民群众的参与，不但能提高广大人民群众的政治思想、科学文化知识，又能充分利用社会固有资源，降低成本；四是建设社会主义新农村涉及到广大人民群众的切身利益，通过这个载体，组织引导他们学习党的路线、方针、政策及法律法规，丰富广大人民群众的生产、生活、政治思想知识。

3. 建设社会主义新农村必须要有一个好的农村基层组织。因为建设社会主义新农村的内容全部都在农村，要贯彻落实以上内容，必须依靠农村的基层组织，帮助群众解决生活、生产中的实际问题，化解社会矛盾等。没有一个好的农村基层组织，就会变成群龙无首，各自为战，各项经济社会事业的建设就会停滞不前，就不能体现党和政府的优越性。

4. 因地制宜，整盘考虑。建设社会主义新农村应根据群众的意愿和思想经济承受能力循序渐进，认真整合资源，调动一切积极因素，用科学发展观的思维统领发展大局，制定一整套的经济社会发展规划。对涉及群众的项目，必须由群众参与讨论，共同决策，才能避免造成新的建设破坏和重复建设，造成资源浪费。必须用一字"新"来做好建设社会主义新农村的文章，走出农村的新天地。

5. 建设社会主义新农村必须要有一部好的村规民约来团结和规范广大人民群众的思想行为，激励他们遵守社会公德，争当文明村民，积极参与社会主义新农村建设，构筑和谐社会。

6. 项目带动，凝聚人心。旧村改造、新村建设，如何开好局，起好步呢？如今一盘散沙的现状，如何凝聚人心呢？我村先选择了在兰村的中心区域筹建以学校、幼儿园、老人活动中心、村部办公楼四项工程为切入点，并先后通过对三个老人会的合并，成立了兰村老人协会；合并两所小学，从而增进了全体村民相互了解、团结友爱、凝聚合力，调动了全体村民参与建设社会主义新农村的积极性，使我村的各项工作顺利有序地开展。

7. 鉴于对以上的认识，在一年多来的工作中，我村党支部认真按照《村民组织法》的要求，根据本村的实际情况，在2004年初以书面形式到各家各户进行基本情况调查，客观掌握了村民的生产、生活、就业情况，在广泛征求广大人民群众和社会贤达的合理建议后，通过多次召开村民代表大会，充分讨论、形成决议，因地制宜地制定了《兰村经济社会发展十年规划》。一年多来，在上级党委政府的直接领导和支持下，通过广大人民群众的共同参与，取得了一定的工作成效。但距离建设社会主义新农村的要求还相当遥远，在2006年的工作中，我村党支部将认真按照"生产发展、生活宽裕、乡风文明、村容整洁、管理民主"的要求，扎实推进社会主义新农村建设。下面我把我村2006年要实施的项目提交给全体村民代表、党员、老人会理事、中心户长进行讨论表决。（选自2006年元月17日上午村民代表大会会议记录）

二 （正文第四章二（一）资产建设规划的过程：兰村经济社会发展规划会审）

"会议名称：兰田村建设规划会审

会议时间：2005年5月9日

会议地点：镇政府三楼会议室

主 持 人：吴镇长

记 录 人：许文书

参加对象：1、NA市乡镇站建设规划局 2、NA市土地局 3、NA市交通局 4、NA市环保局 5、NA市水利局 6、NA市电讯局 7、NA市供电局KM变电站 8、NA市自来水公司 9、NA市广电局 10、KM镇政府 11、兰田村"两委"，组长，老人会正副会长及理事成员 12、泉州市城市规划设计院

会审过程：

一、泉州市城市规划设计院设计人员对兰田村建设规划进行详细解释说明。

二、乡镇站建设规划局对兰田村建设规划发表意见：

①设计规划以康洪新区的定位，滨海新城的定位比较高。②工业用地比重偏高（工业区要统一规划）。③示范新村位置要标准。④要严格保护耕地。

三、土地局发表意见：

1. 规划主题应以旧村改造新村建设为主题，按规划有48％搞建设有点问题，占用新地是否在耕地，如没符合现状的土地法不能批。2. 新村建设不考虑工业区，要把工业区整合到草埔工业区，否则，今后土地比较难批。3. 规划建设用地分散。4. 体现商住用地都要投标拍卖。

四、交通局发表意见：1. 省道附近相关建筑物拆迁，实施很难。2. 总平面图的方位、走向的位置不很明确。3. 周边的交通网络图超过省道的弯道，KM大桥没体现。4. 区域道路没纵图。5. 考虑建兰田大桥是正确的。

五、环保部门发表意见：污水处理应考虑与邻村合建比较合理。

六、水利部门发表意见：防洪规划跟镇区的规划要考虑，水位高低相差很大，防洪堤、排水沟、排涝、高排洪闸都要考虑进去。

七、电讯部门发表意见：电讯规划不合理。

八、供电部门发表意见：从现有的线路完全可以适应。

九、自来水公司发表意见：用水量2万吨偏大不合理。

十、广电局发表意见：设计2个分前端不合理，应根据500户设一个分前端。

十一、NA市乡镇站领导问：根据设计的方案是比较理想，你们兰田村今天参加的人也比较多，你们是直接关系，建设资金从哪里来？你们是否有这个决心？请村委会发表意见。

十二、潘书记代表村委会发表意见：

1. 首先感谢各部门参加今天对兰田村建设规划的会审。

2. 关于兰田村的建设规划，即兰田村未来《十年经济社会建设》规划，我们已经召开四次的村民代表大会表决定后，才开始实施。村民对兰田村的建设规划是100％拥护的。我们在实施项目的建设承诺不增加村民任何经济负担。至于资金来源是利用兰田村现有的资源："一把沙、一把土"，我们修路基本都是山地，对耕地我们是采取严格保护。建村部、老人活动中心是拍卖旧村部40万元；整理的土地除兰田村文化活动中心建设用地外，剩余的为工业区；桃仔园的新村建设盈余的资金可以建路网；兰田小学新校舍的建设：有兰兴小学危房建造上级补助37万元，兰田小学危房改造可以从泉州市政府争取资金

90万元,还有两所旧学校,经上级主管部门同意,招投标拍卖可收入80万元,不足部分新校建成后,可发动社会捐资。兰田小学新校舍3200平方米,总投资是280万元。

十三、村干部许阿德发言:兰田村原是四分五裂,破破烂烂,在近几年来基本没什么发展。自从去年潘书记主持兰田村党支部全面工作以来,可以说,兰田村发生了翻天地覆的变化。他利用荒芜的山坡地建新校舍、新村部、老人活动中心、幼儿园,那个地方是兰田的中心点,对各自然村的儿童入学、办事情等方面都非常便利,全体村民都非常拥护。

十四、老年会理事许老金发言:困难是很多,但是,我们有一个坚强的领导班子,有全体村民的团结,希望上级领导大力支持。

十五、KM镇潘镇长讲话:首先感谢各部门对兰田村的支持;要求泉州市规划设计院认真按照各部门提出的意见和建议,对兰田村的建设规划的设计方案,加以完善,要有现实意义和可操作性。

十六、乡镇站领导讲话:1.要求把兰田村建设规划方案向村民公示一星期,让更多的村民多了解,多知道。2.要按市委20个字(笔者注:规划一张图、审批一支笔、建设一盘棋、质监一把尺。高起点,高质量。)的要求,有计划按程序报批。"(选自兰村2005年5月9日会议记录)

三 (正文第五章一(二)兰村新农民素质培训学校的创建及其福利效应)

"会议名称:村民会议

会议地址:兰田村新农民素质培训基地

会议时间:2006年9月21日夜

主持人:潘书记

记录人:许文书

出席人:第六组(陈田)全体村民、村两委、后备干部全体成员、素质基地工作人员

会议内容:

一、潘向全体村民对党中央在十六届五中全会提出建设社会主义新农村的时代背景、现实意义、目标任务作简要的解释。

1. 为什么要提出建设社会主义新农村?

建设社会主义新农村是党中央运用科学发展观提出的破解"三农"问题的新战略,新实践。其原因:一是我国农业的基础设施还不稳固,不能适应经济社会发展和人民生活水平提高的需要。改革开放以来,我国农业的发展是取得

了一定的成效,但农业和农村的发展仍然处于艰难的爬坡阶段,一些制约农业和农村发展的深层次矛盾仍然没有消除,推进社会主义新农村建设就是要进一步加强农业、搞好农村的基础设施建设,促进农业的科技进步,转变农业的增长方式,建设现代农业;二是地区之间、城乡之间、贫富之间差别呈扩大趋势。如20%的人占社会财富80%、80%的人只占财富的20%。农村的基础设施和教育、卫生、文化等社会事业,与城市的差别更大,这是影响农民素质提高的重大制约。推进社会主义新农村建设就是要逐步缩小城乡差别;三是"以工促农、以城带乡"。近年来,随着我国经济的快速增长和综合国力的明显提高,逐步改变城乡二元经济结构的条件日渐具备;四是我国有9亿多农民、城乡之间发展不协调,这不仅制约着农村生产力的发展和农民生活质量的提高,而且也明显制约着国内市场的扩大。农村滞后和农民收入增长缓慢,最终必将成为制约整个经济持续快速增长的一大瓶颈;五是构建社会主义和谐社会、实现社会公平、公正使经济社会发展成果全体人民共享的必须要求。

2. 对建设社会主义新农村的总体目标要求作具体解释。

建设社会主义新农村的目标和任务是全面、系统、完整的,不能片面地理解为单纯的新村建设,概括起来是20个字即:"生产民展、生活宽裕、乡风文明、村容整洁、管理民主"。一是必须坚持以发展农村经济为中心,进一步解放和发展生产力,促进农民持续增收;二是必须坚持农村基本经营制度,尊重农民的主体地位,不断创新农村机制;三是必须坚持以人为本,着力解决农民生产生活中最迫切的实际问题,切实让农民得到实惠;四是必须坚持科学规划,因地制宜;五是必须坚持发挥各方面的积极性,依靠全体村民的广泛参与,使广大农民群众真真正正有参与权、知情权、监督权。

总之,建设社会主义新农村的目标是农村生产力发展、农民生活水平提高,农村基础设施改善,农村社会事业发展基层民主政治建设继续推进。

二、潘书记向全体村民对制定《兰田村经济社会发展十年规划》的具体内容、实施阶段、目标作简单的说明。

2004年初,我到兰田村支部主持全面工作,虽然自己是兰田人,但由于本人长期外出经商,对兰田的具体情况不是很清楚。因此,通过用二个多月的时间到各自然村深入调查了解,给我的感觉是:兰田村通过20多年来的改革开放,人们的生活水平虽有一定的提高,但从整体来看,与邻近村相比,兰田村的发展非常缓慢,变化不大。具体体现在我村外出经商、创办企业的村民太少,基本都是靠外出打工,第二乡村道路没任何改观,村容村貌脏乱差;第三、兰田一盘象散沙,整体村民没团结。具体表现在二所小学,三个老人会。由于存在着上述因素,严重制约着兰田村经济和社会各项事业的发展。

2004年初，我村印发了800多份的基本情况调查表到各家各户进行基本情况调查，除了个别村民不配合，90%多的村民都能按调查的内容分别填写，从而客观地掌握了村民的生产、生活、就业情况，为我村制定十年规划提供决策依据。由于掌握了兰田村的基本情况，因此，在2004年初，我村分别召开了三次的大型会议，参加的对象有全体党员、村民代表、中心户长、三个老人会的理事成员、社会有识之士，根据兰田村的实际情况，对今后的发展方向进行了认真的讨论、研究、达成共识，初步拟定了《兰田村经济社会发展十年规划》，因此，把《十年规划》的实施项目、具体方案形成文字，印发征求意见稿到各家各户广泛征求意见，经80%以上村民同意，对不足之处加以修文后制定《兰田村经济社会发展十年规划》具体分为三个实施阶段：

……

六、村民小组及村民要求协助解决的问题。

1. 潘阳发言：其反映的问题是陈田自然村最近修建从潘爷宫至该自然村的路线规划从本人的地通过，说是潘老元故意形成的。

潘书记潘阿建：规划这条路是几个人去规划？

潘阿建回答：是6个人。

潘书记作解释：潘老元不是为个人，而是为本小组大局。

2. 关于307省道公路边湖仔山的处理。

潘阿建作具体说明：

湖仔山根据林权发证和福水村是有争议的。但现已由福水村转让一部分给福水村民林夏辉、林小吉，村民小组发现后立即去阻止。福水村说山是他们的，我们说是我们的，后来叫夏辉、林小吉来与我们处理，我们要10万元，他们只出2万元，最终没处理结果。当日本村民小组林宽心有提出要征用，当时参加处理的同志说，转让给他是可以，但要20万元，林宽心提出：山的界限与福水没划清楚，价格也比较贵，他出17万元，其中还有二座陈田的祖坟不动用，如果17万元同意转让，福水的问题由他本人自理，到时如真正需要动用到这两座坟墓迁移补偿再面议。

潘书记问：大家是否同意？

讨论情况：

臭铁提议：山先由村民小组争来，转让的事以后再说。

潘书记作解释：

湖仔山有争议的面积是60多亩，要争来有一定的难度，再者得不偿失，我本人的意见是同意转让给林宽心，毕竟他是本小组的村民，还有一点，我们转让的时间是50年。我提议：是否要转让先让大家表决，少数服从多数。

经表决一致同意通过决定：少数服从多数。
是否同意转让进行表决。
经表决大多数人同意转让给林宽心。
讨论价格：
经讨论表决一致同意以 20 万元转让给林宽心，林宽心没异议。其转让方案：
①要全力支持林宽心。
②20 万元要包括迁移 2 座风水和所有陈田山地、其风水要择日迁移。
③转让期伍拾年。
3、新后埔山（即现大通蚊香厂）征用到现在，本村民小组没得到土地补偿费。该山在 81 年 10 月 29 日林权发证的面积是 39 亩。推选 5 人专门负责核实和追讨土地补偿。
经讨论现场未能推荐合适人选。
潘书记提议让本自然村的党员、村民代表表决决定 5 名人选提交给全体村民表决。
经表决一致同意通过决定该 5 名人选让党员、村民代表指定。本次会议记录误工补贴每人 20 元。"（选自兰村 2006 年 9 月 21 日夜村民会议会议记录）

四　（正文第五章一（四）兰村妇代会的创建）

"会议内容：
一、潘书记讲话：
1. 对党支部、村委会、村民代表、中心户长、老人会各自的职能作明确的说明，要求其做好各自的工作任务，确保各项工作落到实处。
2. 关于成立兰田村妇代会工作：
①深刻阐明兰田村妇代会的重要性，必要性和重大意义；
②充分肯定妇女在经济社会发展和家庭和谐中的重要性；
③指出我村在过去妇女工作中存在的不足和薄弱环节；
④强调我村今后将重视妇女工作在社会主义新农村建设中充分发挥妇女的作用，构建和谐社会。
二、许副书记布置成立妇代会的具体工作：
1. 时间：12 月 1 日上午召开兰田村第一届妇代会。
2. 组织机构：主任：陈阿艳；增设 2－3 名副主任，成员若干名，由各村民小组推荐。
3. 公布推荐名单如下：

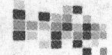

1组：苏英、黄玉；

2组：许芬、林华、潘花；

3组：许阿双、黄意、郭云；

4组：傅卿、傅玉、苏扁、林远、苏英；

5组：黄惠、潘彬、许霞、林凤、邓明、苏春；

6组：林琴、林华、苏治、林义、林四、许琴；

7组：李清、苏桂、傅治；

8组：黄美、鲍兰、黄清、苏凤、林玉、王秀、徐梅；

9组：彭丽、傅霞、苏凤、苏翠、许英、许珠；

10组：许秀、苏凤；

潘书记指出：

1. 兰田村妇代会成立后，一定要真抓实干，再过三年，兰田村妇代会将与新农民素质培训基地相媲美，现在的时机已成熟，也够条件；

2. 新农村建设需要靠大家共同参与，怎样引导广大妇女来参与新农村建设是当前的主要任务，如果把妇代会这个牌子打出去，这点也是兰村的又一个亮点。

三、关于成立兰田村妇代会的有关事项提交大会表决：

1. 是否有必要成立兰田村妇代会？

经讨论表决，一致同意决定：有必要成立妇代会。

2. 各村民小组推荐妇代会成员对象（具体名单同上）

讨论情况：

1组：潘书记提议：陈培环最合适。但由于该同志现在工厂务工恐怕没时间，以后慢慢做工作。

2组增加潘素花

3组郑秋霞换黄满意，增加郭丽云；

4组增加苏晓英；

5组增加邓凤明、苏丽春；

7组增加傅望治；

8组增加王秀琼、徐梅莲；

9组增加许秋英

以上推荐成员经表决一致同意通过（具体名单同上）。

3. 成立兰田村妇代会由村财下拨10万元作为启动资金。

4. 礼品由妇女代表讨论决定。（2006年11月27日下午支部扩大会会议记录）

五 （正文第五章一（四）兰村妇代会的创建）

"会议名称：兰田村第一届妇代会成立大会

会议地址：中心村戏台　　会议时间：2006年12月1日上午

主持人：潘书记　　　　　记录人：许文书

出席人：NA市KM镇领导、兰田村两委、全村妇女、附近9个乡镇妇联负责人

市领导：市委常委李先生、市妇联主席陈女士、市综委副书记徐先生、市妇联副主席洪女士、黄女士。

镇领导：党委书记王先生、镇长潘先生。

村两委（名单略）

会议内容：

一、由潘书记代表兰田村党支部主持召开兰田村第一次妇女大会；

二、由市妇联主席陈女士主持NA市创建'平安家庭'进新村活动启动仪式。

会议议程：

一、潘书记同志就《兰田村经济社会发展十年规划》实施两年的工作情况向各位领导及妇女同志作具体通报。

二、潘书记同志对为什么要召开这次会议作说明：即是以邓小平理论和"三个代表"重要思想为指导，认真贯彻落实省党代会精神，围绕我村新农村建设的总体规划，充分尊重妇女群众的意愿，找准工作定位，强化服务功能，以帮助农村妇女组织建设为保障。团结带领广大妇女积极参与社会主义新农村建设，全面促进妇女发展，依法维护妇女权益，努力使广大农村妇女成为建设社会主义新农村的实践者、推动者和受益者。

紧接着向全村妇女通报《兰田村经济社会发展十年规划》的具体实施阶段和各阶段的工作任务最终目标，同时对2004年以来的工作进行总结，希望全村的妇女同志多了解，明确我村今后的发展思路；在今后的工作中履行好妇代会的职能作用，发挥阵地优势，在社会主义新农村建设中作出应有的贡献。

三、公布本次大会拟选举妇代会机构，即：副主任4名、常委委员11名、委员43名。

1. 选举办法：由兰田村第一次妇女大会选举产生，实行等额选举采用举手表决方式。候选人必须得到超过到会全体妇女过半数同意才能当选。

2. 公布全体妇女提出候选人初步名单，并经村两委研究通过后确定正式候选人：（名单略）

四、对上述委员进行表决选举：

经采用举手方式选举，一致同意以上成员为兰田村第一届妇代会委员，其中黄惠燕、黄瑞美、林秀义、傅月霞为副主任，黄琼玉等11位同志为常务委员。

五、由兰田村妇女主任陈阿艳同志作与进俱进、开创新时期兰田村妇女工作新局面的工作报告：

1. 回顾几年来兰田村妇代会在上级妇联和党支部领导下取得的工作成效；

2. 对省第八次党代会要求泉州市发挥创业型城市经济发展定位的提升，特别对妇女工作更是一次机遇和挑战，提出兰田村妇女工作的指导思想和工作思路。

①在'生产发展、生活宽裕'中履行好服务职能，以培养新型女农民为根本任务，以促进农村妇女持续增收为核心，着力建设面向农村妇女开放互动的服务体系；

②发挥阵地优势，在'乡风文明、村容整洁'中履行好教育职能；

③发挥职能优势，在'管理民主'中履行好代表职能。

3. 主要任务：

①以开展'巾帼致富促行动'为着力点，团结带领妇女积极投身农村经济建设；

②以开展'建设新农村、创造和谐美'为切入点，团结带领妇女积极投身新农村精神文明建设；

③以开展'关爱女性儿童维权行动'为结合点，团结带领妇女积极投身新农村民主政治建设。

4. 勉励全体妇女在党支部的领导下，增强责任感和使命感，围绕党支部的中心任务、发挥党联系妇女群众的桥梁纽带作用，贴近妇女需求，强化服务功能，延伸妇女工作手臂，进一步增强妇女组织的凝聚力、战斗力，围绕社会主义新农村建设的目标任务，与时俱进、开拓进取，再创兰田新辉煌。

六、由NA市妇联主席主持NA市创建"平安家庭"进新村活动启动仪式。

（一）洪华榕宣读妇联倡议书。

（二）由市妇联、镇党委领导、村支部书记、村主任向我村被NA市妇联授予'平安家庭'示范户颁发'平安家庭'示范匾，具体名单如下：（各小组都有，名单略）

七、KM镇党委书记讲话；

八、市委常委李先生讲话；

九、平安家庭进新村咨询活动。

十、其他说明：

①兰田村第一次妇女大会参加的妇女人数达1千多人，在我村是前所未有的。本次大会热烈而隆重，在大会未开始之前由兰田小学、幼儿园全体女教师演唱村歌《你就是最好的》，还由 NA 市兰田新农民素质培训学校的南音培训班青少年演唱南音，充分体现了兰田村通过三年来新农村建设，全体村民的精神风貌和空前的团结氛围。②参加本次大会的妇女均分发一份纪念品。"（选自2006年12月1日上午兰村第一届妇代会成立大会会议记录）

六 （正文第五章二盘活自然资源及其福利效应的实证分析）

"村党支部潘书记向宗教局领导、佛教协会作关于兰田村委会为什么要成立龙溪寺管委会参与寺务管理。一是该寺长期没正规的和尚或尼姑在寺内主持，只有你的弟弟许阿良这个野和尚，举止不文明，群众反映不好。二是2004年初，我村文化活动中心建设迁移坟墓的骨灰存放在骨灰堂，村民要求办理骨灰寄存证至今仍被拒绝。虽然当时存放是无偿的，但是当时有承诺每寄存一个骨灰以500计算作为你们姐妹俩捐资兰田村文化活动中心建设。

尼姑许阿霞说：当时铺设从农资仓库到山头的水泥路，村委会叫我们捐资6万。要给我们立石碑，至今没兑现。村委会不能让我相信。建骨灰堂的事是村委会说，村里没钱出地，让我们来建。

村长许阿吉解释说：当时答应6万元立石碑是事实，但当时你有说要铺到凤穴。村委会的意思是待铺到凤穴才做一次给予立碑，至于骨灰堂当时你说是200多平方，但后来建的规模有一亩多地。当时还说村委会出地，但对兰田的要优惠。

潘书记提问：龙溪寺是谁的？

许阿霞回答：是我们的。

潘书记说：你再说什么，观音菩萨是众人的观音菩萨，财产是属国家的。如果你说是你们自己的，我们就回去。

宗教局一位负责同志说：寺庙的财产不属国家，也不属私人，是属全社会共同拥有的。

镇领导林阿斌接着说：寺庙的财产是属社会共同拥有的。

尼姑许阿娥说：我们姐妹都是正规的出家人。龙溪寺是我及师父来修建的。以前的寺庙破烂不堪，大家都清楚，是咱的村民叫我们回来修建。我还收留几个孩子。这个寺庙要培养他们读书，初中毕业准备送去读佛学。以后来这里当主持。

潘书记说：既是出家人，是行善的，对社会应该有所贡献。连一个骨灰存放办手续你们都不办。如果你们没来龙溪寺，这些孩子照样培养，这些孩子以后长大不一定听你的话，各人由各人的人生观，但不可否认的一点，你们姐妹俩对龙溪寺的建设有贡献，这个功劳不可磨灭，其他寺庙也都有成立管委会，如灵应寺，雪峰寺，凤山寺。

许阿娥说：那些寺庙与我们不同，他们是佛教，不是观音佛祖。

潘书记说：既是观音佛祖，你们从来没念经做敬，保祐兰田的弟子平安，事业兴旺。

许阿娥说：龙溪寺目前的地方不够用，二年前，我有送一份申请手续，准备要在后面建一座大殿，至今还未批下来，这与你有关系。

潘书记说：这条我根本就不知道，你问，从来没听到村两委向我提到这个问题，你的小弟许阿良从来也没向我说过，如果我知道我绝对会支持，我也是信佛的，对建寺庙我的捐资也不少，难道龙溪寺的建设我会阻挡？你说当时铺水泥路你的捐资6万元没立碑，这是以前的事，当时我还没来当书记，这条我代表村委会向你们道谦道歉，关于办理建大殿的申请手续你问许阿良，他的手续送到哪一级。

这时叫许阿良来，他说：关于办手续的事我从来没向你们说是事实，但是我有送。

老年会许老木说：基建的手续已经办好，但另外一条是要通过上级宗教部门批准才可以建。

潘书记说：（向许阿良）你送给谁？，

许阿良说：我不认识，手指向佛教协会会长，可能是他。

宗教局局长说：这个手续以前市级有权审批，但是，现在要通过省里批准。

潘书记说：这个问题你说，到省里要找谁，上面我有很多熟人，我可以帮你们去办。如果建大殿，我绝对支持。你们可以马上建。你与你的师父说，这点是误会，村委会绝对不是要占龙溪寺的财产。

宗教局局长发言：今天说来说去主要有几个问题：一是寺庙的权属问题；二是骨灰堂的问题。通过今天的座谈，大家都有误会。总之，一座寺庙要生存，还是要依靠当地的支持，但是，寺庙也应配合当地的新农村建设，对当地也应有所贡献，互相配合才能更好地生存。通过今天的座谈。消除误解也达成共识。一是寺庙不是私人财产，是社会共有的。既然是社会公有，对社会就应当有所贡献；二是对骨灰堂的问题，村民的要求也是合理的，不然以后是否有存放骨灰说不清楚。你们去做好选册登记，该办证的办证。就当龙溪寺支持村委会建设。希望通过大家的共同配合,把龙溪寺建设更好。村委会成立管委会对龙溪寺不一定是坏事。一是可以协助治安管理,二是配合骨灰堂的管理,可减少许多社会矛盾。

潘书记说:成立管委会的目的不是说村委会要占龙溪寺的财产,也没这个想法,主要是维护社会治安。这个管委会成立后,对龙溪寺今后的兴旺有好没坏。不然,为这个骨灰堂今后不知还会产生多少矛盾,如以前的路,不是村委会出面,骨灰堂连路都没路,以前你们还要求村委会协助修一条没经过乡里的路,村委会也有计划,如果与村委会配合,骨灰堂还可以对外开放,兰田一年没死几个人,如果没对外开放肯定要亏本。

佛教协会会长发言:一座寺庙要生存,必须依靠当地的支持,既然大家已达成共识,寺庙是全社会公有的,就要依靠全社会来共同维护,通过今天的座谈,消除一切误解,希望今后互相配合、互相支持。共同把龙溪寺建设更好,这点才是共同的目的。"(选自兰田村 2006 年 5 月 11 日上午关于成立龙溪寺管理会协调座谈会会议记录)

七　(正文第五章三(一)修建兰青公路及其福利效应)

"会议时间:2009 年 2 月 15 日上午

会议地点:村部三楼会议室

主　持　人:潘书记

记　录　人:许文书、李助理(大学生村官)

会议内容:

一、对 2 月 11 日下午村委会组织验收兰青公路 180 米处至路尾增加回填土方、石子二个工程项目,有部分参加验收人员对该项目提出不同看法:第一,回填石子的工程量是否与设计的方数相符;第二,许副村长在负责该项目的现场管理方式是否恰当;第三,工程组的现场管理人员对参与验收人员提问的有关情况一问三不知该作何解释。会议对这三个问题进行分析、征求意见,提出最终的处理决定。

潘书记首先发言:根据群众反映,2 月 11 日下午由村委会组织在座同志验收兰青公路 180 米处至路尾增加回填土方、石子二个工程之所以有不同看法,系因村委会没认真按照支部制定的工作原则予以执行,村长应负主要责任,另许副村长在现场的管理方法超出其职责范畴,而在施工过程中现场的管理人员又没到位,对现场施工进行监督,没有尽职并且没有凭良心讲话,致使今天出现这种问题。如果这个问题没有实事求是地及时处理清楚,势必影响到我村今后的工作和造成被动局面,大家一定要从这次的问题吸取经验教训。

希望我们在座的每一位同志，无论是参与现场的管理人员，或是参与组织验收的代表，在今后的工作中必须认认真真履行职责，不能走过场，大家都要实事求是地履行职责。村里建的每个项目要有意义，我们做每件事，投入每分钱，都要对村民负责，对政府负责，对良心负责。工程组的管理人员是有领工资的，是代表群众利益的，你们在施工现场的管理方面是否到位，是否实事求是，是否尽职？这点工程组的人员应该深刻反思，否则，等待你们的无非就是两点：一是要承担相应的法律责任；二是准备让群众责骂。另外，在座的同志也要深刻反思我们去参加验收是否真正代表群众利益，还是为了图20元的误工补贴，每个人都要问问自己的良心，特别是村两委干部是否真正代表群众行使职权？总而言之，这个项目的承包者是陈阿明，但大家都清楚他是雇我的机械在施工，所以我没有发言权。凭良心说，我从来没有在施工现场或指使任何人在现场管理过程中对我的机械给予特殊照顾或谋取不正当利益，我也不需要占任何便宜，我需要的是实事求是、公平、公正。下面请有关人员介绍工程基本情况：

1. 由许副村长对兰青公路连接兰青大桥土石方回填工程情况进行说明（详见2008年8月15日、8月20日、9月6日会议记录）。

许副书记补充说明：溪岸至0号桩位置还有三十多米距离，必须回填溪石子，否则会被水冲走。

2. 许文书对2008年8月15日、8月20日、9月6日会议记录进行详细说明。

潘书记补充：下面请大家思考三个问题：

①兰青公路兰青大桥头路段原由大桥施工单位按设计方案要求已完成其施工定额。鉴于施工单位完成回填的平面与桥面的实际高度还相距1米，该部分的工程量不属于大桥建设的施工范围。为避免今后路基下沉，请大家思考这一路段回填溪石子是否有必要；②回填的价格（土方10元，石方25元）是否合理；③回填的工程量是否与事实相符。

老年会许会长发言：我不知道工程有图纸，回填石子和土方的工程量是否达到设计图纸的要求。如果溪石子填完后要及时组织验收，然后再填土，土方填好了再验收，这样就不会有异议。

潘书记解答：好，我们先来讲第一个问题，你是否赞成支部做出回填溪石子的决定？

许会长答：赞成。

潘书记问：除了戴金龙在承包兰青大桥建设应该回填的石子部分外，我村在兰青大桥（0）桩至180米处增加回填你是否有意见？

许会长答：没有意见。

潘书记发言：既然有必要回填，那么作为村委会应该向群众解释为什么要回填、回填什么、从哪回填、回填的数量是多少。至于许副村长、许村长解释不清楚也说不过去，支部开了三次会议并作出决策，村委会应该对项目决策负责并认真组织实施。

许副村长对上述两个项目的规划设计、组织实施的有关情况作解释说明：2008年8月15日召开两委扩大会，组织村两委成员、工程组成员、老人会正副会长、部分党员、驻村领导工作组等人员到兰青大桥现场，由设计人员许能权对兰青大桥头至溪岸路段路基回填土石方的设计方案解释说明，与会人员每人都知道如何回填、如何分段以及桩号的情况，现场管理的工程组的人员也到现场，会议记录里也记得很清楚。并且，在回填过程中，我们经常在大桥头的移动房里集中讨论，大桥头现有回填石子的位置以及石子、土方的回填价格、回填的情况都有跟现场管理人员说清楚。所以许会长说他不知道有图纸，也不知道回填土方、石子的数量是没有道理的，每次回填都有进行说明。

村长：说现场管理不知道是不现实的，现在争论的焦点是溪石子的工程量回填后没及时组织验收，待到土方回填后才组织验收，对石子回填的工程量存在争议。（是否偷工减料？）

潘书记：必须先说清楚两个问题，第一，溪石子、土方回填价格是否合理，大家有没有异议。第二，我认为这是三个方面的责任，首先是村委会在管理实施过程中工作不到位，村主任许阿吉应负主要责任，他没有组织好干部到工程施工现场进行监管，办理必要手续。许阿辉代表村委会在现场管理的过程中过于独断，违反支部制定的"只做公道人，不做当事人"的工作原则；其次是，工程现场管理工作人员一问三不知，说什么都不知道是违背良心说话，不然你们天天在现场干什么，你们怎么向群众交代；再者是支部的责任，制定管理制度不到位，在工程施工前没实现理财组、监督组、验收人员到现场看施工前原貌，工程完工后再组织原批人马进行验收，只有这样才能做到公开、透明、人人心中有数、有据可依。

许老成：村委会研究讨论确定的土方、溪石子价格我没有意见；许能权计算的回填总量我也没有意见。问题是许阿辉应该站在施工单位还是村委会的角度去处理这些事情呢？

许副村长：当然是站在村委会的角度。

潘书记：这件事情村委会和工程组都负有责任，希望日后支部决定的事情村委会要认真执行，否则要追究相应的责任。鉴于承包者陈阿明雇用我的机械施工，我建议回填石子的价格就按土方的价格计算，回填石子原价25元/m^3，现在回填石子的价格与土方一样，即 10 元/m³，回填石子的总量为 7548.25/m³。按石子的价格计算工程款是 188706.25 元，按土方的价格计算工程款是 75482.50 元，其工程款差额计 113223.75 元。

老年会潘副会长：我想说的有两点，第一，土方和溪石子的价格没有异议，回填的总量也没有异议，目前就是回填的溪石子总量可能不够。我不赞成溪石子价格按土方的价格计算，应该实事求是，溪石子的总量减一些就可以了。第二，问题暴露出来是好处，它反映了我们在管理过程中的一些弊病，提醒我们要认真解决，防止以后出现类似的问题。

潘书记：我们的群众应该站出来多提意见，多监督所有工作的实施，兰田才能发展；兰田的干部要勇于接受群众的监督，工作质量才能得到提高。作为党员、干部要有公心，不能损害群众的利益，当集体利益与个人利益发生冲突时，个人利益应该服从集体利益。我坚持溪石子的价格按土方的价格计算。今后支部要对监督组、理财组的工作制度、职责进行修改，然后提交村民代表大会表决。"（选自兰村 2009 年 2 月 15 日上午两委扩大会议记录）

八 （正文第五章三（二）修建兰青大桥及其福利效应）

"一、与 HN 地矿建设工程（集团）有限公司兰青公路兰青大桥项目部经理王有、工程师张光协调兰青大桥的续建问题。

（一）回顾总结兰青大桥前期工程建设存在的问题：

1. 潘书记发言：关于兰青大桥的工程建设系由贵单位以 644 万元中标承包施工到现在，贵方未能按原签订的施工合同之条款规定的工期（300）天如期竣工，其存在的原因是多方面的。但首先肯定的一点是：我村没拖欠贵方的任何施工进度款，主要是贵方的管理凌乱，技术不够得力，另在施工时出现地质变化等因素，致使整个工程的施工进展缓慢，后来施工单位也产生了灰心情绪，并且把部分的工程进度款挪用于其他工程，最后致使其工程的材料款、工人工资都得由我村直接代为支付，待拨进度款是予以扣除。至此，兰青大桥停建已延后一年多时间，无论是上级领导或者村民对该项目的建设都有或多或少的质疑。鉴于我村来自各方面的压力，即于 6 月 12 日通过竟得律师事务所向贵方发出律师函，虽贵方来的时间有拖延一点，但你们还是来了。在此，我代表兰田村党委会及全体村民表示热烈的欢迎和衷心的感谢！

今晚贵、我双方在此协调系基于共同探讨以围绕如何做好兰青大桥建设的后续工作为前提，其主要目的是共同配合，争取把兰青大桥建设在年底前竣工，并不是追究任何一方的责任。

……

3. HN 地矿（集团）项目经理王有发言：首先对本公司在兰青大桥的项目建设中标以来由于种种原因，致使大桥的建设未能按期完工深感歉意，并表示对不起我村；二是对如何开展后续工作提出如下看法和意见：

①先启动项目部即：重新配齐"五大员"，原前期施工的"五大员"能找回来的就叫来，没办法找回来的就另补他人。

②属于大桥施工的技术人员及相关的工作人员将常住我村直至大桥竣工验收合格；

③施工单位由贵村协助我方联系为其组织施工；

④验收方面所有施工内业资料无论是后续施工或是前期戴老龙施工内业资料都由我公司负责收集整理，使其资料达到大桥验收的标准要求。

4. 潘书记发言：原兰青大桥建设系由贵公司中标承建，当时我们首先是对贵公司的认可，至于你们委托某施工单位前来施工，我们只是对其工人身份的认证。关于对前面的施工你们要怎样处理，最好是请戴老龙前来继续施工。

HN 地矿（集团）项目经理王有解答：恐怕已不能叫到戴老龙来。

潘书记发言：如果你们不能叫戴老龙来，前期施工的资料不能提供，到大桥建成验收时必将带来很大的麻烦，根本不能验收。因此，你们要保证在大桥续建之前，必须了结与原施工单位（戴老龙）的一切法律程序，去掉原施工班组。关于后续工作：

①技术及一切法律事宜要由贵公司负责；

②需要组织的施工人员，由贵公司细列清单即由我村代为其组织，我村另派 4 人协助；

③贵公司常住我村工作人员的住宿、膳食、加班补贴，由我村负责；

④内业资料由贵公司负责；

⑤大桥建设的费用贵、我双方谁支付都可以。总之，一切费用由我村负责；

⑥贵公司要保证验收的一切法律程序。

潘书记询问王有：以上几点贵公司是否同意？如同意我们要形成一份会议纪要并由双方各自签字盖章以示负责。

王有回答：同意。

潘书记继续发言：戴老龙原前面施工的工程质量没通过验收，即没与原施工单位终结，到验收时出现质量问题谁要负责？

许副村长发言：中期工程尚未验收。

潘书记对王有说：现在你们一定要与戴老龙完善一些法律程序，如果他们要来继续施工是最好的。

王有回答:承诺在兰青大桥建成之前,即使戴老龙跑到哪里,不管通过什么法律途径,都要找回以前的全部内业资料。

老年会潘副会长对兰青大桥续建向王有作几点说明:一是贵公司要负一切法律责任;二是整座大桥建设的施工内业资料贵公司要收集整理齐全;三是现大桥即将续建,由贵公司提供技术,我村是协助贵公司组织人员施工;四是大桥后续的建设资金是我村协助贵公司代为管理使用。

王有回答:这是肯定的,我们当然要承担一切法律及大桥施工的工程质量的责任。

关于兰青大桥建设的后续施工问题经双方友好地回顾总结了大桥建设的前期施工等诸多情况,分析了存在的原因。随后双方就如何做好大桥建设后续施工等相关问题进行了认真的讨论达成如下会议纪要:

1. HN 地矿集团项目经理王有、工程师张光今后常住兰青大桥负责施工。
2. 兰青大桥所有的施工资料由 HN 地矿集团负责收集整理,资料必须达到大桥的验收目的。
3. 由兰田村派 4 人协助 HN 地矿集团进行施工管理。
4. 有关兰青大桥的施工技术、施工管理全由 HN 地矿集团负责。
5. 有关建筑材料可以由兰田村代理采购。
6. HN 地矿集团派驻兰青大桥的人员,兰田村提供食宿方便,并给予适当的补贴。"(选自兰村 2009 年 7 月 18 夜村两委扩大会会议记录)

九 (正文第五章三(二)修建兰青大桥及其福利效应)

"时间:2009 年 11 月 4 日夜
地点:NA 市新农民素质培训学校
主持人:潘书记
记录人:许文书
参加对象:村两委、村民小组长、兰青大桥施工现场管理人员、承建单位 HN 地矿建设工程(集团)有限公司技术员、桥梁预制单位、项目监理机构、兰青大桥设计单位、驻村工作队

会议内容:

一、关于兰青大桥桥梁吊装后,被我村村民发现在第十一跨靠北第三片梁中心处梁顶出现长 30cm——宽 20cm 破洞的桥梁板质量问题的解决处理方案、补救措施,以及追查其相关责任问题。

(一)潘书记针对兰青大桥在施工过程中存在的工程质量问题作几点看法:①兰青大桥是兰田村社会主义新农村建设项目中的最大一个项目,系被 NA 市

委、市政府列为2007年的重点建设项目之一，原泉州市委书记挂钩我村时批准建设的。几年来，我村鼎全体村民之力来建设这座兰青大桥，可以说非常不容易。如今年兰青大桥续建，在村财极端困难的情况下，本人把自己的资金无息借给村委会以兑现与预制梁施工单位签订的付款承诺，这样做的主要目的是为了争取在年底按质按时完成兰青大桥的建设任务。为了这个目标我们也向上级政府争取资金补助并得到各级领导的大力支持。至此，无论是预制场、施工单位该支付的资金我们都已按约定支付。

②我村从2004年到现在建设许多民心工程，对其工程质量安全问题都是严格把关，从不马虎含糊，至今尚没出现过任何工程质量或安全问题。如：一是2004年整理中心村建设用地，至少用去80吨炸药没流过任何半滴血；二是去年回填兰青公路、兰青大桥的土、石方，在验收时，现场管理人员自认为不清楚土、石方回填情况，结果让村民有异议，致使后来全部按土方最低价格计算；三是今年建兰田小学学生宿舍楼，在一处防护栏板施工过程中，用钢筋没按施工图纸8mm的设计要求而是用6mm。结果责令他们全部返工。如果不是这样，村支部、村委会很难向村民交代。然而，兰青大桥出现了这么大的桥梁板质量问题，现场居然没有任何人发现，而且被群众发现我们才知道。所以说不知现场的管理人员是怎么管理。这个问题以后在村民大会我还会向广大村民说明。总之，在这件事上我要负领导责任，许阿泽副书记应负主要责任，施工单位负全部责任，现场的工作人员也要负相应的责任，特别是预制场要负主要赔偿及安全责任。接下去请现场管理人员及相关的单位负责人对预制桥梁板出现破洞的质量问题作具体汇报。

（二）现场管理人员许印成发言：为什么会出现桥梁破洞这个问题？为什么施工单位还有现场管理这么多人，怎么没发现？到底是老人的眼睛问题，年轻的为什么也没发现？据说这支桥梁在预制场就发现存在破洞的质量问题。

（三）预制场负责人发言：该桥梁出现破洞问题是工人在装车时不小心撞出这个破洞，后来工人有补上。当时了解工人的情况是：起初的破洞没那么大，这些施工单位的技术员、监理都有检查过，至于其出现的破洞是位于上面的部分，本人认为受力不大。如果出现的破洞是处在梁的下方位置，受力就会比较大即将存在质量问题的安全隐患。综上所述，现在对其进行返工的质量不会比没返工来得好。因此，本人认为不需要返工。至于出现的这个破洞问题，本预制场应该负其主要责任。

（四）监理单位黄平发言：主要内容是围绕出现这个破洞之事实，结合本人多年来从事桥梁监理的工作经验及桥梁设计的技术要求，对是否存在施工质量安全问题进行逐一分析阐述，故认为其出现的破洞问题不会影响工程质量，但也未敢承诺保证在今后不会出现任何不测的安全问题。其后承认在第十一垮靠北第三片梁中心处梁顶出现的 30㎝—20㎝ 破洞本人看不到是自己的工作没到位，实属有存在一定的缺点。对在吊装桥梁的工作人员方面本人都有严格控制，对其他的工作本人都有注意。

潘书记问：凭你知识和经验，出现这个问题在今后是否会存在安全隐患？

黄平答：凭我从 1983 年从事桥梁监理到现在的经验，类似出现这样的问题时有发生，只要采取有效的补强措施即没存在质量问题。

潘书记再强调地问：应该采取什么样的补救措施？

黄平肯定地回答：不会。理由是：压力都在下面。

潘书记问：桥梁设计方案你认为怎么样？出现这个问题与设计单位有没有什么关系？

黄平答：与设计单位没关系。

潘书记再问：你以前是否有碰到类似情况？

黄平答：有。兰青大桥这次出现的问题，我认为施工单位在采取补强措施方面的工作是用沙浆去补才会脱落掉，如果用 500 井的水泥浆肯定不会出现这个问题，这是施工单位工作不到位。

（五）施工单位技术员张光发言：按本人的经验，第十一垮靠北第三片梁中心处梁顶出现的 30㎝—20㎝ 破洞是小问题，我的意见是：换梁会产生很多的事情，只要采取适当的补强措施，对其质量一点都没有问题。

（六）设计单位院长发言：关于第十一垮靠北第三片梁中心处梁顶出现的破洞是否会造成什么后果问题，本人认为：位于中心处梁顶出现 30㎝—20㎝ 的洞不是很严重，比较严重的问题是钢筋水泥水泥灌不进去这点比较严重。但这个破洞肯定是要补起来，否则，多少肯定会影响到桥梁的质量。至于梁的受力没问题。现在关键的问题是这支桥梁该不该换，如果要换值不值得的问题。本人的意见是不同意更换，理由是：一是会影响工期；二是意义不大；三是补强措施一定要用。

（七）潘书记总结发言：关于第十一垮靠北第三片梁中心处梁顶出现的 30㎝——20㎝ 破洞问题对桥梁是否会造成什么影响的结论、补强的解决方案你们（指有关施工单位、监理单位）的知识比较专业，系必须由你们共同确定形成以文字为依据的报告，以便让我们向村民交代，关于出现这个破洞的质量问题，其责任是出在预制场，不是在我村。总之，不管是什么单位都好，桥梁的工程质量与其他工程不同，因为这关系到周边二镇六村人民群众每一个家庭成员的生命安全，故对其质量问题在我的心中从来都不让步。本人每次到大桥检查时均对其桥梁敲击一下，发现可能存在着水泥标号不够，请你们施工单位自已注意一下。接下去的工作希望你们有关施工单位共同把这个工程搞好,把这座桥早日完整地建起来。

(八)潘书记作总结后,由施工单位、监理、预制场的主要负责人根据上述意见拟写兰青大桥第十一垮靠北第三片梁的有关报告,并由许文书对其报告内容向与会同志通报,且由设计单位对其内容作适当修改定案,并由施工单位、预制梁单位、项目监理机构负责人签字为据,设计单位负责补强措施的设计方案。(兰青大桥对第十一垮第三片梁的报告附在本会议记录中)

(九)潘书记针对兰青大桥施工存在的质量问题及其解决处理方案作出如下强调:①上述解决的处理方案系以文字为据,文字以外均不算数。

②关于第十一垮第三片梁中心处梁顶出现的 30 cm—20 cm 破洞解决处理的方案经我村研究同意施工单位、预制梁单位、项目监理机构拟定报告意见提交给设计单位由设计单位设计补救方案。

③因产生上述质量问题而造成的所有经济损失及相关费用全部由制作预制梁单位负责。

④原负责大桥施工现场管理的人员因工作不力应负相应的责任,要求管理人员从 6 日起自动辞职,后续管理工作由许阿德、许阿番、潘老元接替负责大桥的施工现场管理,村长许阿吉接替副书记许阿泽负责监督工作,从现在起许阿泽只负责收集戴老龙施工班组施工时的所有内业资料及整个项目验收须提交的全部资料保存。"(选自兰村 2009 年 11 月 4 日夜兰青大桥桥梁破损处理协调会会议记录)

十 (正文第五章四积累金融资产及其福利效应的实证分析)

"关于兰田东溪岸内土地整理过程中,树兜部分村民毁路等问题处理意见。

一、潘书记讲话:兰田溪埔土地整理是根据《兰田村经济社会发展十年规划》的项目之一,是通过村民代表大会表决计九次,并制定了兰田村经济社会发展十年规划实施项目到各家各户征求意见。树兜(注:自然村,包括第 4、5 村民小组)以公安户计算 176 户,按表决统计只有 4 户没同意。去年底未开始整理之前,也召开了党员、组长、老人会会议研究决定才进行实施。可偏偏有一部分人暗中策划,叫女同志去毁路,到目前已有 6 次。对这个问题,我们已做了大量的工作,村支部到树兜与老人会、党员、村民代表处理:一是承诺竹苗款 8 万元,要争取在整理过程中先拨部分资金兑现;二是关于路的问题也承诺如果真的因此运输损坏,村委会负责对该水泥路的修复。2 月 13 日夜还在树兜祖厝召开村民会议,做群众的思想工作,也征求了不少的意见,还向村民检讨,我们的工作做得不够。老年会副会长许老木同志也自发地到树兜召开有关会议，做群众的思想工作，动员不要干扰党支部的工作。可是个别人还在树兜造谣说什么溪埔的竹在哭，沙也在哭，老年会会长许叶上（注：树兜人）吃村委会多少钱。今天，召开这个会议，就是要和大家共同探讨，听听大家对这个问题的看法和建议，征求意见。一是到各家各户做工作，由树兜的党员、村民代表、村两委全体成员包户，什么人认为几户的工作适合你去做，说得来的你们先选，最难的留给我。二是溪埔的土地整理不能停顿，如果停顿，松柏岭、草埔两个自然村的土地被征用做路要怎么办？

目前参与毁路的有几种原因：

一是过去长期到溪埔取沙的，现在没机会再去偷，这部分人在煽动，这次派出所找错人；

二是有的村民被蒙蔽。

树兜还有人说要去叫记者，欢迎他们去叫，这次整理是通过镇政府、市水利局同意。村两委没吃任何一分钱，全体村两委接受村民的监督。我们一而再、再而三地尽最大的诚意，避免村民犯错误，今天召开这个会议的另一个目的，就是要给大家知道，党支部下一步的工作，反正村务是透明的、公开的。

下一步要做的工作：

①土地整理要继续；

②到树兜的各家各户做工作；

③通过进一步做群众的思想工作和了解情况，如果是支部做错的可以更正，如果个别村民继续干扰，我们就得打击；

④按《兰田村经济社会发展十年规划》的计划实施，上级政府对兰田的工作是支持的，如松柏岭龟山被烧毁，松柏岭向村委会提出要栽树，我们与市林业局联系，马上答应支持，我们村部周围这些树也是林业局来栽的，包括浇水施肥都是林业局的。

……下面是到会同志的发言情况记录：

许阿四：我认为很好，但是那些人是利用夜间去偷毁。

傅阿雪说：树兜的工作确实很难做。

许阿炳说：已经那么多次，不是一次二次，如果是一次该原谅就原谅，这么多次没处理，支部就没威信。

许阿英问：你是要找幕后策划者，还是找毁路的？

潘书记回答：当然是找幕后策划者，可惜没确凿的证据。

许阿林说：群众是七反八反，主要是8万元竹苗款没兑现和水泥路的问题。我的意见是把8万元兑现，水泥路损毁修复签订一份协议，我当时也是这样说的。如果路没破坏，就继续整理。但是叫人这几天没毁路，到人被叫去后才去毁,现在叫人……

潘书记解释:在座的这么多人都是党员、老人会理事、组长,我们确实是要为村民办事,但群众的工作确实是难做,我们是有这种心理准备。大家讨论一下,是否按许阿林的意见。

许老成发言:树兜的党员、组长真的就不清楚什么人在干扰,我就不信。

潘书记解释:这条你不清楚,许老木副会长不是受支部委托,自己到树兜做工作,向群众解释,资源是国家的,树兜要抓住这次机会。我们知道的有两份证明惠燕有参加毁路,派出所起初是用传唤,传唤没去才来抓的。再说派出所没强迫,如果强迫,她说出谁是幕后策划者,今后她在树兜就难居住。这部分人不仅仅是那些沙,他们的目的是要搅乱树兜。如果支部不管,溪埔的沙任其乱采,树兜最终会自己打死人。你们认为有必要再做树兜一次群众工作吗?

到会同志认为:很有必要。

潘阿约说:要破这个案很难,毁路不是一个人能做的,树兜的党员干部那么多。

潘书记解释:这个矛盾不能推到树兜的党员干部身上,我的意思是叫上级来调查,党员干部的职责是把支部的决议传达到群众。

许老上提议:由树兜派出几名具有代表性的人来和支部协商处理,由代表来提供意见。

到会同志认为,这样可以。

黄房说:树兜的群众担心竹苗款8万元拿没,支部有钱还是先兑现。

傅阿建说:树兜利用这8万元没兑现和损坏水泥路为由来煽动群众,如果这两条都兑现,到时再来干扰找他也不迟。

潘书记解释:这8万元经村民代表大会表决的,树兜来参加开会都具有代表性的。村委会现在没资金,我认为没必要借钱去发。如果这条意见是村民代表提的,支部就要想办法。大家看问题要看实质,如果这些人说话算数,那么搞破坏的人说话算数,其他小组也可能会出现这样现象,今后的工作要怎样开展?

许阿物说:重点不是8万元,关键是这部分人认为溪埔是树兜的,要提取分成才是目的。

潘书记解释:如果树兜有分钱,草埔也要有分钱,不可能这样。

树兜这部分人提出要求:

①要按国家法律办事;

②采沙后要马上回填;

③派出所为什么没通知就抓人;

④要先砌溪岸才可以采沙；

⑤溪埔竹苗款要兑现；

⑥个人建房怎么不能取沙；

⑦要建宽的水泥路；

⑧山是树兜的，树兜无偿让村委会铲，为什么村民来这里建房还要交土地款；

⑨树兜的露天厕所拆除没建公厕。

潘书记解释：按照我的理解，支部的工作已做到家，溪埔的表决有11次，支部要做的事，要让大家清楚支部在做什么。我看还是按前面两个方案执行：

一是办理手续；

二是由树兜的党员、村民小组长、村干部分工包户，作最后一次工作，真真正正避免群众犯错误。

该方案经表决，一致同意通过决定。

许叶上说：我的意见是叫树兜派代表，叫群众自己选。

潘书记答复：

（一）①三天内，树兜的干部回去传达，地点：村部；

②对号入座，按人分户去做工作。

（二）第二套方案，手续照做，向上级汇报。

希望大家多做些工作，放慢一步，最后一次机会给树兜的群众。

许志坚说：我看不行。

潘书记说：17号前树兜没派代表来才入户。

该方案经表决一致同意通过决定。"（选自2006年3月13日上午两委扩大会会议记录）

十一 （正文第五章四积累金融资产及其福利效应的实证分析）

"会议名称：树兜群众会

时　　间：2006年3月23日夜

地　　点：树兜祖厝

主 持 人：潘书记

记 录 人：许文书

参加对象：村两委、树兜片的老人会理事、群众

会议内容：

一、老年会会长许老上讲话：

今晚村支部、村委会到咱树兜来召开这个群众会，主要是听取群众的意

见，对一些群众没清楚的问题进行解释，如果大家有什么没清楚的问题，请按次序逐一发言。

二、潘书记讲话：首先向村民讲明今晚来树兜召开群众会的目的；二是对支部两年来工作作简单的汇报；三是听听群众的意见，对一些群众没清楚的问题加以解释和说明。

……现在村支部所做的工作都是公开透明的，每做一项工作都是要接受群众的监督，有老人会理事、理财组、监督组对村委会的每项开支进行监督，并按季度公布。如有疑问，大家可以去查。相信90％是拥护支部的，你们为什么要拥护支部，这个大桥建好对树兜今后的发展是有利的。为什么树兜人要到草埔（自然村）买地，草埔人怎么不来树兜买地？就是草埔有307省道的地理优势。这座大桥建好，你们树兜同样有发展的优势。这次村委会整理溪埔，就是为了做好建大桥的前期准备工作。……还有大埔山，当时五星许多村民去阻挡干扰，有的被判刑，矿产资源是国家的。

记得我第一次到草埔开座谈会，连一杯茶都没有，过后草埔也自己感到非常过不去。支部来这里开会，下面喧哗有什么用。

总之，我村在两年来的工作虽然有一定的工作成效，但是还有差距。我村的干部工作比别村多。一个村，一个家庭，不允许给人家看不起，自己更不能看不起自己。两年来，我村所做的工作都是为了村民。如铺设水泥路、安装路灯、添置抗旱器材，群众还不拥护，不然要怎样？大家有什么理由或意见，可以通过本角落的党员、老人会理事和村委会协商解决。

大家有什么意见或好的建议来讲给众人听，如果有道理就听你的，有什么要求、道理讲给群众评。但我首先声明，这些事业不是我个人的，你们认为大桥没必要造，也可以，我仅代表陈田、草埔、松柏岭、董内、山兜的意见。

许丰发言：溪埔是绿化带，不是空溪埔，那条路都是树兜的，俗话说，要2分钱骗孩子，这条路不是正规公路。

潘书记解释：关于竹苗款的赔偿在去年的村民代表大会已表决8万元。这笔款在整理废沙土后，在短期里会先支付，尚余的资金是要作为建设大桥前期工作之用。

许泽发言：溪埔是共同的，当时深丘沙场来捞沙，树兜有组织人去阻止。现在村委会整理，应该筑砌溪岸。

潘书记解释：你提的意见是合理的，在这个问题，我村在制定十年规划是有计划的，现在已纳入镇政府的重点项目。村支部有考虑这个问题，请群众放心。

许丰说：如果是这样，群众就没什么可说。

……关于沙的问题，是取之于民、用之于民的。为什么草埔、松柏岭的路给你们过，如果说凡属兰田的村民建厝，可以到溪埔取沙，那溪埔的沙让你们推选几个人来管理，每月工资1000元。今晚支部是来这里开会，不是来现场开奖的，也不是来和你们赌气，你们应该对自己的行为负责。

许丰强烈提出：树兜村民建厝可以到溪埔取沙。

潘书记问：要以什么为准？

许丰答：以批准的。

潘书记问：那剩余的呢？

许丰答：建厝不会用那么多。

潘书记问：种菜的呢？

许文答：可以。

潘书记问：那么挑去积压的呢？

书记说：①那从今晚起，溪埔由你许丰来管理，桥由你造，溪埔你们去回填；②今晚第二个问题关于溪埔问题，去掉参加会议的对象（原来的党员干部、村民代表、老人会理事），你们每个村民小组各选5个村民代表共10人，以许丰收为首，你们认为树兜吃亏，我们会议改变计划，桥由树兜造，沙让树兜挖也可以，支部可以召开村民代表大会。

……许叶上讲话：今晚支部来这里已经做了全面的解释，溪埔虽说是金地，但村支部取之是用于造桥，今后还会回填，还有政府补贴，你们大家思考一下。

潘书记讲话：去年建学校没到溪埔取沙，现在取沙正是为了造桥。许丰你说，我们两人看谁是代表村民利益的，可以拿香到王公宫（当地的寺庙）发咒。我可以告诉你们，为什么树兜人到草埔买厝，草埔人怎么不来树兜买厝，就是路。为了路，以下这5个生产队作出让步。

许三向支部提议：溪埔整理要逐角整，逐角回填，这样群众会接受。

潘书记答复：这条可以接受。

驻村干部黄阿龙接着说：溪埔整理是根据我村新农村建设所需资金的最大支持。建兰青大桥大家都清楚，他的资金来源是通过溪埔整理盘活资源的资金筹集的。沙是矿产资源，属国家所有，如果没政府的支持，任何人都没办法去捞取。土地整理没剥夺村民的权利，三年后土地归还给村民。如果没土地整理，任何村民也无可能私自采取。例举青山个别村民私自采沙，镇政府制止的事例加以说明。"（选自兰村2006年3月23日夜树兜群众会议记录）

十二 （正文第五章四积累金融资产及其福利效应的实证分析）

"会议名称：兰田村旧村部拍卖招标通告

会议时间：2005 年 4 月 21 日

因兰田村办公地址迁移，经兰田村'两委'研究决定欲将原兰田村旧村部向社会公开招标拍卖，现将有关事项说明如下：

一、旧村部地址：307 线公路边，福水路口中。

二、建筑结构：全框架，钢筋混凝土三层商住楼房，可加高二层。

三、面积四至：面积以现状为准。东至商品房埋脚，西至 307 线省道公路边，南至福水路边，北至新时代超市。

四、投标最低限价人民币 40 万元。取投标全额最高价为中标者。

五、投标时间：2005 年 4 月 24 日上午 9 时整。

六、其他说明：

1. 参加投标者须交押金人民币 10 万元，该款项如有中标转为购房款，如没中标者，当场全额无息退还。

2. 交款办法：中标者应在中标三天里交清全部资金，并办理相关手续。否则，视为违约行为，取消投标押金人民币 10 万元。

3. 中标者在办理房产变更手续时，村委会将为其提供方便，一切费用由购房者自负，房屋移交时间 2005 年 10 月 1 日。"（选自兰村 2005 年 4 月 21 日两委扩大会议记录）

十三　（正文第五章四积累金融资产及其福利效应的实证分析）

"草埔农贸市场摊位招标通告

草埔农贸市场摊位租赁期限即将期满，为不影响原承租者正常的经营秩序，我村决定提前对本市场的摊位承租进行招投标，现将有关事项说明如下：

一、报名时间：从本通知之日起，有意承租者，请于 4 月 24 日前到兰田村部报名，名额无限。报名时应交纳投标保证金人民币 200 元，以确保组织投票工作。该保证金在签订租赁合同时转为租金，如没中标者当日全额无息退还。

二、租赁期限：一年，从 2005 年 6 月 1 日至 2006 年 5 月 30 日止。

三、摊位租金：每个摊位每年最低限价人民币 1000 元。

四、摊位选择：按摊位的编号进行投标，投标时，可任意选择适合你的经营场所进行投标，取上浮最高价为中标者，投标全额低于本通告规定的最低限价，视为投标无效，并取消其抽标保证金人民币 200 元。如果同一个摊位有两人以上（含 2 人）投同等的价格，由村委会主持抽签决定。

五、交款办法：承租者中标后，应在当日签订租赁合同，并交清全年租金。

六、其他说明：

1. 原承租者在原摊位有添置的财产，如中标在原摊位继续保留使用，否则，应在5月31日前拆除，如没拆除，视为村委会财产。

2. 租赁期间，一切费用由承租者自理。

3. 投标时间：2005年4月24日上午10时。

4. 投标地点：兰田村部二楼

兰田村民委员会
2005年4月21日"

十四　（正文第六章二（三）金融资产的管理制度）

"一、由出纳许阿辉对每一笔支出作具体说明

防抗禽流感组长带路误工　200元

黄龙母亲千古慰问花圈　600元

防抗禽流感防疫站人员午餐　200元

安装兰青大桥变压器费用　30866元

两委扩大会误工补贴　1980元

修复印机加碳粉　150元

理财组、监督组审核财务误工　240元

中心村设计费　120000元

慰问困难户　100元

发放独生子女奖励金　500元

溪埔丈量土地费用　200元

追计生两查对象费用　890元

清理卫生生产车计时费　300元

电信杯演唱费用　240元

理财组、监督组审核财务误工　320元

买矿泉水　69元

老人会大鼓吹（松柏岭乌枣千古出阵）误工　620元

兰青大桥工程款汇款费用　15元

组建护村队买保安器材　3445元

兰村民机子买车预付款（应收款）　600000元

两委扩大会误工　3000元

村部电费　120元

兰青公路现场管理人员工资　10400元

买办公用品　118元

溪埔土地整理人员工资　7600元

防汛抗灾费用　598元

村部、老人会、兰村学校夜间值班人员工资　900元

支付兰村小学附属设施工程款　43192元

标准厂房现场管理人员工资　10800元

支付兰村老人活动中心工程款　31208元

转付镇下拨基地培训基地　2520元

转付泉州、NA市下拨培训基地阵地建设　40000元

两委扩大会误工　500元

碳粉（复印机）　150元

付兰青大桥工程进度款 248927元　兰青公路水泥管　256元

兰青公路排水设施小工工资　60元

兰青公路打水泥路埋水管小工　300元

两查费用　158元

兰青公路挖水沟机械计时费　220元

防禽流感防疫人员午餐　200元

复印材料　414元

换村部锁、木桩　155元

市交通局来兰青大桥质检费用　2000元

溪埔组电费　76.50元

……三、对上述公布的支出情况征求意见

1. 许英提问关于中心村12万多元的设计费问题。

许副书记解答：该设计费系于中心村土地未投标前聘请华侨大学设计，其设计方案以前在培训基地开村民代表大会已有解释过，至于中心村土地转让后改变的设计方案、设计费与村委会无关，也无须村委会负责。

2. 许英物提问：村委会有一台复印机，在报支时还有那么多的复印费。

许村长解答：村委会复印机有一台，但这台只有复印一小部分的材料，材料较多的叫别人复印，比用村委会的复印机省钱，因为每次加碳粉就要150元。

3. 潘琴提到，群众普遍反应会议次数偏多，误工补贴偏高，参加会议的对象重复，请支部对这个问题认真考虑。

许村长解答：这点支部会认真研究。"（选自兰村2007.6.5上午报账会议记录）

十五 （正文第七章二（二）社会资本促进社区发展）

会议名称：两委扩大会

时　　间：2006年元月6日

地　　点：村部

主 持 人：潘书记

记 录 人：许文书

参加对象：村两委与部分群众代表

会议内容：

一、关于桃仔园建标准厂房入股投资成立股份公司，全称为：NA市兰村厂房租赁有限公司。

经研究讨论具体方案如下：

（一）原兰村集体所有的桃仔园（即开山造田）土地每亩以17000元计算作为村集体的资金入股，具体面积约20亩；

（二）04年以后村公益事业建设征用的土地，其被征用土地补偿费可以优先入股；

（三）村民入股：按公安户籍在册的人口计算，每人3000元的标准给予入股；

（四）公司性质：股份制，预计1500万元；

（五）建筑面积30000平方米，每平方米造价约500元；

（六）出租金每平方米3.5元，按使用年限50年预计。15年回收成本，有35年的盈余；

（七）公司运作具体事宜请林忠律师（兰村聘用的）作详细讲解；

（八）先用10万元作为公司的注册资金，待股份资金全部到位及其公司的手续全部完善进行运作；

（九）如村民不愿意入股，可以把其本户的股份转让给本村村民，不准转让给外村村民；

（十）村民如要加入股份，暂时欠缺资金，可以由公司担保向信用社申请贷款，但应在规定期限内还清，否则，取消其入股资格；

（十一）股份公司的人事组阁，由5人组成，人员各个自然村均可推荐人选，具体领导机构成员：总经理1名、副经理2名、会计1名、出纳1名；

（十二）管理人员的工资待遇，与出租的租金按百分比计算抽成，作为管理人员的工资；

（十三）在建设厂房中所需沙、由村委会直接提供。

上述方案提交参加人员讨论，如有异议或合理的建议，均可提出，以便修正。经讨论无任何异议，具体相关事宜待村民代表大会表决后，由所有股东制定实施。"（选自兰村2006年元月6日两委扩大会会议记录）

十六　（正文第七章二（二）社会资本促进社区发展）

"会议名称：NA市陈市长及相关部分负责人到我村现场办公

会议地址：村部三楼党员活动室

会议时间：2006年5月9日下午

主持人：NA市陈副市长

记录人：许文书

出席人：NA市长、副市长以及相关政府部门负责人；KM镇党委书记、镇长、党委秘书、分管农业副镇长；驻村作组；村两委和后备干部。

会议内容：

一、首先由NA市副市长陈先生讲话：今天下午市委、市政府到兰村现场办公，主要是了解新村建设情况和发展中存在的问题以及新的思路，下面就听听大家的意见。

二、潘书记就我村在建设社会主义新农村工作中存在的问题提出以下几点意见：

（一）"NA市兰村厂房租赁有限公司"建厂房的工作进展顺利，该工程准备在六月份招投标，存在的问题：一是办理土地的申请费用太多，要求享受优惠政策，其费用应予减交或缓交；二是自来水公司目前的管道已架设到307省道公路边，要求其管道架设到标准厂房、中心村住宅小区。

……

陈市长讲话：今到兰村调研，听了村潘书记、KM镇书记、镇长的汇报，兰村在新农村建设、经济的发展取得了一定的进步，今天来的主题是：新农村建设兰村是泉州市委郑书记挂钩、NA市安排我。兰村是走在全市的前列，受到市委、市政府的表扬，今年的现场会也在兰村召开。兰村被列为福建省、泉州市，又是NA市示范村，希望能够得到国家的示范点，既然是示范点，要走在全省的前列，应在实践中去探索新农村建设的新路子，全国都在实践，其中兰村是一种模式，希望能在全市推广，要支持、帮助、引导，从政策、措施、舆论导向，特别是从提高农民的素质，现在农民的思想意识是只顾眼前的利益，提高农民素质需要长期坚持下去，措施：①广义的规划，最重要一条是增加农民收入，整体经济要发展，以经济建设为中心：第一是工业、其次是农业、包括第三产业；②整个新村建设要一张图纸管到底，按村规民约，谁都不能改变这个规划；③基础设施：水电路、厕所、排水、村容村貌精神文明建设要走在前面；④在经济发展、增加农民收入要走在前面，现在大部分的收入是靠工业发展、农业综合开发，旧宅基地的土地整理是一个方面，村容村貌的建设包括基础设施建设，从开现场会到现在没什么进步，各级要推进，农民的保障，特别是弱势群体、孤寡老人要多给予关爱，这是我对新农村建设必须走在前头，而且持续符合当地实际的经济规律的看法，建设社会主义新农村不要一拥而上，而背上许多负担。兰村中心村是一个模式，一个村一个模式，现在整个新农村建设都在不断的探索当中。

承诺几个具体问题：

①支持标准厂房建设，可以享受优惠政策；

②自来水公司在一个月内要通到标准厂房、中心村；

③关于土地整理，刚才农办褚主任讲了很多，很透，也到位，比较敏感的高压线，土地整理国家是鼓励的，而且是国家每年都拿出一大笔钱来支持，兰村有这样的积极性是应当鼓励，旧宅基地整理绝对支持，对农田保护地的整理，具体由戴阿国副市长带领水利、农业、国土资源局到现场查看，只要没违反国家政策的都可以支持。

④大桥建设要求水利、公路、交通等部门也由戴阿国带来，这是前期论证，如切实可行，市政府可以安排资金支持，省里面也有资金。规划设计要先行。

……陈益副市长最后发言：下午的现场办公就先告一段落，希望兰村的建设能得到各级部门的支持，把兰村真正建设成为全市、全省的示范村。

现场办公结束后，村两委对工作进行分工。

潘书记对具体工作分工，责任到人。

许村长负责自来水管道架设，按设计到中心村、标准厂房……"（选自兰村2006年5月9日下午会议记录）

十七 （正文第七章二（二）社会资本促进社区发展）

"会议名称：兰村第二季度村民代表大会

时　　间：2007年5月7日上午

地　　点：兰村新农民素质培训基地

出　　席：全体村民代表、党员、中心户长、老人会理事、妇代会委员、共青团委员、"兰村标准厂房租赁有限公司"全体股东、标准厂房、兰青公路、土地整理三个工程组现场管理人员（详见签到表）

主　　持：潘书记

记录人：许文书

内　容：

……

三、关于'NA市兰村厂房租赁有限公司'村财入股，本公司注册资金人民币1100万元，全体村民实际入股资金385万元，尚欠715万元，由村委会包括原村集体桃仔园地皮25亩，每亩以人民币1.7万元转让给本公司的土地款计人民币42.5万元投资入股。

该方案经征求意见无异议进行表决，一致同意通过决定。

四、关于'NA市兰村厂房租赁有限公司'标准厂房出租。

1、基本情况说明：桃仔园标准厂房现有建设用地25亩。其中办理申请手续的建设用地15亩，该地皮在建工程为全框架5层标准厂房，面积16530平方米，工程投资金额人民币1100万元；正在办理建设用地的空地10亩。

2、租赁办法：

①以'NA市兰村厂房租赁有限公司'现有建设用地面积25亩，其中申请手续办理完成每亩20万元，计500万元向社会公开招投标出租，取投标金额最高为中标者，租赁期限为50年，租金少于500万元不予出租。

②承租者中标后，'NA市兰村厂房租赁有限公司'把现有在建工程总投资1100万元原价盘给承租者。租赁期满，如承租者续租则另签合同；否则，对其建筑物进行评估，由股份公司收回另租他人。

③股份有限公司有空地面积10亩，由承租者自行规划设计建设。

④承租者中标后，在办理过户手续过程中，股份公司应对其办理手续提供方便，费用由承租者负责。过户手续办理完整后，承租者可以把其产权抵押办理银行贷款，但必须按银行规定按期还款，股份公司不承担法律责任。

上述方案于2007年4月25日经支部大会讨论表决通过，4月26日经股东代表大会讨论表决一致通过，现提交村民代表大会表决。

征求意见无异议进行表决，经表决一致同意通过'NA市兰村厂房租赁有限公司'标准厂房出租及其租赁办法。

五、关于'NA市兰村厂房租赁有限公司'股东分红，按本公司注册资金1100万元股份分二部分进行分红，即：第一部分是村民实际入股资金385万元；另一部分是村民入股不足1100万元所欠资金715万元（该资金包括原村集体桃仔园地皮25亩的土地转让费42.5万元）归村委会属全体村民所有。

该方案经征求意见无异议进行表决，一致通过决定。

……

七、由'NA市兰村厂房租赁有限公司'继续投资开发董内虎空，征地采用两种方式：

1. 征地补偿费按06年的价格标准园地每亩1.7万元，田地每亩2万元，山地每亩5000元计算支付给村民，待开发后的盈利资金由村集体与村民各50%分成。

2. 由村民小组自行规划开发，但必须交纳镇村二级的管理费，每亩人民币5000元。"（选自2007年5月7日上午兰村民代表大会会议记录）

十八　（正文第七章二（二）社会资本促进社区发展）

"二、关于组织运输队：该项目在5月7日经村民代表大会、标准厂房股东会表决一致通过决定，由股份公司投资人民币100万元组织成立'兰村运输队'购买5辆大货车，租给泉州市四海蔬菜物流公司，其总投资人民币200万元，除股份公司投资100万元，尚欠资金100万元由全体村民以'自愿入股'的原则投资。

研究实施方案：

1. 管理人员：由'NA市兰村厂房租赁有限公司'标准厂房现场管理人员负责。

征求意见，一致通过。

2. 由许金同志负责与其签订合同。

3. 100万元股金安排：按全村人口安排，每人安排300元，最少100元，但不得超过300元。其征求意见方案由许金、许文书负责拟写制作，于6月5日前完成。

4. 征询意见任务由包组干部配合村民小组长到各家各户签字，于6月15日前完成。其误工补贴每签一户5元，按该组总户数计算，每少签一户倒扣5元。

5. '兰村运输队'的股份以人民币100元为一股，自愿入股的村民交款截止日期6月30日。

……

许副书记简要汇报关于'兰村运输队'买车及与泉州四海物流车辆租赁初步情况：

①按原计划购买的车辆是6轴、每部40万元左右，其集资的资金可购买5部。但在当日与许专、潘龙到物流公司进行实质交谈时，潘龙建议购买5轴的车辆，一是现在高速公路以重量计费，5轴的车辆重量较轻；二是5轴的车辆每辆只需34.5万元，其集资的资金可购买6部，可增加1部车。

②其购买的车辆挂牌须兼泉州四海物流公司，每日可节省养路费税收

15%,但要与其签订一份协议书办理公证。

③原向村民解释为二年(24个月)收回成本,但当日与四海物流公司交谈过程中,其公司经理提到许多客观原因,未能签定在24个月内收回成本,即推迟一个月,决定在25个月内方能收回成本。"(参见兰村2008成立汽车运输队的会议记录)

十九 全体村民会议记录

会议名称:全体村民会议

会议时间:2007年2月24上午(农历正月初七)

会议地点:中心村观礼广场

记 录 人:许文书

参加对象:全体村民,包括原籍兰村的出外村民(具体名单详见签到表,计2248人)镇驻村领导工作组。

会议内容:

一、由潘书记代表兰村党支部、村委会向参加会议的领导、全体村民致以新春的祝福和亲切的问候,同时向在三年来关心支持《兰村经济社会发展十年规划》各项事业的建设的各级领导、社会贤达、全体村民表示衷心的感谢!紧接着向全体村民宣布大会的主要议程。

二、由许泽明作"观念创新、拓展思路、三步拼出新兰村"的工作报告。其主要内容如下(详细内容见讲话稿档案):

1. 对2004年初我村构筑《经济社会发展十年规划》具体内容的说明;

2. 2006年与2003年我村各项指标对比:

2006年全村农业总产值9200万元,比2003年6700万元增长44.77%;

农民人均收入7700元,比2003年4600元增加67.4%;

村财可支配收入由2003年2.9万元增长到300万元。

3. 三年来的工作:

①加强以党支部为核心的村级组织建设,为我村实施《经济社会发展十年规划》提供坚强有力的组织保证。

②目标明确,真抓实干:主要汇报,从2004年-2005年完成《十年规划》第一阶段的实施任务。即中心村的兰村部办公楼、兰村小学综合教学楼、老人活动中心、兰村幼儿园等的四项工程。从2006年开始进入第二阶段的实施任务,即:兰青公路及兰青大桥;溪埔土地整理砌筑东溪兰村河段防洪堤;发动村民入股建桃仔园3万平方米标准厂房,创办"NA市兰村新农民素质培训基地"等。

③整治环境美化村貌。主要拆旧建新，铺设环村水泥路，建垃圾坑，公厕，拆除露天厕所和山头自然村的整治任务。

④提高村民素质，形成乡风文明。主要是利用新农民素质培训基地组织村民学习科技文化知识。村规民约，唱村歌，成立老年学校，重新修订村规民约，让村民自评"文明家庭"并由村委会出资为自评的"文明家庭"办理新型农村合作医疗。

⑤信息化名列全市前列，利用我村福建省电信公司定为"中国电信社会主义新农村信息化示范村"的有利条件，发展我村的信息化网络，为村民提供方便。

⑥少说空话，多办实事。主要讲述三年来，我村服务"三农"的资金投入和帮助困难群众解决春节的生活问题。

⑦实行村务公开，民主管理，民主决策。主要讲述为民办实事的原则，办实事为群众、办实事让群众参与、办实事接受群众监督、办实事接受群众评议、办实事最终让群众满意。

⑧建立健全村级村务管理制度。特别对三年来村财收支及资金运作情况作具体说明。

⑨今后三年的目标任务。从2006年－2008年的主要目标，任务是实施《兰村经济社会发展十年规划》，第二阶段项目（详见讲话稿档案）。

三、由村主任许忠吉详细汇报我村三年（2004－2006年）的财务收支情况（详见汇报材料）。

四、由兰村小学校长林加吉介绍兰村小学的基本情况，办学理念，和今后的办学方向，并汇报兰村、兰兴两所小学合并以来的工作成效。

五、由兰村幼儿园园长林玉春介绍兰村幼儿园的基本情况，办园理念和今后的办园方向，并汇报该园创办以来的工作成效。

六、由"NA市兰村新农民素质培训基地"负责人许英尔，汇报该基地创办以来的工作成效，基本情况以及培训理念和宗旨。

七、由党支部书记潘书记同志作"加强团结，三步拼出新兰村，科学发展十年规划谱新章"的工作报告。

（一）加强团结的重要性。团结就是力量，工作、生活在一个风清气正，团结和谐，相互信任的环境里，无论是集体单位或是家庭的夫妻之间，就会心情舒畅，精力愉悦，浑身使不完的精力，就可以集中精神做事情，一心一意干事业。反之，工作生活在一个矛盾重重，关系紧张，彼此猜忌的环境里，就会心情压抑，精神沮丧，难以凝聚合力投入工作，自然也就无法成就一番事业。我村三年来所取得的工作成效，靠的就是全村党员干部、全体村民团结一致。

但在工作中也存在着不团结的因素，应该加以纠正。希望党员干部、全体村民进一步加强团结，共同推动形成心齐气顺，风清气正的局面，努力营造聚精会神搞建设，一心一意谋发展的氛围，在团结中干事，在干事中团结，以良好的作风和形象推动兰村经济社会各项事业的发展，促进社会和谐。

（二）按照"生产发展、生活宽裕、乡风文明、村容整洁、管理民主"管理有序地推进新农村建设。

1. 分析制约我村经济社会发展存在的几个方面原因。一是我村人均虽有2亩多的土地，但实地人均耕地只有0.3亩左右，大部分荒芜山坡垱地未能充分利用，农民靠种田不可能致富；二是村民综合素质偏低，2004年初对全村基本情况调查显示，村民创办的企业少，有办的企业规模都是比较小，大部分村民都是靠务工的工资收入，不能赚大钱；三是村民普遍存在着小农经济意识，合作发展的意识淡薄，更谈不上什么互相帮助的团结精神，靠单一的奋斗难成气候；四是没树立自信心，自己看不起自己，认为自己什么都不可能，什么都是命运注定；五是村民的市场经济意识落弱，加上我村没华侨引资，村民外出搞供销的人员少等等。由于上述诸多因素造成我村的村民思想封闭，不能发扬晋江人那种"爱拼才会赢"的拼搏精神，致使在改革开放以来，我村在经济社会发展方面滞后于邻村。

2. 扎实有序地推进我村经济社会发展十年规划。2004年初，我村党支部认真地分析了存在的客观原因，经多次召开支部、村民代表大会反复讨论，认真探索，在广泛征求社会有识之士、全体村民意见的基础上结合本村实际，制订了适合自身发展的《兰村经济社会发展十年规划》，在上级党委政府的关心支持下，全村党员干部、全村村民团结拼搏，到2005年底，我村就完成了《十年规划》第一阶段的实施任务。从2006年初就进入第二实施阶段，一是成立"NA市兰村标准厂房租赁有限公司"。该项目是利用村集体土地即原专业队开山造田25亩，发动全体村民以自愿为原则，投资入股建标准厂房出租的第一个经济合作组织。因此，涉及到村民的经济利益比较多。因此，在今天的村民大会，我村党支部进一步向全体村民说明，希望广大村民踊跃入股。当然这不是强调，而是以自愿为原则。至目前为止村民入股以一万元计算，只有300多股，占村民三分之一。鉴于村民入股比例偏少。因此，我村把入股期限一再延长。通过今天的会议，时间将延期至正月十五日。现在是由村委会牵头发动。否则，到股份公司的组织机构成立后，一切权利就归股份公司，希望来入股的村民认真考虑，支部的本意是欢迎所有的村民都入股，越多越好。如果大家现在不入股，到时就会像草埔当时租农资仓库一样。当时草埔为了农资仓库不被外村人租去发动全草埔的人去租，很多人都不愿意，有的甚至交钱后又退出,到现在,由 13 股份租赁多少有盈利,其他不参加的人才来意见,有什么用呢?

二是建设兰青大桥,贯通兰青公路,争取 2008 年底通车;三是建设中心村住宅小区二期工程,逐步改变有新厝没新村的现状;四是对村集体滩涂的溪埔土地整理,砌筑 1.09 公里防洪堤;五是利用新农民素质培训基地,组织村民,特别是组织家庭妇女成立一个集洗衣队伍、水电维护、餐饮业、广告、职业介绍、搬运、绿化管理、电脑维护等为一体的家政服务公司,解决劳力出路,增加农民收入;六是不断发展壮大运输业。以鼓励村民搞运输,属本村村民有意从事运输业者,信誉好,现确系没资金购买车辆,村委会可以为其办理贷款担保;七是发展现代化农业,引用现代农业与传统农业对比,进一步阐述发展现代化农业的重要性。同时提到任何专业的发展都要有强大的经济基础,否则是难以发展的。

(三)努力改善办学条件,提高村民素质。一是办好幼儿园和兰村小学,特别是要以兰村小学成为中国教育学业,中育教育发展研究中心,"发明创新教育体系的研究实践"课题实验学校为契机。为我村今后培养一批全面发展,能够适应激烈的社会竞争需求的可塑之材;二是进一步办好全国第一所村级"新农民素质培训基地",加强对村民的培训学业习,以提高村民的综合素质,提高兰村的品位和品牌。

(四)对新农村内涵的理解。提出六个新:一是新农民。新农民应体现有文化、有道德、懂技术、会经营、肯奉献;二是新农业。现在单靠传统意义上的农业已经很难,让农民增收。因此,要通过发展特色农业稳定发展粮食生产,切实提高农业综合生产能力,加强农村基础设施建设,多渠道增加农民收入,新农业的工作日每周五天,二个休息日;三是新生产。即衣食无忧,水泥路通家家户户,房内干净明亮。整理有序,走路不湿鞋,吃水不用挑,做饭不烧柴煤,家家有小车,生病有钱医,摔倒有人扶;四是新干部,村里富不富,关键是干部,村风好不好,关键是领导。新干部,应该具备良好的道德品质,有文化素质,有带领群众共同致富的能力。光明正大,公道正道,吃苦耐劳的创业精神;五是新村风,新村风民风淳相,诚实和善,团结互助,济贫助弱,干群一心,尊师重教,孝敬父母,拾金不昧,夜不闭户。

最后指出:文明必须建立在经济发展富足的基础上,而富足必须靠大家的努力,天上不会掉下馅饼的,幸福不是靠等来的。希望广大村民团结合作互相尊重,多一份谅解,做一个新农民,深刻理解《兰村主题歌》的真实含义,用良好的心态,发挥自己的才能,树立自信,努力奋斗。《兰村经济社会发展十年规划》一定能够实现,争取到 2014 年全村每个家庭都达到有一对和谐夫妻,不超过二个子女，一座三房一厅的楼房，一辆四轮的小车，每星期只有五个工作日，家庭存款6位数的目标（具体内容详阅材料）。

八、由苏立三同志主持抽奖仪式：

①鼓励奖500名，由以下同志每人抽取50人，按顺序排列。即：许叶上、许产治、许琼珍、许泽雨、潘益元、许火炮、许困难、许添福、许子明、许文章计10人（奖品茶壶）。

②三等奖由林金家抽奖（奖品电饭锅）。

③二等奖由驻村工作组戴庆水抽奖（奖品消毒柜）。

④一等奖由村主任许忠吉投奖（奖品25寸电视）。

⑤特等奖由党支部书记潘书记投奖（奖品电脑一台）。

九、其他说明记录：本次村民会议未正式开始之前，由苏培勤老师主持组织南音培训班儿童演唱南音。幼儿园小朋友跳舞，许龙凤姐弟俩歌唱参加比赛获奖的歌曲，村干部老人会理事、工程组、妇代会合唱，苏培勤老师独唱兰村主题歌《你就是最好的》。

后 记

这本著作是我主持的 2011 国家社会科学基金《资产建设与农村社区福利》（11CSH069）的结项成果，同时得到"福建省高校杰出青年科研人才培育计划"（JA12020S）、福建省科技重点项目（2014R0065）、福建省社科基金一般项目（2014B195）、泉州市社会科学研究 2010 年规划课题（2010B-ZZ02）和华侨大学高层次人才科研启动费（12BS135）的资助。

回首课题立项以来的调研、写作、修改，道不尽的艰辛与劳累。从选题、构思、积累相关文献，到实地调研、分析整理资料，再到初稿撰写、反复修改、最终定稿，经过近四年的艰苦奋斗，课题组成员终于克服了种种困难，如期地完成了课题结项。做学问是一件"痛并快乐着"的工作，也是体验生命的一种方式。在本书的写作旅程中，我们既体验到了登上险峰的愉悦，也尝到跌入谷底的痛苦。令人难忘的是，在这段酸甜苦辣俱全的学术之旅中，总有一些人与我们分享写作的快乐，也总有一些人帮我们摆脱困惑与绝望，让我们重振精神，继续奋斗，走出困境。在书稿付梓之际，让我代表课题组向他们表示深深的谢意！

首先，要深深地感谢我的导师张友琴教授。能成为张老师的学生，是我一生的荣幸。恩师为人正派，学识渊博，作风严谨，对待工作高度负责，对待学生严格而不失关爱。这篇著作从选题、开题、调研到初稿撰写、修改、定稿，甚至每个标点符号都凝聚着张老师的心血与智慧。可以说，没有恩师的精心指导，这篇著作是难以完成的。每当我陷入写作困惑中，是她用敏锐的学术洞察力和缜密的思维为我指点迷津；每当我处于工作与家庭的矛盾时，是她慈母般的关爱为我解忧；每当我处于生活的焦虑时，是她挚友般的诤言帮我重树信心。师恩浩荡，难以言表，唯有通过今后更好的工作成绩来回报她的教导与培养！

其次，要衷心地感谢厦门大学社会工作与社会学系的胡荣教授、李明欢教授、徐延辉教授、叶文振教授、朱冬亮教授和易林博士。感谢他们用自己丰富的科研经历、深邃的学术思想以及严谨的治学态度告诉我怎样从事真正的学术

后 记

研究，怎样提高社会研究的理论修养，怎样应用规范的社会研究方法。衷心感谢平易近人的胡荣教授，他对本书的田野调查给予了诸多建设性的指导，使本书的实地研究工作更加顺利；感谢他的日常教诲，他教我如何做好农村社会调查，如何写好课题论证；他卓有成就的学术论著成为我学习的榜样，也指引着我今后努力的方向。特别感谢可爱、可敬的易林老师，他特有的绅士风度、幽默的性格、崇高的学术良知、独立的思想，深深地感染着我，每次与他交谈，都能得到思想的启迪；他还多次帮我修改论文、课题论证，让我学会了如何思考问题。

再次，感谢华侨大学公共管理学院的历任领导与同事，感谢他们为我创造了宽松、舒适的工作环境，让我从容地处理好课题研究、教学与社会服务的关系；感谢他们为我的工作、学习、生活提供了长期的关心、指导与支持。特别感谢那些在资产建设理论与实践、农村社区福利与社区服务方面做出探索的学界前人，他们的研究成果为本课题提供了诸多有益启示。

同时，衷心感谢南安市政府原副市长吴顺情、南安市农办副主任王德富，他们的热情招待与周密安排保证了本课题调研的顺利进行。感谢兰田村的全体党员、干部和村民，他们用非凡的智慧与辛勤的汗水建设了美丽家园，为本书的写作提供了生动的素材，他们是本书的最大贡献者。特别感谢兰田村党委书记潘春来、村长许忠吉、副村长许汉辉、副书记许泽明、文书许热河、妇代会主任陈海艳，他们为本项目的田野调查提供了诸多方便，让我们在较短的时间内获取了大量有价值的资料。感谢所有接受采访的村民、村干部，本书的许多观点与思想火花，是在访问过程中，与他们讨论时产生的。

还要感谢我的好友高和荣教授、汤兆云教授和姚进忠博士，他们为本书的写作和出版提供了很多有益建议。感谢老友洪天阳、蔡永城、黄东良，他们为课题调研提供了许多帮助。感谢"世纪之村"洪少霖同志为实地调研提供的友情协助。特别要感谢师弟蔡仁杰，他协助做好田野调查，帮忙收集了大量有用的资料；他多次与我讨论学术问题，让我寻找到诸多写作灵感。感谢我带的研究生傅明玉、杨艺芬、王东英、张雪、金枭枭、贾曼丽和本科生洪永森、张洁清、潘凯云、张杰波、吕锋、李兵、钟展锋等，他们帮忙整理了大量的访谈资料和做好问卷的数据录入、校对工作。

另外，要感谢父母的养育之恩，他们用勤劳的双手、刚强的意志，不知疲倦地劳作，供我学习深造，让我过上了自己喜欢的生活。感谢我的岳父岳母，他们为我的生活提供了无微不至的关怀与照顾，让我有充沛的精力去完成繁重的教学科研任务。感谢美丽贤淑的妻子孙琼如博士，在学术殿堂里，我们一起探讨、互相帮助、共同进步；在生活舞台上，我们相互照顾、互敬互爱、共同

成长；她既承担着自己的学业、教学科研任务，也肩负着教养儿子的神圣使命，还承担了大量的家务，为我的学术研究创造了幸福温馨的家庭环境；此外，她总是本书每一章每一段的第一个评阅者，这篇文章也渗透着她的智慧与心血。感谢聪明、懂事的儿子侯堉忻，他的欢声笑语与善良可爱给我们的生活增添了许多乐趣和幸福！

最后，要衷心感谢北京人文在线编辑部，尤其是范继义、冯嘉悦同志，正是由于您们的辛勤劳动和认真校对，才使本书顺利付梓。

侯志阳

2014 年 12 月 18 日于华侨大学刺桐园静心斋